Aus Freude am Lesen

Seine besten Gedichte schrieb er im Alter von 18 Jahren, doch der Erfolg blieb Frank Wedekind (1864-1918) lange versagt. Zu sehr karikierten und entlarvten seine Gedichte und Theaterstücke die bigotten Moralvorstellungen der wilhelminischen Zeit. Heute gehören „Frühlings Erwachen" oder „Lulu" zum Repertoire von Theatern in aller Welt, doch noch immer rufen die Stücke Unverständnis hervor. Wedekinds Frauenbild war geprägt von der schwierigen Ehe seiner Eltern und seiner tief wurzelnden Angst vor der männervernichtenden Lustfähigkeit der Frauen. Am Ende fühlte er sich von der zwei Jahrzehnte jüngeren Tilly in eine Ehe gedrängt, die unglücklich endete.

Gestützt auf umfangreiches, teilweise unveröffentlichtes Material gelingen Anatol Regnier erhellende Einblicke in die Innenwelt eines Mannes, der sich zeitlebens mit seinem Begehren nicht aussöhnen und sich von der vermeintlichen amoralischen Lust der Frauen nicht lösen konnte – und der diese starken Emotionen in genialer Form auf die Bühne brachte.

ANATOL REGNIER , Sohn von Pamela Wedekind und Charles Regnier, begann seine Laufbahn als klassischer Gitarrist. Mit seiner Familienbiographie über seine Großmutter Tilly Wedekind und ihre beiden Töchter Pamela und Kadidja begeisterte er ein großes Publikum. Anatol Regnier lebt und arbeitet in München und in Ambach am Starnberger See.

ANATOL REGNIER BEI btb:
Damals in Bolechów. Eine jüdische Odyssee (72168)
Du auf deinem höchsten Dach. Tilly Wedekind und ihre Töchter (72674)

Anatol Regnier

Frank Wedekind

Eine Männertragödie

btb

Mix
Produktgruppe aus vorbildlich bewirtschafteten
Wäldern und anderen kontrollierten Herkünften
www.fsc.org Zert.-Nr. GFA-COC-001223
© 1996 Forest Stewardship Council

Verlagsgruppe Random House FSC-DEU-0100
Das für dieses Buch verwendete FSC-zertifizierte Papier
Munken Pocket liefert Arctic Paper Munkedals AB, Schweden.

1. Auflage
Genehmigte Taschenbuchausgabe September 2010,
btb Verlag in der Verlagsgruppe Random House GmbH, München
Copyright © 2008 by Albrecht Knaus Verlag, München,
in der Verlagsgruppe Random House GmbH
Umschlaggestaltung: semper smile, München
Umschlagfoto: Ullsteinbild
Druck und Einband: CPI – Clausen & Bosse, Leck
KR • Herstellung: SK
Printed in Germany
ISBN 978-3-442-74094-9

www.btb-verlag.de

Für Carola und Adriana
im Andenken an Pamela und Kadidja

Inhalt

I. Auf dem Dorf und in der Stadt

1. Die Kammerers und Wedekinds 11
2. Kein preußischer Untertan 26
3. Ein Schloss in der Schweiz 30
4. Zeit der Freundschaft und der Liebe 45
5. München 61
6. Zürich 73
7. Elins Erweckung 85
8. Das große Ziel: Berlin 92
9. Die Last des Schreibens, «Frühlings Erwachen» 101

II. Glaub nur nicht, o Menschenbrut

10. Lulu in Paris 121
11. Nach London und zurück 139
12. Schwester und Brüder 152
13. «Simplicissimus» und Kammersänger 161
14. Hinauf und hinab 174
15. Ein gefallener Teufel 186
16. So ist das Leben 199
17. Der Zwergriese Karl Hetmann 216
18. Die Büchse der Pandora 229

III. Sonne bald den Berg erklimmt

19. Viechkerl, Schafskopf oder Prügelknabe 249
20. Beifall und Fallbeil 267
21. Kein Hundetrab 286
22. Die inneren Notwendigkeiten von Ehe und Familie . . . 300
23. Frank und Franziska 315
24. Scham und Eifersucht 330
25. Wedekind stürzt 340
26. Wedekind kämpft 359
27. Wedekind geht 375

Anhang

Wedekinds Werk und Wirkung 397
Lebensweg der Personen nach Wedekinds Tod 406
Zeittafel 417
Anmerkungen und Zitatnachweise 426
Dank 454
Bildnachweis 456
Register 457

I

Auf dem Dorf
und in der Stadt

Auf dem Dorf und in der Stadt
Schnarchen alle Menschen hinter dichtgeschloßnen Fenstern;
Und was Haus und Bett nicht hat,
Dreht sich unterm Hochgericht mit fröhlichen Gespenstern!

FRANK WEDEKIND: «Chorus der Elendenkirchweih»,
aus *König Nicolo,* 1901

Die Kammerers und Wedekinds

Während Frau und Kinder noch schlafen und bevor der erste Arbeiter den Fabrikhof betritt, steht Jakob Friedrich Kammerer, der Großvater Frank Wedekinds, in Schlafrock und Schürze im Garten seines Hauses in Zürich-Riesbach und okuliert seine Rosen. Später schaut er nach den Feigenbüschen, Traubenspalieren und Gemüsebeeten, überprüft geharkte Kieswege und geht zum Gewächshaus, wo er Kakteen züchtet, deren Bedürfnisse er so genau kennt, dass ihn sogar studierte Botaniker um Rat fragen. Dabei hat er keine Schule besucht und sich Lesen und Schreiben selbst beigebracht. Was er kann und besitzt, verdankt er seinem Lernwillen, seinem Geschäftssinn und seinem außerordentlichen Fleiß.

Sein Haus liegt auf einer Anhöhe mit Aussicht auf die Uetliberge und den Zürichsee. Im Obergeschoss wohnt die Familie, das Erdgeschoss beherbergt Fabriksäle, Comptoir, Laboratorium und Packstube sowie eine Art Küche zur Zubereitung der Zündmasse für die Schwefelhölzer, die Jakob Friedrich Kammerer als Erster in der Schweiz industriell herstellt. Es dampft und stinkt, und der Arbeiter, der die Masse mischt, singt revolutionäre Lieder, wohl wissend, dass sein Dienstherr sie gerne hört. Denn auch Jakob Friedrich Kammerer ist Revolutionär, hat wegen politischer Umtriebe im Gefängnis gesessen und das heimatliche Württemberg als politischer Flüchtling verlassen.

Geboren ist er, als zweitjüngstes von sieben Geschwistern, am 24. Februar 1796 in Ehningen bei Stuttgart, drei Jahre nach dem Tod jenes Herzogs Karl Eugen, der den jungen Schiller drangsalierte und den Dichter und Musiker Christian Friedrich Daniel

Schubart auf dem Hohen Asperg schmachten ließ, und unweit der Stadt Tübingen, wo Schiller, Hegel, Schelling und Hölderlin studierten. Jakob Friedrich Kammerer erfährt solche Förderung nicht. Sein Vater, ein Siebmacher, schickt ihn als Hausierer über Land. Der Knabe sammelt, was er an bedrucktem Papier findet, entziffert die Buchstaben und deren Sinn. Später lernt er Latein und Griechisch und studiert Chemie, alles im Selbstunterricht. Er übernimmt die väterliche Siebmacherei, pachtet eine Gastwirtschaft, gründet eine Hutfabrik und vertreibt Mostpresstücher und wasserdichte Stiefel aus Gummielastikum. Er nennt sich Königlich Württembergischer Patenthutfabrikant, aber ist längst nicht zufrieden. Wo ist die Tat, die ihn reich und berühmt machen kann?

Die umständlichen, schlecht funktionierenden Feuerzeuge aus Stahl, Feuerstein und Zunder geraten in sein Blickfeld – wer hier Neues vorlegt, ist eines großen Marktes sicher. Im Schuppen seines Hauses experimentiert Kammerer, bis ihm eine Masse aus Phosphor, Schwefel und Sauerstoff spendendem Kaliumchlorat gelingt, die, am Ende eines Spans getrocknet, durch Reiben Feuer fängt. Ob er, wie oft behauptet wird, tatsächlich das Phosphorzündholz erfunden hat, ist umstritten, dass er Entscheidendes zu seiner Entwicklung beitrug, steht außer Frage. Man schreibt das Jahr 1832, Jakob Friedrich Kammerer ist sechsunddreißig Jahre alt, zum zweiten Mal verheiratet, mit vier Söhnen aus erster und einem aus zweiter Ehe. In Frankreich regiert der «Bürgerkönig» Louis Philippe, in Deutschland fordert das Volk Souveränität beim Hambacher Fest. Kammerer, der Nachteile niederer Geburt bewusst, schließt sich einer Verschwörergruppe an.

Im Juli 1833 wird er verhaftet. Der Vorwurf: versuchter Sturz der württembergischen Regierung. Caroline, seine zweite Frau, verbrennt belastendes Schriftmaterial, als die Häscher bereits im Haus sind. Das verunstaltet ihre Hände, aber bewahrt ihren Mann nicht vor der Untersuchungshaft auf dem Hohen Asperg. Dort erleidet Kammerer einen Blutsturz, führt jedoch seine chemischen Studien fort.

Kammerers Element ist das Feuer. Kaum entlassen, gründet er in Ludwigsburg eine Streichholzfabrik, gegen den Willen seiner

Nachbarn, die von *Gezündel und Explosionen* nichts wissen wollen. Kurze Zeit später verbrennt der Dachstuhl seines Hauses. Kammerer kauft ein neues Haus und erweitert seine Fabrik auf vierundzwanzig Arbeiter und sechshundert Zündholzkistchen täglich, die ein Nürnberger Versandhaus bis nach Schweden und Nordafrika vertreibt. Im Februar 1836 wird er wegen *intellektueller Beihilfe zum versuchten Hochverrat* angeklagt. Zwei Jahre Festungshaft drohen. Kammerer flieht nach Straßburg und zieht, als ihm die Herstellung von Zündhölzern verweigert wird, nach Zürich, wo er außerhalb der Stadt eine Zündholzfabrik bauen darf, die erste ihrer Art in der Schweiz.

Auch diese geht in Flammen auf. Während die Feuerwehr noch löscht und ehe die Nachricht von der Katastrophe sich verbreitet, kauft Kammerer von einem Bauern das Land für seine jetzige Fabrik. Emilie Kammerer, sein drittes Kind aus zweiter Ehe und Mutter Frank Wedekinds, geboren am 8. Mai 1840, wird in der Wiege aus dem Obergeschoss des brennenden Hauses herabgelassen – ein Umstand, den sie später stets mit Stolz erwähnt. Am Ende ihres Lebens verfasst sie einen Bericht über ihre ungewöhnliche Jugend.

Emilie Kammerer liebt ihren Vater. Er ist für sie der vollkommenste Mensch. Was er anfasst, gelingt. Er ist pünktlich auf die Minute und nie in Eile. Seine Angestellten lieben und verehren ihn. Sonntagabends spielt er für sie zum Tanz, auf einem selbst gebauten Tafelklavier, *unerschütterlich taktfest* und mit nie versiegendem Melodienreichtum. Seiner Autorität, glaubt Emilie, gehorcht sogar die Natur: Auf seinen Zuruf kommen die Tauben aus ihrem Schlag, um ihm zu gefallen, kriecht die Schildkröte im Frühjahr pünktlich aus ihrem Erdloch, und die von ihm gezüchteten Rosen bringen ihm zu Ehren (und zum Staunen der Passanten) immer wieder verschiedenfarbene Blüten auf ein und demselben Stamm hervor. Seine Fabrik ist für Emilie ein feuriges Wunderwerk. Sie liebt es, die Angestellten auf ihrem abendlichen Kontrollgang zu begleiten, und sieht mit wohligem Schauer das an Tischen und Böden haftende Phosphor bläulich leuchten und flammengleich blitzen. Vor dem Einschlafen lauscht sie den

Klängen der Äolsharfe, die ihr Vater gebaut hat und die unter dem Dach beim leisesten Wind zu singen beginnt.

Dass Jakob Friedrich Kammerer auch cholerisch sein kann, verschweigt Emilie nicht, zumal sie sein hitziges Temperament geerbt hat: Als die Katze von Netti, der Frau ihres Halbbruders Hermann, ihr sorgsam gehegtes Gemüsebeet verwüstet, ergreift sie das Tier beim Schwanz und schlägt es mit solcher Wucht gegen den steinernen Brunnenrand, dass es tot zu Boden fällt. Erwachsene fragen sich, woher ein fünfjähriges Mädchen solche Körperkraft nimmt.

Kurz darauf stirbt ihre Mutter, neununddreißig Jahre alt. Emilie sieht sie aufgebahrt, gelb im Gesicht, die Haare abgeschnitten, eine mit Gewürznelken besteckte Pomeranze in den brandnarbigen Händen, und beobachtet aus der Bodenluke, wie Fabrikarbeiter den Sarg hinaustragen und Trauergäste dem Vater die Hand drücken.

Ein paar Monate nach dem Tod der Mutter hört Emilie beim Nachhausekommen Lärm im Treppenhaus. Ihr Vater steht ihrem Halbbruder Wilhelm gegenüber, beide mit hochrotem Kopf. Der Grund: Wilhelm will Hanne heiraten, ein hübsches Schwabenmädchen, das während der Krankheit von Emilies Mutter den Haushalt besorgen half, aber hat soeben erfahren, dass sein Vater sie für sich beansprucht, selbst heiraten will und ihre Zustimmung bereits erhalten hat. Wilhelm droht, Hanne zu erstechen und seinen Vater umzubringen. Seine Brüder bändigen ihn. Er reist noch in der Nacht ab und ergibt sich dem Alkohol. Jakob Friedrich Kammerer aber heiratet Hanne. Er ist stolz auf sie und zeigt sie überall herum. Es ist der Höhepunkt seines Lebens.

Jeden Sonntag gibt es Ausflüge, und alle dürfen mitkommen. Man fährt auf der Limmat nach Baden oder mit dem Dampfschiff auf dem Zürichsee. Wirte öffnen Tore und Keller, wenn Kammerer an der Spitze fröhlicher Menschen ihr Lokal betritt, und sagen nichts, wenn die Kinder seines Gefolges Schaukeln und Spielgeräte besetzen. Neidvolle Blicke streifen die Toiletten seiner Damen, aber die Stimmung ist gut. *Überall, wo Vater hinkam, brachte er seine schwäbische Gemüthlichkeit und Fröhlichkeit*

Jakob Friedrich Kammerer,
Zündholzfabrikant und Großvater Frank Wedekinds

mit, erinnert sich Emilie, *deshalb wurde er auch von Alt und Jung so geliebt und gefeiert.*

In Deutschland scheitert die «Märzrevolution». Aufständische fliehen in die Schweiz, unter ihnen der Dichter Georg Herwegh, und finden Unterschlupf in Kammerers Haus. Kammerer bewirtet sie an langen Tafeln, versorgt sie mit Kleidung und Schuhwerk, verschafft ihnen Arbeit. Sie ehren ihn mit einem Fackelzug und rufen: «Kammerer lebe hoch!» Seine Frau gebiert einen Sohn, den er als überzeugter Republikaner Liberatus Germanus Konstantinus nennt.

Aber seine Geschäfte gehen schlecht. Die Zündholzidee hat viele Nachahmer; in Ludwigsburg hat ein Verwandter ein Konkurrenzunternehmen eröffnet. Kammerer wird mürrisch. Eifersüchtig überwacht er seine Frau, bezichtigt sie der Untreue und wird wütend, wenn sie sich verteidigt. Er spricht undeutlich, vernachlässigt Kleidung und Hygiene, gibt wunderliche Aufträge. Seine Schrift wird nahezu unleserlich, seine Arbeiter können ihm nichts mehr recht machen. Emilie sieht *traurige und verängstigte*

Gesichter, Weihnachten geht man nach der Bescherung wortlos auseinander.

Im Frühjahr 1853, Emilie ist zwölf Jahre alt, wird Jakob Friedrich Kammerer wahnsinnig. Eine schwere Eisenstange in den Händen, droht er, seine Frau im Bett zu erschlagen. Man schafft ihn nach Württemberg in eine Irrenanstalt, wo ihn Ärzte als nicht behandelbar ablehnen. Ein Ludwigsburger Arzt lässt ihn bei sich wohnen. Seine Söhne führen die Fabrik weiter. Jakob Friedrich Kammerer hat, könnte man sagen, das Feuer zu bändigen versucht und ist an der eigenen Leidenschaft verbrannt. Die Theorie, die in seiner jungen Frau das Urbild von Wedekinds Lulu sieht, ist immerhin bedenkenswert.

Der Name Wedekind, früher Widukind, ist seit dem achten Jahrhundert bekannt und bedeutet im Althochdeutschen Waldkind. Ein gewisser Johann Wedekind, geboren 1278, war Geheimschreiber bei Herzog Otto dem Strengen von Braunschweig, der ihm in Horst bei Hannover ein Gut schenkte, das bis heute Familiensitz ist. Die Wedekinds sind Soldaten, gelegentlich Mönche, meist aber Beamte: Zahlmeister, Rentmeister, Amtmänner, Kontributionseinnehmer, Pagenhofmeister oder Kondukteure herzoglicher Vorwerke. Auch Juristen und Mediziner sind dabei, Künstler keine. Ein Scipio Wedekind fällt 1431 in einem Scharmützel gegen die Türken, ein Johann Heinrich Wedekind geht 1740 nach Ostindien, sonst aber bleiben die Wedekinds, wo sie herkamen: im flachen Land zwischen Braunschweig, Hannover und Hamburg, in Wolfenbüttel, Hildesheim, Hoya, Süllfeld, Elsdorf oder Visselhövede. Die Wedekinds sind Protestanten, Mischehen oder sonstige Glaubensverwirrungen sind so gut wie unbekannt. Das Familienwappen zeigt einen Stern auf blauem Grund und einen zunehmenden Halbmond. Der Familienwahlspruch «Nil differre» (Nichts aufschieben) stammt von Anton Christian Wedekind, einem Lüneburger Oberamtmann, der um 1790 eine gute Tat ungebührlich lang hinauszögerte und sein Versäumnis mit einer «Stiftung für deutsche Geschichte» und einem Legat von hundertfünfzig Goldmark an den «Wedekind-Familien-Fond» sühnte.

Sein Neffe Friedrich Wilhelm Wedekind, der Vater Frank Wedekinds, am 21. Februar 1816 in Herste bei Göttingen geboren, schlägt ein wenig aus der Art. Er geht gern ins Theater, schreibt Gedichte und sympathisiert mit politischen Strömungen, denen seine Verwandten wenig Gutes nachsagen. Als Medizinstudent der Göttinger Universität erhält er vierzehn Tage Karzer wegen «Beleidigung des Hannoverschen Militärs». Ein Feuerkopf ist Friedrich Wilhelm Wedekind deswegen nicht. Ein Bildnis des Dreißigjährigen zeigt weiche Gesichtszüge, einen sinnlichen Mund und gutmütige, leicht verträumt blickende Augen. Seine beruflichen Wünsche sind weitreichend, aber utopisch, sein Werdegang ist sprunghaft: Nach seiner Promotion zum *Doctor der Medizin, Chirurgie und Geburtshilfe* will er eine orthopädische Heilanstalt auf Spiekeroog gründen und erbittet die Schenkung eines Teils der Insel. Nach der kaum überraschenden Ablehnung durch die Behörden lässt er sich als praktischer Arzt in Aurich nieder. Das befriedigt ihn so wenig, dass er nach Konstantinopel reist, dort angeblich türkischer Bergwerksarzt wird und auf Expeditionen bis zum Euphrat und Tigris vordringt. Zeugnisse seines dortigen Wirkens gibt es nicht, wohl aber ein lebenslanges Interesse an orientalischen Waffen, Münzen und anderen vermeintlichen Kostbarkeiten, die er, obschon als Historiker und Kunstkenner ohne Ausbildung, mit Begeisterung sammelt. In Finanzdingen ist er tüchtig: Nach seiner Rückkehr aus dem Orient leistet er sich eine ausgedehnte Ruhepause in Paris, von selbstverdientem Geld, wie es scheint, denn ein nennenswertes Familienvermögen ist nicht bekannt.

Die Revolution von 1848 findet ihn auf der Seite des Volks. Er debattiert mit Lust und Geschick und wird im ostfriesischen Esens als Ersatzmann ins Hannoversche Ständehaus gewählt. Auch das genügt ihm nicht. Während die Frankfurter Nationalversammlung um eine Neugestaltung Deutschlands ringt, wandert Friedrich Wilhelm Wedekind nach Amerika aus, genauer gesagt nach Kalifornien, das gerade einen Goldrausch erlebt und wo Risiken und Chancen am höchsten sind.

In San Francisco eröffnet er eine Praxis als Arzt und Gynäkologe, dem Vernehmen nach in einer mit Blech verstärkten Holzhütte, aber kommt rasch voran. In der Goldgräberstadt steigen die Grundstückspreise rasant, und wer sich aufs Spekulieren versteht, kann viel Geld verdienen. Dr. Wedekind besitzt bald ein prächtiges Haus, arbeitet nur noch gelegentlich und wird Präsident des Deutschen Clubs. Zum hundertsten Geburtstag Friedrich Schillers gibt er ein Gartenfest mit angeblich dreitausend Teilnehmern und trägt eine vielstrophige, selbstgedichtete Ode vor – endlich hat Dr. Wedekind eine Stellung erklommen, die seinen Vorstellungen entspricht, wenn auch nur unter den Exildeutschen von San Francisco. Seine Sympathie gilt jetzt den Besitzenden: Er beteiligt sich an einer Bürgerwehr, die gegen marodierende Banden und anderes Gelichter vorgeht. Im Land der Freiheit ist das eine bürgerliche Tugend.

In der Liebe fehlt ihm das Glück. Frauen sind Mangelware in San Francisco, aber dass ein wohlhabender, kultivierter Europäer keine finden sollte, mutet seltsam an. Wie dem auch sei: Dr. Wedekind, die vierzig überschritten, findet keine und gilt in seinen Kreisen schon fast als Hagestolz.

Emilie Kammerer führt im vaterlosen Haus ein Schattendasein. Die Schule hat sie mit vierzehn Jahren verlassen, jetzt lernt sie Nähen und Kochen, um irgendwann, wie man hofft, geheiratet zu werden. Ihre sechs Jahre ältere Schwester Sofie hingegen hat den Heiratsantrag eines Juristen ausgeschlagen und in Mailand Gesang studiert, war an der Oper in Zagreb engagiert und ist jetzt, man staune, Primadonna an der kaiserlichen Hofoper in Wien. Ihr Vorschlag, Emilie zu sich zu nehmen, kommt der Familie wie gerufen. Auch Emilie ist begierig, die Welt kennenzulernen.

Ein Bruder bringt sie hin. Der Glanz der Kaiserstadt blendet Emilie. Sofie hat eine Vierzimmerwohnung mit Diener und Köchin. Zu Proben und Aufführungen holt sie ein Hoflakai in der Equipage ab. Es gibt ungeahnte Köstlichkeiten zu essen, Sofie kauft ihr Hüte, Mantillen und Handschuhe – an der Hofoper sind Garderobe und Aussehen mindestens ebenso wichtig wie Stimme und Schauspielkunst, und ein hässliches Entlein als Schwester würde Sofies Ruf schaden.

Irgendwann erkennt Sofie: Die Sängerinnen sind Freiwild für die Höflinge. Fast jede von ihnen hat einen «Protektor» und braucht ihn auch, nicht zuletzt, um die Kosten für die Garderobe zu decken. Je höher seine Stellung, desto größer ihr eigenes Ansehen. Als der Lakai eines Erzherzogs Sofie einen Blumenkorb überbringt, mit der Bitte seines Herrn, sie besuchen zu dürfen, weiß sie, was die Stunde geschlagen hat. Ihre Köchin gratuliert ihr zu ihrer Akquisition, Sofie selbst, nach Erziehung und Naturell unabhängige Schweizerin, ist schockiert und will Wien verlassen.

Familie und Freunde beschwören sie, ihr Glück nicht von sich zu stoßen. Ein Hofkapellmeister warnt: Ein solcher Schritt bedeute das unweigerliche Ende ihrer Karriere. Aber Sofie lässt sich nicht umstimmen und reist, Emilie im Schlepptau, über Triest und Venedig nach Nizza, wo man sie engagiert und erste Rollen singen lässt. Emilie hat nichts zu tun, schaut aufs Meer und isst Schokolade. *Emilie ist gefräßig und faul,* notiert Sofie und beschließt, die Schwester so bald wie möglich in die Schweiz zurückzubringen.

Ein junger Mann heftet sich an Sofies Fersen: Théodore Amie-Gazan de la Perrière, französischer Offizierssohn, angeblich aus altem Adel. Obwohl sie erklärt, ihn nicht zu lieben, lässt er sich nicht abschütteln, und als sie mit Emilie in Mailand die Postkutsche in Richtung Gotthardt besteigt, sitzt er auf dem freien Platz, den er heimlich reservieren ließ. Emilie ist wütend, Sofie von so viel Beharrlichkeit gerührt.

In Zürich überschüttet Amie-Gazan Sofie mit Geschenken und droht, sich im Fall einer Ablehnung umzubringen; dem Gerücht, Millionär zu sein, tritt er nicht entgegen. Sofies Familie redet ihr auf das bestimmteste zu, Fremde gratulieren zu ihrer fabelhaften Partie. Sofie heiratet Amie-Gazan und reist mit ihm nach Peru, wo er ein Fotoatelier zu eröffnen und französische Luxusartikel zu verkaufen gedenkt. Eine Tochter wird geboren und erhält den Namen Leonie.

Emilie vermisst ihre Schwester. Das gemeinsame Zimmer, das sie nun allein bewohnt, wird ihr zu einer Art Schrein, den außer ihr niemand betreten darf. Um Sofie nah zu sein, nimmt sie ihrerseits Gesangsunterricht und entdeckt, dass auch sie eine gute Stimme hat. Bei Auftritten des Singvereins erhält sie kleine Soli, die sie immer besser meistert.

Im Frühjahr 1857 kommt ein Brief Sofies, in dem sie Emilie zu sich einlädt; fünftausend Franc Reisegeld seien unterwegs. Emilie ist hocherfreut, auch die Familie stimmt zu – das Risiko, ein siebzehnjähriges Mädchen allein über den Ozean zu lassen, wird verdrängt oder gar nicht erst bedacht. Als das Reisegeld nicht eintrifft, beschließt man, es vorzustrecken, und bucht eine Passage. Auf dem Weg nach Le Havre besucht Emilie ihren Vater in Ludwigsburg. Er erkennt sie nicht und stirbt ein paar Monate später, einundsechzig Jahre alt. Seine Heimatstadt Ehningen wird ihm ein Bronzedenkmal setzen und eine Schule nach ihm benennen.

An Bord des Dreimasters «Alma» ist Emilie die einzige Frau – wer dies nach ihrer Ankunft erfährt, schlägt die Hände über dem Kopf zusammen und bittet, nicht darüber zu reden: So viel sträflicher Leichtsinn werfe ein schlechtes Licht auf ihre Familie. Emilie selbst ist nicht beunruhigt. Sie hält ihre Kajüte sauber und erledigt jeden Tag ein Pensum Näharbeit. Der Kapitän und die Mitreisenden sind freundlich, mit den Matrosen zu sprechen ist den Passagieren nicht erlaubt.

Am Kap Hoorn wird es kalt. Emilie hat nur Sommersachen dabei, denn in der Schweiz war man der Meinung, dass es, je südlicher man käme, immer wärmer würde. Taue frieren ein, das Deck vereist. Ein Zusammenstoß der «Alma» mit einem Dampfschiff im Schneegestöber wird knapp vermieden. Passagiere schlafen im Salon in der Nähe des Ofens. Dort hat Emilie einen Albtraum: Ihr ist, als erdrücke sie ein schweres Gewicht, und als sie mit einem Schrei erwacht, entfernt sich ein Schatten in die Dunkelheit. Seitdem schläft sie auch beim ärgsten Sturm in ihrer Kabine. Dann bessert sich das Wetter. Vogelzüge grüßen, die «Alma» gleitet dahin und erreicht nach hundertundein Tagen ununterbrochener Seereise im Oktober 1857 Valparaiso.

Am Kai wartet niemand. Irgendwann erscheint Amie-Gazan, weißhaarig und dünn. Sofie liegt krank in einem Hotelzimmer, eine schwarze Amme hält die kleine Leonie. Amie-Gazan hat den Zoll für die von ihm importierten Waren nicht bezahlen können, musste sein Fotoatelier schließen und hat das Geld, das Sofie mit Opernaufführungen für einen belgischen Impresario verdiente, immer wieder verspielt. Die fünftausend Franc Reisegeld wurden nie abgeschickt.

Emilie nimmt die Herausforderung an. Sie veranstaltet einen Großputz, quartiert die Amme aus, pflegt und kleidet die Nichte. Mit Sofie plant sie gemeinsame Konzerte und stellt ein Repertoire zusammen. Die Schwestern üben Duette aus «Norma», «Lucrezia» und der «Regimentstochter», schneidern Kostüme, malen Plakate, engagieren Musiker und einen Kapellmeister, der vom Pianino aus dirigiert. Die tapferen jungen Frauen lösen eine Welle von Sympathie aus, die Eintrittskarten sind schnell verkauft. Sofies Stimme ist so schön wie früher, auch Emilie macht ihre Sache gut. Es regnet Blumen und Kränze. Aber Amie-Gazan, der das Geld verwaltet, verspielt es in hoffnungsloser Leidenschaft. Die Polizei nimmt ihn fest.

Die Schwestern planen eine Konzertreise entlang der Pazifikküste nach Norden. Ein Pianist, der auch Saxofon spielt, schließt sich ihnen an; die kleine Leonie nehmen sie mit. Von La Serena geht es über Tacna, Copiapo und Caldera nach Iquique und Arequipa. Eine ansehnliche Summe von Zwanzigdollarmünzen ist gespart, aber irgendwann taucht Amie-Gazan wieder auf, und gleich am ersten Abend fehlt Sofies Bühnenschmuck. Die Schwestern wollen nach Kalifornien, aber das Schiff, das sie nach Guatemala bringen soll, läuft auf eine Sandbank und muss umkehren. In Panama, dem *berüchtigten Seuchennest,* stecken sie vierzehn Tage lang fest. Ihr Geld ist aufgebraucht.

Bei einem Konzert in der französischen Botschaft von Panama wird Sofie auf der Bühne ohnmächtig. Ein Arzt konstatiert Herzschwäche und verordnet Ruhe. Endlich kommt der Postdampfer.

Da lag der Coloss! Schwarz angestrichen wie ein Riesensarg. Sein düsterer Anblick machte uns traurig und muthlos. Ich durfte meine Schwester nicht ansehen. Entsetzlich schmal war ihr liebliches Gesicht geworden. Sie starrte nach dem unheimlichen Schiff mit einem Ausdruck der Angst, als ob sie ahnte, welches Los ihr dort bevorstand.

Schiffsgeruch und Ausdünstung der Passagiere erzeugen bei Sofie Übelkeit. Emilie bemerkt einen gelblichen Schimmer auf ihrer Haut. Amie-Gazan beschwört sie, es niemandem zu sagen; ein Schiffsarzt, der Sofie untersuchen soll, öffnet die Kajütentür nur einen Spaltbreit und hält sich ein Tuch vor den Mund. Eine Wärterin sagt zu Emilie: «Ihre Schwester hat das Gelbe Fieber, und Sie werden es auch bekommen.» Sofie Kammerer stirbt in der Nacht vor Heiligabend 1858, vierundzwanzig Jahre alt. Die Schiffsmotoren halten, ein Schuss ertönt, die Leiche gleitet ins Wasser. Man sperrt Emilie in ihre Kabine und schiebt Essen durch eine Luke. Bei der Ankunft in San Francisco lässt man sie erst heraus, als alle Passagiere von Bord sind.

Der Geist des freien Amerika tut Emilie gut. Sie mietet ein Zimmer in einem der schnell gebauten Holzhäuser für sich, Amie-Gazan und die kleine Leonie, unterteilt es durch Vorhänge in ein Wohnquartier und sucht Arbeit. Ein deutscher Männerchor engagiert sie und zahlt ihr auf einen Schlag einhundertachtzig Dollar, eine Kirche bietet ihr eine Stellung als Altistin an. Amie-Gazan will seine Tochter zu Verwandten nach Frankreich schaffen, Bekannte sollen sie hinbringen. Emilie deckt die Kosten der Überfahrt durch ein Benefizkonzert und bricht die Beziehung zu ihrem Schwager ab. Sie singt in San Franciscos Deutschem Theater und in englischen und italienischen Ensembles, reist für Gastspiele nach Sacramento, Marysville und San José und macht auch als Schauspielerin eine gute Figur. *Und seitdem ich den Beifall – im Gegensatz zu früher, wo ich neben meiner Schwester nicht in Betracht kam – auf mich beziehen durfte, fand ich hohe Befriedigung in meinem Beruf.*

Ein Jahr nach ihrer Ankunft verliebt sich Emilie in einen deutschen Sänger. Die Hochzeit ist beschlossen, aber der Bräutigam macht einen Rückzieher. Emilie leidet erheblich, und als ein gewisser Herr Schwegerle, ein ältlicher ehemaliger Opernsänger, jetzt Schankwirt und Hilfsdirigent am Deutschen Theater, um ihre Hand bittet, gibt sie ihm das Jawort, gegen den Rat zahlreicher Freunde, die ihr eine bessere Partie zutrauen. Emilie beschreibt ihren Mann als ruhig, ein wenig undurchsichtig und nicht sonderlich sauber; in der von ihm geführten Gastwirtschaft isst sie nur mit Widerwillen. Aber er hilft ihr bei der Einstudierung von Rollen und ist, bei seltener Anwesenheit zu Hause, gut zu haben. An Wochenenden unternehmen sie gemeinsame Ausflüge.

Indessen hat ein anderer Mann ein Auge auf sie geworfen: Dr. Friedrich Wilhelm Wedekind, Präsident des Deutschen Clubs und geachtetes Mitglied in San Franciscos Emigrantengemeinde. Emilie hat ihn wegen rheumatischer Schmerzen konsultiert, seitdem bestimmt sie sein Denken und Wollen. Aber anstatt offen um sie zu werben, entwirft er eine heimliche und komplizierte Annäherungsstrategie.

Er wird Stammgast bei dem Mittagstisch der Pension, in der Emilie mit Schwegerle wohnt, und sitzt ihr bei abendlichem Kartenspiel nach Möglichkeit gegenüber. Unter dem Vorwand, ein Kostümbuch leihen zu wollen, besucht er sie auf ihrem Zimmer und bleibt, wie aus Versehen, fast eine Stunde. Bei einem Neujahrsessen hat er ein französisches Liederbuch für sie dabei, aber traut sich nicht, es ihr zu überreichen. Ein mit ihrem Namen graviertes Lorgnon trägt er tagelang mit sich herum. Den Fortgang seiner Bemühungen notiert er in einem speziell hierfür angelegten «Journal Intime», auf Französisch, der Sprache der Liebe und der Diskretion. Emilie erscheint dort nur als «E», Schwegerle als «er».

Dr. Wedekind umschleicht Emilie wie ein Jäger das Wild. Sein Eindruck ist nicht immer positiv: Emilie kann auch ungebärdig sein. Bei einem Maskenball fuchtelt sie den Damen mit ihrem Federwisch um den Kopf, so dass diese um ihre Frisuren bangen. Wie würde sie, sollte es je dazu kommen, als seine Ehefrau wirken? Würde sie ihn gebührend achten und respektieren?

Schwierig wird es, als Emilie in Tuckers Hall singen will, einem «Melodeon» oder Tingeltangel, in dem Mädchen verschiedener Nationalitäten auftreten. Emilie findet nichts dabei, aber San Franciscos deutsche Kolonie ist entrüstet. Dr. Wedekind befürchtet, ihretwegen gesellschaftlich kompromittiert zu werden. Als man im Deutschen Club negativ über sie spricht, stellt er sich schlafend, um nicht Stellung beziehen zu müssen. Mehrmals steht er vor dem Eingang von Tuckers Hall, aber wagt nicht einzutreten. Er redet Emilie ins Gewissen, als väterlicher Freund und Ratgeber, aber sie will nicht hören, und Dr. Wedekind konstatiert bei ihr *une certaine froideur de cœur*, eine gewisse Herzenskälte. Um seine Leidenschaft für sie abzutöten, unternimmt er entbehrungsreiche Ritte ins Landesinnere von Kalifornien und ist fast schon dabei, sie zu vergessen, als eine unerwartete Wendung eintritt.

Bei Emilie erscheint ein Gerichtsvollzieher mit einem Pfändungsbeschluss und lässt ihr frisch abbezahltes Klavier kurzerhand hinaustragen. Emilie erfährt, dass ihr Mann vor der Ehe Schulden solchen Ausmaßes angehäuft hat, dass Klavier, Hausrat, das beiderseitige Ersparte und ein mehrfacher Jahresverdienst von Tuckers Hall nötig wären, sie zu begleichen. *Eine namenlose Angst überfiel mich. Scham und Ekel vor mir selber. Ärmer als eine Bettlerin, sollte mir nichts mehr gehören, nicht einmal die Früchte meiner Arbeit! Nein, nein und tausendmal nein!! Dagegen bäumte sich mein ganzes Wesen auf. Es gab nur Eines: die Scheidung.* Um die Gerichtskosten zu bestreiten, verkauft sie Sofies seidene Kleider. Im Varieté will sie als alleinstehende Frau nicht singen, ein Klavier zum Einüben von Opernpartien hat sie nicht mehr. Sie bezieht ein möbliertes Zimmer und näht in Hausarbeit für einen Schneider.

Jetzt endlich gesteht ihr Dr. Wedekind seine Liebe. Die Nachricht ihrer Trennung von Schwegerle sei ihm *wie ein Wunder* vorgekommen, und sein einziger Wunsch sei es, sie als Frau heimzuführen. Dann setzt er ihr, mit *einer gewissen trockenen Geschäftsmäßigkeit,* seine Verhältnisse auseinander. Er bittet sie, sein Angebot zu überdenken, denn eines müsse klar sein: Eine

Tätigkeit im Theater sei für seine Ehefrau ausgeschlossen. Sollte Emilie der Bühne nicht entsagen können, sei er bereit, ihr eine Gesangsausbildung in Deutschland zu finanzieren. *Tiefbewegt und andächtig hatte ich zugehört. Die Nachwirkungen all des durchkämpften Elends und die Vorstellung, die Frau dieses bedeutenden und vornehmen Mannes zu werden, von ihm treu und aufrichtig geliebt, an seiner Seite für immer den Härten des Lebens entzogen zu sein, überwältigte mich so gewaltig, dass ich, keines Wortes mächtig und weinend, ihm meine Hand reichte, die er erfasste und an sich zog, um mich mit seinen Küssen fast zu ersticken.*

Dr. Wedekind notiert: *Alea iacta est. Die Würfel sind gefallen. Wir sind einig. Wir werden uns niemals trennen, wir werden immer beisammen bleiben und ganz Eines für das Andere leben. Mein Glück läßt mich beinahe zittern.*

Emilie Kammerer und Dr. Friedrich Wilhelm Wedekind heiraten am 26. März 1862 in Oakland – die Anfeindungen der deutschen Kolonie San Franciscos wegen seiner Verbindung zu einer Sängerin zweifelhaften Rufs waren so heftig, dass er auf die andere Seite des Sacramento River gezogen ist. Die Braut ist einundzwanzig, der Bräutigam sechsundvierzig Jahre alt. Beide sind entschlossen, Amerika zu verlassen. Dr. Wedekind wählt Hannover als künftigen Wohnort, wo seine Mutter lebt und er sein medizinisches Staatsexamen gemacht hat. Am 29. Januar 1863 kommt in Oakland der Sohn Armin Francis zur Welt.

Bei der Rückreise nach Europa ist Emilie hochschwanger. Wenige Wochen nach der Ankunft wird am 24. Juli 1864 in der Großen Aegidienstraße 13 in Hannover Benjamin Franklin Wedekind geboren, der spätere Dichter. Es ist Sonntag, der Vater entbindet persönlich. Der Wetterbericht meldet: *Früh sternhell, darnach sonnig und warm. Nachmittags Cirrostratus und Cumulus, langsam und mit Dunst umgeben, ohne Regen, Luft still. Abends allgemeine Nebelausbreitung.*

2

Kein preußischer Untertan

1866–1872

Dr. Wedekind ist unzufrieden. Er hat Rentier Henckell, seinem Vermieter, das Haus Weißekreuzstraße 6 abgekauft, in das er kurz nach Franklins Geburt mit seiner Familie gezogen ist, jetzt will die Stadtverwaltung ihn zwingen, das hannoversche Bürgerrecht zu erwerben – wer in der Stadt Haus oder Grund besitze, sei dazu verpflichtet und müsse den Bürgereid leisten.

Genau das will Dr. Wedekind nicht. Denn mit dem Eid auf Hannover würde er auch Preußen die Treue schwören, das Hannover im «Deutschen Krieg» besiegt und vom Königreich zur preußischen Provinz herabgestuft hat. Als preußischer Untertan müssten seine Söhne ins preußische Militär – die Einführung der allgemeinen Wehrpflicht war eine der ersten Amtshandlungen des neuen Regimes; die Behörden führen Listen, die Minderjährige und sogar Säuglinge erfassen. Außerdem befürchtet Dr. Wedekind, dass ein Bekenntnis zu Preußen sein Bürgerrecht in den Vereinigten Staaten tangieren könne, wo sein Geld angelegt ist und wohin zurückzukehren er sich offenhält.

Dr. Wedekind macht Eingaben, erklärt seine Lage, wirbt um Verständnis – er verzehre in der Stadt lediglich sein *nicht unbedeutendes Einkommen,* was Letzterer doch nur zum Vorteil gereiche. Aber die Stadtväter bleiben hart, und zwei Jahre nach dem Erwerb seines Hauses muss Dr. Wedekind es wieder verkaufen, an jenen Rentier Henckell, der jetzt erneut sein Vermieter ist, für dieselben siebentausend Reichstaler, die er damals bezahlt hat, aber um Notar- und Gerichtskosten ärmer, *ein Barverlust von nahezu tausend Talern.*

Überhaupt hat sich Dr. Wedekind das Leben in Deutschland

anders vorgestellt. Den Arztberuf hat er aufgegeben, die Position, die er in San Franciscos Emigrantengemeinde innehatte, gilt hier wenig oder nichts. Wie soll er den Rest seines Lebens zubringen? Im Hotel Römischer Kaiser hält er eine antipreußische Rede und verteilt die auf eigene Kosten erstellte Druckfassung an die Zuhörer. Die Resonanz ist gering.

1871 besiegt Deutschland den «Erbfeind» Frankreich und macht den Preußenkönig Wilhelm I. zum deutschen Kaiser. Hannover, kürzlich noch Preußens Gegner, ist im Siegestaumel: Ehrenpforten sind errichtet, Triumphbogen aufgebaut, Palmenreihen säumen die Straßen. In «lebenden Bildern» werden kriegsentscheidende Szenen nachgestellt. Abends gibt es «Illuminationen»: Bürger stellen Lichter in die Fenster ihrer Häuser, und wer nicht mitmacht, riskiert spitze Bemerkungen oder öffentliche Rüge. Für Kinder ist in Hannover fast alles verboten: *das Lärmen und Schreien, das Werfen mit Bällen, Schnee, Steinen und Knüppeln, das Schießen mit Armbrüsten, Blasrohren oder dergleichen Instrumenten, das Glitschen, Schlittschuhlaufen und Steigenlassen der Drachen.*

Dr. Wedekinds Söhne Armin und Franklin gehen zur Schule. In Paletots und genagelten Stiefeln stapfen sie zum Unterricht ins Auhagen'sche Institut beim Aegidientorplatz, eine Privatschule, die ihr Vater aus Misstrauen gegen alles Preußische für sie gewählt hat. An den Bahngleisen können sie Züge der Linie Hannover – Braunschweig beobachten, am Gefängnis in der Langenstraße zeigt sich gelegentlich ein Insasse hinter vergitterten Fenstern. In der Nähe der Weißekreuzstraße gibt es ein Aquarium, und bei schönem Wetter geht die Mutter mit ihnen in den Zoo auf der Eilenriede.

Wie verkraftet Emilie Wedekind das Leben in Deutschlands Norden? Wie steht es um ihre Ehe? Vom Tag der Hochzeit an fehlt jeder Nachweis. Kein Brief, kein Tagebuch, kein persönliches Dokument ist erhalten, fast so, als hätten die Partner ein soeben geöffnetes Buch gleich wieder geschlossen und für immer versiegelt. Auch über ihren gesellschaftlichen Umgang in Hannover ist so gut wie nichts bekannt. Für alle sichtbar hingegen

Armin und Franklin Wedekind (links)
als Grundschüler in Hannover

ist Dr. Wedekind ein fleißiger Erzeuger: Im Mai 1866 kommt der dritte Sohn William Lincoln zur Welt, benannt nach dem unlängst ermordeten amerikanischen Präsidenten, im November 1868 die Tochter Frida Marianne Erika und im November 1871 Donald Lenzelin. Dessen zweiter Name gibt Hinweis auf eine Entwicklung, die das Leben Dr. Wedekinds und seiner Familie drastisch und unwiderruflich verändert.

Bei einem Badeaufenthalt in Bändlikon am Zürichsee im August 1872 – Armin und Franklin, seine Ältesten, dürfen ihn begleiten – begeht Dr. Wedekind eine unerhörte, irrationale, ja verrückte Tat: Er kauft ein Schloss. Kein Schlösschen mit Türmchen und Erker, sondern eine Trutzburg mit Zugbrücke, Zinnen, Schießscharten und Stützmauern, Hunderte von Jahren alt und Hunderttausende von Tonnen schwer, dreizehn Einzelgebäude auf einer Fläche von annähernd siebentausend Quadratmetern. Dr. Wedekind kauft sie für sich, seine Frau und seine fünf Kinder.

Gelesen hat er darüber in einer Anzeige in der «Neuen Zürcher Zeitung», und gleich am nächsten Tag ist er hingefahren: nach Lenzburg, westlich von Zürich im Kanton Aargau. Eine Bahnstation gibt es nicht, ab Wildegg verkehrt ein Postomnibus, die letzte Strecke läuft man. Das Schloss ist kilometerweit zu sehen. Dr. Wedekind erklimmt den Schlossberg und steht auf dem Burghof, überwältigt von der Wucht der Anlage und der majestätischen Rundsicht. Von den vielen Gebäuden ist nur eines wirklich bewohnbar – aber was ist dagegen das gemietete Haus in der Weißekreuzstraße in Hannover? Einen Besitz wie diesen hätte sich Dr. Wedekind selbst in Amerika nicht leisten können. Hier kann er für neunzigtausend Franken sich und seiner Familie etwas bieten, was jenseits aller Erwartung liegt. Oder will er, wie manche behaupten, mit dem Umzug in eine Burg seine Frau gesellschaftlich aus dem Verkehr ziehen und einer eventuellen Untreue ihrerseits vorbeugen? Dr. Wedekind ist ein eifersüchtiger Ehemann – in Hannover soll er seine Frau beim Blumengießen am Fenster beaufsichtigt haben, um sicherzustellen, dass sie mit keinem Mann auf der Straße anbandelt. Aber vielleicht will er nur eine große Tat vollbringen, wie es die amerikanische Verfassung vorsieht und es freiheitliche Kräfte allerorts fordern.

Dr. Wedekind unterschreibt den Kaufvertrag und handelt Konditionen aus – den Kaufpreis halb in bar, halb in jährlichen Raten auf fünf Jahre. Er eilt nach Hannover, macht Geld flüssig, packt seine Habseligkeiten in zwei Güterwaggons und ist zwei Wochen nach Vertragsunterzeichnung wieder in Lenzburg – er will *vor Eintritt des Winters eingewohnt* sein.

Seine Frau erfährt von all dem erst, als der Handel perfekt ist. Als sie zum ersten Mal auf dem Schlosshof steht, bricht sie in Tränen aus. Das Schloss hat keine Wasserleitung! Wie konnte ihr Mann ein so entscheidendes Detail übersehen? Wie stellt er sich eine Haushaltsführung mit fünf Kindern und Wasser aus einem dreißig Meter tiefen Brunnen vor? Dr. Wedekind steht als Träumer da, seine Großtat verliert an Glanz. Aber es gibt kein Zurück.

3

Ein Schloss in der Schweiz

1872–1880

Lenzburg, dreihundertsiebenundneunzig Meter über dem Meeresspiegel an der Hallwiler Aa gelegen, hat zweitausendvierhundert überwiegend protestantische und vielfach versippte und verschwägerte Einwohner. Die Hünerwadels und Laués betreiben Baumwollspinnereien, die Bertschingers eine Lebensmittelgroßhandlung und ein Baugeschäft, die Haemmerlis eine Papeterie mit Buch- und Postkartenverlag. Hirts Schuhwaren-Versandhaus ist eines der ältesten der Schweiz, und Konsul Zweifel, der nebenher spanische Bürger betreut, zieht Malagawein aus Eichenholzfässern auf Flaschen. Lenzburgs größtes Gebäude ist die Kantonale Strafanstalt, die wichtigste Straße die Rathausgasse. Zum Jugendfest, das wochenlang vorbereitet wird, ist sie blumen- und girlandengeschmückt. Lenzburgs Kadetten marschieren, weiß gekleidete Mädchen schwenken Fahnen, abends gibt es Tanz. Jeder kennt jeden. In der «Aavorstadt» stehen die Häuser direkt am Wasser, Kähne liegen an verträumten Gärten, in der «Witwenvorstadt» wohnen Erbinnen der Fabrikanten und Handelsleute in Villen mit eisernen Balkonen unter hundertjährigen Eiben.

Aber der ruhige Schein trügt: Lenzburg durchlebt turbulente Zeiten. Seit Napoleon I. den Kanton Aargau gründen ließ, ist der Konfrontationskurs zur Kantonshauptstadt Aarau ein Dauerzustand. Wirtschaftlich geht es bergab. Die Baumwollverarbeitung ist mechanisiert, die Heimarbeit so gut wie verschwunden, die Zahl der Betriebe zurückgegangen. Bei der Trassenführung der «Schweizer Nordostbahn» blieb Lenzburg unberücksichtigt. Jetzt hat die Stadt Aktien im Wert von einer halben Million Franken für eine geplante «Nationalbahn» gezeichnet, aber Experten bezweifeln, dass sie ein Erfolg werden kann. Bürger, die sich privat engagiert haben, fürchten um ihre Einlage.

Sich selbst überlassen, von den Großen missachtet – so sehen sich die Lenzburger. Umso eifriger pflegen sie ihre Kultur. Der Cäcilienverein führt Oratorien Haydns und Mendelssohns auf, die Theatergruppe Schillers Dramen, im harten Aargauer Schweizerdeutsch, aber sorgfältig geprobt und für viele im Publikum von bleibendem Eindruck. Was besonders berührt, kommt ins Poesiealbum. Tagebuchschreiben ist in Mode, das Notieren von Träumen auch. Und da fast alle miteinander verwandt sind, gibt es reichlich Gelegenheit, Familienfeiern und Jubiläen mit Selbstgedichtetem zu verschönern. Besonders Motivierte bringen Dramen aus der eigenen Feder im Saal des Gemeindehauses zur Aufführung – das Dichten, sagen die Lenzburger, sei unter ihnen so verbreitet, wie anderswo das Lösen von Kreuzworträtseln. Im Winter gibt es Bälle und Kostümfeste in Fülle – wer geht mit wem, wer tauscht Blicke, wer bleibt länger oder glänzt durch Abwesenheit? Das kleinstädtische Miteinander ist streng geregelt und im Rahmen des Schicklichen freizügig. Wer ungeschriebene Gesetze verletzt oder Grenzen überschreitet, riskiert die Isolation.

Hundert Meter über der Stadt thront das Schloss. 1173 war Friedrich Barbarossa hier auf dem Weg nach Italien. Dann gehörte es Staufern, Habsburgern und Berner Landvögten, die es befestigten, immer wieder umbauten und von ihm aus das Land regierten. 1803 ging es in den Besitz des neu gegründeten Kantons Aargau über, der nicht recht wusste, was damit anzufangen sei, und Pläne einer Verwendung als Militärschule oder Lehrerseminar aus Kostengründen verwarf. Dreißig Jahre lang diente es dem Braunschweiger Pädagogen Christian Lippe als Erziehungsinstitut für Knaben; nach der Schlacht von Solferino war es für kurze Zeit Militärspital für österreichische Soldaten. Jetzt gehört es Dr. Wedekind.

Das Verhältnis der Lenzburger zu den Schlossherren ist traditionell gespannt. Früher gefürchtet, jetzt geduldet, trennt sie ein unsichtbares Band von den Städtern. «Oben» und «Unten» ist klar definiert. Wer «oben» ist, lebt auf dem Präsentierteller und gilt bei aller Bemühung nie als Gleicher unter Gleichen. Dr. Wedekind bietet den Seinen Außerordentliches, aber zwingt sie auch in einen permanenten Ausnahmezustand.

Ist ihm das bewusst? Ein sechzehnseitiger Brief an seinen Bruder Theodor in Göttingen erwähnt nur Positives: Die prachtvolle Aussicht auf Säntis, Glärnisch und Titlis, auf Eiger, Mönch und Jungfrau und eine Luft, *so rein und leicht, daß man im Vergleich zu der kohlenstaubigen Atmosphäre Hannovers und anderer großer Städte balsamischen Aether einzuathmen* vermeine. Lenzburgs Schulsystem sei gut, der Preis der Omnibusbilletts günstig, der Charakter der Bevölkerung *freisinnig, aufgeklärt, höflich, zuvorkommend und, wie der aller Schweizer, erwerbseifrig. Jedermann, auch die Jugend,* habe ihn von Anfang an höflich gegrüßt, jetzt grüße er *feste zuerst,* lüpfe den Hut und sage «Grüezi», was aber meistens wie «Grütze» klinge.

Geduldig beschreibt er jedes Gebäude und jedes Detail: das sechsundfünfzig Meter lange Schulhaus, das Ritterhaus aus dem vierzehnten Jahrhundert mit *klaffenden Schießscharten,* das Haupthaus, den Uhrenturm mit Wendeltreppe, den Pferdestall, die Futterkammer, den Hühnerhof, das Taubenhaus, die Spargel- und Erdbeerbeete, Brombeersträucher, Zwerg- und Spalierobstbäume, das Gewächshaus, das am Grundstücksende auf einem überhängenden Felsen balancierende Gartenhaus mit «Caffezimmer», den Brunnen und sein handbetriebenes Pumpwerk und den Schornsteinfeger, der sich auf einem Brett in den Schacht hinablässt, um anfallende Reparaturen zu erledigen. Vor dem äußeren Tor, so liest man, steht ein Kran mit einem fünfzehn Fuß hohen Tretrad, der Lasten die letzten Meter heraufziehen kann, auf denen Tragtiere keinen Halt finden. Ein *Rebmann* bearbeitet Dr. Wedekinds Weinberg, die *Gärtnersfamilie* im Torwarthäuschen erhält einen Franken Tageslohn und darf ein Stück Land bebauen, aber muss dafür die *nöthigen Gemüse liefern, Hof, Garten, Geräthe, Blumen und Obstbäume besorgen, Holz hacken, Wasser tragen und für jeden und zu jeder Zeit das Thor öffnen.* Vor allem freut es Dr. Wedekind, günstig eingekauft zu haben: Veräußerte er seinen Besitz nur zum *Abbruch für Baumaterial,* wür-

Schloss Lenzburg im Aargau – Familiensitz der Wedekinds

de er *mehr als den Kaufpreis* herausschlagen. Von seiner Familie erwähnt Dr. Wedekind nur, dass seine *Jungens* ihre Studierstube über seinem Arbeitszimmer haben. Auf Fotografien kreuzt er an, wo sich Schlaf-, Ess- und Wohnräume befinden.

Was diese *Jungens* treiben – gemeint sind die drei Ältesten Armin, Franklin und William, genannt Hammi, Bebi und Willi –, erfährt man durch mehr oder weniger folkloristische Berichte Dritter. Es hat von Anfang an theatralischen Charakter. Emilie Wedekind hat drei Esel angeschafft, die Wasser auf die Burg bringen, wenn der Brunnen versiegt oder die Pumpe kaputt ist. Armin, Franklin und William reiten auf ihnen in die Stadt, landesunüblich gekleidet in schwarze, mit einem Gurt zusammengehaltene Kittel und glänzende Lackstiefel. Entsprechend groß ist das Aufsehen. Kinder laufen auf die Straße und wollen die Tiere streicheln, Erwachsene schauen sich an oder schütteln den Kopf. Wie wirken wir? Ihre Position als Schlosskinder, ihre Herkunft, ihr Hochdeutsch, ihre Mutter, die sich auffällig kleidet (und dem Vernehmen nach in Amerika einmal Sängerin war!), ihr knorriger, alter, ganz und gar unschweizerischer Vater sorgen dafür, dass ihnen diese Frage immer präsent ist.

Die Wedekind-Buben besuchen zuerst die Gemeindeknabenschule am Kronenplatz, später die Bezirksschule im Neuen Schulhaus. Armin lernt solide und strebsam. Von William weiß man, dass er von der Schule flog, als es mit einem Flobert in das Fenster einer Toilette schoss, auf der gerade ein Lehrer saß. Franklins Schulzeit jedoch, für das Verständnis seines Lebens und seiner Persönlichkeit von kaum überschätzbarer Bedeutung, ist im Licht späterer Berühmtheit mit Legenden geradezu überfrachtet, die ihn wechselweise als Tunichtgut, Rebell, Rattenfänger oder Mädchenverführer schildern.

In Wirklichkeit ist er wohl eher ein nachdenklicher Junge, der für sein Leben gern philosophiert und diskutiert. Erwachsene staunen über die Vielfalt seiner Interessen und die Reife seines Urteils. Er schätzt das Alleinsein, scheint es zu brauchen. Gereizt, wird er jähzornig wie Großvater Kammerer oder seine Mutter. Von denen hat er auch die Musikalität: Er erfindet mit Leichtigkeit Melodien und kann Lieder, später sogar Opernarien, fehlerfrei nachsingen. Körperlich ist er ungelenk, im Turnen bestenfalls mittelmäßig. Er hat breite, gerötete Hände mit kurzen, stumpfen Fingern, die ungeschickt aussehen, es aber nicht sind. Er bastelt gern und zeichnet leidlich. Seine hervorstechendste Begabung ist das Spiel mit Worten, das Reimen, Verseschmieden. Er betreibt es seit früher Kindheit. Was er produziert, sammelt er in einer ausgedienten Spielzeugkiste, dem sogenannten «Steinbaukasten», der heute in einem Lenzburger Archiv zu bewundern ist. Die Aufnahmeprüfung in die Bezirksschule hat er, wiewohl der Jüngste seiner Klasse, als einer der Besten bestanden. «Das ist der Denker», sagt sein Vater, wenn er ihn vorstellt.

Er verliebt sich oft und heftig, ist aber nicht der Typ, dem Mädchenherzen zufliegen. Walther Oschwald, ein Mitschüler und späterer Ehemann seiner Schwester Frida Marianne Erika, hält Mädchenfreundschaften Wedekinds schon deswegen für unwahrscheinlich, weil *die Mädchen sich vor ihm und seinem gescheiten Kopf eigentlich fürchteten. Ob er mal getanzt hat mit einem Mädchen, weiss ich nicht mehr, ich kann mir das nicht recht vorstellen. Seine dichterische Begabung hat wohl das eine oder*

andere Liebesgedicht an eine Lenzburger Schöne hervorgebracht,
aber das war mehr ein poetisches oder zynisches Schwärmen aus
der Ferne. Die eine oder andere Mädchenfigur erfüllte ihn viel-
leicht, aber er kannte sie nicht persönlich. Ein Mädchenjäger, wie
man aus gewissen Publikationen schließen könnte, ist Franklin
ganz bestimmt nicht gewesen. Er war ungewandt, linkisch und
ohne Schliff.

Tatsächlich findet sich in Wedekinds Werk kaum eines jener schwärmerischen, selbstsicheren Liebesgedichte im Stil von
Goethes «Willkommen und Abschied». Die romantische Phase,
fast möchte man sagen die Jugend, scheint an Wedekind vor-
beigegangen zu sein. Ihn beschäftigen Gedanken an Tod und
Vergänglichkeit:

> Schnell wie am Firmament die Wolken ziehn,
> Wie eines Waldbachs Fluthen niederstürzen,
> Sehn wir die Tage unaufhaltsam fliehn
> Und emsig unsere Lebenszeit verkürzen.

Laut Walther Oschwald ist Wedekind ein Einzelgänger: *Er blieb*
dem Treiben von uns Lenzburger Buben außerhalb der Schule
fern, an unseren Spielen, dem Baden und Fischen, Kühe weiden
und ähnlichen Dingen und den großen Schneeballschlachten zwi-
schen Städtlern und Vorstädtlern hat er nicht teilgenommen. Kör-
perliche Tugenden und Leistungen und harmlose Bubenfreuden
des Alltags haben ihn wohl nicht angezogen.

Stattdessen übt er sich in Provokation. Sich einzupassen, in
der Menge zu verschwinden widerstrebt ihm. Er will auffallen
und eine Rolle spielen und könnte es, dank seiner Begabung
und Intelligenz, durch schulische Leistung, tut es aber durch
Quatschmachen und Stören. Der Zwölfjährige wird bestraft wegen *fortwährenden Unfleißes bei allen Lehrern, Unfuges wäh-*
rend des Unterrichts, Trotzes und Ungehorsams gegen die Lehrer,
endlich wegen Lügens. Ein *schlimmes Beispiel* habe er seiner
Klasse gegeben. *Es steckte ein frühreifes Urteil und ein etwas*
satirisches, ironisches und nicht an Tradition gebundenes Wesen

in ihm, meint Walther Oschwald, *das ihn mit der Schule und den Lehrern in Konflikt brachte. Diese Lehrer waren gegen ihn direkt feindlich eingestellt und verstanden ihn und sein Wesen nicht.*

Die Lenzburger Kadetten trainieren zweimal wöchentlich in blauer Uniform mit roten Streifen und gelten viel im Städtchen; Mädchen schwärmen für sie. Franklin Wedekind, der Schlossjunge, ungelenk und aus Deutschland zugezogen, will sich hervortun, reitet mit seinem Esel auf den Exerzierplatz und fuchtelt mit einem Türkendolch herum, den er aus der väterlichen Sammlung entwendet hat. Manche finden das komisch, andere nicht. Seine Vorgesetzten ärgert es. Bei Übungen bemüht er sich redlich. Die Ernennung zum Leutnant, üblicherweise eine Routinesache, aber im Städtchen nicht unwichtig, wird bei ihm zum Politikum: *Die Herren Instruktoren geben zu, daß Wedekind ein Schlingel sei, jedoch auf dem Exerzierplatz seinen Pflichten gehörig nachkomme und sich zu präsentieren wisse.* Man drückt ein Auge zu und befördert ihn – vierzehn Tage später ist die Herrrlichkeit schon wieder zu Ende.

Der Anlass ist harmlos – kleine Liebeleien und Briefetauschen mit Mädchen wurden beobachtet – und Franklin Wedekind bei Weitem nicht der einzige Übeltäter. Aber er wird ausgesondert, verliert den Leutnantsrang und muss seinen Säbel zurückgeben – eine große und stadtweit bekannte Schande. Als er im Unterricht wieder aufsässig ist, zerschlägt ein Lehrer einen Haselnussstock auf seinem Rücken. Wedekind gibt keinen Laut von sich, aber am nächsten Tag macht ein höhnisches Gedicht die Runde, das er, wie Walther Oschwald meint, *absichtlich in der Schule liegen ließ oder scheinbar vergaß, nur damit der verhöhnte Lehrer davon Kenntnis erhielt. Mir wurde fast angst um ihn, und ich habe das alles wie etwas Teuflisches angesehen und Franklin zu überreden versucht, er solle doch von diesen unnötigen Gedichten und Teufeleien, der Herausforderung von Strafe und Ahndung absehen: ohne Erfolg.*

Wedekind gibt sich trotzig, straft das Kadettenwesen mit Verachtung und schwänzt ostentativ den Turnunterricht. Aber weil er empfindsam und verletzlich ist, trifft ihn die Strafe hart. Auf dem Schloss leckt er seine Wunden. «Meinem Säbel» heißt das Gedicht, in dem er das Erlebnis verarbeitet: Eines Nachts wird er zu ihm zurückkehren, und dann wird er es allen zeigen.

Ostern 1879 wechselt Franklin Wedekind auf die Kantonsschule nach Aarau, die sein Bruder Armin bereits seit zwei Jahren besucht. Aarau ist dreimal größer als Lenzburg und war 1798 für sechs kurze, aufregende Monate Hauptstadt der Schweiz. Jetzt ist es Sitz des kantonalen Behördenwesens. Die Straßen sind kopfsteingepflastert, Brunnen plätschern, Häuser haben bemalte Giebel. Man schaut auf die Hänge des Jura. Industriebetriebe für Feinmechanik, Optik und Glockengießerei haben sich angesiedelt. Die Kantonsschule, ehemals städtisches Waisenhaus, liegt auf einem Hügel am Stadtrand. Von Lenzburg, das neuerdings einen eigenen Bahnhof hat, fährt man nach Aarau eine halbe Stunde. Aber Armin und Franklin wohnen bei Professor Rauchenstein, einem pensionierten Philologen und Bekannten ihres Vaters, der auch ihre Hausaufgaben überwachen soll.

In Aarau wird Franklin Wedekind schnell Zentrum eines Kreises Gleichgesinnter. Die Kantonsschule ist ein modernes, liberal geführtes Institut. Schulfeiern sind von den Schülern selbst zu gestalten, Fähigkeiten im Formulieren und Verseschmieden gefragt. Hier ist Franklin Wedekind seinem Umfeld turmhoch überlegen. Die Kommilitonen bestaunen die Gewandtheit, mit der er Verse aus dem Ärmel schüttelt, die Treffsicherheit seiner Pointen, die Schlagkraft seines Witzes. Wedekind mag hier zum ersten Mal gespürt haben, dass er Menschen in seinen Bann ziehen kann, und er tut es unverkrampft: Sein Interesse an Philosophie, Geschichte und Religion ist echt, nichts macht ihm mehr Spaß, als ein Problem zu durchdenken und auf den Punkt zu bringen. Darüber hinaus hat er natürliches pädagogisches Geschick – kein Wunder, dass Mitschüler ihn bewundern und seine Nähe suchen. Solche wohlgemerkt, die mit seiner Art etwas anfangen können. Andere betrachten ihn als sonderbar oder überspannt. Walther Oschwald erinnert sich: *Aus dem, was diese «Philosophen» berieten, sickerte dann das eine oder andere durch. Ein wichtiger Grundsatz laute-*

te: «*Alles Seiende ist seiend.*» *Damit konnte ein biederer Jüngling, wie ich einer war, wirklich nichts anfangen.* Seiner Meinung nach ist Wedekind auch in Aarau *Eigenbrödler, mehr gefürchtet als geachtet und geliebt.*

Die Lehrerschaft polarisiert er noch immer. Manche hassen ihn, andere erkennen seine Begabung und Ernsthaftigkeit und fördern ihn nach Kräften. Seine Leistungen sind unterschiedlich im Extrem. Was ihn interessiert, formuliert er in Gedanken von verblüffender Schärfe, auf anderen Gebieten ist er so ahnungslos, dass Lehrer sich fragen, ob er weiß, um welches Fach es sich handelt. Nachts lärmt er in den Straßen. Ein Polizist nimmt ihn fest und sperrt ihn in eine Arrestzelle. Er nutzt die Zeit für ein Gedicht:

> Da sitze ich nun im Kerker hier,
> Im grausigen Dunkel der Hölle.
> Mein einziger Trost ist dieses Papier,
> Dieser Stift mein einz'ger Geselle.
>
> Doch da kommt die göttliche Phantasie
> Auf ihrem rosigen Flügel.
> Sie folgt mir treu und verlässt mich nie
> Trotz aller Schlösser und Riegel.
>
> Die Mauern verschwinden in ihrem Licht,
> Frei kann der Geist sich bewegen
> Und schleudert ein unverblümtes Gedicht
> Den frechen Philistern entgegen.

Es folgen elf weitere angriffslustige und ironische Strophen, deren Pointiertheit und Eleganz sich auch ein Heinrich Heine nicht hätte schämen müssen – und Wedekind beendet sie, bevor der Wärter um drei Uhr früh die Zellentür wieder aufsperrt.

Als Weihnachtsgeschenk für sein dreijähriges Schwesterchen Mati, geboren auf Schloss Lenzburg im April 1876 und naturgemäß der Liebling aller, schreibt Wedekind 1879 ein «Kinderepos», betitelt «Der Hänseken», nach der Vorlage von Theodor Storms Märchen vom «Kleinen Häwelmann», der, anstatt zu schlafen, auf einem Mondstrahl in den Himmel reitet. Armin illustriert das Werk mit viel Fleiß, Phantasie und Blattgold.

Bewundert man des fünfzehnjährigen Franklins Fertigkeit, die vielen Strophen mit Schwung, Witz und Poesie zu füllen, so lässt der Schluss aufhorchen: Wie beim «Häwelmann» beendet die Sonne Hänsekens Reise. Aber anders als der, fällt er nicht ins Meer, sondern geradewegs auf Schloss Lenzburg, wo Willi bei einer Strafarbeit das Tintenfass umwirft, das sich in den Schlossweiher ergießt. Dort landet Hänseken. Voller Freude über seine Errettung läuft er zu seiner Mutter, ohne zu ahnen, dass das Tintenbad ihn schwarz gemacht hat. Seine Mutter erkennt ihn nicht. Er beteuert immer wieder, ihr Sohn zu sein, aber sie schickt ihn fort:

> Du kleiner, schwarzer Wanderer,
> Du bist mir völlig unbekannt
> Und ganz gewiss ein anderer.
> Gehst du nicht gleich von meiner Schwelle,
> Dann ist die Polizei zur Stelle!

Mit dem Besen scheucht sie ihn hinaus. Auch im Städtchen will ihn niemand haben. Hänseken besteigt einen Kahn und fährt nach Afrika, wo alle schwarz sind und eine neue Mutter wartet.

Fazit: *Wenn die Weißen dich mißhandeln, dann mußt du zu den Mohren wandeln.* Eigentlich heißt Hänseken natürlich «Hänschen», wird aber nach Dr. Wedekinds Tonfall niederdeutsch ausgesprochen. Der hat bekanntlich bereits in San Francisco die *gewisse Herzenskälte* seiner Frau beklagt.

Über die Familienatmosphäre auf Schloss Lenzburg gibt es ein direktes Zeugnis. Es stammt von Sophie Haemmerli-Marti, einer bekannten Aargauer Heimat- und Mundartdichterin, ursprünglich Bauerntochter aus Othmarsingen und als Schülerin oft Gast auf dem Schloss. *Kalifornische Luft* habe dort geweht, meint sie,

Die Mutter Emilie Wedekind,
der Vater Friedrich Wilhelm Wedekind

und gestaunt habe man, wenn Mutter Wedekind am Klavier *wie eine Lerche* in allen möglichen Sprachen gesungen habe. Den Vater habe man nur zu den Mahlzeiten gesehen. Dabei habe er meist stumm am Tisch gesessen und nur dann und wann mit seiner *Bassstimme dazwischengepoltert,* habe aber auch, wenn ihm die Gastlichkeit zu bunt wurde, eine noch ungeöffnete Weinflasche vom Tisch nehmen und im Schrank verschließen können. Sophie Haemmerli-Marti beschreibt ihn als *weißbärtig und steif,* ein *Eichenstamm aus dem uralten niedersächsischen Herrengeschlecht;* wohlgefühlt habe man sich in seiner Gegenwart nicht. Er und Emilie seien *wie Sonne und Mond* gewesen: *Kommt der eine, geht der andere. Treffen sich zwei harte Steine, gibt es Feuer.*

Deutlichere, wenn auch verschlüsselte Zeugnisse liefert Wedekind selbst in seinem späten Stück «Franziska»: *Schöne Erinnerungen,* heißt es da, habe er nur an die *Berghänge* in der Umgebung des Schlosses. Das Innere, samt Hof und Schattenplätzen, sei ihm *ein Grauen* gewesen. *Im Inneren war der Krieg und draußen der Friede.* Oft sei er am Tor gestanden, *den Klopfer in der Hand,* und habe sich gefragt, welche *Entsetzlichkeit* ihn drinnen erwarten würde, *eingeschlagene Türen oder zerkratzte Gesichter.* Dem *verrückten Aberglauben* folgend, nach dem Unheil abzuwenden ist, indem man ganz fest daran denkt, habe er sich *alle Scheußlichkeiten* vorgestellt. Seither könne er über Unglück nur noch *lachen,* das sei *herzlos* und *unmenschlich,* aber nicht seine Schuld.

Kann man eine literarische Passage wie diese für bare Münze nehmen? Wedekinds Werk ist voll von autobiografischen Bezügen. In Entwürfen verwendet er oft reale Namen und verfremdet sie erst später. Das Schloss als Metapher oder Schauplatz taucht in fast jedem Stück auf. Die Tatsache, dass ihn der Zwist im Elternhaus zum Zeitpunkt der Entstehung von «Franziska», also mit fast fünfzig Jahren, noch immer umtreibt, lässt auf die Intensität des früh Erlebten schließen.

Ein anderer, auf seinen Wahrheitsgehalt schwer überprüfbarer Rückblick des erwachsenen Wedekind, betitelt «Seine Abenteuer», klingt drastisch, aber ist in seiner Schlussfolgerung typisch und erhellend: *Meine Kindheit war eine ununterbrochene Kette von Beschämungen, Beschimpfungen und entwürdigenden Erlebnissen, die kein Kind durchmacht, ohne daß seine Thatkraft auf Lebenszeit gebrochen wird. Wurde ich nicht geprügelt, dann hatte ich von Natur aus körperliche Schmerzen, und kaum ließen die Schmerzen nach, wurde ich wieder geprügelt. Die Ohrfeigen, Faustschläge und Fußtritte von Vater und Mutter und einem Dutzend Lehrer stritten sich um meinen wehrlosen Körper und beuteten meine stimmlichen Leistungen im Schreien, im Winseln, im Stöhnen um die Wette aus. Was die Natur veranlaßte, ein wehrloses Kind zu quälen, weiß ich nicht. Aber soviel war mir als Kind schon klar, daß mich meine Eltern und Lehrer zu ihrer Unterhaltung und zur Bekämpfung der Langeweile prügelten. Ich erzähle Ihnen das alles nicht, um Ihnen meine Lebensanschauungen daraus zu erklären. Hätte ich den geringsten Verdacht, daß meine Lebensanschauungen meiner unglücklichen Kindheit entspringen, dann würde ich meine Lebensanschauungen verdammen. Aber wenn sich Thatkraft, Arbeitslust und Daseins-*

freude aus einem Kinde auf Lebenszeit hinausprügeln lassen, die Vernunft läßt sich nicht hinausprügeln. Und da meine Seele keine *anderen, schöneren Eigenschaften besitzt, hat sich die klare Vernunft in mir zu lebensgefährlicher Macht entwickelt.*

Emilie soll einmal mit dem Messer auf ihren Mann losgegangen sein. Das berichtet Kadidja, Wedekinds zweite Tochter, die es wohl von jemandem erfahren hat, der Einblick in die Verhältnisse hatte. Emilies feuriges Temperament ist bekannt. Zweifellos ist sie in der Ehe die Stärkere. Ihrem Mann hat sie nicht nur ihre Jugend, sondern auch ihre Vertrautheit mit der Schweiz voraus. Sie bewegt sich frei in Lenzburgs Gesellschaft, singt im Cäcilienverein, spricht die Mundart wie eine Einheimische. Dr. Wedekind bringt laut Sophie Haemmerli-Marti *keinen schweizerdeutschen Satz über die Lippen.* Er fährt nach Zürich, durchstöbert Buchläden, kauft Antiquitäten, zieht sich in sein riesiges Arbeitszimmer zurück, katalogisiert seine Münzen, Gemmen, Waffen, Rüstungen und Orientalia, vertieft sich in Schriften, die nur ihn interessieren, vereinsamt nach und nach. Seine Kraft reicht gerade für das Nötigste. Das Schlossleben ist mühsam, der Ertrag des Weinbergs mager. Immer ist etwas kaputt. Emilie meistert Herausforderungen mit Mut und Tüchtigkeit, wie sie es von Jugend an gewohnt ist.

Franklin sieht seine Mutter immer stärker und seinen Vater immer schwächer werden. Und weil er selbst ein Mann ist, bemitleidet er ihn und schämt sich für ihn, besonders für seine ohnmächtige, von Schwäche zeugende Wut. Jahrzehnte später notiert er: *Ich schäme mich, obschon ich schon 44 Jahre alt bin, bis jetzt immer noch, jemandem mitzuteilen, mit welchen Ausdrücken mein Vater meine Mutter beschimpfte.* Früh stellt sich die Frage nach dem Sinn einer Institution, die Menschen zusammenkettet, die sich offensichtlich nicht lieben. *Die Ehe ist außer unserer Geburt und unserem Tod das Unerbittlichste, dem wir Menschenkinder verfallen sind,* ist nur eine der vielen Äußerungen Wedekinds zu diesem Thema.

Dazu kommt ständiger Aufruhr um Donald, den Fünftgeborenen, Franklins sieben Jahre jüngeren Bruder. Der sieht aus wie ein Engel, aber verhält sich oft wie ein Teufel, anspruchsvoll, aufsässig, stur und frech. Dabei ist er intelligent und kann äußerst charmant sein. Wer ihn zum ersten Mal sieht, ist von ihm bezaubert. Im Gegensatz zu seinen älteren Geschwistern, die allesamt die untersetzte Figur der Mutter geerbt haben, mit kurzen Beinen, kräftigem Oberkörper, breiten Schultern und starkem Nacken, ist Donald feingliedrig, mit langen Armen und Beinen und einer schmalen Brust. Seine Augen sind smaragdgrün. Mädchen schmachtet er mit einer Ungeniertheit an, die Unmut erregen könnte, wären da nicht sein engelhaftes Aussehen und sein vermeintlich sanftes Wesen. Nachbarn und Bekannte reißen sich um ihn. Manchmal ist er tagelang Gast bei Familie Hünerwadel auf Schloss Wildegg, das man von der Zinne der Lenzburg aus sehen kann. Kommt er zurück, ist er noch unleidlicher als zuvor. Seine Mutter kann ihn nicht bändigen, sein Vater schweigt. Franklin, sein großer Bruder, ist sein Freund und Beschützer, und auch Franklin hat Donald immer als denjenigen bezeichnet, der ihm von allen Geschwistern der Liebste ist.

Im Sommer 1880 durchstreift Franklin das nächtliche Aarau mit seinem Freund Oskar Schibler, einem Aarauer Bürgersohn, den Fragen nach dem Sinn des Lebens in ähnlicher Intensität beschäftigen wie ihn selbst. Bei der Kettenbrücke über die Aare sehen sie Lichter und einen Sanitätswagen. Zwei Schüler haben sich erschossen, man trägt ihre Leichen fort. Was treibt zwei so junge Menschen in den Tod? Schuldruck? Depression? Spannung im Elternhaus? Franklin soll sich damals wie ein Wahnsinniger gebärdet haben, sein Taschentuch in das Blut der Selbstmörder getaucht und gewünscht haben, selbst auf der Stelle zu sterben. Kommentatoren sehen darin Ausdruck jugendlicher Theatralik und Angeberei. Sophie Haemmerli-Marti umkränzt den Vorfall mit humoristischen Details einer Blutsbruderschaft zwischen Franklin und Oskar Schibler, besiegelt mit aus dem Schibler'schen Weinkeller gestohlenem Burgunder. Aber vielleicht erfasst Wedekind echte Erschütterung, die Ahnung eines Lebensthemas, das den leidenden Menschen zum Mittelpunkt hat und Ehe und Familie infrage stellt. Ein paar Monate später entsteht ein Gedicht, das auf die Episode Bezug nimmt. Aber die Agierenden sind vertauscht: Nicht zwei Freunde wählen gemeinsam den Tod, sondern zwei Feinde bringen sich gegenseitig um – Mann und Frau am Beginn ihrer Ehe:

> Ich schaut' in die schwarzen Fluthen hinab.
> Am Himmel erglänzten die Sterne.
> Mir grinset entgegen eine schauriges Grab,
> Und dennoch sah ich es gerne.
>
> Da flüstert mir des Windes Wehn
> Von einem liebenden Paare.
> Entschlossen, vereint durch das Leben zu gehn,
> Trat froh es zum Traualtare.
>
> Als Sang und Tanz nun vorüber war,
> Und die Hochzeitsgäste verschwunden,
> Erfreute sich das glückselige Paar
> Idyllischer Schäferstunden.
>
> Es war ein kurzer, reizender Traum.
> Sie hatten den Himmel gesehen,
> Vom Lebenskelche genossen den Schaum,
> Die Hefe ließen sie stehen:
>
> Denn als am Morgen zu neuer Lust
> Erschienen ihre Genossen,
> Da trug die Braut einen Dolch in der Brust,
> Der Bräutigam lag erschossen.

4

Zeit der Freundschaft und der Liebe

1881–1884

Ostern 1881, beim Übergang von der zweiten in die dritte Gymnasialklasse, bleibt Franklin Wedekind sitzen, keinesfalls aus Mangel an Begabung, wie Walther Oschwald meint, im Gegenteil: *Er hätte alle Mitschüler übertroffen, wenn er nur etwas fleißiger und ordentlicher gewesen wäre.* Professor Rauchenstein, sein Pensionsvater, sieht seine *mehr als gewöhnliche Begabung und Neigung zu poetischer Produktion,* mit der er über den *mühsamen, aber unerlässlichen Schulweg hinwegfliegen zu können hoffte,* als Grund für das Scheitern. In *sittlicher Hinsicht* sei nichts an ihm auszusetzen: Sein *offenes und freundliches Wesen* habe ihm die *Zufriedenheit und Liebe aller* eingetragen. Er empfiehlt ein halbes Jahr Privatunterricht und danach einen Neuanfang, vielleicht in einem anderen Institut. Wedekind schleicht sich aus Aarau fort und benachrichtigt nicht einmal die engsten Freunde.

Auf dem Schloss hat er Zeit zum Grübeln, über sich selbst, sein schulisches Versagen und die Zurücksetzung, die damit einhergeht. Natürlich denkt er auch an Mädchen, aber keines ist da, dem er sich nähern könnte. Das Schloss umgibt ihn wie ein Panzer, buntes Leben findet anderswo statt. Er erfindet ein Mädchen, nennt es Galathea und sich selbst Felix, ist mit ihr ein imaginäres Liebespaar. *Er brauchte immer einen Stoff,* erinnert sich Walther Oschwald, *und wenn er keinen erlebte, machte er sich einen.*

Felix und Galathea leben in einer Welt wohlwollender Götter und Göttinnen, Nixen und Waldgeister und sind nur damit beschäftigt, einander kennenzulernen. Ergebnis dieser Phantasie ist das Singspiel «Felix und Galathea», geschrieben im Frühsommer 1881, Wedekinds erstes Traktat über die Sexualität. Seine These:

Auch Frauen haben Spaß daran. Die Erkenntnis ist nicht neu, aber auch nicht selbstverständlich: Wilhelm Reich ist noch nicht geboren, die «Psychopathia Sexualis» des Freiherrn von Krafft-Ebing noch nicht erschienen, der weibliche Orgasmus so gut wie unerforscht. Sigmund Freud, soeben mit seiner Arbeit «Über das Rückenmark niederer Fischarten» zum Doktor promoviert, weiß noch nicht, ob er Humanmediziner werden oder Zoologe bleiben soll. In Lenzburg ist Information zu weiblicher Sexualität schlechterdings nicht zu haben: Kein Mädchen würde es wagen, darüber zu sprechen; im Schulzug nach Aarau fahren Knaben und Mädchen in getrennten Abteilen, Mitschülerinnen der eigenen Schwestern tituliert man mit «Sie». Über dem Sexualleben der Erwachsenen liegt eisernes Schweigen.

Felix und Galathea lassen sich treiben und folgen der Natur, nicht ohne Skrupel und Schuldgefühle: Der Sündenfall ist Teil des ethisch-moralischen Unterrichts in Elternhaus und Schule, sich von ihm frei zu machen kostet Kraft. Wedekind erkennt die Kluft zwischen der Liebe des Herzens und der des Körpers. Erstere ist gut – Jesus Christus praktiziert sie, Heilige und edle Menschen auch –, Letztere ist sündhaft und verboten. Wedekinds Erfahrung der elterlichen Ehe lässt ihn das Umgekehrte glauben: Was Vater und Mutter Herzensliebe nennen, kann nicht gut sein, es sei denn, die Welt stünde auf dem Kopf. Die sexuelle Liebe erforscht er mit seiner imaginären Geliebten, in leichtem Ton, versteht sich – wie anders kann man ein solch ernstes Thema angehen? *Schlürft das Vergnügen, bald wird es versiegen!,* singen Felix und Galathea und schließen mit einem ironischen Duett:

> Und so sagen wir denn bis zum nächsten Jahr
> Euch, ihr lieben Freunde, gute Nacht,
> Hoffend, daß es kein zu großer Blödsinn war;
> Uns auf jeden Fall hat's Spaß gemacht.
> Deshalb woll'n wir auch nur recht viel Leute haben,
> Die an Kunstgenüssen sich wie heute laben.
> Dann gedeihen alle Künste wunderbar,
> Bis der Weltenbau zusammenkracht.

Die Kameraden in Aarau sind Wedekind jetzt ein Jahr voraus. Er will weiter zu ihnen gehören, trotz seiner Schande, und entwickelt nach einer Periode des Schweigens eine rege Korrespondenz, locker plaudernd, als ob nichts geschehen wäre. Sie liest sich wie ein Psychogramm des Siebzehnjährigen und verrät viel über sein Umfeld, seine Wirkung und seine Zeit. Erhalten ist sie dank Wedekinds leidenschaftlichem, vom Vater ererbtem Sammlertrieb, der ihn jedes Papier aufheben, beschriften und datieren lässt.

Carl Schmidt, später Professor für Geologie und Mineralogie, ist besorgt über seinen Nihilismus. Der ist Mode unter Gymnasiasten, aber Franklin Wedekind übertreibt ihn. *Kann der Mensch nicht auch denken, ohne dass er mit gesenktem Haupt, mit gerunzelter Stirn herumgehen muss,* fragt Carl Schmidt. Kennt Franklin das *beseligende Gefühl von einer Hoffnung auf die Zukunft, das man empfindet, wenn man sein Ideal kennt? Du kennst noch nichts von diesem Denken. Dein Gedanke war immer finster wie die Nacht, kalt und frostig. Du bist zur Erkenntnis gekommen, dass du denken musstest, um Mensch zu sein, um dasjenige Geschöpf zu werden, das der anatomische Bau deines Gehirns erfordert.*

Den Grund für seinen Nihilismus diskutiert Wedekind mit Adolph Vögtlin, der die Schule schon hinter sich hat und in Genf Rekrut ist: Als Junge in Hannover habe er den Kommentar eines Passanten über einen Mann belauscht, der ein Geldstück in einen Opferstock warf: *Der will auch ein Geschäft mit unserem Herrgott machen.* Seitdem wisse er, *dass der Mensch nichts thue ohne angemessene Belohnung, dass er KEINE ANDERE LIEBE KENNT ALS EGOISMUS.* Moralisch verwerflich sei das nicht, denn so betrachtet sei der Egoismus eine *Stütze der menschlichen Gesellschaft* und *Quelle aller schönen Thaten,* denn *wer keinen inneren Genuß von seinen Wohlthaten hat, der verübt auch keine.* Schon bei Kindern bemerke man, dass *das Eine barmherzig, das Andere gefühllos* ist, und niemand leite daraus *Vorwurf* oder *Verdienst* ab. Träten sie jedoch ins Leben, so heiße es sogleich: *Der ist gut, jener schlecht; der freigebig, jener geizig.* Dabei seien nicht die Guten die Benachteiligten, sondern die Schlechten, denn wer sei glücklicher: die *Gehaßten* oder die *Geliebten? Ich denke doch, die letzteren genießen ein schöneres Dasein.* Einen *Blindgeborenen* bemitleide man seines *körperlichen Gebrechens* wegen, den *Geizhals* verdamme man wegen seines *geistigen* – das sei Barmherzigkeit und Nächstenliebe? Kurzum: Welchen *Schafspelz* man auch *ausklopfe,* überall kämen *die gleichen, egoistischen Wölfe* heraus. Wedekind wisse, dass er damit den *Auswurf der Menschheit* in Schutz nehme, aber könne nicht anders.

Oskar Schibler fürchtet, dem Druck der Schule nicht standzuhalten, und droht, sich umzubringen. Er verflucht Gott, der dem Menschen Vernunft gab und dann alleinließ. Für Franklin Wedekind, Sohn aufgeklärter Eltern, ist das Bekenntnis zum Atheismus fast eine Selbstverständlichkeit. Aber kann man sicher sein? Ist nicht der Tod der schlagenste Beweis einer höheren Macht, die Angst vor ihm Beweis der eigenen Ohnmacht? Wedekinds Verhältnis zur Religion ist lebenslang ambivalent. Er glaubt nicht und glaubt doch, gemäß seiner Maxime: *Es gibt keinen Gott, aber man braucht das doch nicht an alle Plakatsäulen anschlagen.* Oskar Schibler spricht er Mut zu in einem Dilemma, in dem er selbst steckt: *Ich bitte Dich inständig um Deines Seelenheils willen, nicht auf halbem Wege stehen zu bleiben und an einen Gott zu glauben, der kein Gott mehr ist, und dadurch, dass Du ihn Dir als feindliche Macht einbildest, Deine Freiheit vollständig zu Grunde zu richten.* Wer die Allmacht Gottes bejahe, aber dessen Güte verneine, sei der *moralisch am tiefsten gesunkene Mensch,* sei ein *Sclave,* wer Gott seinen Feind nenne, ein *Gotteslästerer,* wer Gottes Liebe von sich weise, ein *Dummkopf.* Der MENSCH sei das höchste Wesen, und wer sich selbst am höchsten ehre, sei sowohl *fromm* als *frei. Und wenn Du dies begriffen hast, so wird Dein verlangend Herz sich selbst genug sein, DU BIST EIN WEISER.*

In Aarau hat sich ein weiterer Schüler das Leben genommen. Wedekind berichtet Adolph Vögtlin: *Letzten Freitag schwänzte Frank Oberlin die Schule. Samstagmorgen um 4 Uhr nimmt er sein Geschichtsbuch und geht in den Schachen, um Geschichte zu repetieren. Zwei Stunden später, um 6 Uhr, fand man seinen Leichnam, der in der Telli von der Aare aufs Land geworfen war. Wie er umgekommen, weiß niemand zu sagen. Die Vermutungen über seinen Tod halte ich für zu grundlos und unwürdig, als dass ich sie weiter melden möchte.* Verurteilt Wedekind den Selbstmörder oder die Gesellschaft, die ihn zuließ? Hält er sich selbst für gefährdet? *Selbstmord folgt auf Selbstverachtung so gewiß, wie Schmerz auf die Freude, wie Regen auf Sonnenschein.* Wie schwer es ist, stets die nötige Selbstachtung zu spüren, weiß er nur zu gut.

Wedekind sucht Freundschaft, geistigen Austausch, Gleichklang des Gemüts, aber öffnet sich zögernd, als hätte er Angst, verletzt zu werden. Auf Zurückweisung, auch auf scherzhaft gemeinte, reagiert er unangemessen schroff: Als Adolph Vögtlin «Felix und Galathea» als *gar zu idyllisch, schäfermädchenkleidlich, wässerlich, seicht* kritisiert, bricht Wedekind die Beziehung ab: *Der Tadel, den Du mir hast zukommen lassen wegen meiner Galathea, ist sehr begründet, und ich hätte ihn gern aus Freundesmund gehört; aber mit Verachtung ausgesprochen, muß er mich kränken. Mit großem Dank nehme ich also Deine Belehrungen entgegen; muß Dir aber, trotz innerem Widerstreben verbieten, mir wiederum von Freundschaft zu sprechen.* Wedekind wird zahlreiche ähnliche Briefe schreiben, sie werden ihm und seinen Mitmenschen das Leben nicht leichter machen.

Vögtlin entschuldigt sich, Wedekind vergibt, ein liebes- und anlehnungsbedürftiger Mensch, der an der eigenen Schwäche leidet, aber sich zu ihr bekennt – Zeitzeugen berichten immer wieder von der erstaunlichen Offenheit, mit der Wedekind Fehler zugeben konnte: *Beschämt zugleich, wie auch gehoben durch Deine Großmut trete ich nun vor Dich hin, um mir Verzeihung auszuwirken für die beleidigenden Zweifel, die mein stolzes Herz, von wilder Leidenschaft befangen, gegen Deine Freundschaft hegte. Bitte, vergiß die Blöße, die ich mir vor Deinen Augen durch dieses unsägliche Mißtrauen gab.* Dank Vögtlins Kritik erhält «Felix und Galathea» ein elegisches Finale:

Es streicht durch die Wälder ein kalter Wind,
Die Blätter fallen herab.
Und Galathea, das süße Kind,
Ich legte sie eben ins Grab.

Still deckt ich sie zu und weinte nicht;
Sie war noch immer so schön.
Ich küßte ihr holdes Angesicht
Auf baldiges Wiedersehn.

Eine geplante Sommerreise mit Oskar Schibler muss ausfallen: Wedekind hat Rippenfellentzündung. Er ist ein robuster Junge, verausgabt sich gern körperlich und nimmt das kalte, im Winter manchmal mit einer Eisschicht bedeckte Waschwasser auf Schloss Lenzburg heldenhaft hin. Aber Krankheiten heilen bei ihm schlecht, seine Abwehrkräfte sind schwach. Er liegt sechs Wochen im Bett, verpasst die Aufnahmeprüfung des vom Vater gewählten Gymnasiums in Solothurn und wiederholt ab Herbst 1881 die zweite Klasse der Kantonsschule in Aarau.

Bald heißt es wieder: *Ohne Fleiß und Energie, scheint sich nicht mehr aufraffen zu wollen, wusste nicht einmal, was durchgenommen war, behauptete dann aber, er sei vorbereitet.* Nur in Geschichte und Deutsch überragt er. *Franklin schüttelte die Aufsätze sozusagen aus dem Ärmel,* erinnert sich Walther Oschwald. *Am Tage vor der Ablieferung hatte er noch keinen Strich, dann legte er sich in der Nacht ins Zeug, oft auch schwänzte er eine Stunde, und der Aufsatz war fertig und brachte ihm die erste Note. Da versagte seine hohe Begabung und seine Originalität nie.*

Sein literarischer Ausstoß ist beachtlich: Dramenbruchstücke, Versepen, Handlungsabläufe von Erzählungen, Gedichte mit Zeichnungen, Kneipenlyrik, Spottgedichte, derb Erotisches, schwebend Leichtes, auf Zettel und Kanzleibogen notiert, in deutscher oder lateinischer Schrift. Wedekind will Masse schaffen, Erfahrung sammeln, üben. Was ihm aufhebenswert erscheint, kopiert er in Ordner und Hefte: «Gedichte von Franklin Wedekind aus den Jahren 1877 bis 1881, Schloss Lenzburg»; «Poesie Winter 1882–83»; «Memorabilia»; «Bucolica». Viele seiner besten Gedichte, die ihn später berühmt machen, entstehen in der Gymnasialzeit in Aarau, der *Stereotypausgabe einer Provinzialstadt,* wie er sie nennt. Seine Gestalt hat sich gestrafft, er trägt einen jugendlich sprießenden Bart, raucht Pfeife. Sein Bierkonsum ist laut Walther Oschwald *wirklich nicht gering.*

Als Wahlfach belegt er Hebräisch. Schriftstellerkollege Lion Feuchtwanger, Jahrzehnte später nach Wedekinds Hebräischkenntnissen befragt, bezeichnet diese als so naiv und fehlerhaft, dass nicht einmal die Buchstaben mit Sicherheit gedeutet werden könnten. Aber zum Camouflieren dessen, was nicht jeder lesen soll, eignen sie sich hervorragend.

Adolph Vögtlin schickt Selbstgeschriebenes an die Redaktion der «Thuner Unterhaltungsstunden», Wedekind tut desgleichen und erhält sofort Antwort: *Mein Lieber! Ihr Brief hat mir sehr gefallen. Die Bescheidenheit zeigt immer ihren Werth, und auch hier. Ich finde die Gedichte weit besser, weit gereifter, als ich es sonst bei Jünglingen Ihres Alters gefunden habe. Die Verse an den Philosophen Hartmann sind von den schönsten, geistreichsten, die ich seit einiger Zeit von jungen Anfängern in Händen gehabt habe. Ihre Verse sind aus Ihrem Innersten geflossen, nicht wahr? Gott, wie sieht's schon so düster in diesen jungen Herzen aus! Warum das? Nur nicht zu tief in die Philosophie des Pessimismus! Ich bitte Sie! Sie haben Lebensmuth, leichten, fröhlichen Lebensmuth nöthig, sonst zerschellen Sie an der dunklen Lehre.*

Seit Schopenhauers Theorie, nach der jeder erfüllte Wunsch einen neuen gebiert und es dem Menschen unmöglich ist, den *bodenlosen Abgrund seines Herzens* jemals auszufüllen, ist die Pessimismusphilosophie weit verbreitet. Franklin hat sie durch Olga Plümacher kennengelernt, seine «philosophische Tante», eine Freundin seiner Mutter aus Riesbacher Schultagen. Sie hat autodidaktisch Philosophie studiert (Frauen haben noch keinen Zutritt zur Universität) und sich mit Fleiß und Beharrlichkeit in der Gelehrtenwelt einen Namen erworben. Olga Plümacher kennt Franklin seit seiner Kindheit, schätzt seine Ernsthaftigkeit und ist von seinem Talent überzeugt: *Die Natur hat Dir einen guten Kopf mit auf die Lebensreise gegeben, und wenn Du nun das Deine mit Fleiß und Ausdauer dazu thust, so zweifle ich nicht, dass Du etwas wirst, woran wir, die wir Dich lieb haben, unsere Freude haben können.*

Die «Thuner Unterhaltungsstunden» bringen Wedekinds Gedicht «Eduard von Hartmann» in der Novembernummer 1881. *Wie groß mein Vergnügen war, endlich einmal etwas Gedrucktes aus meiner Fabrik zu lesen,* schreibt Franklin an Schibler, *kannst Du Dir bei meiner Dir bekannten Eitelkeit wohl denken.*

Verglichen mit den handfesten Nöten seiner Kameraden, sind Wedekinds erotische Phantasien geradezu kindlich. Oskar Schibler hat sich mit einer Witwe im Alter seiner Mutter eingelassen, musste über Nacht aus Aarau fort und beendet die Schule in Solothurn. Zerknirscht beichtet er Franklin: *Ein unerfahrener, junger, leichtsinniger, waghalsiger, aber nicht schlechter Knabe, habe ich mich tief in verhängnisvoller Weise mit einem Weib verbunden, das Sitte und Anstand und Pflicht verletzte. Sie suchte nichts als fleischliche Lust, und ich, zu wenig Fläche besitzend, ihr zu widerstehen, fiel, und die thierische Natur siegte über die sittliche. [...] Nachdem aber einmal der erste Schritt meinerseits unter Tritten gethan ward, wurde die Leidenschaft immer stärker, der Fall immer tiefer. Ich liebte sie nicht. Viel Poesie meiner Jugendjahre habe ich so leichtsinnig verschleudert. [...] Wenn ich in Aarau bin, so muss ich sie sehen. Sie schreibt mir, kündigt mir ein Rendez-vous an, schickt mir Geschenke. Was soll ich thun? Ich kann mich fast nicht losreissen, und doch muss ich's. Gib mir Rath, aber aufrichtig.*

Wedekind ist entsetzt: *MACH DICH LOS! Ich kann kaum glauben, daß du dich zu solch einem Weibe hingezogen fühlen kannst. [...] Glaube mir, es giebt nichts Schrecklicheres, Widerwärtigeres als einen jungen, blasierten Greisen, der, nachdem er seine paar Unzen Gehirn bei irgend einer losen Coquette verpufft hat, als geistlose Maschine auf der Welt umherirrt. [...] Also, REISS DICH LOS! Antworte ihr nicht, so werden die Geschenke mit der Zeit wohl auch ausbleiben, und sieh zu, daß, bis du wieder nach Aarau kommst, du über die Geschichte lachen und das schöne Weib bemitleidend verachten kannst! [...] Solltest du dich je wieder verlieben wollen, so denke daran, daß das Weib eine MASCHINE ist, die nur aufgezogen zu werden braucht, um abzulaufen. Mich schaudert's!* Den Ausruf: «Ich war nicht schlecht» wird man von einem gewissen Melchior Gabor in «Frühlings Erwachen» wiederhören.

Schulkamerad Hermann Huber berichtet von einem Bordellbesuch in Straßburg: *Am Morgen um 11 Uhr bummle ich durch die Stadt, da ruft mir ein schönes, blutjunges Mädchen: Mein Herr, wollen Sie nicht eintreten? Ich trete ein. Und fürwahr! Welch eine Gestalt! Nicht anders habe ich mir die Medicäische Venus vorgestellt. Sie lächelt, sie neigt sich zu mir nieder, eine Röthe ergießt sich über ihre Wangen, sie tritt zurück, sie wendet sich ab, scheint zu schmollen, blickt mich bittend an. Was ruft diese Bewegung in mir hervor? Reiz? Nein, lieber Franklin, Ekel ergriff mich, Schauder durchfloß meine Glieder! Wohl mir, daß mein Geist nicht verblendet und umnebelt war! Ich bezahle ihr etwas und nehme Abschied. Diese Stunde ist von großem Einfluß für mich gewesen; denn ich habe mir gelobt, nie mehr ein Haus, das zum allgemeinen Gebrauch geöffnet ist, zu betreten. Und was mehr ist: die Ehe, die ich früher für eine staatlich autorisierte Buhlerei hielt, ist in meinen Augen viel schätzenswerter geworden. Ein Band ist es, was den Ehebund heiligt – die Liebe!*

Über die Ehe hat Wedekind seine eigene Meinung, Hubers Charakterstärke kann er nicht glauben. Und als Huber zugibt, gelogen und sehr wohl Fleischeslust genossen zu haben, erhält er von seinem Freund einen geharnischten Brief. Huber leistet Abbitte: *Erst jetzt sehe ich die Verworfenheit des Teufelsgespinstes ein! Konntest Du glauben, dass ich so von der Höhe sei herabgesunken, vom Menschen nicht bis zum Thier, sondern zum Philister?* Huber bringt es auf den Punkt: Tut man's, ist man ein Tier, tut man's nicht, ein Dummkopf – das männliche Dilemma nach zweitausend Jahren christlicher Erziehung. Wedekind erkennt das Problem in aller Klarheit:

Greife wacker nach der Sünde!
Nur die Sünde bringt Genuß.
Ach, du gleichest einem Kinde,
Dem man alles zeigen muß. [...]

Warum liebst du nicht die Schönen,
Die sich dir so reizend nahn?
Sieh doch, Bester, sie verhöhnen
Dich als einen Grobian;

Dich als einen argen Flegel,
Der sich voller Hochmuth ziert;
Oder dann die erste Regel
Seines Lebens nicht capirt.

Die Gitarre auf den Knien, unterhält Wedekind die Kameraden.
Sie johlen und applaudieren. Sie erwarten Gewagtes von ihrem
Franklin und bekommen es. Spüren sie, dass er in erster Linie sich
selbst besingt? Wedekinds Rolle als Spaßmacher, der keiner sein
möchte, beginnt in Aarau:

Diese lieben Schweinereien
Schrieb ich einst in trüber Zeit,
Um das Herze zu befreien
Von dem Druck der Endlichkeit.

Alle tranken, alle lachten,
Wenn der süße Ton erscholl;
Und bevor sie sich's bedachten,
Waren sie kanonenvoll.

Und ich schlich hinaus und reckte
Mir den Finger in den Mund,
Und was dadurch ich bezweckte
Hielt mich wundersam gesund.

Als Erwachsener notiert Wedekind: *Kann ich dafür, daß meine Intelligenz so stark, so groß ist? Ich sehne mich nach Publikum und habe keins. Meine Eltern, meine Geschwister, vor denen ich mich so gerne brüsten möchte, verstehen mich nicht und wenden sich nur schaudernd von mir weg. Und ich staune gleichfalls über mich selber, ich verstehe mich selber auch nicht. Ich bin ein Unglück für diese Welt. Aber ich habe mich doch nicht in diese Welt gesetzt!*

Einer, der ihn versteht, ist Moritz Dürr, ein schulischer Versager, in der Sekunda aus dem Gymnasium ausgeschieden und von dem Wunsch beseelt, Maler zu werden, gegen den Willen seiner Eltern und ohne finanziellen Rückhalt. Der zum Dichten entschlossene Franklin Wedekind ist sein Idol: *Du hilfst mir, aus dem Staub mich wieder zu erheben. Du allein kannst es, da ich noch in Keinen mein ganzes Vertrauen so gesetzt habe wie in Dich, Liebster. Denn wisse, ich habe nie geliebt. Ich hoffe von der Zukunft, daß sie mich ganz ändern werde. Denn so dürfte ich Dir nie unter die Augen treten.* «Frühlings Erwachen» ist nicht das einzige Stück, in dem man Moritz Dürr begegnen wird.

Wedekind wird in die letzte Gymnasialklasse nur provisorisch versetzt, aber künstlerisch geht es ihm glänzend. Seine Gedichte machen die Runde, Kommilitonen holen Rat bei ihm, Hermann Plümacher, Sohn der «philosophischen Tante» und sein eifriger Bewunderer, schenkt ihm einen Hektographen zum schnelleren Vertrieb seiner Erzeugnisse. Aus Genf meldet ein Bekannter: *Wie ich hier sagte, daß ich den jungen Wedekind kenne, wurde ich beinahe gefressen. Die Mädel wollten alle wissen, was Du treibst, ob Du noch Gedichte machst etc. Zu gerne möchten sie etwas von dem fidelen, originellen Wedi hören. Also wie gesagt: Man dürstet hier nach Wedekind'schen Producten.*

Sein größter Erfolg kommt kurz vor dem Abitur: Für die Abschlussfeier der Kantonsschule, ein Höhepunkt des städtischen Kulturlebens, darf er den Prolog schreiben und selbst vortragen. Zum ersten Mal spürt Wedekind die Wirkung seiner Persönlichkeit auf ein großes Publikum. *Atemlos* habe man ihm gelauscht, erinnert sich Sophie Haemmerli-Marti, keiner habe den *saloppen*

Jüngling mit der langen Tabakspfeife wiedererkannt, der *bei Tag und Nacht Aaraus Gassen beunruhigt hatte*. So viele aus dem Publikum wollen seinen Prolog lesen, dass ein Aarauer Verlag ihn in mehreren hundert Exemplaren druckt, ein in der Geschichte der Kantonsschule einmaliger Vorgang.

Franklin verschickt sein Werk an Freunde und Bekannte und erhält einen Stapel lobender Zuschriften. *Ich hätte Dich sehen mögen, wie Dir die Aargauer Philisterschaft zuklatschte*, gratuliert Oskar Schibler aus Solothurn. Olga Plümacher meint, *kein namhafter Dichter hätte es besser machen können*. Einen Moment lang erscheint die Schriftstellerlaufbahn wie ein freundliches, leicht zu durchsegelndes Gewässer. Ostern 1884 besteht Franklin Wedekind, fast zwanzig Jahre alt, sein Abitur: Deutsch und Literatur sehr gut, Geschichte gut, Mathematik, Chemie und Hebräisch ungenügend, sonst genügend.

Sein Vater schickt ihn nach Lausanne, wo sein Bruder William eine Kaufmannslehre absolviert. Er soll sein Französisch aufbessern, Gastvorlesungen seiner Wahl besuchen, auch Zeichenklassen, wenn er will. Dr. Wedekind hat nichts gegen eine künstlerische Betätigung seiner Söhne, aber möchte, dass sie es mindestens so weit bringen wie er selbst. Armin studiert Medizin in Göttingen, Franklin soll Jurist werden. Zu seinem zwanzigsten Geburtstag am 24. Juli 1884 beglückwünscht ihn der Vater: *Damit bist Du mehr oder weniger in das Mannesalter hineingetreten, und immer mehr wird Dein Schicksal in Deine eigne Hand gelegt. Deshalb aber steure auch fest auf ein bestimmtes Ziel los, welches, wenn erreicht, Dir einen festen Halt im Leben gibt. Gehe Allem aus dem Wege, was Dich davon abhalten könnte, und sorge stets für Deine Gesundheit.*

Franklin findet Lausanne ein *äußerst langweiliges Nest*, aber berichtet seinem Vater brav von Ausflügen, die er und Willi auf sein Geheiß unternehmen. Ende August ist er wieder in Lenzburg. Das Jurastudium ist beschlossen, München als Studienort festgelegt. Armin soll ihn begleiten und dort ein medizinisches Praktikum absolvieren. Auch Walther Oschwald wird in München studieren.

Künstlerisch geht es ihm glänzend –
der Abiturient Franklin Wedekind

Bis zur Abreise bleiben ein paar Wochen. Franklin hat nichts zu tun, bummelt, lässt sich treiben. Er besucht Bertha Jahn-Ringier, Eigentümerin von Lenzburgs Löwenapotheke und Mutter seines Mitschülers Victor Jahn, vierzig Jahre alt, seit zwei Jahren verwitwet, schön von Wuchs, mit einem ebenmäßigen Gesicht und schweren, im Nacken zusammengebundenen Haarflechten. Frau Jahn ist Hobbydichterin wie fast alle Lenzburgerinnen und Mitglied des Cäcilienvereins und der Laienspielgruppe. Sie kennt Franklin seit seiner Kindheit und verfolgt seine künstlerische Entwicklung. Franklin hat auf jugendliche Weise für sie geschwärmt, ihr Gedichte zu lesen gegeben, sie seine «erotische Tante» genannt. Im Frühsommer dieses Jahres hatte Bertha Jahn einen leichten Schlaganfall und wurde mit kalten Umschlägen und Blutegeln wieder auf die Beine gebracht. Sie ist geschwächt und vielleicht ein wenig anlehnungsbedürftiger als gewöhnlich.

Franklin und Frau Jahn verlieben sich ineinander. Die ältere Frau gibt ihm Sicherheit, der junge Mann ihr Kraft. Es ist ein in aller Heimlichkeit vollzogenes Verhältnis – eine Enthüllung wäre katastrophal, besonders für Frau Jahn. Krampfhaft versucht sie das Rad zurückzudrehen, in Gedichtform, wie es Künstlern angemessen ist:

> Zurück von dem feurigen Krater,
> Zurück von der lodernden Gluth!
> Sprich reuevoll: peccavi mater!
> Und alles wird wieder gut. [...]
>
> Nimm all' deine Kraft nun zusammen!
> Die Liebe sei heilig und rein!
> Zurück von den züngelnden Flammen!
> Es kann ja, es darf ja nicht sein.

Wedekind hat mehrfach Listen der Frauen erstellt, mit denen er sexuell verkehrt hat. Frau Jahn erscheint dort auf Platz drei. Von den ersten beiden ist weder bekannt, wer sie waren, noch, wie weit die Beziehung ging. Diesmal will er offenbar nicht nachgeben:

> Ich weiß ja: Du hast es mir angethan.
> Du aber erörterst es logisch.
> Beweisest mir kalt und gemessen sodann
> Das alles sei nur pädagogisch.
>
> Ich kann es nicht glauben, ich will es nicht
> Und möchte vor Liebe vergehen.
> Du hörst ja, was meine Lippe spricht,
> Es ist so leicht zu verstehen.

Selbst den Hinweis auf Frau Jahns verstorbenen Ehemann wischt er beiseite:

> Lass den toten, kalten Stein!
> Hier ist warmes Leben!!

Jener kann dem Herzen dein
Keine Gluth mehr geben.

Frau Jahns Widerstand bricht zusammen:

> Ich hab dich lieb, kannst du es denn ermessen,
> Verstehn das Wort, das kleine Wort so süß?
> Es schließet in sich eine Welt von Wonne,
> Es trägt um sich ein ganzes Paradies.

Wedekind antwortet wie ein Geretteter oder Heimgekehrter:

> Kennst du die hohe, dunkle Gartenpforte,
> Die treu verschwiegen an der Straße steht?
> Wohl niemand ahnte, welche süßen Worte
> In ihrem Schutz der Abendwind verweht. [...]

> Und lauter schlug es, als du vor mich tratest,
> Ein Götterbild aus fernen Griechenzeiten –
> Als du darauf mich gnädig lächelnd batest,
> Dich tiefer in den Garten zu begleiten. [...]

> Ich liebe dich und bin von dir geliebt!
> Kann meine Seele glücklicher noch werden?
> Blüht noch ein zweites Glück auf dieser Erden?
> So wonnig süß, so rein und ungetrübt! [...]

> Der Kindheit unschuldsvolle zarte Spiele
> Verwandelt in unendlichen Genuß –
> O Laura, alle himmlischen Gefühle
> In einem einz'gen Liebeskuß. [...]

> In neuerschlossenem Elysium
> Nahm ich als Lösung jeder Herzensqual
> Von deinem Mund das heil'ge Abendmahl
> Zum großen Liebesevangelium.

Drei Wochen dauert das Liebesspiel, dann bekommen beide Gewissensbisse und kalte Füße. Ernüchtert stellt Wedekind fest:

> Es lag eine schöne Brücke
> Wohl über den Abgrund hin;
> Zu niegeahntem Glücke
> Konnt' ich die Straße ziehn.
>
> Da kamen des Feuers Flammen,
> Sie lechzten nach wildem Raub;
> Die Pfeiler brachen zusammen,
> Zerfielen zu Schutt und Staub.
>
> Mein Herz will überlaufen
> Von Reue, Gram und Weh,
> Weil ich einen Trümmerhaufen
> Statt jener Brücke seh.

Vor der Abreise gibt es Streit mit dem Vater. Der Anlass ist nicht bekannt, aber es muss heftig hergegangen sein. Wedekind verlässt Lenzburg mit schwerem Herzen. Der «Steinbaukasten», randvoll mit Gedichten, Entwürfen und Zeichnungen, bleibt auf dem Schloss. Sein erster Brief gilt Frau Jahn: *In heiterster Gesellschaft und mit sehr schlechtem Humor kam ich vor acht Tagen in München an.*

5

München

Herbst 1884 bis Herbst 1886

München, königlich bayerische Residenzstadt seit 1806, ist eine Mischung aus kopfsteingepflasterter Altstadt, bürgerlichen Häuserzeilen, Handwerks- und Fabrikbetrieben und den antikisierenden Prachtbauten Ludwigs I. und Maximilians II., Glyptothek, Maximilianeum, Feldherrnhalle und Propyläen, die München zu einer Stadt machen sollen, die man gesehen haben muss. Die Ludwigstraße, eine städtebauliche Großtat im italienischen Stil, endet beim Siegestor in einer Wiese. Dahinter sieht man, einige Kilometer entfernt, den Kirchturm von Schwabing. Münchner Trambahnen sind weiß-blau angestrichen und pferdegezogen, eine «Dampftram» fährt nach Nymphenburg. Ausgewählte Straßen der Innenstadt sind elektrisch beleuchtet. Paul Heyse ist Präsident der literarischen Gesellschaft «Krokodil», Franz von Lenbach der Künstlervereinigung «Allotria». Das südliche Licht lockt Maler nach München, ihre Modelle, meist Mädchen aus Arbeiterkreisen oder vom Land, sorgen für erotisches Fluidum in einer lodentragenden, zurückhaltenden, konservativen Bevölkerung. Im Café Maximilian sitzt Henrik Ibsen auf seinem Stammplatz gegenüber einem Spiegel, in dem er das Geschehen im Raum beobachten kann. Einheimische und Fremde kommen zuhauf, den berühmten Mann zu sehen. Als Ibsen eine längere Reise ankündigt, befürchtet der Wirt Umsatzeinbußen und engagiert einen Ersatz-Ibsen. Als der Dichter unerwartet zurückkehrt und sich selbst im Café sitzen sieht, findet er es gar nicht komisch und verlässt München kurze Zeit später.

Franklin Wedekind, seit früher Jugend aus der Schweiz nicht herausgekommen, irrt *wie ein Träumender* durch die Straßen.

Seinen Eindruck schildert er Frau Jahn, der verlassenen Geliebten, die seine Gedanken beschäftigt und sein Gewissen belastet: Das Residenztheater gleiche einem *schimmernden Opal,* das Nationaltheater sei geschlossen, weil sich *Seine Majestät der König* hier *privatim vorspielen und vortanzen* lasse – gemeint ist Ludwig II., den die Münchner nicht lieben, weil er sich selten blicken lässt und Geld für Schlösser ausgibt, das in der Hauptstadt fehlt –, in der *Gräflich Schack'schen* Bildergalerie habe er *vor lauter Bäumen factisch den Wald nicht sehen* können. Intimes legt er auf separatem Papier seinem Schreiben bei. Frau Jahn gebietet erschrocken Einhalt – Briefe aus München bleiben in Lenzburg nicht lange verborgen, und der Postbote weiß genau, wer wem schreibt: *Ich muß Sie bitten, daß Sie das Privatim nicht offen in den Brief legen, das hat ja keinen Zweck, zusammengefaltet, verklebt, mit der Aufschrift «Privatim».* Hat er auch alles von ihr vernichtet? *Bitte zu copieren u. den Zettel zu zerreißen, wohlverstanden? Das «Privat» ging nach Wunsch in Staunen auf – nicht wahr, Sie thun das auch? Ich habe Ihnen vieles zu sagen – oft und viel.* Die Anrede «Sie» ist echt und auch bei sexuellen Verhältnissen üblich.

Wedekind arbeitet an einem Gedicht: «Der Kuss – in seiner Entstehung und Fortentwicklung bis zur höchsten Vollkommenheit, nach dem Leben dargestellt». Begonnen hat er es in Lenzburg, wahrscheinlich unter dem Eindruck der Erlebnisse mit Frau Jahn. Die ersten Strophen behandeln die Beziehung zu seiner Mutter:

> Der erste Kuß, den meine Lippe sog,
> Das war ein Mutterkuss, wenn ich erwachte,
> Wenn sie sich liebend zu mir nieder bog,
> Und Abends spät, wenn sie zur Ruh' mich brachte.

> «Lieb Gott behüte dich und segne dich!»
> Sprach sie «Er laß dich gut und glücklich werden!»
> Sie sprach es langsam und herzinniglich,
> Ich hört's mit kindlich gläubigen Gebärden.

Ein Vaterunser lallt' ich vor mich hin
Und wußt' gewiß nicht viel dabei zu denken.
SIE war mir Gott, Geist und Erlöserin
Und meine Tugend, nicht ihr Herz zu kränken.

Frau Jahn ist kaum jünger als Wedekinds Mutter, weshalb es besonders wichtig ist, dass sie von dem Verhältnis nichts erfährt – wüsste sie davon, wäre ihr Herz fraglos mehr als gekränkt. Eine Mahnung seiner Schwester Frida Marianne Erika lässt der Mutter Eifersucht ahnen: *Es hat Mamma ein wenig weh getan, als sie sah, daß Tante Jahn schon einen Brief hatte und wir noch keinen.*

Franklin teilt eine Studentenbude mit seinem Bruder Armin. Der geht früh aus dem Haus, kommt spät zurück. Abends trifft man sich mit Walther Oschwald, trinkt Tee, raucht, liest etwas vor. Wedekind lernt Kommilitonen und Mitbewohner kennen, Freundschaften sind keine bekannt. Weihnachten verbringt er zum ersten Mal fern der Heimat. *Um Mitternacht gingen wir vereint in die Ludwigskirche zur Messe, wo dann allmählich einer den anderen verlor, so daß endlich ein jeder in Nacht und Einsamkeit nach Hause schlich.*

Der Streit mit dem Vater belastet ihn. Zur Mutter kann er darüber sprechen: *Es sind das Dinge, über die man nicht laut schimpfen und fluchen kann, die man in sein Inneres verschließt, dort hegt und pflegt und mit denen man vergebens sich abzufinden sucht, wenn einem acht Tage lang solch' süße Worte ohn Unterlaß in den Ohren klingen. [...] Jetzt bin ich ruhiger, objectiver geworden. Schmerz und Erstaunen, Gift und Galle sind mühsam verkaut und verdaut [...] aber was mich dieses Verständnis, diese Begriffe kosten, wieviel Unersetzliches ich dadurch auf immer verlieren muß, das kann ich allein ermessen und erfühlen.*

Zu Neujahr schickt Dr. Wedekind Geld: *An die Gebrüder Wedekind, München. Versprochenermaßen erfolgen anbei fr. 600 in bayerischen Staats-Obligationen Coupons. In der Hoffnung, daß von dieser Geldsendung der richtige Gebrauch gemacht und damit ordentlich hausgehalten werde, und mit der Bitte, mir den*

Empfang derselben umgehend bescheinigen zu wollen, grüßt der Absender Dr. Wedekind. Franklin entschuldigt sich, Dr. Wedekind, nicht weniger liebesbedürftig als sein Sohn, verzeiht sofort. Ostern 1885 kehren Armin und Walther Oschwald nach Zürich zurück. Franklin, zum ersten Mal allein, berichtet dem Vater von Ausflügen in die Umgebung Münchens, von Zahnweh, das er durch Auflegen von Feigen zu kurieren versucht, und dem Gang seiner Studien: von sieben bis acht *Erb- und Familienrecht, Pandekten* von acht bis zehn, *Culturgeschichte der Renaissance* von zehn bis elf, fünf Vormittage und vier Nachmittage pro Woche. Frau Jahn schreibt er: *Offen gestanden: ich studiere nicht viel, weil ich dabei bedeutend mehr lerne, als wenn ich viel studieren würde.* Stattdessen geht er ins Theater, in seiner ersten Münchner Saison angeblich vierundachtzigmal.

Was spielt man in München, wer sind die Akteure? Generalintendant des Münchner Hoftheaters ist Seine Exzellenz Carl Freiherr von Perfall, *königl. Kammerherr, Großcomthur des kgl. bayerischen Verdienstordens vom heiligen Michael, Comthur des kgl. bayerischen Hausritterordens vom heiligen Georg* und Träger eines halben Dutzends weiterer Titel – Hoftheaterintendanten sind immer adelig, ungeachtet ihres Talents. Freiherr von Perfall macht seine Sache gut. Er hat die Meininger Tradition der unbedingten Lebensechtheit teilweise durchbrochen, die Schauspieler zurück an die Rampe geholt, wo sie komödiantisch brillieren können, und durch eine Vorbühne mehrere Darstellungsebenen geschaffen, die Lebendigkeit und Abwechslung bringen. Charlotte Wolters und Clara Ziegler treten bei ihm auf.

Sein Schauspieldirektor ist Ernst Possart, mit einer Liste von Auszeichnungen, mindestens doppelt so lang wie die seines Chefs. Die Münchner halten ihn für den größten Schauspieler aller Zeiten, seinen Richard III., Mephisto oder Franz Moor für unübertroffen und unübertrefflich. Eine Minderheit sieht in ihm den Inbegriff des hohlen Virtuosen. Dass er weit mehr ist als eine Lokalgröße, beweisen umjubelte Gastspiele in Berlin, Wien, New York oder Moskau. Musikdirektor ist Hermann Levi, als Nachfolger Hans von Bülows, den man in München nicht halten konnte. Richard Wagner, den man vertrieben hat, beherrscht das Opernrepertoire. Die Jugend begeistert sich für den «Ring», Ältere ziehen «Lohengrin», «Tannhäuser» oder den «Fliegenden Holländer» vor. Die Erstaufführung des «Parsifal» hat der König als Separatvorstellung für sich reklamiert. Im Hoftheater alternieren Schauspiel und Oper, auch das von Cuvilliés erbaute Residenztheater wird bespielt. Neben den Klassikern kommt viel Tagesware auf die Bühne, meist Historiendramen. Modernes bleibt draußen. Hebbel findet keinen Eingang, Ibsen nur gelegentlich, trotz seiner langen Zeit in München. Volksstücke und Schwänke sieht man im Theater am Gärtnerplatz. Hier haben Intendant und Schauspieler keine Titel, das Ballett wird ausgeliehen, und das Orchester zählt dreißig Musiker im Vergleich zu den neunzig, über die das Hoftheater gebietet.

Wedekind sieht, staunt und kritisiert. Er hat kaum Erfahrung, aber manche Lenzburger Laienaufführung hat ihn mehr beeindruckt. Ihm selbst fällt nichts ein: *Seit ich die schöne Heimat verlassen, verließ mich die Poesie; hier in München ist mir noch keine einziger Vers geglückt.* Er sehnt sich nach dem Vorjahr, als ihm seine *heißgeliebte Jungfer Muse* bei der Abschlussfeier der Kantonsschule ihren *ersten schönen Triumph* bereitet hat, und plagt sich, weil er den *Stachel zu ernsterem Streben* fühlt, mit einer Novelle. «Galathea» soll sie heißen, aber die Hauptperson ist er selbst und das, was in ihm vorgeht: Fridolin Wald – Wedekind, wie erwähnt, heißt auf althochdeutsch Waldkind – ist unglücklich, will auswandern, seinem Leben ein Ende setzen. Warum nur? Eigentlich geht es ihm doch gut – sein Vater, erfährt man, besitzt sogar ein Schloss. Hier spricht das schlechte Gewissen, das vom Vater ererbte, beamtenmäßige Pflichtbewusstsein: Alles um Wedekind arbeitet und verdient Geld. Er müsste es auch, müsste studieren und es zu etwas bringen, aber schreibt, vom Vater finanziert, Novellen, die nicht gelingen. Präzise analysiert er seine Lage, und mit ihr das Dilemma vieler schöpferischer Menschen auf der Suche nach sich selbst: *Du bist ein Glückskind in jeder Beziehung, hast reichlich zu leben, warst mit zwanzig Jahren schon dein eigener Herr, bist gut veranlagt und hältst dich trotzdem für das unglückliche Opfer, worauf ein tückisches Schicksal all seinen Groll ablädt. Und an all dem ist nur dein Müßiggang schuld und dein verwünschtes Träumen. Du nimmst dir heraus, über das Leben abzusprechen, und kennst es ja noch gar nicht. Lebtest du doch immer nur mit dir selber zusammen, mit deinen eigenen Phanthasiegebilden. Stürz dich einmal hinein in den lebendigen Strudel, und deine Selbstmordgedanken werden dir bald genug vergangen sein!* Nach drei Anläufen lässt Wedekind seine Novelle liegen. Eine Galathea aus Fleisch und Blut ist nicht in Sicht:

> Überall, wohin wir schauen,
> In der herrlichen Natur,
> Sehen Mädchen wir und Frauen
> Und des Weibes holde Spur.
>
> Und in allen Männerherzen
> Glüht geheimer Liebessinn,
> Toben wilde Liebesschmerzen
> Zu des Lebens Mai dahin.
>
> Ich alleine bin verfluchet,
> Bin verdammt vor jedermann,
> Daß mich keine Liebe suchet,
> Daß ich keine finden kann.

Frau Jahn schreibt er: *Blick ich auf das verflossene Semester zurück, so erscheint es mir trotz all der vielen Herrlichkeiten, die ich gesehen und gehört, doch wie eine lange düstre Nacht ohne einen einzigen lichten Moment, auf den ich mein ganzes Wesen und Trachten hätte concentrieren können. Ich fand eben keinen Menschen, der mit mir sympathisiert, der mich verstanden hätte.*

Vor den Ferien wird er krank, eine Infektion am Bein. Die Wunde will nicht heilen und hält ihn sieben Wochen im Krankenhaus. Er geht am Stock, legt das Bein hoch, sieht den Sommer verrinnen. In Lenzburg ist man besorgt. Der Vater schickt Geld und gute Ratschläge, die Schwestern können seine Heimkehr kaum erwarten. Befürchtungen seiner Mutter, unter den Patienten in schlechte Gesellschaft zu geraten, kann er guten Gewissens zerstreuen: *Die Gesellschaft besteht aus einem, der die Brustfellentzündung hat und sehr wenig sagt, aus einem Halbverrückten, der Magenkatarrh hat und gar nichts sagt, und aus einem alten Kerl von 24 Semestern, der an Wassersucht usw. leidet und seit drei Tagen schon zwei Mal sterben wollte.* Um mit den *zwei Dezilitern Wein*, die man täglich bekommt, ein «Saufgelage» zu veranstalten, dazu bedürfe es *doch einer recht lebhaften Phantasie.* Erst Ende September kann er reisen. Sein Vater holt ihn in Romanshorn ab, Einzelheiten über das Studienjahr behält der Sohn für sich.

Natürlich sieht er auch Frau Jahn wieder. Die hat seine sporadischen Briefe sorgfältig gelesen und mit Randbemerkungen versehen – *Was ist daran wahr, und was geschwindelt? Wo bleibt der Herzenston?* Frau Jahn macht sich keine Illusionen. Aber als er wieder vor ihr steht, klammert sie sich an ihn und will nicht von ihm lassen. «Reiß dich los!», hat er Oskar Schibler zugerufen, als dieser sich in den Fängen seiner Aarauer Witwe befand, jetzt kann er es selbst nicht. Zudem verliebt er sich in Frau Jahns vierzehnjährige Tochter Lisa. *Es gab einen großen Krach mit schlaflosen Nächten, langen Moralpredigten und vielen rührenden Gedichten,* schreibt er seinem Bruder William. *Ich hab aber alles wieder ins beste Geleis gebracht.* In Wahrheit verlässt er Lenzburg wohl eher ratlos.

Zurück in München, sucht er Hilfe bei Olga Plümacher, der «philosophischen Tante». Die ist alles andere als erfreut: *Das sind mir schöne Geschichten. Ein Übel wird kaum mit einem schlimmeren Übel geheilt. Du musst die Frau sanft und mit möglichster Schonung aus ihrem unsinnigen Dusel aufwecken. […] Die Unlust, welche Dir aber die Lösung dieses unnatürlichen Verhältnisses verursacht, die sollst Du geduldig auf Dich nehmen als eine noch immer viel zu gelinde Strafe und Buße Deines Antheils an dem Wahnsinn.* Er solle Frau Jahn zur *Vertrauten seines Herzens* machen und ihr möglichst schnell die Liebe zu einer *siebzehnjährigen Münchnerin* gestehen. *Das wird ihr weh tun, aber es ist vernünftig.*

Wedekind erfindet eine Angelika, ist aber unschlüssig, was mit ihr geschehen soll – schlimmstenfalls müsste er sie eines Tages vorzeigen. Er schreibt an Frau Jahn, lässt den Brief liegen, schreibt einen neuen, verzögert auch den. Schließlich lässt er Angelika sterben, in Passau, ihrem Heimatort. Im *gepumpten Zylinder* sei er hingefahren, habe den Weg zu ihrem Haus erfragt, wo ihm *aus einer Tapetentür ein weißhaariger Herr mit dem tiefen Eindruck schmerzlicher Trauer in den edlen Zügen* entgegengetreten sei – Angelikas Vater. Eine Lungenentzündung habe sie *mit gräßlicher Schnelligkeit dem Tod in die Arme gejagt.* Dass die Plumpheit seiner Erfindung Frau Jahn besonders schmerzen muss, ist ihm vermutlich klar. Er versucht, sie zu trösten, bittet in verschlüsselten Sätzen um Verzeihung, signalisiert Wertschätzung, vielleicht auch erotisches Verlangen: *Freilich müssen das herbe Zeiten für Sie gewesen sein, aber nun naht ja schon wieder der neue Frühling und lockt selbst aus Gräbern frische Blumen hervor. So werden in Ihrem Herzen die schönen Erinnerungen neu aufleben …*

Im Februar 1886 wird Dr. Wedekind siebzig Jahre alt. Seine Söhne beschließen ein Kunstwerk als Geschenk. Armin treibt in Zürich eine Homer-Büste auf, Franklin macht sich in München an ein Festgedicht, ein Bild des Vaters vor sich auf dem Schreibtisch. Es gerät ihm einhundertfünfundneunzig Strophen lang, eine virtuos gereimte Fleißarbeit fürwahr und Zeugnis einer überraschend fundierten klassischen Bildung, und dennoch ein beklemmendes Dokument. Zu offensichtlich sind die Bemühungen, Herzlichkeit und Nähe durch Pathos und Masse wettzumachen, zu ausgedehnt die Exkurse in Geschichte und Geographie, um darüber hinwegzutäuschen, dass dem Autor zum Jubilar wenig einfällt und er eine echte Charakterisierung nicht über die Lippen bringt. Auch schlechtes Gewissen schwingt mit – immerhin hat Franklin jetzt bald vier Semester lang sein Studium vernachlässigt. Er verziert sein Poem mit einer in Schönschrift gehaltenen Widmung: «Unserm lieben Vater Dr. F. W. Wedekind zum siebzigsten Geburtstage, den 21. Februar 1886» und einer Zeichnung von Schloss Lenzburg. Anreisen will er nicht.

Vom Festakt berichtet Armin. Die Familie ist nach außen hin geeint, Risse werden überdeckt, und möglicherweise gelingt es Dr. Wedekind sogar, seine Ehrung unbeschwert zu genießen: *Nachdem zum Schluß des Abends ein Punsch bestellt war, riefen wir Papa zu der nach Deiner Anordnung geschmückten Büste. Was nun folgte, war zu schön, zu ergreifend, als daß ich es Dir mit vielen Worten beschreiben könnte. Papa saß an seinem gewöhnlichen Platz, ich ihm gegenüber, die Übrigen um den Tisch gruppiert. Trotzdem ich Dein Gedicht einmal durchgelesen hatte, brauchte ich Mühe, die ersten, schönsten Theile desselben ohne Anstoß zu lesen. Saß mir doch Papa tief ergriffen gegenüber u. hörte ich Mama neben mir mit einer Rührung, die mir beinah den Athem nahm. [...] Der Preis der Büste, den Papa übrigens gern gewusst hätte, beträgt 32 frs., von denen Du mir also die Hälfte gelegentlich senden kannst.* Und berichtigt im nächsten Brief: *Du brauchst mir Deinen Antheil von der Büste nicht zu schicken, da Papa trotz des heftigsten Widerstands meinerseits mir doch die ganze Summe wieder zurückgegeben hat.*

Dr. Wedekind lässt es sich nicht nehmen und überweist Franklin ein Honorar, das erste, das er mit seiner Feder verdient. Er bedankt sich artig und bittet, auch das nächste Semester in München bleiben zu dürfen – er höre fünfstündig deutsches Handels-, Wechsel- und Seerecht, fünfstündig Kirchenrecht und vierstündig System der Staatswissenschaft und Politik; die Studiengebühren betrügen sechsundfünfzig Mark. In Wirklichkeit arbeitet er seit Herbst an einem Theaterstück: «Der Schnellmaler oder Kunst und Mammon».

Der Titel ist Programm und persönliche Rechtfertigung zugleich: Fridolin Wald, Wedekinds Schnellmaler, muss, um leben zu können, in rasender File vor Publikum Gemälde aufs Papier werfen und *tagtäglich vor einer entmenschten Menge die Kunst zur Dirne machen,* aber tut das immer noch lieber, als seiner Berufung abzuschwören und sich bürgerlich vereinnahmen zu lassen.

Warum, fragt der Autor, hat künstlerische Tätigkeit weniger Wert als bürgerliche? Warum muss er, Franklin Wedekind, Gewissensbisse haben, weil er literarisch arbeitet und nicht bürgerlich oder proletarisch? Fridolin Wald will die bürgerliche Gesellschaft durch Schlitzohrigkeit überlisten und scheitert an der eigenen Empfindsamkeit. Eine Posse soll es werden, die ein ernsthaftes Thema amüsant präsentiert – ein tastender, sprachlich bereits sehr gekonnter Versuch Wedekinds zur dramatischen Form.

Wedekinds Schulfreund Moritz Dürr, ein echtes Beispiel des leidenden Künstlers, taucht, nachdem er zwei harte Jahre lang versucht hat, sich in Paris als Maler durchzubeißen, unerwartet in München auf. Er meidet Franklins Gesellschaft, zieht sich zurück, vielleicht aus Scham über seine Erfolglosigkeit, vielleicht weil er weiß, dass sein Freund ein Stück über einen erfolglosen Maler schreibt und ihn vielleicht als Vorbild benutzt. Irgendwann verschwindet Moritz Dürr, angeblich um nach Nürnberg zu reisen, dann erfährt man, dass er sich in der Schweiz von einem Berg gestürzt hat.

Sein Stück deswegen aufgeben kann und will Wedekind nicht. Er hat, so schreibt er Frau Jahn, einen *festen Vorsatz* gefasst, *Leben und Lebensgenuß zu fliehen,* bis er sich durch *eigene Taten mitten ins Leben hineingestellt* habe, und sei diesem Vorsatz bis jetzt *unerbittlich treu geblieben.* Wedekind beendet den «Schnellmaler» am Karfreitag 1886 und kann endlich das lang ersehnte Finis unter etwas schreiben, das *ihn drei Monate lang Tag und Nacht* in Anspruch genommen hat. Er hoffe *nichts weiter davon,* als dass ihm das Stück den Weg zur Bühne bahnen solle, aber es dauere *schrecklich lang,* bis jemand *zwei Stunden findet, um das zu lesen, worauf ein anderer die Entscheidung seines Lebens setzt.*

Wedekind erbittet einen Termin bei Ferdinand Lang, dem Direktor des Gärtnertheaters. Der empfängt ihn freundlich, aber lehnt den «Schnellmaler» ab. In Lenzburg erwartet man Siegesmeldungen – dass Franklin ein Stück schreibt, ist kein Geheimnis, aber alle glauben, er täte es neben seinem Studium. *Dass es schief gehen könnte, ist ja wohl nicht vorauszusetzen,* schreibt ihm Frida Marianne Erika, *denn dazu bist Du doch wohl schon viel zu hoch gestiegen auf Deiner Glücksleiter.* Olga Pümacher tröstet ihn: *Nicht gleich die Flinte ins Korn werfen, weil EIN Theaterdirektor nicht hat anbeißen wollen.* Wedekind notiert:

> Seh den Paradiesesgarten
> Von so Vielen ist durchstreift,
> Und muss lange Jahre warten
> Bis auch mir die Traube reift.

Mit Bangen sieht Wedekind neue Sommerferien auf sich zukommen – mit einem Aufführungsvertrag in der Tasche hätte er selbstbewusst eröffnen können, ab jetzt vom Ertrag seiner Literatur zu leben, mit leeren Händen ist das schwierig. Sein Dilemma schildert er Frau Jahn: *Sie vermuthen mich vielleicht in einem übersprudelnden Lebengenuß, und die Briefe, die ich meiner Mutter schreibe, könnten ja wohl Berechtigung dazu geben. Aber ich schreibe ihr ja das alles nur darum, weil ich ihr nicht schreiben darf, was mir in Wahrheit das Herz bewegt. Ich muß sie ja in dem süßen Wahne lassen, daß ich Jurisprudenz studiere, bis ich ihr wenigstens mit einem kleinen Erfolg vor die Augen treten kann, um meine Wahl zu rechtfertigen. Da bausch' ich denn oft kleine unwichtige Begebenheiten, die spurlos an mir vorübergegangen sind, zu großen Vergnügungen auf, nur damit das Papier voll wird und meine Eltern die Gewißheit haben, daß ich noch lebe und gesund bin. Von Jurisprudenz kann ich ja auch nichts schreiben, denn ich weiß nichts davon, und meine Eltern so gründlich anlügen, das kann ich auch nicht mehr.*

Die Ferien sind dann überraschend schön. In Lenzburg hat ein junger Dichter seine Aufwartung gemacht: Karl Henckell, Sohn jenes Rentiers Henckell, der in der Weißekreuzstraße in Hannover Vermieter der Wedekinds war. Karls älterer Bruder Gustav ist, vielleicht dem Beispiel der Wedekinds folgend, vor Jahren nach Lenzburg gezogen. Er betreibt hier eine Gemüse- und Obstpflanzung und wird in Bälde mit einem Partner eine Konservenfabrik gründen, die unter dem Namen Henckell &

Roth (abgekürzt «Hero») Generationen von Schweizern mit Konfitüren versorgt.

Karl Henckell ist Dichter des literarischen Realismus. «Das Lied vom Eisenarbeiter», «Die Dampfwalze», «Das Lied des Steineklopfers» haben ihn bekannt gemacht. Werner Siemens, Erfinder des Zeigertelegraphen, hat zu seinem Siebzigsten eine Hymne bei ihm bestellt. Auf Schloss Lenzburg wird er mit aller Herzlichkeit empfangen und verliebt sich sogleich in Frida Marianne Erika, die alle «Mieze» nennen, eine flotte, selbstbewusste Neunzehnjährige, dem praktischen Leben zugewandt und mit einer ausgezeichneten Singstimme begabt. Mieze wechselt ihre Verehrer häufig, mit Karl Henckell könnte es ernst werden.

Franklin und Karl Henckell verstehen sich auf Anhieb. Sie sind im selben Jahr geboren und, ohne sich dessen zu erinnern, als Kleinkinder Spielkameraden gewesen. Sie fassen den Plan einer gemeinsamen Zeitschrift und unternehmen Ausflüge. Noch Jahre später schwärmt Wedekind von dem *ganzen herrlichen Sommer 86 mit all seinen Verrücktheiten, seinen Spielereien, seiner herrlichen Unschuld [...] seiner göttlichen Faulenzerei.*

Dann geschieht die Katastrophe, die keiner der Beteiligten je vergisst: Franklins Eltern erfahren, vielleicht durch ein von Gewissensnot getriebenem Geständnis seiner selbst, dass er in München nicht studiert, sondern ihr Geld für Theaterkarten und Kneipenbesuche ausgegeben und sie in den Berichten seiner Studiengänge glatt belogen hat. Die Mutter mag es geahnt haben, Dr. Wedekinds Zorn und Enttäuschung sind maßlos. Mehrere Tage vergehen in unerträglicher Spannung, dann kommt es zu der Konfrontation, über die im Nachhinein nur in Andeutungen gesprochen wird – wahrscheinlich hat Wedekind seinem Vater ins Gesicht geschlagen. Dr. Wedekind verbietet die Fortführung des Studiums, stellt alle Zahlungen ein und erteilt seinem Sohn Hausverbot.

6

Zürich

Herbst 1886 bis Herbst 1888

Julius Maggi, vierzig Jahre alt, ein strenger Mann mit sorgfältig gescheiteltem Haar, schnurlosem Kneifer und einem mustergültig gezwirbelten Schnurrbart, schläft nachts angeblich nur vier Stunden. Die restliche Zeit treibt er sein Unternehmen voran, das Gemüsemehle herstellt, die sich minutenschnell zu Suppen verarbeiten lassen, was ihm besonders die immer zahlreicheren Frauen danken, die neben ihrem Haushalt in Fabriken und Büros arbeiten. Sein Vater, ein Italiener aus Monza, kam, ähnlich wie Großvater Kammerer, als politischer Flüchtling in die Schweiz, heiratete eine Züricherin und wurde Mühlenbesitzer. Sohn Julius, dem Vernehmen nach bereits als Gymnasiast voller Klage über schlechte Suppen, war nicht der Erste, das Potenzial verarbeiteter Hülsenfrüchte zu erkennen, aber hat sie, auch hier Großvater Kammerer nicht unähnlich, als einer der Ersten konsequent industriell genutzt. Bei der Schweizerischen Kochkunst-Ausstellung von 1885 errang er die höchste Auszeichnung, jetzt sind seine Produkte auch im Ausland erhältlich. Die Maschinen für deren Herstellung hat er zum Teil selbst konstruiert, das charakteristisch viereckige Maggi-Würzfläschchen selbst entworfen.

Julius Maggi setzt auf moderne Reklame. Farbenfrohe Handzettel preisen die «Leguminose Maggi», ihre textliche Gestaltung ist ihm noch zu bieder. Karl Henckell, der begabte junge Deutsche, der sich für die Arbeiterschaft starkmacht, gerät in Maggis Blickfeld: Die Gehetzten, Gepressten, Eiligen, durch die Industrialisierung Entwurzelten sind seine Hauptkunden. Aber Karl Henckell winkt ab – entweder traut er sich den leichten Reklameton nicht zu oder ist sich für die Aufgabe zu gut. Er schlägt

Karl Henckell,
ein Dichter des literarischen Realismus

seinen Freund Franklin Wedekind vor, der ein Faible für witzige Formulierungen hat und dringend Arbeit sucht. Dem kommt die Gelegenheit wie gerufen: Hier kann er der Welt und dem Vater beweisen, dass er sich mit Verstand, Phantasie und Fleiß als freier Literat durchbringen kann und dass seine künstlerische Arbeit auch beim Bürgertum Anklang findet. Er bewirbt sich und erhält am 16. November 1886 die telegraphische Zusage: *Sie können sofort eintreten. Heiße Sie als Mitarbeiter willkommen.* Sein Titel: «Vorsteher des Reklame- und Preßbüros der Firma Maggi». Dass der Chef anstelle des renommierten Henckell den unbekannten Wedekind einstellt, zeigt, mit welcher Dringlichkeit er sein Unternehmen bewerben will.

Wedekind geht mit Feuereifer an die Arbeit, fährt täglich nach Kemptthal, korrespondiert mit Zeitungen, platziert Inserate und sitzt, um sich einzuarbeiten, viele Stunden über Firmenbüchern. Ein «Tabellarisches Programm zur Insertion & Reclame in Berlin» verfasst er mit solcher Akribie, dass sein Vater stolz auf ihn gewesen wäre – die Neigung zu pedantischen Arbeiten hat er von ihm geerbt, und weil er ihm bei deren Erledigung oft zugeschaut hat, gelingen sie ihm in der Regel gut. Er bewohnt ein möbliertes Zimmer, bereitet das Essen selbst, trinkt abends nur ein Glas Bier. Seine Wäsche schickt er nach Hause. Das Angebot seiner Mutter, Weihnachten in Lenzburg zu verbringen, lehnt er ab: *Die Bescherung, schreibst Du, findet Freitag Abend statt, und Papa, dem Ihr sie verdankt, wird es Freude machen, selber dabei zu sein. Wenn ich aber komme, so kommt er nicht und umgekehrt, und ich habe keine Veranlassung, ihm in seinem eigenen Haus derart in den Weg zu treten. [...] Nimm Dir die Sache nicht zu sehr zu Herzen. Die Welt ist nun mal kein Tanzboden.*

Seine Hauptaufgabe, das Abfassen von Werbeplaudereien, fällt ihm zunächst schwer. Herr Maggi liest genau und beurteilt jeden Entwurf mit «Gut!», «Ordentlich», «Geht an» oder «Mäßig». Aber dann geht es flott voran. In bunter Reihe bemüht Wedekind den *Prediger Salomon,* die *kluge Hausfrau,* den *deutschen Geist,* das *elektrische Bogenlicht* und was ihm sonst an Abenteuerlichem, Witzigem und Phantastischem einfällt, und alles führt zwangsläufig zu den Vorzügen von «Maggis Suppennahrung» und deren wohltätigem Effekt auf Körper und Geist: *Dem weißen Elephanten im zoologischen Garten zu Washington wurde vor kurzem ein überraschender Genuß zu theil. Man hatte seit geraumer Zeit bemerkt, daß das Thier abmagerte, und schob es auf das Klima sowie auf unpassende Ernährung. Eine Versammlung von thierärztlichen Autoritäten der dortigen Hochschule machte nun den Vorschlag, Maggi's Suppen-Nahrung zu versuchen. Am 1. April dieses Jahres wurde dem hohen Kranken der erste Kübel voll Maggi-Suppe vorgesetzt und bei der geneigten Aufnahme, den derselbe fand, in der Kur fortgefahren. Der Patient soll sich in der That schon um vieles wohler befinden.* Herrn Maggis Kommentar: *Eine vortreffliche Schwindelreklame nach amerikanischem Muster. Sehr brauchbar!*

Aus acht Monaten Wedekind'scher Werbetätigkeit bei Maggi sind hundertsechzig solcher Texte erhalten, darunter zwei Gedichte:

1) Vater, mein Vater!
   Ich werde nicht Soldat,
   Dieweil man bei der Infanterie
   Nicht Maggi-Suppen hat.

   Söhnchen, mein Söhnchen!
   Kommst du erst zu den Truppen,
   So ißt man dort auch längst nur Maggi's
   Fleischconservensuppen!

2) Was dem einen fehlt, das findet
   In dem Andern sich bereit;
   Wo sich Mann und Weib verbindet,
   Keimen Glück und Seligkeit.

   Alles Wohl beruht auf Paarung;
   Wie dem Leben Poesie
   Fehle Maggi's Suppen-Nahrung
   Maggi's Speisewürze nie!

Ersteres findet Herr Maggi *vortrefflich,* das zweite *recht für den Leierkasten.* Vor allem will er Erfolge sehen: *Bezüglich der längeren Artikel für Leipzig, Dresden oder Berlin, ist es für uns die Hauptsache, daß dieselben PUBLIZIERT und nicht nur geschrieben werden. Es liegt auch in Ihrer Aufgabe, dafür zu sorgen, daß sie in die dafür aufgegebenen Zeitungen aufgenommen werden, und können wir sie erst dann auch bezahlen.* Wedekinds Honorar pro verkaufter Reklame: ein Franken fünfzig, ausbezahlt am Monatsletzten. Als Wedekind ankündigt, der besseren Konzentration halber zu Hause arbeiten zu wollen, fordert Herr Maggi sein Eisenbahnabonnement zurück, *da Sie dasselbe nun nicht mehr gebrauchen.* Reichtümer sind auf diesem Wege nicht zu verdienen. Fraglich ist auch, ob Wedekind, wie oft vermutet wird, bei Maggi das Rüstzeug für die Vermarktung späterer eigener Produkte erworben hat – Wedekind ist zeitlebens ein rühriger, aber nicht immer geschickter Vertreter der eigenen Sache gewesen, und seine Art, Menschen, von denen er etwas will, gegeneinander auszuspielen, hat ihm nicht nur Sympathien eingebracht. Immerhin dürfte er erkannt haben, dass vornehme Zurückhaltung für den, der vorankommen will, nicht das geeignete Mittel ist. Seiner Mutter schreibt er: *Ich arbeite noch zum größten Theil für Herrn Maggi, aber befinde mich auf dem Wege der Emancipation. [...] Es ist mir zuträglicher, in freier Luft den Pflug zu ziehen, als angebunden im dunklen Stall zu stehen, um bei möglichst viel Futter möglichst viel Milch zu produciren.*

Wedekind schickt seinen Aufsatz «Der Witz und seine Sippe» an die «Neue Zürcher Zeitung». Redakteur Emil Frey, Bruder eines Aarauer Deutschlehrers, der Wedekinds Sprachvermögen schätzte, veröffentlicht ihn in Fortsetzung am 4., 5., und 6. Mai 1887. Unter dem Motto *Gute Witze sind seltner als gute Menschen* analysiert Wedekind (fast zwanzig Jahre vor Sigmund Freuds berühmter Abhandlung «Der Witz und seine Beziehung zum Unbewussten») die Eigenart von Witz, Anekdote, Kalauer, Ironie und Frivolität. Zum *Mutterwitz*, der *Fähigkeit, das Kind beim rechten Namen zu nennen*, macht er eine interessante Beobachtung: *Wir Männer pflegen uns in dieser Hinsicht unmännlicher zu betragen als das schwache Geschlecht. Der Euphemismus, das Sich-Genieren angesichts der Wahrheit, ist eine speziell männliche Schwäche. Rechnen wir uns jedoch diesen Fehler nicht zu schwer an; denn das Weib, so konservativ es im allgemeinen ist, besitzt nun einmal eine Passion für das ostentativ Radikale, für das imposant Krasse. [...] Dem Mann bleibt dann nichts Besseres mehr zu sagen übrig. Sieht er dies nun ein, so denkt er auf Rückzug; sieht er es nicht ein, so wird er grob, was im Alltagsleben das Häufigere. Daraufhin wird dann die Frau ihrerseits plötzlich still und stumm und erwidert kein Wort mehr; aber nicht im Bewußtsein des eigenen Unrechts, sondern aus Verachtung.*

Seiner Mutter scheint der Aufsatz nicht zu gefallen – Emilie Wedekind liebt es offenbar nicht, wenn ihr Sohn an Dinge rührt, die ihre Ehe- oder Familiensituation streifen könnten. Statt einer Gratulation zum Erscheinen im ersten Blatt der Schweiz schickt sie einen sorgenvollen Brief über seine Novelle «Marianne», in der ein alternder, eifersüchtiger Ehemann dem grantigen, in ohnmächtigem Zorn gefangenen Dr. Wedekind gleicht: *Stand er frühmorgens im Kämmerlein vor dem erblaßten Spiegel, um sein graues Haar zu ordnen, so erwachte schon der bittere Neid in seinem Herzen. Trat dann das junge Weib, frisch und blühend wie ein Frühlingstag, über die Schwelle und bot ihm den Morgengruß, so schwoll bei ihrem Anblick die Galle höher empor, und er antwortete ihr mit einem schlecht verhaltenen Fluche. Und wenn ihm eine halbe Stunde später der niedrigste seiner Knechte auf dem Hofe begegnete, so fühlte er sich dergestalt von Eifersucht gefoltert, daß er den bartlosen jungen Tölpel, der ihn mit blöden Augen halb kindisch, halb tierisch anglotzte, am liebsten erwürgt hätte.* So besorgt ist Emilie Wedekind, dass sie einen alternativen Handlungsverlauf entwirft, der den Konflikt in eine andere Richtung steuert.

Ihr Sohn reagiert gereizt – die literarisch verbrämte Kritik der Mutter könnte auch als Kritik seines Charakters, Lebensentwurfs und Wesens gemeint sein: *Ich versichere Dich, daß ich an die unglückselige Marianne seit acht Tagen gar nicht mehr gedacht habe. Ich habe sie eingereicht, und wird sie nicht für würdig befunden, so reich ich sie wo anders ein. [...] Elend und muthlos, wie Du schreibst, bin ich nicht. [...] Und denke doch nur auch ein wenig daran, als was ihr alle zusammen mich früher betrachtet habt, als einen stinkfaulen Kerl, als einen Achselträger, Lügner, kurz als ein ganz hoffnungsloses Subject. [...] ich kann mir nicht verhehlen, daß ich seither viel erreicht habe; und wenn Du das nicht einsiehst, so thust Du mir zwar leid, aber im übrigen ist es mir ganz egal. Ich stehe jetzt auf eigenen Füßen und muß Egoist sein, um auf eigenen Füßen vorwärts zu kommen.* Leider muss er die Mutter kurze Zeit später um hundert Franken bitten: *Du wirst sagen, das könne so nicht weiter gehen, denn was hilft die Arbeit, wenn sie nichts einbringt. [...] Wenn Du auch mitleidig lächelst, Du wirst den Wahn doch begreiflich finden. Geht es dann nicht, so will ich mich gerne wieder einspannen.*

Noch einmal hat Wedekind Glück: Die «Neue Zürcher Zeitung» druckt seinen Aufsatz «Zirkusgedanken». Für den Zirkus schwärmt Wedekind, seit er in Lenzburg einen Mann auf einem Seil zwischen Hausgiebeln über den Kronenplatz balancieren sah. Die gewagt-unschuldige, riskant zwischen Himmel und Hölle schwebende, harte, ehrliche und vom ahnungslosen Bürger nicht ansatzweise verstandene Zirkuswelt reizt ihn so, dass er später die (immer wieder geglaubte) Mär verbreiten wird, in jungen Jahren als Sekretär eines Zirkus über Land gefahren zu sein.

Der Zirkus ist Wedekind Gleichnis in vielfacher Weise. Wenn *Emerald, das außerordentliche Springpferd,* vor *tausend Augenpaaren mit Brillen, Kneifern, Lorgnetten, Monokles und Operngläsern* den Sprung über die Hürde verweigert, aber sie beim dritten Anlauf *in weitgedehnter, weiser, wonniger Parabel* überfliegt, so ist das dem Menschen vergleichbar, der sich treu bleibt und am Ende durchsetzt. Wedekind erkennt das *maßgebende Prinzip der Elastizität: Jeder von uns stürzt einmal zur Tiefe nieder. Wem aber dann die Elastizität im Fußgelenk fehlt, dem wird jene Ferse zur Achillesferse; sie zerreißt, er bleibt liegen, und die wilde Jagd geht johlend und kläffend achtlos über ihn hin. Menschenleben zu Tausenden werden so in den Schmutz getreten.*

Die «Neue Zürcher Zeitung» bringt die «Zirkusgedanken» am 29. und 30. Juni 1887, aber lehnt die Novelle «Marianne» ab: *Es scheint mir, Ihr Talent habe sich da in eine Bahn verirrt, in welche es nicht passt.* Wedekind gibt Nachhilfeunterricht in Deutsch und Latein und bewirbt sich um eine Redakteursstelle, aber sein Experiment einer selbstfinanzierten Schriftstellerexistenz droht zu scheitern. *Ich hoffe, Du werdest nicht daran zweifeln, daß ich arbeite, soweit meine Kräfte reichen, und kein Geld nutzlos verschwende,* schreibt er der Mutter. *Wenn man keins hat, hört das von selbst auf.*

Im September 1887, ein knappes Jahr nach dem Zerwürfnis, bleibt ihm nichts anderes übrig, als seinen Vater um Verzeihung zu bitten: *Herrn Dr. Wedekind auf Schloß Lenzburg in Hochachtung und Ehrerbietung sein Sohn Franklin. [...] Seit drei Tagen denke ich über diesen Brief nach. Ich darf Dich nicht Vater nennen; ich habe jeden Anspruch darauf verloren. [...] Ich habe mich in einer Weise vergangen, die mich Dir gegenüber zum aller-*

elendesten Menschen macht. Ich habe im vergangenen Jahr Zeit genug zur Reue gehabt und werde auch mein ganzes Leben Zeit dazu haben. [...] Wenn Du meinst, Du könntest mich nicht sehen, dann bitte, laß es mich wissen. Ich muß mit allem zufrieden sein. Und nun noch einmal, bitte, verzeih mir. Ich wußte nicht, was ich that; ich war verblendet, verwirrt und aufs äußerste aufgeregt. Wenn Du mich von Dir stößt, so hab' ich nichts mehr zu verlieren. Von Jahr zu Jahr würd' ich schwerer daran tragen. Mein ganzes Leben wäre in scheußlichster Weise besudelt und verflucht.

Eine Woche vergeht ohne Antwort. Franklin lässt Frustration und Wut an der Mutter aus: *Ich sehe schon, es ist das Beste zu schweigen. Ich werde auch von heute ab wieder schweigen, werde zu allem ja sagen, hier ja sagen und dort ja sagen. Wenn ich auch dafür hier wieder Speichellecker und dort gemeiner Hund genannt werde, so ist doch wenigstens Friede im Haus. O, wenn doch nur alle das gleiche Bedürfnis nach Frieden hätten wie ich, wie reizend müßte das werden. Du sagst, das Geld sei mir bei der Geschichte die Hauptsache. Ich sage ja. Wenn Papa mir sagt, Du seist mir die Hauptsache, werde ich auch ja sagen. Ich bin so mürbe wie Zunder; Ihr könnt mich alle um den Finger wickeln. Ich werde den Kopf hängen lassen, mich in die Ecke drücken und froh sein, wenn man mir gestattet zu existieren. Aber bitte, liebe Mama, laß Dich nun hierdurch nicht wieder beleidigen.*

Dann klärt sich alles. Dr. Wedekind verzeiht, und mehr als das: Um dem Sohn vielleicht doch noch als Autor auf die Beine zu helfen, gewährt er ihm ein weiteres halbes Jahr Unterhalt; erst bei abermaligem Scheitern soll er wieder auf die Universität. Mutter Wedekind backt Butterkuchen, hängt zwei Hähnchen und einen Hasen vor das Küchenfenster und wäscht den Efeu in der Essstube, *damit kein Stäubchen das Auge des jungen Gottes beleidige.*

Der Kontakt zu Frau Jahn ist auch während Wedekinds Verbannung nie ganz abgebrochen. Bei einem heimlichen Besuch in Lenzburg (der vielleicht auch ihrer Tochter galt) stahl er, einem verrückten Einfall folgend, eines ihrer Armbänder und trug es selbst, um, wie Frau Jahn vermutet, *eine Andere eifersüchtig zu machen.* Frau Jahn ist empört: *Es ist nichts Neues an Ihnen, daß Sie sich plötzlich verlieben, es ist nichts Neues an Ihnen, daß Sie schnell vergessen, es ist nichts Neues an Ihnen, daß Sie Komödie spielen, aber es ist neu, nein, es ist frivol, daß Sie es mit mir thun. Ihre Freundschaft zu mir soll Ihnen wenigstens heilig genug sein, um nicht mit ihr ein Spiel zu treiben.*

Wedekind reagiert nicht und lässt eine Verabredung in Zürich platzen. Die Frau, die ihm viel gegeben und bedeutet hat, schreibt einen bitteren Abschiedsbrief: *Franklin! Sie haben mir den Empfang meiner Bilder nicht angezeigt, ich habe Sie in Zürich verfehlt, Ihnen meine Noth geklagt u. Sie gebeten, mir Einsamen zu schreiben, ich habe Sie eingeladen zu kommen – keine Antwort, keine Entschuldigung, kein Dank, wenn auch nur pro forma – daß ein Wedekind so alle Rücksicht, so allen Anstand verletzen kann, hätte ich nie geglaubt, von Ihnen erwartet. Die größte Grobheit, die Wahrheit enthält, hätte ich lieber gehabt als dieses hartnäckige Schweigen. [...] Ich habe genug des grausamen Spiels. Leben Sie wohl, wenn ich denke, wie Sie mich vor wenigen Wochen noch bestimmen wollten, Ihnen Du zu sagen, so muß ich auflachen. Es thut mir leid, daß mit so schrillem Mißton die letzte Saite gesprungen ist. Ich hätte ein Recht, Sie über das Warum zu fragen, ich thue es nicht. Sei beglückt! Bertha.* Ein paar belanglose Briefe folgen, aber die Beziehung ist zu Ende. Frau Jahn stirbt wenige Jahre später an Krebs.

Die vom Vater gewährte Gnadenfrist nutzt Wedekind für eine Novelle über die Eifersucht: Ein junger Mann verliert seine Verlobte an einen anderen, bleibt zum Schein mit beiden befreundet und rächt sich auf sadistische Weise. Eine Passage des Werks liest sich wie eine Vorahnung dessen, was ihm selbst bevorsteht: *Der Zwiespalt zwischen der Rolle, die er übernommen, und seinen wahren Empfindungen zerfraß sein natürliches Gefühl, verschob seine Begriffe und zerrüttete seine Gesundheit. Er schwankte fortwährend zwischen einer Untat gegen das Liebespaar und einem Verbrechen gegen sich selbst. Er lernte diese Art Gedanken liebgewinnen, er gefiel sich darin, und sie begleiteten ihn bei Tag wie bei Nacht.* Auch der Titel ist hellsichtig gewählt: «Ein böser Dämon». Über dem Schreiben vergehen Monate, Einkünfte gibt es keine. Ab Frühjahr 1888 ist Franklin Wedekind wieder Student der Rechte, diesmal an der Universität Zürich.

Karl Henckell bringt ihn in Kontakt mit jungen Literaten aus Deutschland, die sich von Bismarcks «Sozialistengesetz» bedroht fühlen, das den bloßen Hinweis auf soziale Not unter Strafe stellt. Einer von ihnen ist der schlesische Gastwirtssohn Gerhart Hauptmann, ein ähnlich wacher Knabe wie der zwei Jahre jüngere Wedekind, aber ein womöglich noch schlechterer Schüler. Mit acht Jahren konnte er Schillers «Taucher» auswendig, aber verließ die Realschule ohne Abschluss und hatte auch in Deutsch nur die Note «gerade noch genügend». Er hat sich als Landwirtschaftseleve in Schlesien und als Bildhauer in Rom versucht, wo er sich als *Gherardo Hauptmann, Scultore* ins Adressbuch eintragen und im langen Künstlergewand fotografieren ließ. Aber als die meterhohe Statue eines germanischen Kriegers, an der er gerade arbeitete, vor seinen Augen zusammensank, begriff er es als Hinweis darauf, einen anderen Beruf zu wählen. Seither gilt er als Talent im eben entstehenden literarischen Naturalismus. Die Novelle «Fasching», eine packende, klar motivierte Schilderung des tödlichen Ausflugs eines Fischerehepaars über nächtliches Eis, brachte ihm ersten Ruhm.

Gerhart Hauptmann besucht seinen älteren Bruder Carl, der bei Ernst Haeckel in Leipzig promoviert hat und in Zürich bei Auguste Forel an der psychiatrischen Klinik Burghölzli weiterstudiert. Carl Hauptmann ist auch literarisch ambitioniert, aber seines Talents unsicher und liest aus eigenen Texten angeblich nur dann, wenn sein Bruder nicht dabei ist. Beide Hauptmanns haben reich geheiratet, jeweils eine der Töchter des Wollgroßhändlers Thienemann aus Kötzschenbroda bei Dresden. Carl Hauptmanns Züricher Haus ist ein passender Ort für literarische Zusammenkünfte.

Das Verhältnis Wedekind – Gerhart Hauptmann ist, nach Aussage einiger Biographen, zunächst herzlich, andere berichten von spontaner Antipathie und einem befremdeten Gerhart Hauptmann, der das Zimmer verlässt, wenn Wedekind seinen «Schnell-maler» vorliest oder Lieder zur Gitarre singt. Wedekind gehört keiner Schule an und schreibt ohne stilistische Richtung. Sozial-politische Probleme interessieren ihn nur bedingt, innere Vor-gänge umso mehr. Seine lyrische Begabung und sein Hang zur Ironie rücken ihn in die Nähe Heinrich Heines, die scheinbare Leichtigkeit seiner Produktion täuscht über die Ernsthaftigkeit seines Wesens hinweg. Von seinem Vater hat er das wissenschaft-liche Interesse übernommen, kaum eines seiner Stücke entsteht ohne intensives Studium von Fachliteratur. Begierig saugt er auf, was Carl Hauptmann über den Zusammenhang zwischen Gehirn und Seele, die Suggestionstherapie und andere Aspekte der Hirn-forschung erzählt, die Auguste Forel im Burghölzli betreibt.

Wedekind, der von seinem Talent überzeugt ist, mag spüren, dass ihm in Gerhart Hauptmann eine mindestens ebenbürtige Begabung gegenübersteht. Vielleicht irritiert ihn Hauptmanns ruhige Art, seine scheinbare Blasiertheit, seine stutzerhafte Klei-dung oder seine Gewohnheit, unvermittelt ein Notizbuch zu zücken und etwas hineinzuschreiben. Eines Abends, vielleicht in dem Versuch, den schwer durchschaubaren Schlesier doch noch zum Freund zu gewinnen, erzählt ihm Wedekind in seltener Offenheit vom Zwist mit seinem Vater, von der schwierigen Ehe der Eltern und dem Spannungsverhältnis, in dem er und seine Geschwister aufwuchsen. Hauptmann hört aufmerksam zu.

Dr. Wedekind, Schlossherr auf Lenzburg, vereinsamt derweilen immer mehr. Am frühen Nachmittag läuft er den Schlossberg hinab, sitzt eine Stunde im Lesezimmer des Gasthofs Krone, holt seine Post, läuft wieder hinauf, verschanzt sich in seinem Arbeitszimmer. Wünsche an die Mitwelt tut er durch Aufstamp-fen auf den Fußboden kund, das Essen lässt er sich in einem Korb servieren, den er vom Schlosshof zu seinem Turmfenster hinaufzieht – ein verletzter, missverstandener Mann, der seine Verdienste ungenügend gewürdigt sieht.

Im Herbst 1888 bestellt Dr. Wedekind einen antiken Schrank und erwartet dessen Ankunft auf dem Lenzburger Bahnhof. Als er beschädigt ausgeladen wird, erleidet er einen Schlaganfall und stirbt ein paar Tage später auf dem Schloss, zweiundsiebzigjährig, am 11. Oktober 1888, ganz so, als wollte er sich schnell verabschieden und seiner Familie seine Gegenwart ersparen. Berichte über sein Begräbnis auf dem Lenzburger Friedhof gibt es keine; in Briefen seiner Kinder findet sein Tod keine Erwähnung. Armin erbittet sich sein Praxisschild, das als Souvenir in des Vaters Arbeitszimmer hing – er hat sich soeben als Arzt in Zürich-Riesbach niedergelassen, an dem Ort, wo einst Großvater Kammerers Zündholzfabrik stand.

7

Elins Erweckung

Februar bis Mai 1889

16. Februar 1889. Nach dem Souper zünden Karl und ich im Saal eine große Reiswelle im Kamin an. Darauf holen wir vom Estrich über den Verliesen den Koffer mit den türkischen Kleidern. Als wir ihn über den Hof tragen, schlagen die hellen Funken aus dem Schornstein über dem Saal und verlieren sich oben in den Sternen. Karl meint, wenn das Dach Feuer fange, hätten wir nicht einmal Wasser, da der Weiher zugefroren sei. Ich beruhige ihn: was es denn schaden würde, wenn das ganze Schloß in Flammen aufginge; die Herrlichkeit dauere ja doch nicht mehr lange. Im Saal kostümiert sich die ganze Gesellschaft türkisch. Meine Mutter trägt einen bis zur Erde reichenden Mantel aus Genueser Samt mit goldenen Borten. Darin tanzt sie mit unvergleichlicher Verve und Biegsamkeit einen Samaqueca auf dem Smyrnateppich. Wilhelmine, Karl, die beiden Kleinen und ich sitzen auf Sofakissen um sie herum und trinken Kaffee.

Auf Schloss Lenzburg geht es nach dem Tod von Dr. Wedekind lustig zu. Es ist, als ob eine düstere Gegenwart sich verflüchtigt und Raum zum Atmen gelassen hätte. Franklin hat sein Jurastudium aufgegeben und bewohnt sein altes Zimmer, Karl Henckell, mit Schwester Mieze so gut wie verlobt, ist Dauergast, die Mutter in Tanzlaune. Nach dem Tod ihres Mannes wollte sie angeblich alle Erinnerungen an ihn so schnell wie möglich tilgen und insbesondere seine umfangreiche Antiquitäten- und Orientaliasammlung verkaufen, die ihn in den letzten Jahren fast ausschließlich beschäftigt hat. Aber ein Auktionator befand, dass Dr. Wedekinds mit unendlicher Mühe gesammelte Reichtümer in Mehrheit unecht, unbedeutend und teilweise ganz und gar wertlos seien. Lediglich das von ihm erstellte Verzeichnis erregte seine Bewunderung – eine derart exakte Katalogisierung sei ihm in seiner Laufbahn noch nicht untergekommen. Jetzt lässt Emilie Wedekind die Dinge zunächst so, wie sie sind; auch die Zukunft des Schlosses wird vorerst nicht erörtert.

Die in Wedekinds Tagebuch erwähnte «Wilhelmine» ist, für Eingeweihte leicht erkennbar, Minna von Greyerz, Tochter des Lenzburger Oberförsters Walo von Greyerz, der, wie es der Zufall wollte, bereits vor Dr. Wedekinds Zuzug aus Hannover in München eine Wedekind geheiratet hatte, weshalb weitläufige Verwandtschaft besteht und Franklin und Minna, die sich seit Kinderzeiten kennen, als Cousin und Cousine gelten. Franklin hat Minna pubertäre Geheimnisse anvertraut und sie als Postillon d'amour mit Gedichten zu Lenzburger Flammen geschickt. Vor dem Abitur hat er mit ihr einen «Dichterbund» gegründet, als Gegengewicht zur Plattheit und Rohheit seiner männlichen Saufbrüder, jetzt interessiert er sich vorübergehend für sie als Frau: *Sie ist in der Tat ganz reizend geworden, ihre schwarzen Augen, ihr hübsches Köpfchen, die hübschen vollen Arme, mit denen sie nach Herzenslust prahlt. Sie steht offenbar erst jetzt, wiewohl schon siebenundzwanzig Jahre alt, in ihrer vollen Blüte.*

Wedekind hat, nach Auskunft derer, die ihn kannten, lebenslang Tagebuch geführt. Erhalten sind nur wenige Hefte, und aus denen sind Seiten herausgeschnitten, von eigener oder fremder Hand. Auch vom Übriggebliebenen ist manches so krass formuliert, dass seine Erben es jahrzehntelang unter Verschluss hielten. Artur Kutscher, Wedekinds erster Biograph, zitiert ihn mit der Aussage, Tagebuchschreiben als *stilistische Übung* zu betrachten, um *für das Worte und Ausdruck zu finden, was man im gewöhnlichen Leben ungesagt sein läßt.*

Die Affäre mit Minna von Greyerz ist, nach Wedekinds Tagebucheinträgen zu schließen, kurz und unromantisch: *Wenn ihr Mund nur zum Sprechen da wäre, würde ich ihn ihr zunähen. Der Wolkenbruch ihrer Gefühle läßt mich zu keinem Angriff gelangen. Ich liebe den Ernst und die Ruhe, wenn es sich um Vergnügungen handelt.* Minna erzählt ihm, wo sie *küssen gelernt* habe – *eine langweilige, larmoyante Geschichte ohne Höhen und Tiefen, aus der ich aber die Überzeugung gewinne, daß sie ihren Mädchennamen noch mit voller Berechtigung führt.* Sie will sein *Ur-Erlebnis* erfahren: *Ich hülle mich, so unerwartet überrascht, in düsteres Schweigen, indem ich mich meiner ersten Lehrerin, der guten alten Tante Helene, herzlich schäme.* Hier ist Frau Jahn gemeint.

Minna von Greyerz hat Musik studiert und sich in Lenzburg als Klavierlehrerin niedergelassen. Mit siebenundzwanzig Jahren ist sie zum Heiraten bereits ein wenig alt. Vielleicht hofft sie auf einen Antrag ihres bewunderten Vetters, wahrscheinlich spürt sie, dass die ersehnte Häuslichkeit mit ihm nicht zu haben ist. *Wäre ich Maler,* sinniert Wedekind, *ich würde sie heute heiraten. Für den Schriftsteller wäre die Ehe ein Verderb. Wenn ich gar aus Liebe heiratete, mich mit der Welt aussöhnte, dann könnte ich mich nur gleich begraben lassen.* Unbarmherzig beobachtet er die Freundin: *Trotz der trüben, flackernden Beleuchtung sehe ich den Flaum auf der Wange, dazwischen einige Leberflecken und neben dem Auge zwei Runzeln, alles wie unter dem Mikroskop in fünfhundertfacher Vergrößerung. Und ich frage mich, ob wohl der zarteste Teint in solcher Nähe standhält.*

Das Tagebuch zeigt aber auch Wedekinds Einsamkeit und sein Verlangen nach Geborgenheit und Stabilität. Elisabeth, die Tochter des Lenzburger Gerichtspräsidenten, gerät in sein Blickfeld. Sie ist fünfzehn Jahre alt, *ein klein wenig plump, mit der strotzenden Büste und den wonnigen Hüften, wie sie dem Alter manchmal eigen sind. Sie hat weder kleine Hände noch Füße, aber einen angenehmen, ernstgemessenen Gang. Ihre Züge sind voll und blühend, wenn auch etwas scheu, die großen, dunkelblauen Augen blond, wenn auch etwas düster umrahmt. Ihr Anblick verwirrt mich, und ich muß bereuen, ihr nicht ein freundliches Wort gesagt zu haben. [...] Auf dem Heimweg träume ich aufs lebhafteste davon, das hübsche kleine Tier baldmöglichst zu heiraten, sie in die große Welt hinauszuführen, auf Reisen und Abenteuer, in unserem Schloß uns ein herrliches Buen-Retiro wahrend. Ich träume mir den ehrenfesten Gerichtspräsidenten als Schwieger-*

papa, ich träume mir die Elisabeth als Gattin, als Mutter, als Matrone an meiner Seite im Kreis einer Schar kräftiger Kinder und Kindeskinder.

In seinen Tagebüchern scheint sich Wedekind von außen zu betrachten, sich selbst zu ironisieren. In seinen dichterischen Texten steigt er hinab in die Tiefen und Abgründe seines Wesens und zeigt sich in geradezu zwanghafter, vielleicht auch übertriebener Ehrlichkeit nackt. Nachzulesen ist das in «Elins Erweckung», zeitgleich mit dem Tagebuch im Frühjahr 1889 entstanden und der vorösterlichen Stimmung gemäß eine «Auferstehungspredigt». Das Werk ist als Gemeinschaftsprojekt mit Karl Henckell geplant, aber der steuert nur einen schön geformten Prolog bei. Was danach kommt, ist in seiner Mischung aus Selbstporträt und These echter Wedekind.

Elin ist ein junger Theologe. Selbstekel und Selbstverachtung plagen ihn. Er fühlt sich schlapp und nutzlos, seine Kindlichkeit hat er verloren. Er sieht sich *schlimm geartet,* kein Gesicht ist ihm *so verhaßt* wie das eigene. Widerwillig schreibt er seine Examenspredigt, die er demnächst halten muss. Nettchen Schimmelpfennig ist seine Haushälterin. Er liegt ihr auf der Tasche, schläft zu viel und pariert ihre Vorhaltungen mit verdrehten Bibelsprüchen. Aber sie liebt ihn und hofft, seine Frau zu werden. Er indessen vermag an die Brautnacht *ohne Grauen nicht zu denken* und fürchtet die *Prüfungszeit der Honigwochen* mehr als *Examen und Probepredigt zusammen.* Was verursacht solches Bauchgrimmen?

Mögliche Antworten gibt es viele, und fast alle haben mit männlicher Angst zu tun: die Angst vor dem Verlust der Freiheit, die Angst vor aufgezwungenem Familienleben, die Angst vor dem Verkettetsein mit einer Frau, die man nicht liebt, oder einer Sexualpartnerin, der man nicht genügt und die ihre unbefriedigte Sexualität als Instrument der Knechtung einsetzen könnte. In Wedekinds Fall kommt mit hoher Wahrscheinlichkeit die Angst des Künstlers dazu, der durch Bindung, häusliche Enge und regelmäßig abgeforderten Sexualverkehr seine kreative Kraft gefährdet sieht.

Kein Mann kann wissen, was eine Frau empfindet – in zahllosen Äußerungen hat Wedekind diese Überzeugung formuliert und doch lebenslang versucht, dem Geheimnis Frau auf die Spur zu kommen. Er hat den Gang von Frauen studiert, ihre Haltung und Bewegung, ihren Gesichtsschnitt, ihre Beinstellung beim Sitzen und Gehen und Schlüsse daraus gezogen. Dem Beispiel des Leporello aus der Oper «Don Giovanni» folgend, hat er mehrfach kabbalistische Schemata gezeichnet, die Frauen in fünf Gruppen unterteilen: Prinzessinnen, Patrizierinnen, Zigeunerinnen, Klavierlehrerinnen und Köchinnen. Prinzessinnen sind seine Idealfrauen, Patrizierinnen bürgerlich Verheiratete wie seine Mutter, Klavierlehrerinnen gebildete und möglicherweise lebenslang unverheiratete Kameradinnen wie Minna von Greyerz, Köchinnen einfache, gute Seelen mit großen Händen und Füßen, wobei er zwischen «in Wirklichkeit» und «im Geiste» unterscheidet: Eine Patrizierin kann den Geist einer Köchin haben oder umgekehrt, die gesellschaftliche Position den Charakter verschleiern.

Den zentralen, mittleren Platz nehmen die *Zigeunerinnen* ein, sprich: Prostituierte. Sie genießen Wedekinds hohe Achtung als Erfüllerinnen eines nicht ausrottbaren männlichen Bedürfnisses, wobei er keinen Zweifel daran lässt, dass sie das *denkbar SCHLECHTESTE Geschäft* dabei machen. Es ist deshalb so schlecht, weil die von ihnen angebotene Ware von Konkurrentinnen aus dem bürgerlichen Lager immer wieder UMSONST geliefert wird – eine Wettbewerbsverzerrung, die den Prostituierten unverhältnismäßige Reklameanstrengungen wie Verderbtheit und Verruchtheit abnötigt, was sie in den Augen der bürgerlichen Gesellschaft nieder und gemein erscheinen lässt, während sie in Wirklichkeit vielleicht lauterste Wesen und keinesfalls anders oder schlechter sind als bürgerliche Frauen. Auch müsse man die Nachteile bedenken, die Prostituierten ihrer häufig niederen Herkunft und vergleichweise geringen Bildung wegen entstehen, und sie deshalb besonders gut behandeln und entlohnen. Denn ihre Dienste sind unverzichtbar – eher könnte es eine Welt ohne Kriege geben, meint Wedekind, als eine ohne Prostitution.

Auch Elin wird durch eine Prostituierte gerettet. Sie heißt Ella und ist die Tochter des Bettlers Schigolch, der in den Lulu-Dramen eine wichtige Rolle spielen wird – sein Name enthält rückwärts gelesen das Wort «logisch», und er verkörpert, für Wedekind oft gleichbedeutend, männlichen Realismus und männlichen Zynismus. Ella verteidigt ihr Berufsethos: *Sie glauben wol, weil ich mit nacktem Leib mein Brod verdien', Sie dürften mich wol gleich wie Ihren Hund traktirn? Ich bin so wenig Ihr Hab und Gut wie Sie ein Tugendspiegel. Ich bin kein Rinnsal, werther Herr! Ich bin ein ehrlich Straßenmädchen. Fragen Sie die Nachbarschaft. Ich thu, was unsre Schuldigkeit, wie's jede thut. Auch hab ich stets gewußt, was Anstand heißt bei wohlerzognen Söhnen. Wollt' mir doch eher am Waschtrog Brod verdienen, eh ich was untugendliches litt, das wider alle Sitte und Moral!*

Ella wird Elins Geliebte, und es wird klar, warum Männer bis ans Ende aller Tage Prostituierte aufsuchen werden: Die käufliche Liebe nimmt ihnen die Angst und gibt ihnen für Momente die Selbstachtung wieder, die sie als verhätschelte Knaben in den Armen ihrer Mütter gekostet haben. Sie stehen im Mittelpunkt und können sich geben, wie sie sind. Die von ihnen bezahlte Frau ist ihnen Mutterersatz, ihre Scheide eine Illusion von Frieden und Sicherheit, die sie dringend brauchen. Elin ist es, als ob er *aus des Verließes dumpfen Moderdünsten nach langer Jahre thränenreicher Haft zum ersten Mal hinansteigt in den Tag.* Nie habe er in seiner *Trostlosigkeit* geglaubt, dass ihm, dem *Angsterfüllten,* in *Selbstverachtung sich Windenden* solche Seligkeit zuteil werden könne: *Als hätte die Mutter ihn, von Glück erfüllt, ans Herz geschlossen, hätten Vaters Lippen voll inniger Gluth die seinigen berührt.*

Dass damit das letzte Wort nicht gesprochen ist und Ella wie Nettchen Schimmelpfennig Brot und Kaffee und eine geheizte Stube fordern und dass vor allem der Theologe Elin seine Sinnfrage noch längst nicht gelöst hat, deutet Wedekind nur an – «Elins Erweckung» bleibt Fragment wie vieles in Wedekinds Produktion. Dennoch ist es ein Markstein in seiner Entwicklung und der Beginn einer klaren dramatischen Richtung.

Auch Wedekinds Dichterlaufbahn ist entschieden, obgleich er immer noch Schlossherr auf Lenzburg werden könnte – sein Bruder Armin ist Arzt in Zürich, William Lincoln vor Jahren nach Amerika ausgewandert, Donald hat die Schule hingeworfen und sich bald nach des Vaters Tod ebenfalls nach Amerika aufgemacht. Das Schloss und seine Symbolik begleiten Wedekind für den Rest seines Lebens, die Ansammlung von Steinen interessiert ihn wenig. In einem letzten Schweizer Tagebucheintrag nimmt er Abschied von der Atmosphäre seiner Kindheit und Jugend. Es ist Nacht, und die Hauskatze hat in seinem Schrank Junge bekommen: *Die Entbindung dauert eine gute Stunde. Nachdem sie die Jungen gehörig abgeleckt, beginnen sie zu piepsen. Ich hole meine Mandoline und trage ihnen Brahms' Schlummerlied vor. Jetzt ist es halb vier. Ein feuchter, erfrischender Wind weht voll zum offenen Fenster herein. Im ganzen Schloß klappen Türen und Fensterläden zu, und in der alten Linde rauscht es wie ferne Brandung.*

8

Das große Ziel: Berlin

Mai bis Juli 1889

Wer in aller Welt kommt freiwillig nach Berlin?», fragt Joseph Roth 1927. Die Antwort fällt auch vierzig Jahre früher nicht leicht. Sicher ist: AUS aller Welt kommt man nach Berlin, freiwillig oder nicht: Aus Böhmen, Polen und Ungarn, aus Galizien und Kroatien, aus Bayern, Württemberg, Holland oder Dänemark, aus Ostpreußen, dem Baltikum und Russland strömen Menschen in die deutsche Hauptstadt in der Hoffnung auf Arbeit, Status und Fortkommen. Die Einwohnerzahl hat sich in dreißig Jahren vervierfacht, die Menschen wohnen in Mietskasernen, mehrfach gestaffelt, je nach Einkommen im ersten bis vierten Stock oder, wenn es für mehr nicht reicht, in Kellern, die des Berliner Sandbodens wegen besonders tief sind. Siemens, AEG und Borsig sind die großen Arbeitgeber, und wer dort nicht landen kann, sucht in Handel oder Handwerk einen Platz – Hauptsache, man gehört dazu und wird nicht abgeworfen. Finanzminister Hansemann bringt den Zeitgeist auf den Punkt: «In Geldsachen hört die Freundschaft auf.»

Berlin hat ein Philharmonisches Orchester mit Hans von Bülow als Chef und fast mehr Theater als Kirchen. Am Hoftheater spielt Adalbert von Matkowsky, der Lustspieldichter Adolph L'Arronge hat das Friedrich-Wilhelm-Städtische-Theater an der Schumannstraße gekauft und in Deutsches Theater umbenannt, die Kritiker Otto Brahm, Theodor Wolff, Maximilian Harden und Paul Schlenther haben den Verein Freie Bühne gegründet, in dem junge und jüngste Literatur zu Wort kommen sollen. In zahllosen Vereinigungen versuchen Berliner und solche, die es werden wollen, ihre Interessen zu bündeln. «Berlin hat keine Gesellschaft, sondern Kreise», lautet ein oft gehörter Spruch, «eine fein abgestimmte Anarchie: alle gegen alle.»

Franklin Wedekind, Ende Mai 1889 eingetroffen, findet Berlin *geistig und körperlich totschlagend,* München sei das *reinste Phäakennest* dagegen – *die Menschheit wimmelt hier tagtäglich auf den Straßen wie in Zürich am Sechseläuten.* Gleich zu Anfang gibt es Ärger: Weil Dr. Wedekind aus Angst vor preußischer Behördenwillkur deutsche Pässe für seine Söhne abgelehnt hat, besitzt er zur Legitimation nur ein vage formuliertes amerikanisches Staatsbürgerschaftsattest. Der Berliner Polizei genügt das nicht. Die Lenzburger Stadtverwaltung will eine Bestätigung seiner dortigen Niederlassungsbewilligung schicken, erst dann soll über seinen Status entschieden werden.

Wedekind will mitmachen, dabei sein, Arbeit finden und seinen «Schnellmaler» an den Mann bringen, den in München niemand haben wollte. Ein Empfehlungsschreiben Karl Henckells in der Tasche, meldet er sich in der Redaktion der «Täglichen Rundschau». Man empfängt ihn höflich. Aber die Redakteure sind *hundemüde von des Tages Arbeit,* Wedekind ist von einem *gewissen scheuen Entsetzen* erfüllt. Julius Hart, Aktivist der Naturalistenbewegung und mit seinem Bruder Heinrich aus Westfalen nach Berlin gekommen, wo er eine ähnliche Rolle zu spielen hofft wie die Brüder Goncourt in Paris, führt ihn ins Café Preinitz, wo das *massenhaft zur Verfügung gestellte Mädchenfleisch* anfangs *etwas befangend* auf ihn wirkt. Wedekind ist unsicher, wie er sich verhalten soll: *Julius Hart gegenüber benehme ich mich etwas naiver, als ich bin, in der Überzeugung, daß der Großstädter einem das nicht schiefnimmt.*

Eine Woche nach seiner Ankunft besucht er Gerhart Hauptmann, der seinen Entschluss, nach Berlin zu gehen, zweifellos beeinflusst hat und angeblich in Erkner eine Villa bewohnt. Im Tagebuch schildert er den Besuch in einer Mischung aus Ironie, Verlegenheit und Kampfgeist. *Ich frage einen Polizisten, wo Erkner liege. Das existiere gar nicht. Das kenne er selber nicht.* Wedekind findet den Ort auf dem Stadtplan und fährt mit der Stadtbahn hinaus. Hohe Schlote erinnern an die *bleichen Wärter und die Kalköfen aus Hauptmanns Gedichten.* Er kämpft sich durch sandige Wege und gelangt zur Villa Lassen, die Hauptmann dank der Finanzkraft seiner Frau mieten kann. *Hinter dem Hause finde ich die Gesellschaft Croquet spielen. Gerhart Hauptmann empfängt mich mit offenen Armen [...] Alle freuen sich offenbar sehr, mich wiederzusehen. Hauptmann lädt mich ein, nun recht oft herauszukommen, da er sich oft unglaublich langweile.* Man will Neuigkeiten aus Zürich hören, von Karl Henckell und Armins Hochzeit. Wedekind fühlt sich *kleinlaut* werden: Armin hat eine Züricher Arzttochter geheiratet, vielmehr sich heiraten lassen, wie Franklin findet; die schwache Position des Bruders hat ihm wehgetan und an seinen Vater erinnert.

Das neueste Werk der Naturalisten kommt zur Sprache, «Papa Hamlet» von Arno Holz und Johannes Schlaf, unter dem Pseudonym Bjarne P. Holmsen herausgebracht, eine in Alltagssprache gehaltene Erzählskizze über einen ehemals berühmten Schauspieler, der in einem Wutanfall sein Kind erwürgt – aufsehenerregend durch Thematik, Stilmittel und das Rätselraten um die Autorenschaft. Hauptmann nennt es ein *epochemachendes Werk,* nach dessen Lektüre er ein eigenes Romanprojekt *ohne Besinnung beiseite geworfen* und in *sechs Wochen ein Drama* geschrieben habe. In seinem Arbeitszimmer liest er daraus vor – es ist sein Erstling «Vor Sonnenaufgang», der ihn binnen eines halben Jahres berühmt machen wird. Wedekind verschweigt seinen Eindruck und konzentriert sich auf das Ambiente: *Der Schreibtisch steht zwischen den Köpfen von Sokrates und Herodot, die bei starkem Auftreten auf ihren Postamenten allerdings sehr bedenklich wackeln. Über dem Tisch schwebt mit ausgebreiteten Fittichen ein Adler, der einen aufgespannten chinesischen Regenschirm in den Klauen hält.*

Zum Abendbrot gibt es *dreierlei Fisch, zweierlei Fleisch, viererlei Kompott und einen schweren Reispudding.* Man begibt sich in den Garten. Dort hängt ein Trapez für Hauptmanns Söhne (bisher hat er deren zwei), in dem es sich *der Hausherr so bequem wie möglich* macht. Die Damen seiner Gesellschaft rauchen und schwatzen. Dem Außenseiter Wedekind bleibt nur die Ironie:

Gerhart H. sieht übrigens auf ein Haar aus wie ein Tollhäusler, mit seinem grotesken, etwas blöden Profil, mit rattenkahl geschorenem Kopf, in schweren, nußfarbig dunklen Wollkleidern, die ihm um den Leib hängen, als hätte sie der erste beste Dorfschneider verfertigt. Aber als er mit Hauptmann den Maler Hugo Ernst Schmidt und dessen Frau nach Hause begleitet, überkommt ihn die Sehnsucht nach ähnlich geordneten Verhältnissen: *Es berührt mich über die Maßen stimmungsvoll, wie das hübsche junge Paar seinen Weg durch den einsamen Wald verfolgt.* Ein *Blitzzug* rast vorüber – Hauptmanns viel beachtete Novelle «Bahnwärter Thiel» ist im Vorjahr erschienen.

Auf dem Rückweg wird Hauptmann persönlich: Die LIEBE, meint er, fehle Wedekind vielleicht *doch nicht so gänzlich,* wie das in Zürich geschienen habe, er halte auch ihn für *aufopferungsfähig.* Was meint Hauptmann damit? Dass sich ohne Liebe Bleibendes nicht schaffen lässt? Dass man sich der Kunst opfern und die Welt, ihre Bewohner und die eigenen Bühnenfiguren wohlwollend betrachten muss? Oder ist Liebe für Gerhart Hauptmann gleichbedeutend mit Ruhe, Selbstrespekt und Selbstvertrauen? Die Fragen sind auch für Wedekind existenziell wichtig, seine Antwort ist charakteristisch: *Ich gebe ihm das gerne zu, doch bedeuten für mich diese Gefühle nicht Stärke, sondern Schwäche. Sie würden mich in meiner sittlichen Kraft nicht befestigen, sondern untergraben.*

Frau Hauptmann steckt Wedekind zwei Apfelsinen in die Tasche, Hauptmann selbst begleitet ihn zum Bahnhof. *Ich nehme Abschied von ihm, indem ich mich durch den Anblick seines ungetrübten Glücks wohltuend berührt, ja fast gehoben fühle. Ich beneide ihn nur mit den reinsten Gefühlen und empfinde es schmerzlich, daß er bei alledem fürchtet, es könnte diese Nacht bei ihm eingebrochen werden.* Dabei ist bei Hauptmann durchaus nicht alles so geordnet, wie es scheint. Aus seinen Aufzeichnungen weiß man, dass er Blut spuckt und auf langen Spaziergängen seiner Todesangst Herr zu werden versucht. Der Umzug nach Erkner geschah seiner Gesundheit willen, seine Frau betrachtet mit Sorge das schwindende Vermögen.

Ein etwas blödes Profil –
der jungverheiratete Gerhart Hauptmann

*Als ich Gerhart H. frage, wie es mit der Gesundheit stände,
entgegnete er mir, er habe den Winter über gefürchtet, an Rückenmarksstarre zu leiden. Ich entgegne, daß ich noch wenig
junge Menschen unseres Alters in unseren Verhältnissen gefunden habe, die nicht gefürchtet hätten, an Rückenmarksstarre zu
leiden –* «Rückenmarksstarre» ist ein anderer Ausdruck für Syphilis, das Schreckgespenst der Männer. Wedekind verabschiedet
sich mit einem Witz und kehrt einigermaßen beruhigt in seine
möblierte Mansarde in Tiergartennähe zurück, auf deren Blech-
dach die Sonne brennt. Aber der Besuch scheint ihn angestrengt
zu haben – am nächsten Tag notiert er: *Diem perdidi.*

Ein paar Tage später – die *unerträgliche Hitze* und der *Andrang
von Zerstreuungen aller Art* haben ihn *vierzehn Tage lang keinen
Buchstaben notieren lassen* – hat Wedekind die Idee zu einem

eigenen Schauspiel. Es soll in einem Mädchenpensionat spielen, ein Verein zur Förderung von Fraueninteressen soll gegründet werden, ein leichter Unterhaltungston soll es von Hauptmanns naturalistischer Sprache absetzen. Wedekind entwirft *mit großer Vorsicht und wenig Sicherheit* eine erste Szene. *Ich schrecke gewissermaßen davor zurück, etwas zu fixieren.*

Die Ausbeutung unterprivilegierter und ungeschützter Frauen lässt sich in Berlin trefflich studieren. Wedekind analysiert sie am Beispiel der Kellnerinnen des Vergnügungslokals Elysium: *Jede hat eine Reihe von sechs Tischen, der Tisch zu sechs Plätzen, macht sechsunddreißig Gäste oder zweiundsiebzig Hände, von denen sie sich ihre vier Gliedmaßen und speziell die von der Natur zum Geschlechtsgenuß, zum Gebären und Ernähren bestimmten Teile ihres Körpers von früh bis spät bereitwillig befühlen und drücken lassen müssen.* Das sei, meint Wedekind, *zweifelsohne eine der gründlichsten Ausnutzungen,* indem diese Mädchen *zur nämlichen Zeit aktiv sowohl wie passiv Geld einbringen. Sie bieten im Aufwarten ihre Arbeitsleistung und haben sich zwischendurch zur Erhöhung der Frequenz selber bearbeiten zu lassen – keinem Pferdeverleiher* würde es einfallen, seine Tiere für dergleichen herzugeben. *Selbstverständlich halten die Mädchen bei dieser Lebensweise nicht lange aus. Doch kann das dem Geschäftsinhaber insofern gleichgültig sein, als er sie nicht zu kaufen, sondern nur zu mieten braucht. Ob eine dreißig Jahre aushält oder dreißig je nur ein Jahr aushalten, hat auf seine Bilanz keinen Einfluß, zumal in einer Stadt wie Berlin das Angebot die Nachfrage immer noch weit übersteigt.*

Das Absurde an seinen Mitmenschen erzeugt in Wedekind eine Liebe eigener Art: Ein junger Mann fällt ihm auf, der in einem Lokal Gemüse isst und Selterswasser dazu trinkt. *Er ißt vollständig über seinen Teller gebückt, indem er mit der schlaff gehaltenen Gabel große Haufen in den Mund schiebt, den er dabei kaum öffnet. Verschiedene Male ist er nahe am Einschlafen, rafft sich aber immer wieder zusammen und rülpst zwischendurch wie eine Saugpumpe.* Der junge Mann genehmigt sich einen Pudding, die ganze Mahlzeit kommt *auf demselben Weg wieder retour.* Wedekind fühlt das Bedürfnis, ihn *am Arm zu nehmen,* aber hat Angst, *für seinen Freund gehalten zu werden,* verteidigt ihn aber gegen Kellner, die ihn hinauswerfen wollen. Der junge Mann verschwindet auf dem Lokus, kommt *augenscheinlich um einiges erleichtert, wenn auch immer noch totenblaß* wieder heraus, bezahlt und geht, ohne Wedekind *eines Grußes zu würdigen.* Wedekind zahlt seinerseits mit *möglichst weltmännischem Gleichmut* und empfindet es als *große Ehre,* dass die Kellner ihm, anders als dem *unglücklichen Nachbarn,* «Mahlzeit» nachrufen.

In der Riesenstadt Berlin hat Wedekind fast nur Umgang mit dem Schweizer Musikkritiker Heinrich Welti, den er aus München und Zürich kennt und der von seiner Verlobten, der Opernsängerin Emilie Herzog, in ähnlicher Weise gegängelt wird wie Karl Henckell von seiner Schwester Mieze. Eine Nachricht aus Lenzburg wirkt *niederschlagend auf die Stimmung des ganzen Tages:* Donald, sein Lieblingsbruder, hat in San Francisco Bekannte seiner Eltern angepumpt und ist in Richtung New York verschwunden; die Mutter musste von der Schweiz aus seine Schulden bezahlen. Wedekind will so bald wie möglich einem literarischen Verein beitreten. *Ich muss Umgang mit jungen Menschen haben, je jünger desto besser. [...] Ich habe wieder den ganzen Tag mit keinem Menschen mehr als drei Worte gewechselt.* Mit vierundzwanzig Jahren fühlt er sich alt und sehnt sich nach einer Frau.

Von seinem Zimmer aus kann er ein Mädchen beobachten, das im Nachbargebäude Kinderfräulein oder Haushaltshilfe ist. *Sie hat ein hübsches, rosigblasses Gesichtchen, blonde Haare, eine schlanke, nicht zu schlanke Figur und eine zierliche bleiche Hand.* Beim Nachhausekommen tritt er ans Fenster und bleibt so lange stehen, bis er meint, er müsse seiner *unaufhörlichen Neugier wegen ein Gegenstand des Abscheus* sein. *Durch die Spalten in den Vorhängen vermag ich das Fallen ihres Unterrocks zu bemerken. Dann sehe ich einen zierlichen Fuß, an dem weiße, schlanke Finger zwischen den einzelnen Zehen durchstreifen. In der Tiefe meiner Seele keimen Heiratsgedanken.* Eine Prostituierte aufzusuchen widerstrebt ihm bei aller Verlockung: *Später, später. Wenn sich das Behagen eingestellt hat und ich ganz bei der Sache bin. Und doch tritt auch bei diesen Träumen bereits der Forscher in den Vordergrund. Das Fleisch sinkt im Preise.* Seine *Tändelei* mit Minna von Greyerz erscheint ihm im Rückblick *unendlich kleinlich,* eine *klägliche Mißgeburt aus Eitelkeit und Rammelei* – hielte er sein *Seelenleben* nicht für ein *im großen und ganzen sehr diszipliniertes,* könnten ihn die eigenen Tagebucheinträge *erschrecken.*

Vier Wochen nach seinem ersten Besuch fährt Wedekind wieder zu Gerhart Hauptmann. Seine Frau erwartet das dritte Kind, Gerhart will in Pankow eine Immobilie kaufen, sein Bruder Carl, Arno Holz und andere zögen auch dorthin – will Wedekind nicht mitmachen? Wedekind ist geschmeichelt. Und als zwei junge Literaten an Hauptmanns Tür klopfen, die sein «Promethidenlos» gelesen haben und den Autor kennenlernen wollen (so berühmt ist Hauptmann schon!), fühlt er sich *überglücklich, den beiden Fremdlingen gegenüber mehr zum Hause zu gehören.* Einer der Jünglinge ist Max Marschalk. Seine Schwester Margarethe wird sich in Hauptmanns Ehe drängen, einen jahrelangen, bitteren Konflikt auslösen und schließlich seine zweite Frau und Witwe werden. Wedekind verlässt Hauptmann mit Hochgefühl, sitzt bis ein Uhr im Café und fühlt sich am folgenden Morgen voller Schaffenskraft. Aber einen Tag später notiert er: *Meiner Arbeit gegenüber sehe ich mich wie am Fuß eines unübersteigbaren Berges.*

Dann steht ein Polizist vor Wedekinds Tür und bittet ihn auf die Wache. Dort erfährt er, dass seine Ausweispapiere nicht anerkannt worden sind und er Berlin binnen zwei Wochen verlassen muss. Nichts von dem, was er sich erhofft hat, ist Wirklichkeit geworden: Der «Schnellmaler» ruht weiter in der Schublade, keine Redaktion hat ihm Zutritt gewährt, von seinem neuen Stück ist gerade mal die erste Szene fertig. *Aber ich werde wiederkommen,* gelobt er, *oder mein Leben ist überhaupt keinen Heller wert.* Vor der Abreise will er beim «Berliner Tageblatt» nach einer Novelle fragen, die er zur Veröffentlichung eingereicht hat. *Nach Tisch nach Hause kommend, finde ich sie vor mit einer höflich gedruckten Ablehnung.*

Ein letztes Mal schlendert er mit Welti durch die Straßen der Stadt, die zu erobern er angetreten war. *Auf der Brücke vor dem Lehrter Bahnhof sehen wir die Sonne über Berlin aufgehen. Sie steigt ungemein langsam empor und dringt nur mühsam durch den dicken Dunst, der über der Spree liegt. Die Straßen sind noch vollkommen leer, nur hin und wieder eine Droschke mit einem übernächtigten Gesellschafter darin.*

Am 4. Juli sitzt er im Zug nach München. *Es ist der Jahrestag der Unabhängigkeitserklärung von Nordamerika, da ich um meines amerikanischen Bürgerrechts willen von Berlin scheiden muss.*

9

Die Last des Schreibens, «Frühlings Erwachen»

Sommer 1889 bis Winter 1891

Im Zug von Berlin kann Wedekind kaum erwarten, hinter Freising die Türme von München zu entdecken. Als er ankommt, erscheint ihm die Stadt rückständig, eng und schmutzig; manche Geschäfte haben in zwei Jahren ihre Auslagen nicht verändert. Lediglich das neu eröffnete Café Luitpold in der Brienner Straße imponiert ihm, eine Saalflucht mit Säulen, Kuppeln und indirekter elektrischer Beleuchtung, auch das Wiedersehen mit dem Englischen Garten ist erfreulich. Er mietet ein Zimmer in der Adalbertstraße, trifft Bekannte, lernt ein paar neue kennen. *Ich fürchte beinahe, daß ich vor lauter Gemütlichkeit nicht werde arbeiten können. Ich fühle mich angesichts dieses Bierlebens in ein früheres Jahrhundert versetzt.* Unendlich lächerlich kommt es ihm vor, wie zu seiner Studentenzeit Kunstparolen ausgegeben und mit *überlegener Miene weiterverbreitet* wurden. Drei Wochen nach seiner Ankunft bezieht er ein *langes, darmartiges Zimmer mit Alkoven* bei Frau Mühlberger in der Akademiestraße 21, deren Katzen und Hunde *ihren sämmtlichen Lebensgewohnheiten in der Wohnung selber gerecht werden.* Das stinkt gewaltig, aber Frau Mühlberger ist eine gute Seele. Wedekind weiß das zu schätzen und bleibt ihr jahrelang treu.

Er will sich ganz auf sein Stück konzentrieren. Die Schülerinnen des Mädchenpensionats, in dem es spielen soll, haben Namen und Gesichter bekommen, der Verein, den sie gegründet haben, ist benannt und gibt dem Stück seinen Arbeitstitel: «Eppur si muove – Und sie bewegt sich doch». Die Mädchen hungern nach Freiheit und Bildung, verfluchen die Unaufgeklärtheit ihres Geschlechts, dem *keine höhere Lebensaufgabe vorschwebt, als geheirathet zu werden,* und schwören, den Ehestand so lange zu meiden, *als bis die betreffenden Mißstände vollkommen behoben seien.* Wedekind schreibt, was ihm aufführbar und vielversprechend erscheint. Er will Erfolg haben und Geld verdienen und – sein Stück verrät es – mit Gerhart Hauptmann konkurrieren: Ein Dichter tritt auf, Franz Ludwig Meier. Er trägt «Jäger'sche Normalkleidung» aus reinen Tierfasern – eben jenes *schwere, nußfarbige Wollkleid,* das Hauptmann in Erkner trug – und formuliert genau die Position, die Wedekind bekämpfen will: *Wenn, sag ich, das Weib einen Beruf zu erfüllen hat, so ist es derjenige, den Mann in seiner heiligen Qual aufrecht zu erhalten. Es wäre ja sonst bis zu einem gewissen Grad ÜBERFLÜSSIG.* In zwei Monaten will Wedekind das Stück fertig haben. Seinem Bruder Armin schreibt er: *Du wirst mich zwar fragen, woher ich die Zuversicht nehme, noch ein zweites derartiges Experiment mit seinen Kosten zu wagen, aber die Antwort würde mich doch zu weit führen.*

Wedekind hat viele Monate über dem «Schnellmaler» gesessen, ihn von eigenem Geld drucken lassen und nichts damit erreicht – er könnte, findet man in Lenzburg, langsam zur Besinnung kommen und sein Leben auf konkrete Füße stellen. Sein Anteil am väterlichen Erbe beträgt neunzehntausend Franken, davon kann er eine Weile leben. Aber nur zu entnehmen und nichts hinzuzufügen entspricht nicht den Vorstellungen von Armin, der das Vermögen verwaltet. Wedekinds Mutter hätte nichts gegen einen erfolgreichen Schriftsteller als Sohn. Aber einen, der sich plagt und nichts zustande bringt, will sie nicht haben. In Lenzburg, wo Wedekind immer noch als große Hoffnung gilt, war ihr sein Berliner Scheitern so peinlich, dass er sie trösten musste: *Ich denke, Du wirst Dich nun auch in das Unabänderliche gefügt haben. Ich habe Berlin sehr viel zu verdanken und werde die kurze Zeit meines Aufenthalts niemals verwünschen.* In München fühle er sich *sehr glücklich,* zumal es mit seiner Arbeit *rascher vorwärtsgehe* als in Berlin – wie früher versucht er, die Mutter durch Beschönigungen zu beruhigen.

In Wahrheit fällt ihm das Schreiben immer schwerer. Weil er

Armin Wedekind, praktischer Arzt
und Verwalter des Familienvermögens

ein ausgedachtes Thema behandelt, das nicht tief innerlich seines ist, hakt sein Stück. Das macht ihn apathisch und traurig und bringt an die Oberfläche, was ihn wirklich bewegt – Familienkonflikte, das Ausloten von Sexualität und Moral: *Die Arbeit geht verzweifelt langsam vorwärts. Sooft eine Stockung eintritt, überwältigt mich die Schwermut stets im Gedanken an meinen Vater und was ich an ihm getan. [...] Nicht selten quält mich auch der Gedanke, ob mein Arbeiten denn auch in der Tat ein Arbeiten sei. Dieses Gefühl überkommt mich meistens sonntags, wenn ich alle Welt faulenzen sehe, was mir unmöglich ist. Meine Arbeit ist auch in der Tat keine Arbeit, wenn sie so schneckenhaft vorwärts schreitet. Ich faulenze sehr viel dabei, ich faulenze weitaus den größten Teil des Tages. Die Arbeit ist eben etwas, das sich durch sich selbst vermehrt.*

Am 24. Juli 1889, seinem fünfundzwanzigsten Geburtstag, wartet er vergeblich auf Nachricht aus der Schweiz. Eine regelrechte Depression erfasst ihn: *Wenn ich mich nach Tisch die Treppe hinaufarbeite, scheint es mir kaum denkbar, daß mir dieses Vergnügen nun noch eventuell dreißig Jahre lang bevorsteht. [...] Wie leer mein Leben gegenwärtig ist, davon hätte ich mir kaum selber je einen Begriff gemacht. Und doch habe ich die weitaus größte Zeit meiner Studienjahre so verbracht – eine Zeitverschwendung, die eigentlich nur damit zu strafen wäre, daß man aufhört mitzuspielen. Letzten Winter kam ich mir als Bettler, als Einsiedler vor, und gegen heute war ich damals ein Krösus.* Die gelehrten Männer seines Bekanntenkreises – *Assessoren, Professoren, Privatdozenten* – erscheinen ihm bei näherer Betrachtung *erbärmlich* wie eine *Trödelbude* oder ein *Verkaufslokal abgetragener Kleider* – und dabei müsse man noch *alle naselang erröten, nicht selbst ein solches Pökelfaß zu sein.*

Piccolo, berichtet Wedekind, verhalte sich *ruhig, als wäre er gar nicht da. Es liegt eine eigentümliche Ironie darin, daß gerade der Mensch, der sich zum Universalmenschen auszubilden sucht, gerade in der menschlichsten aller Funktionen hinter jeder Maschine, und habe sie sich noch so einseitig entwickelt, zurückbleibt.* Aber eines Abends fällt ihm eine Wendung seines Stücks ein und versetzt ihn und seinen *Piccolo* in *hochgradige Erregung* – kaum berührt Wedekind ein ihm gemäßes Thema, schlägt seine Phantasie Funken.

Die Gestalt der fünfzehnjährigen *Marguerite* taucht vor ihm auf. Er sieht ihre Beine, kann sich nicht losreißen, denkt immerzu an Goethes Distichon «Wende die Füße zum Himmel» und an eine Episode aus Krafft-Ebings «Psychopathia Sexualis», in der eine Pariser Kokotte mit einer Bulldogge verkehrt. *Ich male mir das aus, indem ich mir denke, daß das Mädchen auf den Händen hereinspaziert kommt und Geld einsammelt, indem es die Füße um weniges auseinanderhält. Dann läßt es sich durch einen Affen auskleiden, wobei die Hauptsache eine vollkommene Passivität ist. Dann kommen mindestens drei bis vier Doggen gehetzt und geprügelt. Das Mädchen wohnt und schläft mit einer Hündin zusammen von wegen des Seelenduftes. Marguerite,* meint Wedekind, *könnte die eigene Tochter sein. Schade, daß das Geldein-*

*sammeln sich nicht gut mit der Vaterrolle verträgt. Schade, daß
eine Grenze da ist, daß alles ins sexuelle Gebiet einschlägt, es wäre
so hübsch, wenn sich das mit allem Ernst, mit Würde und Liebe
ausführen ließe. [...] Die ganze Affaire gleicht einer Hochflut.
Wer hätte sich diese Überrumpelung träumen lassen. Piccolo,
sonst schläfrig, ist auf einmal von peinlichster Empfindlichkeit. Er
läßt nicht mit sich spaßen. Gleich steht er zu Gebot.*

Sadistische, inzestuöse und sodomitische Bilder, durchsetzt
von *blutigen Freveln* orgiastischer Onanie, verfolgen ihn in solchem Maß, dass er glaubt, er könne *am Ende verrückt werden.*
Er durchirrt die Straßen auf der Suche nach einer Frau, leidet
Höllenqualen in der Vorstellung, eine zu finden, überschaut an
jeder Ecke das *Trottoir mit banger Hast. Ich bebe wie ein Mädchen, eben deshalb, weil ich ganz ohne Frage mitgegangen wäre.
Ich finde aber niemand.* Seine *Vereinsamung,* meint Wedekind,
sei schuld an seinem Zustand. *Ich bin so hilflos meiner Arbeit
gegenüber geworden, ich lebe so unter dem Bann dieser Vorstellung, daß ich selbst auf der Straße ohne allen Halt hinbummle.
Ich komme mir, wie ich so den Häusern entlanghaste, vor wie ein
Verbrecher. Ich sehe niemandem ins Gesicht. Mit Frau Mühlberger und der Kellnerin bin ich mürrisch, kurz angebunden. [...]
Gestern Abend die Katze durchgeprügelt.*

Mitten in diesem Aufruhr schreibt er ein Couplet für eine
Sängerin des Münchner Kindl, eines Vergnügungslokals an der
Rosenheimer Straße. Er schickt es ihr mit *ausgesucht höflichen
Worten* und freut sich riesig, als sie es ein paar Tage später zu
hauserschütterndem Beifall vorträgt:

> Die Mutter sprach in ernstem Ton:
> Du zählst nun sechzehn Jahre schon;
> Drum, Herzblatt, nimm dich stets in acht,
> Besonders bei der Nacht.
> Verlier dich von dem Lebenspfad
> Nie seitwärts ins Geheg.
> Geh immer artig kerzengrad
> Den goldenen Mittelweg.

Pulvermüllers Heinrich will sie heiraten und wählt, als sie sich weigert, den unerwartet angenehmen «goldenen Mittelweg»:

> Und wenn ich nun zur Ruh' mich leg',
> Mir träumt vom goldenen Mittelweg;
> Mein Spielzeug macht mir kein Pläsier,
> Ich gäb' es gern dafür.
> Gäb' meine Schuh', mein Röcklein fein,
> Weiß Gott, ich gäb' noch mehr;
> Hätt' nie geglaubt, daß ich so ein
> Gehorsam Mägdlein wär.

Wedekinds erster Schuss in Richtung leichter Muse gelingt mühelos. Liegt hier seine Zukunft? Sein Lustspiel «Eppur si muove» bewegt sich träge wie zuvor. Am 25. August 1889, sieben Wochen nach der Ankunft in München, beendet er den ersten Akt und macht sich sogleich an die Revision: *Mir ist, als könnte ich nicht weiterbauen, bevor das Fundament vollständig geschlossen.* Die *blutigen Frevel* lässt er heraus – sein Töchterchen Marguerite, in seiner Phantasie lebender Opferstock durch Beinespreizen, erscheint in seinem Stück als harmloser Backfisch.

Hauptmanns «Vor Sonnenaufgang» wird am Berliner Lessing-theater aufgeführt. Theodor Fontane hat es gelesen und Otto Brahm für die Freie Bühne empfohlen, die es als Verein unzensiert spielen kann. Fontanes Begeisterung für den Neuling Hauptmann spricht sich herum, und als am 20. Oktober 1889 um elf Uhr früh der Vorhang aufgeht, herrscht höchste Spannung – ein berühmter Theaterskandal folgt, eine große Karriere beginnt. Jemand brüllt: «Sind wir im Bordell?», ein Arzt will eine Geburtszange auf die Bühne werfen. Alles ruft nach dem Autor und erlebt die eigentliche Sensation: Statt des erwarteten finsteren Aufrührers erscheint ein schlanker und keineswegs lächerlich gekleideter Jüngling und verbeugt sich mit gewinnender Liebenswürdigkeit. Man nennt ihn «Schnapsbudensänger» und «unsittlichsten Bühnenschriftsteller des Jahrhunderts», aber es besteht kein Zweifel, dass Gerhart Hauptmann einen großen, durchschlagenden Erfolg errungen und sich quasi selbst mit einem Riesensatz in die vorderste Reihe des zeitgenössischen Dramas katapultiert hat. Fontane sieht ihn gar als *Erfüllung Ibsens: die Neuheit und Kühnheit der Probleme, die kunstvolle Schlichtheit der Sprache, die Gabe der Charakterisierung, dabei konsequenteste Durchführung der Handlung und Ausscheidung des nicht zur Sache Gehörigen.*

Wedekinds Freund Heinrich Welti berichtet nach München, Hauptmanns Stück sei eine «talentvolle Scheußlichkeit», und schlägt Parodietitel vor: «Der hartnäckige Blasenkatharr» oder: «Die Verwechslung im Torus». Aber wenn der eigene Text nicht vorangeht, hilft auch kein Spott: *Seit dem 9. September arbeite ich am zweiten Akt und bin noch immer nicht damit zu Ende. Es fehlen noch drei Szenen, und meine Schaffenskraft ist erschüttert.*

Gerhart Hauptmann schreibt indessen in kurzen zwei Monaten ein neues Stück: «Das Friedensfest, eine Familienkatastrophe». Es erscheint im Mai 1890. Wedekind liest es und ist schockiert: Die Familie, die sich hier drei Akte lang zerfleischt, gleicht bis in die Einzelheiten seiner eigenen. Fast wörtlich hat Hauptmann Passagen des vertraulichen Berichts übernommen, den er ihm zwei Jahre zuvor in Zürich gegeben hat. Überdeutlich ist die Gestalt seines Vaters gezeichnet, ein alter Arzt mit einem *struppigen grauen Bart,* der auf einem *schlossartigen, auf einem Hügel gelegenen Gut* die Rückkehr eines Sohns erwartet, der sich tätlich an ihm vergangen hat. Der Sohn erscheint und zankt sich mit seinem Bruder, eine Schwester gießt Öl ins Feuer, eine Mutter steht hilflos keifend dazwischen. Der Streit seiner Kinder treibt den Vater in den Tod. *Nicht schlagen! Nicht wieder schlagen!,* fleht er. Ein Bruder fragt den anderen: *Warum muß denn das so sein zwischen uns? Warum müssen denn wir uns nur immer und ewig abstoßen?* Die Antwort hat Hauptmann in Erkner mit Wedekind verhandelt: *Herzensgüte fehlt uns! Wir sind alle von Grund auf verpfuscht. Verpfuscht in der Anlage, vollends verpfuscht in der Erziehung. Da ist nichts mehr zu machen.* Ihn selbst lässt Hauptmann in bemerkenswerter Kälte nicht als Stückeschreiber, sondern nur als Werbetexter gelten: *Sieh mal, ich gehe jetzt in ein kleines, geheiztes Comptoirchen [...] und schreibe – in aller Gemütsruhe hoffentlich, solche ... na, du weißt schon, solche Scherze – solche Reklamescherze. [...] Man muß nicht Dinge leisten wollen, die man seiner ganzen Naturanlage nach nun mal nicht leisten kann.*

Für Wedekind bedeutet das Verrat, grobe Illoyalität, Beleidigung und das Gefühl, ungerecht behandelt worden zu sein. Mit dem Mut der Verzweiflung stürzt er sich in das eigene Stück «Eppur si muove», das seit mehr als einem Jahr unfertig auf dem Tisch liegt. Er verschärft die Karikierung Hauptmanns und macht klar, dass der Kollege ihm auf unredliche Weise ein Thema genommen hat, das sein ureigenstes war und das zu bearbeiten keinem anderen zustand: *So bedrückend mir die Erinnerung gewesen, ich hatte sie Jahre hindurch als etwas theuer Bezahltes gehegt. Ich hatte davon GEZEHRT. Sie war mir gewissermaßen zur geistigen Leibrente geworden. Über diesen Cultus hat mir meines Dichters Unfähigkeit hinweggeholfen. Ich sehe mich zur POSSE werden.*

Wedekind beendet «Eppur si muove» unter dem Titel «Kinder und Narren» im August 1890 als pessimistische Gesellschaftskritik: Sämtliche Schülerinnen, die geschworen haben, nicht in die Ehe zu treten, sind verheiratet und ihrem Ziel nicht näher gekommen. Männer und Machtstrukturen haben gesiegt. Dramatisch bleibt Wedekind manches schuldig, die geschliffene Straffheit seiner Dialogführung ist beispielhaft – Wedekind ist ein Wort- und Gedankendichter; seine Texte sind gefüllt mit Anspielungen, Doppelbödigkeiten und versteckten Theorien und verlangen genaues Lesen und Durchdenken. Biograph Artur Kutscher bescheinigt bereits dem Frühwerk «Kinder und Narren» *stilistische Bemühungen,* die *im Drama der Zeit kaum ihresgleichen finden.*

Wedekind lässt Abschriften herstellen und schickt sie an die Berliner Theatervertriebe Felix Bloch Erben und Alfred Entsch. Beide lehnen ab. Er lässt es auf eigene Kosten drucken und erhält ein Produkt voller Fehler mit vertauschten Buchstaben, Wörtern und Zeilen. Wedekind verschickt es trotzdem, unter anderem an Paul Heyse: *Ein empfehlendes Wort von Ihnen, Herr Doctor, im Fall Sie es mit Ihrem künstlerischen Gewissen vereinbaren können, würde vielleicht vermögen, was endlosen Bemühungen des Autors versagt bleibt.* Paul Heyse schweigt, kein Rezensent meldet sich, kein Theater will das Stück spielen. Eines der letzten originalen Exemplare findet sich in Paul Heyses Nachlass.

«Das Friedensfest» wird am 1. Juni 1890 am Berliner Ostendtheater uraufgeführt. Widmungsträger Theodor Fontane mag spüren, dass sein Protégé die selbst angemahnte *Herzensgüte* hier ein wenig außer Acht gelassen hat: Vieles sei *mustergültig* und *Wegweiser,* aber es fehle *am richtigen Maß – neben dem, was niederdrückt, fehlt das, was erhebt. […] Wer zu viel und zu scharf sieht, sieht auch falsch.*

Dabei sind die von Gerhart Hauptmann im «Friedensfest» aufgeworfenen Konflikte der Wirklichkeit nicht fern: Familie Wedekind, durch des Vaters Gegenwart einigermaßen zusammengehalten, ist nach dessen Tod zerstritten. Emilie Wedekind hat auf dem Schloss einen Pensionsbetrieb eingerichtet, zum Missfallen ihrer Töchter, die sich dadurch eingeengt fühlen. *Was würde Papa sagen, wenn er mich die Kellnerin machen sähe,* fragt Mati in einem Brief an Franklin. Geld für die Erhaltung der Schlossanlage wirft der Gästebetrieb nicht ab, weshalb Emilie selbstherrlich Teile des Vermögens in fragwürdige Bau- und Sanierungsmaßnahmen investiert. Das ruft Armin auf den Plan, der gegen die Mutter nicht ankommt und seine Position durch seine Frau Emma untergraben sieht, die als herrisch und zänkisch gilt. Als Armin protestiert, weil seine Mutter in Gegenwart von Gästen *von ganzem Herzen über Papa u. seine ganze hannoversche Verwandtschaft* herzieht, entlässt sie ihn grußlos, *ungefähr wie man einen Bettler von der Thüre weist.*

Armin beschuldigt Franklin, zum schlechten Ruf seiner Frau durch ein Benehmen beigetragen zu haben, das *weit von der Herzlichkeit oder Liebe* entfernt war, die man *der Braut eines Bruders sonst doch entgegenzubringen pflegt.* Franklin bezeichnet sein Gewissen ihr gegenüber als *rein wie ein frisches Bettlaken* – für ihre *bodenlose Langweiligkeit,* ihre *Abgeschmackthei-*

ten, ihre *naiv sein sollenden Witze, für die man ein fünfjähriges Kind rüffeln würde,* könne er nichts.

Donald ist noch zu Dr. Wedekinds Lebzeiten unter den Einfluss katholischer Priester geraten, wollte selbst Priester werden und hat nach dem Tod des Vaters angeboten, Schloss Lenzburg als Landwirt zu verwalten. Als weder seine Mutter noch Armin davon hören wollten, ist er achtzehnjährig nach San Francisco durchgebrannt, hat dort trotz mäßiger Englischkenntnisse die Herausgabe eines literarischen Journals geplant und war Assistent eines Laienpredigers, der an der amerikanischen Ostküste Indianer missionierte. Jetzt ist er, von Kälte und Hunger zurückgetrieben, wieder in der Schweiz. Seine Mutter wirft ihm vor, sich *in jeder Beziehung blamiert* zu haben, und will ihn zwingen, in Aarau die Schule zu beenden oder eine Buchdruckerlehre zu beginnen, vor *welchen beiden Sachen* er einen *solchen Ekel* hat, dass er *gar nicht daran denken möchte.* Seinen Vorschlag, in Zürich die sogenannte Fremdenmaturität zu machen, lehnt die Mutter ab. Es kommt zum Krach. Donald läuft davon, kehrt irgendwann zurück und unterwirft sich der Mutter in ohnmächtiger Wut. *Wenn ich je in die freien Jahre komme, werde ich mit Schauder an diesen Tag zurückdenken, und wenn ich vorher abfahre, werde ich mit Fluchen zur Hölle fahren.*

Franklin hält große Stücke auf das Talent seines Bruders und unterstützt seine literarischen Bemühungen. Seiner Meinung nach sollte man Donald gewähren lassen und seine Umwege als Chancen begreifen. *Ist es zu verwundern,* fragt er die Mutter, *wenn ein Mensch, aus dem haarsträubendsten, unmenschlichsten Zusammenleben hervorgegangen, nicht in die alltäglichen Normen passt? Natürlich, nachdem man ihn 18 Jahre lang hat thun lassen, was ihm beliebte, Du Dich immer wie ein Kind mit ihm herumgezankt und Papa nicht gewagt hat, ihm ein Wort zu sagen. Donald in seiner hilflosen inneren Zerrissenheit ist gewissermaßen Euer beider Spiegelbild und daher Euch beiden gleich befremdend, unbehaglich. [...] Der beste Wille hat auch zwischen Dir und Papa fortwährend obgewaltet, und dabei habt Ihr es in 25 Jahren zu keinem einigermaßen erträglichen modus*

Eine strenge Mutter: Emilie Wedekind
als Witwe

*vivendi gebracht. Ich meinerseits halte derartige, auf Skandal
gegründete Verhältnisse für die schrecklichsten, die es gibt, für
Brutstätten des Verbrechens, und werde stets mein Bestes thun,
um sie aufzulösen.*

Wedekinds Fähigkeit, Menschen zu faszinieren, ist nicht gewichen, und er tut alles, um durch exzentrisches Gebaren aufzufallen: Zeitgenossen berichten von gelb karierten Pepitahosen zum grauen Gehrock, von gelben Glacéhandschuhen zum schwarz glänzenden Zylinder und langen, zweigeteilten Bartkoteletten, einem Schnurrbart und einem langen, fast bis zur Brust reichenden Bocks- oder Ziegenbart, was der Legende Nahrung gibt, Wedekind habe «sieben Bärte» getragen. Er geht gebeugt, in scheinbares Grübeln versunken, und schlurft mit den Füßen über das Pflaster. Bei Zusammenkünften der «Münchner Moderne» um Michael Georg Conrad, Oskar Panizza, Otto Julius Bierbaum und Hanns von Gumppenberg erscheint er sporadisch, aber legt sich nicht fest und übernimmt keine Funktion.

Dr. phil. Max Halbe, aufstrebender Dramatiker und Wedekind in lebenslanger Freundschaft und Feindschaft verbunden, schildert seine erste Begegnung mit ihm im Café Luitpold, die, nachdem man sich über *Mensch, Gott und Teufel* die *Köpfe heißgeredet* und sich *unverbrüchliche Freundschaft* geschworen habe, in einen *mächtigen Krach* ausgeartet sei. Nach Lokalschluss habe man in einer *verschwiegenen Nische* weitergefeiert, die Wedekind der Lokalleitung für *sich und seine Spießgesellen* abgerungen habe. *Es ging hoch her. Wedekind trank eine Flasche Bier nach der anderen. Nachher kam Wein an die Reihe. Was um ihn saß, hing gespannt an seinen Lippen. Er hatte schon damals die Gabe, Menschen in seinen Bann zu ziehen und sie nicht mehr loszulassen wie die Flamme die Motten.* Am nächsten Nachmittag tut Wedekind so, als hätte er Halbe nie gesehen. *Schon war er nahe, schon schien es, daß er fremd vorübergehen wollte, als er plötzlich aufsah, dicht vor mir stehenblieb und mit einer höchst charakteristischen Geste in die vorgehaltene Hand hinein prustete, daß es nur so knarzte. Dann zog er gravitätisch seinen Zylinder, hielt mir die andere Hand entgegen und sagte mit seinem rollendsten R und mit seinen dunkelsten Gutturaltönen: «Ah! Sie sind es, Herr Doktor! Wie geht es Ihnen? Ist es Ihnen gut bekommen? Es war eine höchst interessante Sitzung. Ich hoffe, wir werden sie heute Nacht fortsetzen. Sie kommen doch wieder ins Luitpold?» Sprach's, zog abermals seinen Zylinder und verschwand, wieder ganz seiner Gedankenwelt hingegeben.* Max Halbe nennt Wedekind einen *der schroffsten Individualisten und Egoisten,* die ihm je begegnet seien.

Niemand von denen, die Wedekind im Sommer 1890 anekdotisch charakterisieren, ahnt, was ihn wirklich beschäftigt. Unter dem Eindruck von Familienquerelen, vielleicht auch von Gerhart Hauptmanns kalter Analyse im «Friedensfest» oder weil er die Phantasien konkretisieren will, die ihn während der Niederschrift von «Eppur si muove» geplagt haben, entwirft Wedekind eine Gesellschaftsordnung *basirend auf der freien Liebe*, die so radikal und verstörend ist, dass Psychoanalytiker sie noch mehr als hundert Jahre später als kaum deutbar hinstellen. Wedekinds Gegenwelt heißt «Eden», und ihre Regeln sind wie folgt: Jeder Staatsangehörige, ob männlich oder weiblich, sorgt in seiner Weise für seinen Unterhalt. Materielle Abhängigkeit, wie sie Frauen in bürgerlicher Ehe erfahren, ist damit ausgeschlossen. Von jedem Individuum zwischen zwanzig und fünfzig Jahren wird eine Kopfsteuer bezogen, mit der öffentliche Anstalten bestritten werden, als da sind: 1. Die Gebäranstalt; 2. Die Anstalt für kleine Kinder; 3. Die Erziehungsanstalt für Knaben; 4. Mädchenerziehungsanstalten; 5. Der Tempel. Um emotionale Bindung zu verhindern, werden Säuglinge unter den Müttern vertauscht und ohne Verheimlichung geschlechtlicher Eigenart gemeinschaftlich erzogen. Sie üben Gymnastik, Tanz und Ausdauer. Besonders schöne Knaben erhalten ein Brandmal. Geschlechtsreife Mädchen dürfen sich Knaben wählen, die sie im Beisein der Gemeinschaft im Tempel deflorieren.

Das höchste Ansehen im Staat genießen die «Priesterinnen». Sie sind die eigentlichen Mütter, sind Erzieherinnen und Bewahrerinnen höherer Werte, ausgewählt aus den schönsten der Mädchen. Sie sorgen dafür, dass der zentrale, heilige Geschlechtsakt auf dem denkbar höchsten Niveau stattfindet: als öffentliche Hinrichtung. Für das alljährlich stattfindende Frühlingsfest wird unter den gebrandmarkten Knaben ein «Frühlingsopfer» gewählt und von sechzehn Frauen auf einem Tragebett in den Tempel gebracht. Ein *üppig volles Weib im Alter von 20 bis 30 Jahren* wird von Priesterinnen *vollständig entkleidet* und an ein Bett auf dem Podium gekettet. Der zu opfernde Jüngling mit *strotzend emporgerichtetem Penis* begattet seine ehemalige Lehrerin und wird von Priesterinnen mit Stockschlägen traktiert, bis er den öffentlichen Beischlaf erneut vollziehen kann. Zuschauerinnen werfen ihre Kleidung ab und verlangen nach Kavalieren. Auf Wunsch können sich Paare in dafür vorgesehene Kabinette zurückziehen. Ein zweiter Tag verläuft ähnlich wie der erste. Am dritten Tag erscheint der *kaum mehr einem Menschen ähnliche*

Knabe mit einem umgehängten scharf geschliffenen Stilett, mit dem er wahlweise sich selbst oder seine Partnerin ersticht. Tut er keins von beidem, wird er erhängt oder zu Tode geprügelt. Bei sogenannten «Herbstsaturnalien» ist das Verhältnis umgekehrt: Eine «Priesterin» wird öffentlich begattet, bis der Tod eintritt.

Definiert man den pornographischen Gestus als *mechanistisch, ritualistisch, redundant und zwanghaft,* ist Wedekinds «Eden»-Konzept ein pornographischer Text, glaubt man, Pornographie solle lustvoll sein, ist es keiner. Ob er selbst ihn als Bestandsaufnahme einer inneren Wirklichkeit, als gewaltsame Befreiung von Angstzuständen oder als Höllenvision begreift, sei dahingestellt. Frappierend ist die emotionslose, unerbittliche Genauigkeit seiner Schilderung. Wie sehr ihn das Thema Sexualität und Gewalt interessiert, zeigen zahlreiche weitere Schriften und die Tatsache, dass ihn das «Eden»-Konzept siebzehn Jahre lang immer wieder beschäftigen wird.

Themenverwandt mit «Eden», aber im Diesseits angesiedelt, genauer gesagt in Lenzburg und Aarau, in der Kantonsschule und der eigenen Familie, entsteht ab Herbst 1890 das nach Meinung vieler schönste und reifste Werk Wedekinds: «Frühlings Erwachen». Ohne Gedanken an Aufführbarkeit oder Publikumserfolg schreibt Wedekind, was ihn interessiert und ihn bewegt. *Der Plan entstand nach der dritten Szene und setzte sich aus persönlichen Erlebnissen oder Erlebnissen meiner Schulkameraden zusammen. Fast jede Szene entspricht einem wirklichen Vorgang. Sogar die Worte: «Der Junge war nicht von mir», die man mir als krasse Übertreibung vorgeworfen, fielen in Wirklichkeit.*

«Der Junge war nicht von mir», sagt Rentier Stiefel am Grab seines Sohns Moritz, der sich erschossen hat, weil er nicht versetzt wurde und Angst vor der eigenen Sexualität und der Vereinigung mit einer Frau hatte – Wedekinds Schulfreund Moritz Dürr steht Pate, vielleicht auch Frank Oberlin, den man tot aus der Aare zog, oder einer der Knaben, die sich an der Kettenbrücke erschossen haben. Moritz Stiefel schämt sich, *Mensch gewesen zu sein, ohne das Menschlichste kennen gelernt zu haben,* und fürchtet im Jenseits nichts mehr als die Frage: *Sie kommen aus Ägypten, verehr-*

ter Herr, und haben die Pyramiden nicht gesehn?! Aber als ihm die Prostituierte Ilse begegnet, die ihn mitnehmen, wärmen und beschützen will, wie er es vielleicht von seiner Mutter gewünscht hätte, ist er nicht fähig, sich ihr anzuvertrauen.

Ihm gegenüber steht Melchior Gabor, ein neugieriger, kluger, umschwärmter Knabe, der von der Schule fliegt, weil die Aufklärungsschrift gefunden wird, die er Moritz hat zukommen lassen, und in der Korrektionsanstalt landet, weil er die vierzehnjährige Wendla Bergmann schwängert. Sein Ausruf «Ich war nicht schlecht» entstammt einem Brief Oskar Schiblers, als der sich in den Fängen seiner Aarauer Witwe befand. Zu Tilly, seiner späteren Frau, sagt Wedekind: *Melchior Gabor ist so, wie ich sein wollte, Moritz Stiefel so, wie ich zu sein fürchtete.*

Anders als Hauptmann zielt Wedekind nicht in soziale Unterschichten, sondern mitten ins aufgeklärte Bürgertum. Seine Schüler sind Gymnasiasten und sprechen Hochdeutsch wie er selbst. Ihre Väter sind Akademiker oder Kaufleute, ihre Mütter dem Humanismus zugewandt, wohlsituiert, besorgt, besten Willens um das Wohl ihrer Kinder bemüht und umso fataler in ihrem Scheitern. Wedekind spielt alle Fragwürdigkeiten der Liebe durch. Melchiors Mutter will ihren Sohn vor der Korrektionsanstalt bewahren – noch weiß sie nur von der Aufklärungsschrift. Aber als sie erfährt, dass er mit einem Mädchen geschlafen hat, fordert sie, von Eifersucht gepeinigt, die Korrektionsanstalt energischer als ihr Mann.

Wendla Bergmann stirbt nicht, wie auf dem Grabstein angegeben, an der Bleichsucht, sondern an einer verpfuschten Abtreibung. Ihre Eltern wissen sich keinen anderen Rat: Ein uneheliches Kind würde das Leben ihrer Tochter zerstören, ein Arzt steht nicht zur Verfügung. Nicht aus Scham hat ihr die Mutter die Aufklärung verweigert, sondern aus einem echt gefühlten Schutz- und Erziehungsauftrag: *Einem vierzehnjährigen Mädchen das sagen! Sieh', ich wäre eher darauf gefaßt gewesen, daß die Sonne erlischt. Ich habe an dir nicht anders gethan, als meine liebe, gute Mutter an mir gethan hat.* Dass die Vierzehnjährige längst ein sexuelles Wesen ist, kann und will sie nicht wahrhaben.

Frank Wedekind, der Dichter
von «Frühlings Erwachen»

Melchior Gabor erfährt es, zu seinem Schrecken, als Wendla ihn anfleht, sie zu schlagen, und nicht lockerlässt, bis er es tut. Während er in sie eindringt, formuliert er Wedekinds Absage an die Herzensliebe und alle Werte der bürgerlichen Gesellschaft: *O glaub mir, es gibt keine Liebe! Alles Eigennutz, alles Egoismus! Ich liebe dich so wenig, wie du mich liebst.* Der Sexus regiert das Dasein – die Kinder spüren, was die Eltern verschweigen. Wedekind nennt «Frühlings Erwachen» eine «Kindertragödie».

Auch Hänschen Rilow hat Angst vor seiner Sexualität, empfindet sie geradezu als Geißel, wie die «Opferknaben» im «Eden»-Konzept. *Du saugst mir das Mark aus den Knochen, du krümmst mir den Rücken,* sagt er zu dem Venusbild, das er auf dem Abort vor sich hält. *Du stirbst nicht um DEINER, du stirbst um MEINER Sünden willen! Aus Notwehr gegen mich begehe ich den siebenten Gattenmord.* Später entdeckt er seine Homosexualität – ein Hinweis Wedekinds auf das vergleichsweise einfache Verständnis zwischen Geschlechtsgenossen gegenüber dem Abgrund, der zwischen Mann und Frau klafft.

«Frühlings Erwachen» enthält auch eine erste Andeutung Wedekinds auf die ungleichen Rollen von Mann und Frau beim Geschlechtsakt. *Glaub mir, Melchior, Unrecht leiden zu müssen ist süßer denn Unrecht tun,* sagt Moritz Stiefel und umschreibt damit die Tatsache, dass Mädchen den Geschlechtsakt geschehen lassen können, während Knaben ihn aktiv betreiben müssen. Die Befriedigung des Mannes denkt sich Moritz Stiefel dagegen *schal und abgestanden* – vielleicht ist auch er im Kern homosexuell. Melchior Gabor will als richtiger Mann davon nichts wissen: *Denke sie dir, wie du magst, aber behalte sie für dich. Ich denke sie mir nicht gern …*

Auf dem Friedhof bei Wendlas Grab verjagt ein «vermummter Herr» Moritz Stiefel, der Melchior Gabor zu sich ins Jenseits locken will: *Belästigen Sie uns hier nicht mit Ihrem Grabgestank. Unbegreiflich – sehen Sie doch nur Ihre Finger an. Pfui Teufel noch mal! Das zerbröckelt schon.* Er nimmt Melchior mit, um ihm die Welt zu zeigen. Als guter Geist oder Stimme des Autors, vielleicht auch als Mephisto, formuliert er einen Schlüsselsatz Wedekinds: *Unter Moral verstehe ich das reelle Produkt zweier imaginärer Größen. Die imaginären Größen sind SOLLEN und WOLLEN. Das Product heißt Moral und läßt sich in seiner Realität nicht leugnen.*

Sieben Monate vergräbt sich Wedekind in sein Werk und beendet «Frühlings Erwachen» Ostern 1891. Im Gegensatz zu fast allem, was er schreibt, ändert er nichts daran. Freunde erinnern sich an einen begeisterten Wedekind, der im Café Luitpold den Entwurf eines Buchumschlags herumzeigt, den ihm der noch unbekannte Franz Stuck geschenkt hat – eine stille Wiese, ein paar Blumen, ein Hügelzug, ein kahler Baum. Stucks Zeichnung drückt aus, was Wedekind über «Frühlings Erwachen» sagt: *Der schmächtige Halm ist emporgeschossen, die schwere, saftstrotzende Knospe droht ihn zu knicken, die Blätter haben sich noch nicht entfaltet, aber der Kelch steht geöffnet.* Ein Münchner Verleger interessiert sich, aber macht einen Rückzieher. Wedekind reist in die Schweiz und verlegt «Frühlings Erwachen» auf eigene Kosten in Zürich, mit Stucks Umschlag und der erstmaligen Nennung seines neuen Namens: Frank Wedekind. Das Werk lässt sofort aufhorchen. Man spürt, dass hier Neues und Zukunftweisendes entstanden ist. Dass es jemals gespielt wird, hält man für ausgeschlossen: Kein Zensor würde es freigeben, keine Bühnentechnik die spukhaft vorübereilenden Szenen beherrschen. Wedekinds Mutter lehnt «Frühlings Erwachen» ab – bei der Lektüre sei es ihr vorgekommen, als hätte *ein Eisenbahnzug sie überrollt.*

Wedekind hat zweieinhalb Jahre in München gelebt und zwei Theaterstücke vollendet. Die Zeitschrift «Münchener Kunst» hat ein Gedicht von ihm veröffentlicht, der rührige Literat und Herausgeber Otto Julius Bierbaum will Beiträge von ihm für seinen Almanach «Modernes Leben». Von einem Durchbruch ist er weit entfernt, aber ein Abschnitt ist beendet. Wedekind kündigt sein Zimmer und reist am 28. Dezember 1891 nach Paris.

Seinen Weggang bedauert vor allem Frau Mühlberger, seine Wirtin. Sie hat ihn ermahnt, früher nach Hause zu kommen und nachts nicht Gitarre zu spielen, er hat ihr Turgenjew zu lesen gegeben, sich mit ihr unterhalten, nach ihrem Urteil gefragt und nur noch selten über den Gestank ihrer Haustiere geklagt. Dass er fortwill, versteht sie: *München ist nicht für Sie der Ort, um in die Welt für Ihr Wissen zu treten, ich habe dies längst mir selbst gesagt, Herr Wedekind muß in eine andere Welt, es ist die höchste Zeit; aber ich arme Frau verliere eine große Stütze an Ihnen.*

Glaub nur nicht,
o Menschenbrut

Glaub nur nicht, o Menschenbrut,
Daß in eitel Träumen unser Dasein wir verläppern!
Weißt doch nicht, wie Liebe tut,
Wenn vom lichten Galgen die Gerippe dazu scheppern!

FRANK WEDEKIND: «Chorus der Elendenkirchweih»,
aus *König Nicolo,* 1901

Lulu in Paris

1892 bis 1894

Paris ist der Mittelpunkt der Menschheit. Paris ist die geheiligte Stadt. Wer Paris angreift, vergreift sich am Menschengeschlecht», sagt Victor Hugo, als er Paris 1870 nach neunzehnjähriger Verbannung wiedersieht. Die «geheiligte Stadt» ist in bedauernswertem Zustand, von deutschen Heißluftballons mit Sprengsätzen bombardiert, von deutschen Truppen besetzt, durch die deutsche Kaiserkrönung gedemütigt und durch die Pariser Kommunen an den Rand des Bürgerkriegs gedrängt. Im Mai 1871 brennen zweihundertzwanzig Häuser, fünfundzwanzigtausend Menschen verlieren ihr Leben.

Wenige Jahre später sind fünf Milliarden Francs «Kriegsschulden» an Deutschland vorzeitig zurückgezahlt. 1878 findet in Paris eine Weltausstellung statt, 1889 eine zweite. Neue, breite Boulevards lassen den Verkehr fließen, Palace du Trocadéro und Eiffelturm werden gebaut. Paris erlebt eine gesellschaftliche und kulturelle Blüte, die man die Belle Epoque nennen wird und deren Auswirkung weit ins nächste Jahrhundert hineinreicht. Zwanzig Jahre nach ihrem Fall ist Paris wieder die führende Stadt Europas, ja der Welt und, ganz im Sinn Victor Hugos, der «Mittelpunkt der Menschheit».

Frank Wedekind, siebenundzwanzig Jahre alt, ist geblendet von ihrer Eleganz und ihrem Raffinement. *Ein solches Sichüberbieten von Geschmack und Grazie hätte ich nie für ausführbar gehalten,* schreibt er Armin. Dabei seien die Preise *äußerst civil* – ein Theaterplatz koste weniger als im Münchner Theater am Gärtnerplatz, Schnaps und Kaffee *gerade soviel wie in Zürich,* die übrigen Lebensmittel seien *weit billiger.* Er bewohnt eine Dachstube im Hotel Crébillon in der Nähe des Jardin du Luxembourg mit *großem Bett und knisterndem Kaminfeuer.* Wirt, Kellner und Zimmermädchen seien *alle gleich liebenswürdig,* das Wetter sei im Februar etwa so wie im Mai in der Schweiz – *herrlich blauer Himmel, laue Luft und die ersten Veilchen.* Er empfinde *grenzenlose Behaglichkeit* und wolle, wenn es ihm gelingt, mehrere Jahre hierbleiben.

Im Mai 1892, vier Monate nach seiner Ankunft, beginnt sein «Pariser Tagebuch». Es ist ähnlich krass formuliert wie das «Eden»-Konzept und enthält, neben Information über seine Ess-, Schlaf- und Arbeitsgewohnheiten, ausführliche Schilderungen seines Intimlebens. Kein Zweifel: Wedekind ist nach Paris gekommen, um den Ring aus Scham, Verklemmung, Unterdrückung und Angst zu durchbrechen, der ihn in Deutschland und der Schweiz gefangen hielt. Er ist nicht der Einzige: Aus ganz Europa strömen Männer nach Paris, wer genügend Geld hat, leistet sich einen Pariser Zweitwohnsitz. Paris, in hundert Jahren von Gewalt und politischer Umwälzung gleichmütig geworden, gilt als «Stadt ohne Moral». Zahllose Frauen bieten ihren Körper an, um ihren Verdienst aufzubessern, in höhere Schichten aufzusteigen oder Kinder zu ernähren, die sie bei Verwandten untergebracht haben. Sie kommen aus der Provinz, tanzen in Vergnügungslokalen, bevölkern die Cafés, arbeiten als Ladenmädchen, Modistinnen und Kellnerinnen oder sind als Hausgehilfinnen der Willkür bürgerlicher Ehepaare ausgesetzt, die mit ihnen gemeinsam sexuell Unkonventionelles praktizieren wollen. Gerühmt für ihren Takt und ihre einfache Liebenswürdigkeit, bedienen sie die Schattenseite der Belle Epoque.

Frank Wedekind will es genau wissen und unterhält Beziehungen zu mehreren Frauen gleichzeitig. Er liest sie auf im Café d'Harcourt, im Pont Neuf oder anderen Stätten der Gastlichkeit. Sie sehen in ihm einen Vertreter der mittleren Einkommensschicht, mit dem zu verkehren es sich lohnt. Er kann mit ihnen ausprobieren, was er immer schon wollte, ohne Bindung und Verpflichtung. Dass auch das freieste Miteinander nicht problemlos verläuft, dass Verletzungen stattfinden und Gefühle sich einschleichen, macht sein Tagebuch deutlich.

Zum Beispiel am Fall von Katja: Sie ist Deutsche, wahrscheinlich Malerin und Studentin in Paris. Wedekind teilt sie mit dem Kölner Komponisten Richard Weinhöppel, einem fröhlichen und liebenswerten Mann, den er aus München kennt. Aber als sich Katja auf dem Heimweg von einem Nachtcafé bei Weinhöppel und nicht bei ihm einhängt, bleibt er gekränkt zurück, sieht zu, wie sich beide in St.-Germain verlaufen, und zeigt ihnen erst den Weg, als Katja weinend an einem Baum lehnt. Als er sie ein paar Tage später für sich hat, beschreibt er das Zusammensein so roh und verächtlich, als wollte er sie bestrafen und mit ihr das ganze weibliche Geschlecht – in der Sprache der Zeit nennt man das wohl «sich die Hörner abstoßen»: *Sie trägt ein nagelneues Seidenkleid aus dem Louvre, das ihr zu kurz und deshalb mit hundert Stecknadeln festgesteckt ist. Der Schlitz ist sogar vernäht. Ich demoliere das ganze Kunstwerk und werfe sie ins Bett. Trotz des guten Abendessens mit Champagner gelange ich über zwei Opfer nicht hinaus, woran ihre verfluchte Manier mit schuld sein mag, die Unterkleider nicht ausziehen zu wollen. Ihre Liebkosungen mißfallen mir im höchsten Grade. Ihre Lippen sind schlaff, sie überzieht mir das ganze Gesicht mit Speichel. Dabei schütte ich ihr unablässig Cognac ein, der mir dann sehr penetrant entgegenduftet. Sie (französisch notiert) beißt mir in die Eier, dass ich vor Schmerz schreie. Dabei macht sie so ungeschickte Anstrengungen, mich zu duzen, daß ich es nicht vermag, darauf einzugehen. Zwischen vier und fünf bringe ich sie bei hellichtem Tage nach Hause und lege mich gegen 7 Uhr schlafen.*

Die Französin Léontine hat ihn mit Filzläusen infiziert. Er hat *ihre Schweinerei gründlich satt,* aber amüsiert sich dennoch: *Sie steigt mir auf die Schultern und reitet im Zimmer herum, wir tanzen zusammen. Schließlich wirft sie sich in Gesellschaftstoilette, schwarze Beinkleider, Frack, weiße Krawatte und Klapphut und imitiert Yvette Guilbert, Bruant, Paulus etc. Bei Tagesanbruch legen wir uns zu Bett. Sie schläft sofort ein. Nachdem wir im Bett zusammen gefrühstückt, zieht sie ab. Ich beschließe, sie nicht mehr hereinzulassen.* Eine Woche später wartet Léontine in seinem Zimmer. Sie ist krank, braucht Geld für einen Arzt. *Ich sage ihr, wir müssen uns trennen. Das Licht ist heruntergebrannt, es flackert schwach. Das sei unsere Liebe. Sie werde gleich verlöschen.* Da sie keine Miene macht aufzustehen, biete ich mich ihr als Kammerzofe an. Darauf erhebt sie sich, kleidet sich an, während ich zum Fenster hinaussehe. *[...] Ich sage, ich hätte schon viele Menschen weinen sehen, Männer und Frauen, herzzerbrechend weinen. Ihr Weinen sei nichts dagegen. [...] Warum weinst du, wenn du kein Taschentuch bei dir hast?* Léontine erbittet zehn Francs und verspricht, sie zurückzuzahlen. *Ich sage ihr, statt daß ich ihr 10 frs. leihe und sie sie mir zurückbringe, will ich ihr 5 frs. geben, und sie brauche sie mir nicht zurückbringen. [...] Nun bleibt ihr nur noch die Wahl, mit 5 frs. zu gehen oder ohne 5 frs. zu gehen. Elle préfère avec.* Léontine schwört, keinen Fuß mehr in sein Zimmer zu setzen. Auch die Beziehung zu Katja endet. Wedekind hat keine Lust auf eine *Fortsetzung des Kampfes* und fühlt sich *sehr erleichtert.*

Wedekind und Weinhöppel sind regelmäßige Gäste im Moulin Rouge, wo berühmte Tänzerinnen auftreten und Scharen kleinerer Talente ihre Dienste anbieten, wahlweise auch zu dritt oder zu viert. Zudem sind Weinhöppel zwei Gesangsstudentinnen aus München nachgereist – die eine *weit über die Jahre hinaus und doch wohl so kaum jemals mitten drin gewesen,* die *andere mit herunterhängender Nase und schiefen Augen [...] geradezu gewöhnlich.* Wie andere von Geilheit getriebene Männer lässt Wedekind nichts aus, was finanzielle Überlegenheit ermöglicht, zum Beispiel den Geschlechtsverkehr mit Minderjährigen, eine begehrte und auch in Paris nicht leicht erhältliche Spezialität, die Mädchen ihr Alter oft nach unten korrigieren lässt – ein *zwölfjähriges Kind,* das er findet, zählt *leider schon achtzehn Jahre. Ich führe sie in ein Hotel und befriedige sie auch für 10 frs. nur sehr mangelhaft, obschon sie mir ganz gut gefällt und recht lieb ist. Ich bin aber zu zerrüttet. Nach einem ersten schwachen Versuch zerfließe ich in Schweiß. Ohne mich viel darum zu kümmern, pumpe ich mir soviel Bier wie möglich in den Magen und trolle mich nach Hause.* Wedekind nutzt einen weiteren Vorteil der käuflichen Liebe: Die Empfindung der Frau kann ihm egal sein.

Auch der Eindruck, den er als Liebhaber hinterlässt, braucht ihn nicht zu kümmern.

Rachel lernt er am Pfingstsonntag im Bal Bullier kennen, dem größten Tanzlokal von Paris auf dem Boulevard St-Michel. Studenten tummeln sich, Frauen halten Ausschau nach lohnender Bekanntschaft. Rachel hat einen *Gabriel-Max-Kopf,* eine *vollendet schöne Figur,* ist *sehr ruhig und liebt nicht Cafés, sondern Opéra Comique, Théâtre français et la peinture.* Wedekind fühlt ihr ihres «Metiers» wegen *auf den Zahn:* Sie wolle es *noch zwei Jahre treiben* und dann in ein Kloster gehen. Sie stamme aus einer Kleinstadt, ihr erster Liebhaber habe sie nach Paris gebracht. Von ihm habe sie ein Kind, willentlich empfangen als Souvenir, eine Frühgeburt, am Tropf ernährt und jetzt bei einer Amme auf dem Land. Sie hoffe, es irgendwann zu sich zu nehmen. Ihre Eltern wüssten von allem nichts und vermuteten sie in einem Modegeschäft.

Rachel führt Wedekind in ein *reizend ausgestattetes Zimmer mit dem Ausblick auf einen großen Garten mit himmelhohen Bäumen. [...] Sie trägt ein eng anliegendes geschlossenes schwarzes Kleid, so elegant, wie ich es bei anderen anständigen Damen noch nicht zu sehen Gelegenheit gehabt. Ich werfe rasch meine Kleider vom Leib und lege mich zu ihr. Sie ist appetitlich wie ein geschälter Apfel, dabei von einer ungekünstelten Glut, wie ich sie noch bei keinem Weibe gefunden. Selbstverständlich versteige ich mich zu meinen gewohnten Liebhabereien, die ihr aber viel Vergnügen zu machen scheinen* – gemeint ist Cunnilingus, das *Traktieren der Vagina mit der Zunge,* im Männerjargon von Wedekinds Bekanntenkreis *in den Salatkeller steigen* genannt. Es ist Wedekinds Lieblingsbeschäftigung, und nicht nur seine: Gibt sie doch Männern Gelegenheit, durch Begeisterung, Einsatzbereitschaft und guten Willen wettzumachen, woran es anderswo vielleicht mangelt. Man kann süchtig danach werden:

> Leck doch dran, leck doch dran,
> Ist so wunderschön,
> Hast du einmal dran geleckt,
> Dann wirst du erst verstehn.

Rachel ist verständnisvoll, kultiviert und gebildet. *In ihrem hellen Kleid, mit ihren ruhigen Bewegungen, ihrer eleganten Haltung ist sie eine so achtunggebietende Schönheit, daß ich bei mir mit innigem Behagen überlege, wie sich die besten Lenzburgerinnen neben ihr ausnehmen würden.* Aber Rachels Reiz verfliegt, und Wedekind ist nicht nach Dauer zumute: *Es schläft sich sehr appetitlich bei ihr. Dessenungeachtet würde ich dem Himmel danken, wenn ich sie los wäre.*

Am 12. Juni 1892 kommt Wedekind auf einem Spaziergang auf den Champs-Elysées die Idee zu einer *Schauertragödie.* Er konzipiert einen ersten Akt, ein paar Tage später einen zweiten und kann die ganze Nacht nicht schlafen. Die Figur der Lulu ist geboren, ein mühsamer, jahrelanger, oft quälend langsamer Arbeitsprozess beginnt. Als Quelle nennen Forscher eine gleichnamige Pantomime, uraufgeführt 1888 im Pariser Nouveau Cirque. Lulu ist dort eine *clownesse danseuse,* ein *Herz aus Stein* spielt eine Rolle. Möglicherweise hat Wedekind auch den französischen Roman «La femme-enfant» von Catulle Mendès gelesen, in dem ein Maler die Tänzerin Lili wegen ihrer Promiskuität und lesbischen Verstrickung mit seiner Eifersucht verfolgt, bis er erkennt, dass sie als Kind sexuell missbraucht wurde und psychisch krank ist. Gleiches widerfuhr Ella, dem *ehrlich Straßenmädchen* aus Wedekinds Fragment «Elins Erweckung», durch ihren Vater Schigolch, der in den «Lulu»-Dramen wieder auftaucht. Ein «Pariser Sittendrama» hat Wedekind bereits in «Kinder und Narren» angekündigt, die Sexualerlebnisse der letzten Monate mögen Teil der Inspiration sein. Eine eindeutige Quelle ist nicht nachweisbar.

Unklar ist auch, ob Wedekind sogleich mit der Ausführung beginnt oder den Stoff erst einmal liegen lässt. Im Juli 1892 beendet er den Schwank «Fritz Schwigerling», später bekannt als «Der Liebestrank», ein leichtes, aber nicht triviales Stück über freiheitliche Erziehung und das für Seiltänzer und Lebenskünstler gleichermaßen entscheidende *maßgebende Prinzip der Elastizität* – ein neuerlicher Versuch, etwas Dankbares und Bühnengerechtes zu schreiben, aber weit persönlicher und deshalb wirkungsvoller als «Kinder und Narren». Sicher ist, dass Wedekind auch im Strudel der Ereignisse die Pflicht nicht vergisst und fleißig arbeitet, tagsüber auf seinem Zimmer, abends in Cafés, manchmal die Nacht durch bis in den Morgen.

Im Sommer 1892 fährt Wedekind nach Lenzburg. Seine Mutter hat nach langen Verhandlungen und vielen Rückschlägen das Schloss an August Edward Jessup verkauft, einen Millionär aus Philadelphia, der es von Grund auf renovieren und die Wasserleitung, an der Familie Wedekind gescheitert ist, endlich legen lassen will. Als Verkaufspreis sind einhundertzwanzigtausend Franken vereinbart, dreißigtausend Franken mehr, als Dr. Wedekind einundzwanzig Jahre zuvor bezahlt hat – angesichts der großen, seit seinem Tod investierten Summen kein glänzendes Ergebnis. Der Vertrag soll Ende des Jahres in Kraft treten, Wedekind wohnt ein letztes Mal in seinem Zimmer. Laut Biograph Artur Kutscher plagen ihn *Verstimmungen, Zweifel und Schwermut*, vielleicht der nicht erfüllten Erwartungen wegen, die er als junger Feuerkopf einst weckte – seit seinem Prolog zur Abschlussfeier des Aarauer Gymnasiums vor acht Jahren ist, abgesehen von einem Bänkellied in einer Münchner Kneipe, nichts von ihm aufgeführt worden.

Zurück in Paris, schreibt er eine französische Pantomime, «Les Puces» («Die Flöhe» oder «Der Schmerzenstanz»). Die Direktion der Folies-Bergère will sie ins Repertoire nehmen und benennt den Komponisten und Konservatoriumsprofessor Raoul Pugno zur Vertonung. Ob etwas daraus wird, lässt sich nicht sagen, aber Wedekind schickt vorsorglich eine Erfolgsmeldung nach Lenzburg.

Am 4. Dezember ist der erste Akt des «Lulu»-Dramas fertig. Wedekind nennt die Heldin *Astarte,* auch als Aschtoret bekannt, hebräische Fruchtbarkeitsgöttin, verwandt mit der ägyptischen Isis, Mutter der Sonne, Königin des westlichen Himmels, allmächtige Zauberin und Kennerin aller Geheimnisse. Offensichtlich traut er ihr Bedeutendes zu. Die Frage nach der Identität von Wedekinds Lulu wird Generationen von Forschern beschäftigen und vielfältigen Interpretationen Raum geben. Zunächst ist eigentlich nur bemerkenswert, dass sie unbekannter Herkunft ist und angeblich vom Bettler Schigolch vor dem Café Alhambra aufgelesen und zum Liebesdienst abgerichtet wurde, mit allen unausgeprochenen, aber möglicherweise entscheidenden Prägungen, die solche Erlebnisse verursachen. Großtaten sind noch keine zu berichten, im Gegenteil: Sie überlässt das Handeln den Männern, ist eher Zuschauerin als Akteurin, freilich mit einem Anspruch, der es Männern nicht leicht macht.

Momentan ist sie etwa achtzehn Jahre alt und mit Medizinalrat Dr. Goll verheiratet, der sie als sein Eigentum betrachtet und wie ein Tier hält. Lulu nutzt einen unbeaufsichtigten Moment und verführt den Maler Schwarz, der sie in Dr. Golls Auftrag porträtieren soll – Tausende von Frauen haben es ihr vorgemacht, zahllose Eifersuchtsmorde waren die Folge. Dr. Goll kommt hinzu und stirbt am Schlag wie einst Dr. Wedekind – ein Hinweis des Autors auf die tödliche Wirkung weiblicher Untreue auf das männliche Selbstbewusstsein, aber auch auf männliche Kurzsichtigkeit und Dummheit. Denn passiert ist eigentlich gar nichts: Der Maler Schwarz, eine Generation jünger als Dr. Goll, hat im entscheidenden Moment versagt und sich auch im Nachhinein als so unbedarft erwiesen, dass Lulus Zuneigung, sofern sie je bestand, sogleich in Verachtung umgeschlagen ist. Dennoch glaubt er, sie retten zu müssen – *um ihretwillen – einzig um ihretwillen.* Lulu lässt es geschehen.

Im zweiten Akt ist Schwarz mit Lulu verheiratet, hat beruflichen Erfolg, führt ein großes Haus und fühlt sich, besonders im Hinblick auf seine Frau, immer sicherer – ein entscheidender und typisch männlicher Fehler. Der Autor gibt hierzu eine Erklärung: *Schwarz wirft Lulu vor, sie stehe unter ihm, obschon sie ihm in jeder Beziehung (Vernunft, Manieren, Bildung, GELD) überlegen ist. Das kränkt sie aber nicht etwa, weil sie sich durch diese Taxierung beleidigt fühlt, sondern weil er sich dadurch als ein ausgemachter Dummkopf hinstellt.* Lulu ist sanft wie ein Lamm – alle Alarmglocken müssten schrillen. Dass sie seine Avancen auffällig oft zurückweist, übersieht er.

Die Wahrheit erfährt er von Chefredakteur Dr. Schöning, einem mächtigen Mann des öffentlichen Lebens. Lulu ist seit Jahren seine Geliebte, er will sie loswerden, um seinerseits standesgemäß heiraten zu können. Im klassischen «Mann-zu-Mann-Gespräch» öffnet er Schwarz die Augen: Lulu himmle ihn keineswegs an, sondern finde ihn langweilig, witzlos und tölpelhaft und sei auch sexuell alles andere als zufrieden. Er, Schöning, habe Lulu angewiesen, ihn zu heiraten, wie seinerzeit Dr. Goll, um ungestörter mit ihr verkehren zu können. Schwarz müsse besser auf sie aufpassen und verhindern, dass sie aus dem Ruder läuft: *Bring ihr Respect bei. Es ist ein Jammer um sie. Sie verdient einen Mann, den sie achtet. Sie verdient, eine anständige Frau zu sein.*

Schöning rechnet nicht mit der Charakterschwäche des Malers. Der sieht seine Person und seine Männlichkeit derart in den Staub getreten, dass er ins Nebenzimmer wankt und sich die Kehle durchschneidet. Schöning rast vor Wut: *Dieser Unmensch! Dieser Dummkopf! Dieser Idiot!* Muss er Lulu jetzt heiraten? Seine bürgerlichen Ehepläne kann er in den Wind schreiben. Lulu schaut all dem nur zu – bei so viel männlicher Egozentrik kann man Emotionen von ihr nicht erwarten.

Es ist Winter in Paris. Wedekinds erotische Abenteuerlust hat stark nachgelassen. In den Tiefen des «Lulu»-Dramas wühlend, lechzt er nach geistigem Austausch. Mit französischen Intellektuellen hat er keinen Kontakt, Freund Weinhöppel ist samt einer Musikschülerin nach New Orleans gezogen, um als Chordirigent am dortigen deutschen Theater *bei kläglichem Salär für seine Pariser Sünden Buße* zu tun. Wedekind ist auf durchreisende Deutsche angewiesen, zum Beispiel auf Karl Muth, der in Algerien Missionar war, Martin Luther zum Vorbild und «urdeutsch» als Lieblingswort hat und zum Abendbrot ein Stück westfälischen Schinkens verzehrt, den er in seiner Schublade verwahrt. Wedekind macht sich lustig über ihn und redet Belanglosigkeiten, aber seine Gesellschaft ist immer noch besser als keine: *Was mich an ihn fesselt, ist der Umstand, daß seit Weinhöppels Abreise oft 14 Tage vergehen, ohne daß ich mit einem Menschen zusammenkomme.*

Wedekind mit Gitarre –
Zeichnung von Willi Morgenstern alias Rudinoff

Umso glücklicher ist er, bei einem Besuch des Cirque d'Hiver zu entdecken, dass der Maler und Radierer, Sänger, Kabarettkünstler, Zauberer und Tierstimmenimitator Willi Morgenstern dort auftritt. Er kennt ihn aus Zürich und München und verehrt ihn als Mann, der seine Ideale beispielhaft verkörpert: vielseitig, schwungvoll, auf allen Kontinenten zu Hause und mit jener zirzensischen Elastizität begabt, die Wedekind sich selbst wünscht und seinen Bühnenfiguren Melchior Gabor und Fritz Schwigerling einhaucht. *Ich habe kaum das Wort Morgenstern gelesen, so bin ich am Eingang. Wie wir uns in die Arme sinken, bin ich dem Weinen nahe. Mein Horizont ringsum ist so verdüstert, da geht mit einem Schlag eine Welt auf. Morgenstern stammelt ein Mal über das andere: Sie glauben nicht, welche Freude! Nein, diese Freude!*

Morgenstern nimmt Wedekind beiseite: Er will vor Kollegen, die Deutschland noch immer gram sein könnten, nicht Deutsch sprechen. Er selbst ist als Sohn eines russischen Kantors in Angermünde geboren und nennt sich, um nicht als Jude aufzufallen, Willi Rudinoff. Wedekind bringt ihn mit Karl Muth zusammen, der sich seit Tagen mit antisemitischen Ausfällen hervortut. Als auch Morgenstern über Antisemiten spricht, stellt Wedekind ihm Herrn Muth *als solchen* vor. *Muth kneift sofort den Schwanz zwischen die Beine, während Morgenstern ihn ruhig um seine Gründe bittet. Auf dem Heimweg bringt Muth mit phänomenaler Unverschämtheit alles das zu seiner Reinwaschung vor, was ich ihm vor zwei Tagen gegen seinen Antisemitismus ins Feld geführt habe. [...] Ich sage ihm, ein anständiger Mensch sei kein Antisemit und ein Antisemit kein anständiger Mensch.* Wedekind und Morgenstern verabreden sich mit Muth. *Er sagt zu unter der Bedingung, daß man nicht mehr über Antisemitismus spreche, indem das bei ihm eine Gefühlssache sei, die er sich von niemand antasten lasse.* Karl Muth bleibt unbelehrbar. Ein halbes Jahrhundert später, lange nach Wedekinds Tod und in einer gänzlich anderen Zeit, wird er als Theologieprofessor an der Münchner Universität vergeblich versuchen, den Studenten Hans Scholl vor dem Zugriff des «Dritten Reichs» zu bewahren.

Wedekinds Geld geht zur Neige. Aus Berlin, wohin er den «Fritz Schwigerling» geschickt hat, hört er nichts, die Folies-Bergère, die sein Ballett «Les Puces» aufführen wollten, rühren sich nicht. Wedekind pumpt seine Schwester Mieze an, auch Armin und sogar Donald, der in Rom wieder einmal Priester werden will, zum Schluss die Mutter: *Solltest Du indessen vielleicht 200 frs übrig haben, so könntest Du mich damit aus meiner Rathlosigkeit befreien.* Seine Briefe, die Zuversicht verbreiten sollen, sind in Wahrheit Bitten um Entschuldigung: *Seit einem halben Jahr habe ich ein Stück in Berlin liegen, das aber bis heute noch nicht gelesen ist. Wäre es gelesen und abgewiesen worden, so würde ich Dir kein*

Hehl daraus machen. Es ist aber thatsächlich noch nicht gelesen.
Eine *Dame aus der hohen Pariser Gesellschaft* habe ihn gebeten,
«Frühlings Erwachen» ins Französische übersetzen zu dürfen.
*Wenn es übersetzt ist, so erscheint es in elegantester Ausstattung
beim ersten Verleger von Paris. [...] Du wirst es ermüdend finden,
daß ich mich immer noch an diesen ersten Erfolg anklammere,
daß ich immer noch darauf zurückkomme. Aber es ist ja wie gesagt bis jetzt mein einziger, und beginnt mir jetzt, wo ich darüber
hinauskommen muß, erst fatal zu werden. Du siehst, liebe Mama,
daß ich Dir viel Erfreuliches von mir nicht schreiben kann, und da
ich weiß, daß Du nur das Erfreulichste von mir erwartest, so habe
ich es vielleicht dann und wann vorgezogen, mich in geheimnis-
volles Schweigen zu hüllen. Ich verspreche Dir dafür, wenn ich
einmal im Erfolg sitze, umso gesprächiger werden zu wollen.*

Gelegentlich läuft ihm Rachel über den Weg. Die Drüsen unter
ihrem Kinn sind geschwollen, ein Zeichen der Syphilis. Wedekind
meidet sie nach Kräften. Rachels Freundin Henriette braucht
fünfunddreißig Francs, um ihre Miete zu bezahlen. Sie richtet
Bittbriefe an Wedekind, wartet auf der Straße vor seinem Hotel
oder klopft, wenn sein Schlüssel nicht beim Concierge ist, an seine Tür. Wedekind gibt ihr Geld unter der Bedingung, von ihr in
Ruhe gelassen zu werden. Henriette hat Tuberkulose, spuckt Blut
und weiß, dass sie bald sterben wird. Sie erzählt Wedekind von
einem Freier im Radmantel mit einem *fürchterlichen Paar Augen,*
der ihr gesagt habe, sie *passe nicht für das Métier* und werde *noch
an ihn denken* – eine ähnliche Aussage findet sich im fünften Akt
von «Lulu». Wedekind sammelt Typen für sein Drama. Durch
Rudinoff-Morgenstern lernt er die Artisten Leitner und Holthoff
kennen, die *stärksten Männer der Welt,* die sich *mit Fäusten der
Weiber erwehren* müssen; in Holthoffs Pranke verschwindet eine
Frauenhand *wie ein Pistolengriff.* Die Verehrung der Damenwelt
für die Kraftmänner überträgt sich auf Morgenstern und, in deutlich abgeschwächter Form, auch auf Wedekind: *Man redet sich
gegenseitig mit der größten Ehrerbietung an. Als ich der einen
auf ihre Frage, was ich denn ausübe, sage, ich sei nur Schriftsteller,
beruhigt sie mich, das sei auch aller Ehren wert.*

Vom 24. Dezember 1892 bis zum 8. September 1893 sind Tagebucheinträge Wedekinds nicht erhalten. Die Periode ist gekennzeichnet durch Arbeit am dritten und vierten Akt von «Lulu» und einen durch Donald belasteten Sommerbesuch in Lenzburg. Dessen Studienaufenthalt in einem römischen Priesterseminar (das Beschaffen der Dokumente für die Immatrikulation aus seiner Geburtsstadt Hannover erforderte einen Großeinsatz der verzweigten Verwandtschaft) ist schon wieder zu Ende. Der Anblick der vielen *abgetödteten Cardinäle, Monsignori, Provinziali und Inquisitori* hat ihm nicht behagt, das Leben der Enthaltsamkeit ihm so widerstrebt, dass er Frank allen Ernstes darum gebeten hat, ihm aus Paris eine Mätresse zu vermitteln – sie zu unterhalten koste nicht mehr als seine häufigen Bordellbesuche. Sie könne ruhig vorher *als Dirne gearbeitet* haben, wichtig sei, dass sie *nicht dadurch gelangweilt ist, daß ich sie so und so oft allein lassen muß und daß ich auch sexuell nicht gerade überfließend bin. [...] Ich könnte dir auch noch eine lange Auseinandersetzung schreiben, wie der Selbstmord mir unendlich nahe liegt.* Zum ersten Mal zweifelt Wedekind an der Lebensfähigkeit seines Bruders. Zurück in Paris, fühlt er sich *wie neugeboren: eine eigentümliche Beweglichkeit in den Gelenken, den Kopf frei und den Körper um zwanzig Pfund leichter.*

Der dritte Akt «Lulu» spielt in Dr. Schönings Wohnung: *Prachtvoller Saal in deutscher Renaissance mit schwerem Plafond aus geschnitztem Eichenholz. Die Wände bis zur halben Höhe dunkel vertäfelt. [...] Althertümliche Polstersessel, Antiquitäten, orientalische Kunstgegenstände, Thierfelle.* So stellt man sich Dr. Wedekinds Lenzburger Arbeitszimmer vor. Schönings Haare sind grau geworden, seine Geschäfte gehen schlecht, er spritzt sich Morphium. Lulu, seine Ehefrau, verachtet ihn dafür. Sie will ihn wachrütteln, ihm wehtun – er ist der Einzige, der ihrer Vorstellung eines ebenbürtiger Partners nahekommt. Um ihn eifersüchtig zu machen, lädt sie seinen Sohn Alwa zum Essen ein. Der hat als Bühnenautor ein erfolgreiches Stück geschrieben und galt eine Weile als literarische Hoffnung, ist also in ähnlicher

Lage wie Wedekind selbst. Alwa Schöning will aus dem Schatten seines Vaters treten, ihn vom Sockel stoßen. Bei Lulu erscheint er in Festtoilette als sicherer Sieger und spart nicht mit hämischen Bemerkungen über seinen Erzeuger. Aber ehe das Liebesspiel mit Lulu Fahrt gewinnt, hat er einen vorzeitigen Samenerguss. In einem Paradebeispiel männlicher Borniertheit beschimpft er nicht sich selbst, sondern die Frau, die ihn gereizt hat: *Du Abzugskanal! Du Reibeisen! Du Cloake! Du Spucknapf! Du Rotzlappen!* Dr. Schöning tritt auf, einen Revolver in der Hand. Lulu zu erschießen brächte ihn ins Zuchthaus. Er zwingt Lulu den Revolver auf, drängt sie, ihn gegen die eigene Brust zu richten. Lulu bittet um ihr Leben. Sie ist zwanzig Jahre alt. Ein Handgemenge entsteht, zwei Schüsse krachen, wer sie abgab, bleibt unklar, Dr. Schöning wird getroffen. Sterbend verrät er seinem Sohn, wo Geld und Papiere versteckt sind – vielleicht ein Tribut Wedekinds an die Liebe seines eigenen Vaters, dessen Geld ihm die Schriftstellerexistenz ermöglicht.

Der vierte Akt ist in weiten Teilen Französisch geschrieben. Lulu, als Mörderin gesucht, ist in Paris Mittelpunkt einer wüsten Gesellschaft von Glücksrittern, Spielern und verkrachten Existenzen, die allesamt von ihr profitieren wollen. Nur die lesbische Gräfin Geschwitz liebt Lulu um ihrer selbst willen. Sie würde jeden Heller mit Lulu teilen, ihr bis ans Ende der Welt folgen, für sie in den Tod gehen. Aber je mehr die Gräfin sich vor Lulu demütigt, desto mehr demütigt Lulu die Gräfin – denn auch Lulu ist nicht besser als ihre Mitmenschen und kennt gemäß Wedekinds in Schülerzeiten formulierter Maxime *keine andere Liebe als den Egoismus.*

Wedekinds Bekanntenkreis hat sich erweitert, vor allem dank seiner Freundschaft mit Emma Herwegh, der Witwe des «Freiheitsdichters» Georg Herwegh, den Großvater Kammerer vor fast einem halben Jahrhundert als politischen Flüchtling in Zürich-Riesbach aufgenommen hat. Frau Herwegh lebt verarmt in einer Dachwohnung im Quartier Latin, aber zieht durch ihre Lebendigkeit und ihre ungewöhnliche Vita Jüngere in ihren Bann.

1817 als Emma Siegmund in assimiliertes Berliner Judentum hineingeboren, erlebte sie noch Rachel Varnhagens Salon und hatte Klavierunterricht bei Ludwig Berger, dem Lehrer Mendelssohns. Mit vierundzwanzig Jahren heiratete sie den gleichaltrigen Georg Herwegh, damals auf dem Höhepunkt jugendlichen Ruhms, und wurde an seiner Seite aus Preußen ausgewiesen. Im Pariser Exil verkehrte sie mit Karl und Jenny Marx, Heinrich Heine, Franz Liszt, Béranger, George Sand und vielen anderen. Als Herwegh im April 1848 badischen Aufständischen zu Hilfe eilte, war sie dabei, das Gesicht unter einem breitkrempigen Hut verborgen, Terzerole und Dolch im Gürtel. Später verhalf sie dem italienischen Revolutionär Felice Orsini zur Flucht, übersetzte Garibaldis Memoiren und hatte Umgang mit Richard Wagner, Hans von Bülow, Gottfried Semper und Ferdinand Lassalle.

Emma Herwegh macht Wedekind mit der Malerin Luise Breslau und der Übersetzerin Louisa Read bekannt. Sie finden den jungen Dichter interessant und helfen bei den französischen Passagen seines Dramas. Zwischen Wedekind und Frau Herwegh entwickelt sich ein Vertrauensverhältnis. Fast täglich besucht er sie, meist am frühen Abend, bevor er seine Runden durch die Cafés macht. Sie erzählt ihm, als weitere Variante des ewigen Themas und bemerkenswertes Beispiel weiblicher Tatkraft und Hingabe, die Geschichte ihrer Ehe: Georg Herwegh hatte sich in die Frau des russischen Schriftstellers Alexander Herzen verliebt und einen Frauentausch vorgeschlagen. Aber Herzen wollte von Emma nichts wissen und forderte Herwegh zum Duell, der daraufhin versuchte, sich mit Herzens Frau gemeinsam zu erdolchen. Emma verhinderte es und besitzt die Tatwaffe immer noch. Als Herwegh aus Liebeskummer das Essen verweigerte, hungerte Emma mit ihm. Irgendwann starb Herzens Frau. Herwegh lebte drei Jahre lang in tiefster Verkommenheit, dann bat er Emma, ihn zurückzunehmen. Sie tat es mit der selbstgestellten Bedingung, dass *nie ein Vorwurf* über ihre Lippen kommen solle – eine Frau müsse sich *damit abfinden oder das Maul halten*.

Emma Herweghs Ein und Alles ist ihr Sohn Marcel. Der hat sich einmal in wilder Verliebtheit in die Brust geschossen und wurde nur gerettet, weil die Kugel an einem Messingknopf abprallte. Jetzt versucht er sich als Konzertgeiger. Seine Mutter schwört auf sein Talent, verkauft eigenhändig Eintrittskarten und leiht sich Geld für Saalmieten und Plakate. Wedekind hält Marcel für einen Aufschneider und Schwindler und beobachtet ihn argwöhnisch, vielleicht auch eifersüchtig. Als Emma ihrem Liebling vor seinen Augen zehn Francs in die Hand drückt, die sie kurz vorher bei ihm geborgt hat, erleidet Wedekind eine Nervenkrise. *Ich habe die Sprache verloren, ich bringe den Mund nicht auf und schlage der Länge nach auf die Diele hin. Ich fühle, es wäre mir eine Wohltat zu schreien, aber ich kann nicht. Die Alte überblickt sofort die Situation, holt Eau de Cologne, reibt mir die Schläfe ein und hält sich ruhig. Ich raffe mich denn auch wieder auf, es vergeht aber etwa eine Viertelstunde, bis ich wieder sprechen kann. Wie die Alte sieht, daß es besser wird, erzählt sie mir eine dumme Geschichte von einem Menschen mit einem komischen Namen und bringt mich allmählich zum Lachen. Sie benimmt sich gerade so, wie sich Mati vor sechs Jahren nach der fürchterlichen Katastrophe benahm. Nur daß Mati, während sie lachte, die Augen voll Tränen hatte.* Wedekinds Schwester Mati war zehn Jahre alt, als sie beim Streit des Bruders mit dem Vater auf kindliche Weise den Schaden einzudämmen versuchte.

Wedekind irrt an der Seine entlang. Im Café d'Harcourt fragt ihn jemand, ob er Morphinist sei. Am nächsten Tag fühlt er sich *so zerschlagen an Leib und Seele,* als wäre er *geprügelt und verhauen* worden. Abends geht er wieder zu Frau Herwegh. *Dabei bemächtigt sich meiner eine heillose Angst. Bei jedem Schritt wächst meine Aufregung. Ich fühle, dass es nur eines Wortes bedarf, damit sich mein Anfall von gestern wiederholt.*

In derselben Nacht läuft Wedekind zu großer Form auf. Sein «Pariser Tagebuch» enthält zahlreiche Hinweise auf sexuelle Indispositionen – mal «zerfließt er in Schweiß», dann kommt er «über zwei Opfer nicht hinaus» –, aber heute ist alles anders.

Vielleicht liegt es auch an der Frau: *Alice.* Wedekind kennt sie seit ein paar Wochen und hat schon mehrere Nächte mit ihr verbracht. Sie fühlt sich *sehr disponiert,* da sie viele Stunden geschlafen hat, *und zwar allein.* Wedekind heizt den Kamin in seinem Zimmer. *Alices blendende, volle Arme erregen meine Begierde. Ich promeniere meine Zunge auf und nieder; sie behauptet ça me fait jouir. Noch empfindlicher ist sie im Rücken, der Wirbelsäule entlang.* Wedekind wärmt das Bett an. *Wie sie schließlich an meiner Seite liegt, rege ich sie erst von Hand bis zum Wahnsinn auf, ehe ich mich ihrer erbarme. Darauf genießt sie aber auch wie ein wildes Tier.* In einer Liebespause will Alice in Wedekinds Tagebuch lesen. Aber sie versteht kein Deutsch und bittet um Übersetzung. *Das tue ich, so gut ich kann, sie meint aber, ich halte sie zum besten. Es scheint ihr nicht recht glaublich, dass ich solche Schweinereien zu Papier bringe.* Offenbar gestärkt durch die Nervenkrise, lässt Wedekind sie die *ganze Nacht nicht mehr aus den Händen. Selbst im Schlaf setze ich meine Exerzitien fort. Sooft ich aufhöre, wacht sie auf und bittet mich fortzufahren. Sie könne sonst nicht schlafen. Mittags um ein Uhr wache ich auf und bemächtige mich ihrer, aber sie schläft noch. In meiner Umarmung wacht sie erst auf. Einmal träumt mir, sie sei schon fortgegangen. Wie ich erwache, ist sie noch da. Ich zeige mich auch ihrer Gegenwart noch würdig.* Um vier Uhr nachmittags erhebt sich Alice. Wedekind bleibt bis sechs Uhr liegen und begibt sich *an Leib und Seele gestärkt und erfrischt* in ein Café.

Wedekind packt seine Koffer. Die Pariser Zeit ist vorbei. Der letzte Akt von «Lulu» verlangt eine andere Kulisse. Er wechselt sein zweitletztes Tausend-Franken-Billett und lässt sich fotografieren, *um dereinst zu wissen, wie ich aussah, als ich 1000 frs. in der Tasche hatte.* Er räumt sein Zimmer, verteilt seine Bücher, verabschiedet sich von Bekannten und hinterlegt das vier Akte umfassende «Lulu»-Manuskript bei Emma Herwegh. Am Gare St-Lazare besteigt er den Zug. Auf dem Schiff über den Kanal fürchtet er, seekrank zu werden. Eine *kleine Französin,* die ihm schon auf dem Bahnsteig in Paris aufgefallen ist, verschwindet, wie er glaubt, in der Kajüte des Steuermanns. Wedekind bleibt allein auf Deck. *Ich befinde mich in ausgezeichneter Stimmung. Ich habe noch nie mit so leichtem Herzen, so ohne alle morali-*

schen Beschwerden mein Domizil gewechselt. Das Übermaß an Freundlichkeit, an Liebe und Entgegenkommen, das ich in den letzten Monaten in Paris gefunden, mag die Hauptursache meiner sonnigen Zuversicht sein. Um fünf Uhr steige ich in meine Kajüte hinunter, strecke mich auf eine Bank und schlafe trotz meines fürchterlichen Hungers augenblicklich ein.

II

Nach London und zurück

1894/95

Kein Glanz, keine Schönheit, keine Raffinesse, kein Geist, keine Erotik – die größte und mächtigste Stadt der Welt hat nichts, was Wedekind begeistern kann. In der Nationalgalerie ärgert er sich *grün und schwarz* über die Glasscheiben vor den Gemälden, das Tower Museum ist das *langweiligste, geschmackloseste,* das er je gesehen, im London Pavillion findet er *nichts Neues und wenig Erquickliches.* In einer Bar beäugt er ein *Rudel scheußlicher Huren,* um zwölf Uhr liegt er im Bett, denn London schließt um elf, und wenn es Ausnahmen gibt, kennt er sie nicht. Zudem ist es bitterkalt. *Ich büße hier alles, was ich je gesündigt habe,* schreibt er Armin. In das *Boardinghouse,* in das er zunächst gezogen ist, habe ihn ein *böser Stern* geführt, seine zweite Behausung *unter den Bleidächern am Piccadilly Circus* ist *schlechter und theurer* als in Paris. *Kann die Engländerin lieben?,* fragt Wedekind. *Man behauptet es. Sicher ist, daß sie nicht gebären kann. Sie hat keine Hüften. Es ist ihr schlechterdings unmöglich, einem Menschen das Leben zu geben. Im besten Fall kommt ein Engländer zur Welt.* Er lernt zwei Französinnen kennen, die dienstags «Open House» haben. *Das sind meine wöchentlichen Oasen, an deren Cisternen ich mich wie ein Kamel für die ganze Wüstenwanderung mit Seelentrost vollpumpe.* Wo er seine Mahlzeiten einnimmt und arbeitet, ist nicht bekannt. Das Tagebuch bricht unmittelbar nach der Ankunft ab.

Einer der Gründe für seine Londonreise ist fraglos der Wunsch, den Dunstkreis um «Jack the Ripper» zu erspüren, den Prostituiertenmörder von Whitechapel, der zwischen August und November 1888 fünf Frauen mit Messerstichen getötet haben soll.

Seine Gestalt geistert durch die Zeitungen Europas und nährt zahllose Spekulationen. Manche meinen, in seiner Handhabung des Messers den Chirurgen oder Metzger zu erkennen, andere glauben, ihn kurz nach einer Tat gesehen zu haben. Der Name Jack the Ripper entstammt einem Brief an die Central News Agency, angeblich von ihm selbst geschrieben. Weitere Briefe und Postkarten folgten, echt oder nicht, mit verstellter Schrift und der Aufklärung nicht dienlich. Ein Graffito in fehlerhaftem Englisch lässt einen Juden oder Ausländer als Täter vermuten, aber auch ein englischer Anwalt wird verdächtigt. Angeklagt wurde bisher niemand.

Jack the Ripper als Schlusspunkt der «Lulu»-Tragödie war Wedekind von Anfang an ebenso klar wie der Umstand, dass Lulu als Verkörperung von Sexualität und Gewalt einem Prostituiertenmörder zum Opfer fallen würde. London galt schon im Mittelalter als «the world's meanest city». Im ausgehenden neunzehnten Jahrhundert arbeiten in London je nach Schätzung zwischen sechzigtausend und einhundertzwanzigtausend Huren. Die Prostitution ist nicht verboten und für viele Frauen der einzige Weg, die unvorstellbar niedrigen Löhne der Nähereien und Fabriken aufzubessern – ein einziger Freier bringt oft mehr als eine Woche härtester Arbeit. Das System ist hierarchisch gegliedert: Parkhuren sind besser als Hafenhuren, Bordellhuren besser als Straßenhuren, und wer das Glück hat, nach oben zu dringen und «Kept Woman» oder «Mistress» zu werden, sucht ihren Gönner möglichst hoch anzusiedeln: Herzog ist besser als Graf, Richter besser als Advokat, Arzt besser als Ladenbesitzer und so weiter.

Lulu fängt in London ganz unten an. Zermürbt vom Kesseltreiben eigensüchtiger Menschen, die sie bedrängten, erpressten und der Polizei ausliefern wollten, ist sie hierhergeflohen, begleitet von den letzten ihrer Kumpanen, dem Bettler Schigolch, der angeblich ihr Vater ist, und Alwa Schöning, seit Dr. Schönings Tod ihr Quasiehemann. Beide hat sie durchgefüttert, beide haben nicht unmaßgeblich dazu beigetragen, ihr Vermögen zu verjuxen und zu verjubeln, beide sind auch jetzt weit davon entfernt, eigene Arbeit oder Anstrengung zu erwägen. Alwa Schöning liegt auf dem Rücken in der Dachkammer, die ihnen als Unterkunft geblieben ist, hört Regen durch die Luke tropfen und träumt von Menüs in teuren Pariser Lokalen. Die Schuld für seine Unfähigkeit, etwas auf die Beine zu stellen, zum Beispiel ein zweites Stück zu schreiben oder sonstwie eine Karriere aufzubauen, gibt er Lulu – sie hat ihn *in den Koth geschleift,* ihm *seine Ideale gestohlen,* das *letzte Fünkchen Mensch* in ihm *erstickt.* Schigolch räumt zwar ein, dass man bei solchem Wetter *keinen Hund vor die Thür jagt,* aber vertritt noch immer die oft geäußerte männliche Grundüberzeugung, dass Frauen beim Geschlechtsakt unter allen Umständen Vergnügen empfinden und Lulu deshalb ruhig auf der Straße Geld für den gemeinsamen Haushalt verdienen kann – sei sie erst *drei Tage dabei,* würde sie es *um eine Million nicht mehr anders* wollen.

Lulus erster Kunde ist ein taubstummer Engländer. Er zahlt fünfzehn Shilling – immerhin drei Viertel einer durchschnittlichen Londoner Wochenmiete. Während Lulu mit ihm im Verschlag verschwindet, durchsucht Schigolch die Taschen seines Havelocks, aber findet statt Geld nur religiöse Pamphlete und meint, ganz wie sein Autor, die englische Nation habe *ihre Glanzzeit hinter sich.* Plötzlich steht die Gräfin Geschwitz vor der Tür – Gott weiß, wie sie die Adresse herausbekommen hat. Sie hat das Porträt der achtzehnjährigen Lulu dabei, das Schwarz im Auftrag von Dr. Goll gemalt hat. Alwa und Schigolch delektieren sich daran, Lulu kann nur noch lachen. Als die Gräfin erfährt, womit Lulu Geld verdient, ist sie außer sich und will statt ihrer gehen. *Weg, du Scheusal!,* ruft Lulu und läuft die Treppe hinunter.

Ein hünenhafter Afrikaner, Lulus nächster Kunde, hat offenbar vor, sie hart heranzunehmen. Alwa Schöning ermannt sich ein erstes und letztes Mal und geht ihm an die Gurgel; der Afrikaner tötet ihn mit einem einzigen, wuchtigen Schlag auf den Kopf. Schigolch sieht, dass nichts mehr zu gewinnen ist, macht sich davon und bleibt der einzig Überlebende der «Lulu»-Hauptakteure: Nie und unter keinen Umständen hat er sich je einen Funken

Emotion erlaubt und deshalb die Mechanismen der Welt und ihrer Bewohner unerbittlich klar erkannt. *Gefühle sind unausgedachte Gedanken,* sagt Wedekind, und wer sie unausgedacht lässt, macht sich verwundbar und bringt sich in Gefahr. Nicht umsonst heißt Schigolch rückwärts gelesen «logisch».

Gräfin Geschwitz, laut Wedekind die eigentliche tragische Hauptfigur, fühlt sich ungeliebt und *verstümmelt.* Sie hat Lulu alles geopfert – *die Papiere, die Lose, die Obligationen, die Rente –,* dazu ihren Anteil am Familiensitz Geschwitz und, natürlich, ihre *Ehre* und ihr *Glück. Drei volle Jahre* hat sie auf eine *einzige kleine Minute* der Intimität mit Lulu gewartet, jetzt sieht sie, dass *jeder gemeine Straßenlump* Lulu haben kann, jeder sie *trunken* machen kann *vor Glück,* nur sie nicht. *Unter allen ich nicht! Warum muss ich die Verfluchte* sein? Lulu wird über ihren Tod *keine Thränen* weinen. Gräfin Geschwitz *kann nicht mehr an den lieben Gott glauben* und versucht, sich zu erhängen. Aber der Nagel rutscht aus der Wand. Den Plaidriemen um den Hals, bleibt sie neben der Tür hocken.

Dann kommt Lulu mit Jack the Ripper, ihrem Mörder. Jack ist intelligent. Jack ist sensibel. An Lulus Gang hat er ihren Charakter erkannt, am Zustand ihrer Lippen sieht er, dass sie kein Kind geboren hat. Er sagt ihr auf den Kopf zu, dass sie im Straßengehen Anfängerin ist. Jack ist körperlich unattraktiv und senkt beim Sprechen die Augen, aber Lulu mag ihn. Vielleicht fühlt sie, dass er neben Kraft auch Zartheit in sich trägt, vielleicht empfindet sie ihn, nach dem Bodensatz, der sie umgab, als Persönlichkeit, vielleicht sogar als Mensch.

Aber auch Jack ist sich seiner Männlichkeit nicht sicher. «I ask myself, whether I will succeed or not …», sagt er zu Lulu. Der echte Jack the Ripper litt, wie Psychologen vermuten, an einer Deformation des Penis. Er hat seine Opfer grausam verstümmelt, ihnen die Brüste abgetrennt, Herz und Genitalien herausgeschnitten. Auch Wedekinds Jack birgt nach dem Mord *ein kleines in Zeitungspapier gehülltes Paket in der Brusttasche,* für seine *Sammlung* oder den *London Medical Club.*

Lulu will an Jacks sexuelle Schwäche nicht glauben: «You

too?», fragt sie und greift unter seinen Mantel. Dort scheint alles in Ordnung. «What you want more», sagt Lulu und lockt ihn in den Verschlag. Man hört ihre Todesschreie und sieht Jack ihren Leib an die Rampe ziehen. Aber es kann sein – Wedekinds Konstruktion lässt die Möglichkeit offen –, dass auch der letzte Mann ihres Lebens für sie eine sexuelle Enttäuschung ist. Jack gibt sich unbeeindruckt wie andere Konsumenten käuflicher Lust, wischt seine Hände an Lulus Kleid ab und tötet beim Hinausgehen auch die Gräfin Geschwitz.

Wedekind nennt seine ursprüngliche «Schauertragödie» jetzt «Die Büchse der Pandora, eine Monstretragödie», obwohl sie in weiten Teilen das behandelt, was Menschen «Liebe» nennen. Pandora ist die «Allgeberin» der griechischen Mythologie. Ihre Büchse, die sie angeblich aus Neugier selbst geöffnet hat und der alles Übel der Welt entströmt, ist naheliegenderweise ihre Gebärmutter, also der Ursprung der Kinder- und Mutterliebe, oder ihre Vagina, das Zentrum von Begierde und sexueller Lust – beide laut Wedekind Vehikel für Eigenliebe und Egoismus. Eine andere Version der Mythologie sieht Eifersucht als Hauptmotiv der Pandora-Geschichte: Zeus, um seine Macht besorgt, konnte es Prometheus nicht verzeihen, den Menschen das Feuer gebracht und sie damit zu denkenden, fühlenden und kreativen Wesen gemacht zu haben; aus Rache schuf er Pandora samt Büchse und Weltübel. Aber auch eine positive Deutung existiert: Die Büchse der Pandora sei in Wahrheit ein Krug oder Fass, den Menschen von Zeus geschenkt, damit sie haben, was sie für ihr Erdenleben brauchen. Eine Interpretation des Terminus von Wedekind gibt es nicht.

Aus der Londoner Zeit stammt das erste von insgesamt vierundsechzig erhaltenen Notizbüchern Wedekinds, die er stets bei sich trug, um in Cafés oder Kneipen, auf Parkbänken und Reisen, sogar im Gehen schreiben zu können. Es sind schwarze Wachsleinwandhefte im Format siebzehn mal zehn Zentimeter, später kleine Ringbücher. Sie enthalten Stücke in den verschiedenen Phasen der Entstehung, Sentenzen, Gedichte, Melodieskizzen, umfangreiche und detaillierte Materialsammlungen zu medizinischen, philosophischen oder geschichtlichen Fragen, Verzeichnisse zu lesender Bücher, Auflistungen seiner bisherigen Werke mit Jahreszahlen oder der Frauen, die er geliebt hat, Adressen, Zusammenstellungen der Garderobe, Einnahmen und Ausgaben, Tischordnung bei Essenseinladungen, Ankunft und Abfahrt von Zügen und gelegentliche Äußerungen zum eigenen Innenleben und zu anderen Personen. Die Notizbücher sind die persönlichsten Dokumente Wedekinds, nirgendwo anders lässt sich seine Arbeitsweise, sein Ringen um Prägnanz und Kürze mit ähnlicher Deutlichkeit verfolgen. Wedekind schreibt mit Bleistift, in kleiner, steiler deutscher Schrift, streicht und radiert, überschreibt oder fügt ein, entfernt ganze Seiten und beginnt von Neuem, bis ein fließender, knapper Dialog, das treffende Wort oder die richtige Melodie gefunden sind. Besonders gelungene Sprüche signiert er mit den ineinander verschlungenen hebräischen Buchstaben *Pei* und *Waw:* Frank Wedekind.

Die in den Notizbüchern enthaltenen Briefentwürfe machen auch deutlich, wie ihn persönliche Verletzungen belasten und zum inneren Diskutieren zwingen, besonders dann, wenn er seinen Stolz und seine Würde angetastet sieht und widrige Umstände ihm Blößen aufzwingen. Nach dem Abschluss der «Büchse der Pandora», vermutlich im Mai 1894, sind seine Finanzmittel endgültig erschöpft. Als letzten Ausweg bewirbt er sich um Büroarbeit bei einem deutschen Kaufmann, der ihn freundlich aufnimmt, aber die Stelle einem anderen gibt, den er vermutlich für geeigneter hält. Wedekind reagiert mit einem für ihn typischen, aus innerer Not geschriebenen und im Notizbuch durchgekauten Brief, wie noch zahlreiche andere seinen Lebensweg begleiten und ihn oft als Querulanten und Kleinkrämer erscheinen lassen: *Geehrter Herr, nachdem ich gestern erfahren, daß sämmtliche Herren, die ich bei Ihnen kennengelernt, Sonntag vor acht Tagen von Ihnen empfangen wurden, schicke ich Ihnen Ihren Brief zurück mit der Bitte, es sich doch erst ein wenig überlegen zu wollen, bevor Sie einen Menschen, der Ihnen nicht das geringste zuleide gethan, beleidigen und beschimpfen. Die Anfrage, die ich an Sie richtete, führte noch dazu, Ihnen aus meiner Lage kein Geheimnis zu machen. Ihr Billet als Antwort darauf, mit seiner höhnischen Höflichkeit und seinem brutalen Sinn, wirft ein so eigenthümliches Licht auf Ihre Denkungsart, daß ich mich zwölf Stunden besonnen, bevor ich mich entschloß, Ihnen zu schreiben. Ich kann mich indessen irren. Es bleibt Ihnen nun zweierlei: Entweder liegt in Ihren Augen nichts Schimpfliches darin, sich die Thür weisen zu lassen; dann verzichte ich auf Ihre Antwort. Oder Sie sind ein Mann von Ehre, dann werden Sie mir antworten. Ergebenst Wedekind.*

Ende Juni 1894 kehrt Wedekind nach Paris zurück. Geplant ist ein Zwischenaufenthalt, aber dann geben zwei Männer seinem Leben eine neue Wendung: Willy Grétor und Albert Langen. Willy Grétor heißt eigentlich Julius Rudolph Wilhelm Petersen, ist in Ostpreußen geboren und in Kopenhagen aufgewachsen, aber behauptet, von polnischem Adel abzustammen und in Warschau zur Welt gekommen zu sein. Er sieht blendend aus, kleidet sich extravagant, hält Rassehunde und speist in vornehmen Lokalen, aber verfügt als Lebensunterhalt nur über einen bescheidenen Monatswechsel seines Vaters. Den Rest steuern Geldgeber bei, die er mit seiner Persönlichkeit bezaubert – Willy Grétor hat erkannt, dass nur der im Leben vorankommt, der unbeirrbar selbstsicher auftritt und den eigenen Anspruch durch nichts und niemanden schmälern lässt. Selbst eine kleine (und von manchen für angelernt gehaltene) Gehbehinderung, das leichte Nachziehen eines Beins, weiß er wirkungsvoll einzusetzen, besonders im Erwecken mütterlicher Gefühle bei Frauen. Willy Grétor arbeitet als Maler, Kunstexperte und Gemäldesammler und ist selbsternannter Chef einer kleinen Künstlerkolonie, deren Mitglieder er nach Nietzsches Prinzipien zu Untergebenen heranzieht, unter ihnen die deutschen Malerinnen Maria Slavona und Rosa Pfäffinger, die er beide schwängert und von deren Geld er ein Atelier am vornehmen Boulevard Malesherbes mietet. Während sie in sicherer Entfernung an Schwangerschaft und Kindbett laborieren, verbringt er Zeit mit einer Geliebten.

Wedekind ist beeindruckt: Hier lebt ein Mann konsequent jenseits von Sitte und Moral. Willy Grétor ist schamlos, und der Erfolg gibt ihm recht: Man achtet und hofiert ihn, sein Salon hängt voll mit Gemälden von Watteau, Rubens, Bellini, Ruisdael und van Dyck neben Werken moderner Maler wie Cézanne, Gauguin, Monet oder Renoir. Dabei ist er mit sechsundzwanzig Jahren vier Jahre jünger als Wedekind!

Albert Langen, noch ein Jahr jünger und ebenfalls in Grétors Gefolge, stammt aus Köln. Er ist klein, freundlich und beweglich, hat das Gymnasium vorzeitig verlassen, will Maler oder Dichter werden und gilt als reich – seine Familie besitzt eine Zuckerfabrik, ist an den Mannesmann-Werken beteiligt und im Bank- und Transportgeschäft tätig. Als gelehriger Nietzscheaner hat Willy Grétor zunächst Langens Selbstbewusstsein unterminiert und ihm seine Bedeutungslosigkeit vor Augen geführt, besonders im Vergleich zu sich selbst und seinen eigenen, glänzenden Errungenschaften, und dann von Langens Geld die Wohnung am Boulevard Malesherbes noch kostbarer eingerichtet. Den Traum vom Malen und Dichten hat er Langen ausgetrieben und ihm geraten, stattdessen Verleger zu werden, zumal ein Autor da sei, den zu fördern es sich lohne: Knut Hamsun, nach Jahren der Wanderschaft in Paris gestrandet, mit einem zweiten Roman in der Tasche, den Samuel Fischer, Verleger seines Erstlings «Hunger», abgelehnt hat. Langen hat zugegriffen und bewiesen, dass er mehr ist als der naive Nichtstuer, für den manche ihn gehalten haben: Seit Dezember 1893 gibt es den Buch & Kunstverlag Albert Langen, 112 Boulevard Malesherbes, Paris. Vor seiner Abreise nach London hat Wedekind versucht, ihn für eine französische Ausgabe von «Frühlings Erwachen» zu gewinnen.

Jetzt beschäftigen sich sowohl Grétor als auch Langen ernsthaft mit der eben fertiggestellten «Büchse der Pandora» und kommen überein, dass sie in der vorliegenden Form, mit Fäkalsprache durchsetzt, schätzungsweise fünf Stunden lang und teilweise französisch und englisch geschrieben, nicht publizierbar ist. Wedekind macht sich daran, das in zweijähriger Mühe entstandene Werk aufzuschnüren und zu überarbeiten, und kommt

Konsequent jenseits von Sitte und Moral:
Willy Grétor mit Rassehunden

zu vollkommen neuen Lösungen: Der eruptive, abgehackte Dialog wird gerundet, neue Figuren werden eingeführt, ein neuer dritter Akt entsteht und macht das Ganze so umfangreich, dass sich Wedekind zu einer Teilung entschließt und den ersten Teil samt neuem Akt mit dem Tod Dr. Schönings, der jetzt Dr. Schön heißt, enden lässt. Das neue Werk erhält den Titel «Erdgeist, Tragödie in vier Aufzügen». Den zweiten Teil mit dem ursprünglichen Titel «Die Büchse der Pandora» bearbeitet Wedekind erst einige Jahre später.

Willy Grétor soll Wedekind während der Umarbeitung finanziell unterstützt und auch künstlerisch daran mitgewirkt haben, vielleicht in dem Bemühen, selbst literarischen Ruhm zu erlangen. Dass er auf die textliche Gestaltung Einfluss genommen hat, ist unwahrscheinlich. Auch die vielfach geäußerte Behauptung,

Wedekind habe als sein Sekretär gearbeitet, ist nicht bestätigt. Ein verzweifelter Bittbrief Wedekinds vom September 1894, in dem er Irrwege durch Pariser Übersetzungsbüros und andere Formen der Arbeitssuche schildert und fürchtet, *in einen Abgrund zu fallen, aus dem es mir nicht mehr möglich sein wird, mich empor- zuarbeiten,* ist nur als Notizbuchentwurf ohne namentliche An- rede erhalten und vielleicht nie abgeschickt worden. Für Grétors Interesse und Zuspruch, gegebenenfalls auch für sein Geld, ist Wedekind bestimmt dankbar gewesen, seine Bewunderung für ihn hat er nie verhehlt.

Irgendwann im Sommer 1894 lernt Wedekind Lou Andreas- Salomé kennen. Sie ist vier Jahre älter als er und hat in Zürich Religionswissenschaften, Logik, Metaphysik, Archäologie und Geschichte studiert. Die Philosophen Paul Rée und Friedrich Nietzsche haben um sie geworben. Sie hat beide verschmäht, aber sich bereit erklärt, mit ihnen in geschlechtsloser «Drei- einigkeit» zusammenzuleben. Nietzsche hat seine Leidenschaft für sie mit Opium betäubt und seine missliche Lage durch eine berühmte, von ihm gestellte Fotografie symbolisiert: Er und Paul Rée sind in die Deichsel einer Kutsche gespannt, in der Lou peitscheschwingend sitzt. Inzwischen ist Nietzsches geistiger Zusammenbruch erfolgt und Lou mit dem fünfzehn Jahre älte- ren Orientalisten Friedrich Carl Andreas verheiratet, unter der Bedingung, dass die Ehe sexuell nicht vollzogen, ihr aber alle Freiheit gelassen wird. In Berlin stand Lou in enger Verbindung mit Wedekinds Bekannten Carl und Gerhart Hauptmann, Bruno Wille, Wilhelm Bölsche, den Brüdern Hart und anderen aus dem Kreis der Naturalisten. In Paris ist sie allein.

Fast am meisten bin ich in Paris mit Frank Wedekind zusammen gewesen, schreibt Lou in ihrem Lebensrückblick. Nachts habe man ihn schreibend an einem der *klebrigen Marmortischchen ei- nes Cafés im Quartier Latin* angetroffen, er habe *wahre Schläch- terhände* und *zarte, ja überzarte Eigenschaften* gehabt – Letztere sind evident bei einem *Wedekind'schen Mißverständnis,* das Lou später als *Novellenfüllung* literarisch verarbeitet.

Die Novelle heißt «Fenitschka» und beschreibt folgende Situation: Man ist in großer Gesellschaft zusammen und verzehrt im Chien qui fume das *unvermeidliche Nachtessen von Zwiebelsuppe und Austern*. Im Morgengrauen geht man auseinander, wobei es Wedekind schafft, Lou allein zu ihrem Hotel zu begleiten. Er sieht sie an diesem Tag zum ersten Mal. Die Unterhaltung dreht sich um das Frauenstudium. Wedekind meint, die Wissenschaft führe an der *Wirklichkeit des Lebens* vorbei, sei *Selbstkasteiung, bloße Schreibtischexistenz und geistige Bleichsucht.* Lou behauptet, für Frauen seien Studium und Wissenschaft Instrumente im Kampf um Rechte und Freiheiten und führten *mitten ins Leben hinein.* Wedekind scheint diese Aussage zu ärgern – Frauen seien eben hinter Männern zurück, die Kultur von heute schwebe *ÜBER den Dingen,* davon wüssten studierende Frauen nichts. Was davon wahr oder erfunden ist, sei dahingestellt, aber Lou trifft Wedekinds Tonfall ziemlich genau.

Lou verlangt nach Kaffee, Wedekind nennt sein Hotel, das *keine zehn Schritte* entfernt sei, wohl wissend, dass dort der Speisesaal noch geschlossen ist – er habe nicht glauben können, meint Lou, dass eine Frau sich ohne Hintergedanken nächtens in die Gesellschaft eines Mannes begibt. Im Hotel sieht Lou Wedekind *zitternd vor Erregung über sie geneigt, ganz nahe über ihrem Gesicht, und im Begriff, sie mit beiden Armen zu umfassen.* Lou wendet sich zur Tür. «Wie schade!», sagt sie. Wedekind verschließt in *plötzlicher Raserei* die Tür von innen und steckt den Schlüssel in die Tasche. Ein verächtlicher Blick von Lou bringt ihn zur Besinnung. Blutroten Kopfes gibt er den Schlüssel heraus, läuft ihr ohne Hut bis zu ihrem Fiaker nach und bittet inständig um Verzeihung. «Da ist gar nichts zu verzeihen», sagt Lou, «denn ich bin ebenso dumm gewesen wie Sie, indem ich Ihnen folgte, ohne Sie und Ihren Speisesaal nur ein bißchen zu kennen.» Wedekind erscheint am nächsten Tag in *feierlichster Kleidung* und entschuldigt sich erneut – mit *rührender Offenheit* und ohne die *geringste Selbstbeschönigung.* Lou und Wedekind schließen Freundschaft und planen sogar ein gemeinsames Theaterstück.

Im Sommer 1894 kommt auch August Strindberg nach Paris. Der fünfundvierzigjährige Dramatiker will sich als Maler etablieren und sich so vor Depressionen, Hyperaktivität und Angstattacken schützen. Er hat nie Malunterricht gehabt, Experten nennen seine Malerei Geschmiere, aber er hält sich für auserwählt und produziert Bilder in ähnlicher Schnelligkeit und Intensität wie seine skandalumtobten Stücke. Willy Grétor glaubt an Strindbergs Maltalent (und beweist angesichts der Millionenbeträge, die spätere Generationen für Strindbergs Gemälde zu zahlen bereit sind, feinen Kunstverstand). Für ungestörtes Arbeiten stellt er Strindberg im Pariser Vorort Passy eine Wohnung zur Verfügung, die eine seiner Frauen, die darin bisher ihr Kind hütete, zu diesem Zweck räumen muss.

Mit Strindberg nach Paris gekommen ist seine zweite Frau Frida, geborene Uhl, Österreicherin, zweiundzwanzig Jahre alt, Tochter von Friedrich Uhl, dem Chefredakteur der «Wiener Zeitung». Sie hat als Journalistin in Berlin gearbeitet und dort im Januar 1893 August Strindberg kennengelernt, dessen Ehe mit Siri von Essen gescheitert und dessen Hass auf das *scheußliche Land Schweden* ins Uferlose gewachsen war. Strindberg hat sie ein paar Tage später auf der Straße nicht wiedererkannt, aber vorgegeben, unsterblich in sie verliebt zu sein: *Der Frauenhasser legt seinen Kopf in Deinen Schoß. Deine Güte hat meine Schlechtigkeit besiegt. Missbrauche Deine Macht nicht, sonst ereilt Dich das Schicksal aller Tyranninnen!* Frida floh nach München, schrieb, dass sie nichts für ihn empfinde, aber Strindberg überschüttete sie mit Briefen und Telegrammen. Die Presse wurde aufmerksam, Vater Uhl musste zustimmen, Frida und Strindberg heirateten im Mai 1893 auf Helgoland. In der Hochzeitsnacht versuchte er, sie zu erwürgen, angeblich des Traumas wegen, das seine erste Ehe ihm zugefügt habe. Mittlerweile ist die Tochter Kerstin geboren und wird von Fridas Großeltern auf dem Familiengut in Oberösterreich betreut.

Frida spricht fließend Englisch und Französisch. Albert Langen gibt ihr Übersetzungsarbeit und erscheint täglich in Passy, Willy Grétor ist galant, Wedekind interessiert. Auf die Nachricht, die kleine Kerstin sei erkrankt, kehrt Frida nach Österreich zurück. Strindberg und Frida verabschieden sich vor einem Pariser Kaufhaus. Er springt auf einen Omnibus und winkt ihr zu. Für beide ist es ein Abschied für immer. Strindberg gerät in eine Existenzkrise, nachzulesen in seinem Roman «Inferno», Frida ist frei für andere Männer, zum Beispiel für Albert Langen oder Willy Grétor, möglicherweise auch für Wedekind.

Aus Wedekinds Pariser Zwischenstopp ist ein fünfmonatiger Aufenthalt geworden. *Ich habe nie solches Heimweh nach Deutschland empfunden wie hier,* schrieb er Armin aus London. Nach einer Abwesenheit von fast fünf Jahren will er ein zweites Mal versuchen, sich in Berlin als Schriftsteller durchzusetzen.

12

Schwester und Brüder

1895

Frida Marianne Erika, genannt Mieze, geboren am 13. November 1868 in Hannover, hat von ihrer Mutter das Temperament, die Energie, die untersetzte Figur, die breiten Hüften und schmalen Schultern, die kleinen Brüste und das kräftige, braune Haar geerbt, vom Vater die strahlend blauen Augen. In der Lenzburger Mädchenschule war sie stets eine der Besten, an der Knabenschule nahm sie freiwillig Lateinunterricht. Dort verliebte sie sich bald in diesen, bald in jenen Jüngling, immer ein wenig flatterhaft und nie sonderlich ernst. Während ihrer Zeit am Lehrerinnenseminar – drei Jahre lang stieg sie bei jedem Wetter frühmorgens vom Schloss, fuhr mit der Bahn nach Aarau und kehrte abends zurück, die Schlussprüfung bestand sie mit Bestnote – tauchten erste Heiratskandidaten auf und verschwanden so schnell, wie sie gekommen waren, entweder weil sie ihrer überdrüssig oder ihnen ihr Verstand zu schnell war. Ihre Verlobung mit Karl Henckell ging zu Bruch. Jetzt ist Franklins Schul- und Studienkamerad Walther Oschwald an der Reihe, ein solider, wenig phantasiebegabter Schweizer und für sie vielleicht genau der Richtige.

Miezes Verhältnis zu ihren Brüdern ist kameradschaftlich. Ließen die allzu lang nichts von sich hören, schickte sie schwesterliche Ermahnungen, waren sie in Finanznöten, gab sie vom eigenen Ersparten. Bei Streitigkeiten nach dem Tod des Vaters bat sie nicht selten Frank um Schlichtung und bezeichnete ihn als neues Familienoberhaupt. Frank erkennt ihre Tüchtigkeit an, aber ist ihr gegenüber befangen. Ihre Verlobung mit Karl Henckell beobachtete er mit ähnlichem Schauder wie die Ehe der Eltern, den immer blasser werdenden Freund mit ähnlichem Unbehagen wie den schweigenden, im Rückzug befindlichen Vater. *In ihrem geschwätzigen, oberflächlichen, ewig lachenden Wesen gemahnt sie mich unabweisbar an Mieze,* schrieb er über eine kurzzeitige Pariser Geliebte – vielleicht vermisst er bei seiner Schwester Verständnis, auch Respekt, für die schweren Menschheitsfragen, die er selbst mit sich herumträgt. Zunehmend spielt auch der Neid eine Rolle.

Denn Mieze hat von ihrer Mutter nicht nur die robuste Natur, sondern auch die schöne Stimme geerbt. Im Singunterricht war sie ganz vorn, bei Schülerkonzerten übertrug man ihr den Solopart. Früh glänzte ihr Name auf Plakaten des Lenzburger Musikvereins. Ihr Vater, der schon die Mutter von der Bühne geholt hatte, gestattete keine Gesangsausbildung, aber nach seinem Tod studierte sie am Dresdner Konservatorium bei der berühmten österreichischen Sopranistin und Pädagogin Aglaja Orgeni. «Ihr verdanke ich, dass ich singen gelernt habe», sagt Mieze.

Eisern fleißig, ließ sie keine Auftrittsgelegenheit aus, füllte ihre Ferien mit Terminen in Zürich, Lenzburg und Aarau und wurde von der Lokalpresse als kommende Größe gefeiert, ähnlich wie Franklin in den letzten Monaten seiner Schulzeit. Ihr Studium beendete sie mit höchster Auszeichnung. Im Herbst 1893 sang sie die Sopranpartie in Haydns «Schöpfung» und erhielt einen Vertrag an das Hoftheater in Kassel. Aber bevor sie dort Fuß fasste, verpflichtete sie Hoftheaterintendant Graf von Seebach für ein Gastspiel an die vornehme Dresdner Hofoper, wo sie derart reüssierte, dass ihr Kasseler Vertrag gelöst und sie selbst Ensemblemitglied in Dresden wurde. Die Dresdner Presse rollte den Teppich aus: *Eine junge Novizin betritt die Bretter, welche allerdings – das erkannte man sofort – ihre eigentliche Welt bedeuten, und der Sieg ist ihrer auf der ganzen Linie. Fürwahr, das ist nicht mehr nur eine gute Acquisition und ein glücklicher Treffer, das ist schlechthin eine Eroberung, um die sie draußen unsere Hofoper mit der Zeit noch beneiden werden.* Die fünfundzwanzigjährige Erika Wedekind, so ihr offizieller Name, gilt schon jetzt als eine der ersten Koloratursopranistinnen Deutschlands. Was ihrer Mutter und ihrer Tante verwehrt blieb, liegt greifbar vor ihr: eine internationale Karriere und der Titel der Königlich Sächsischen Kammersängerin. Wer sie kennt, bezweifelt nicht, dass sie ihre Chance wahrnehmen wird.

Auch für ihren dreißigjährigen Bruder Frank, der im Januar 1895 zum zweiten Mal in Berlin eintrifft, stehen die Zeichen nicht schlecht: Neue Theater haben eröffnet, der einflussreiche Maximilian Harden wirbt in seiner Zeitschrift «Zukunft» für junge Talente, Otto Julius Bierbaum hat ihm Adressen mitgegeben, an die er sich wenden kann. Er will sein Stück «Erdgeist» vorstellen, ein Werk von anderem Kaliber als der «Schnellmaler» vor sechs Jahren. Auf der Suche nach einem möglichst eindrucksvollen Rahmen wendet er sich an Max Liebermann, der ein Palais am Pariser Platz bewohnt. Der Maler erinnert sich: *Wedekind war damals eher dünn, und das heute glatt rasierte Gesicht prangte im Schmucke von drei oder vier verschiedenen Bärten. Den sonderbaren Eindruck verstärkte noch sein sonderbares Anliegen. Er wollte nämlich sein Drama «Der Erdgeist» in meinem Atelier vorlesen. Die «Freie Bühne» könne sich nicht entschließen, es aufzuführen, aber er sei überzeugt, daß seine Vorlesung des Stücks alle Zweifel an dessen Bühnenwirksamkeit zerstreuen würde. Auf meine Entgegnung, daß ich weder ihn noch sein Stück kenne, überreichte er mir ein in Zürich gedrucktes Exemplar von «Frühlings Erwachen», das damals, wenn ich mich nicht irre, in Preußen verboten war. Ich möge es lesen und ihm daraufhin antworten. «Frühlings Erwachen» machte mir sehr tiefen Eindruck, und ich willigte in die Vorlesung ein.*

Ein erlesener Kreis versammelt sich: Fritz Mauthner, Mitbegründer der Berliner Zwanglosen Gesellschaft, der auch Fontane angehört, Ludwig Fulda, Wegbereiter Ibsens in Deutschland, die Literaten und Kritiker Wilhelm Bölsche und Heinrich und Julius Hart, der Dramatiker Otto Erich Hartleben, die Regisseure Otto Brahm und Paul Schlenther. Alle sind im Vorstand der Freien Bühne, alle haben Kämpfe mit der Zensur ausgefochten, ihr Votum kann Türen öffnen oder schließen. Für Wedekind folgt eine der niederschmetterndsten Erfahrungen seines Lebens: Die progressivsten Männer Berlins lachen, wo es nichts zu lachen gibt, und werden immer heiterer, je ernster und feierlicher er liest. Gesichter röten sich, Schultern zucken, Taschentücher werden vorgehalten. Als beim Personenverzeichnis des vierten Akts der Name Hugenberg fällt (eine neue, im Original nicht vorhandene Figur) und im selben Moment ein Regierungsassessor Hugenberg den Raum betritt, der sich verspätet hatte, prustet die Gesellschaft los, und Wedekind sieht seine Hoffnungen in einem Meer von Gelächter begraben. Die Freie Bühne, die Hauptmann wie selbstverständlich unter ihre Fittiche genommen hat und laut eigener Aussage auf *keine Formel* schwört und *Leben und Kunst* nicht in *starre Regeln* ketten will, wird, so viel ist sicher, in absehbarer und unabsehbarer Zukunft kein Stück von Wedekind spielen.

Seine Schwester Erika debütiert derweilen im Leipziger Gewandhaus. Johannes Brahms dirigiert das Gewandhausorchester, Eugen d'Albert spielt des Meisters berühmte Klavierkonzerte in d-Moll und B-Dur, Erika singt ausgewählte Lieder. *Das jugendfrische Timbre ihres bis in die höchsten Lagen siegreich vordringenden Soprans nimmt stets das Ohr gefangen,* jubelt die Presse. *Dazu eine Geschmeidigkeit in der Koloraturtechnik, wie sie zur Zeit in Deutschland äußerst selten anzutreffen ist. Solch glatte Läufe, solch abgerundete Triller, überhaupt solche Virtuosität sind uns seit langem nicht im Konzertsaal begegnet.* Brahms schreibt Clara Schumann: *Über die Zwischennummern wirst Du Dich wundern. Aber auch diese waren gerade recht, namentlich auch, weil die Sängerin wirklich ein allerliebstes junges Mädchen war, die diese Sachen ganz vortrefflich sang.* Seinen Lorbeerkranz reicht Brahms an Erikas Lehrerin Aglaja Orgeni weiter – als Kompliment für die Leistung ihrer Schülerin. Kurz darauf meldet sich die Hofoper in Wien.

Ihr Bruder Frank vergräbt sich in Arbeit und schimpft auf Berlin: *Über den Unterschied der künstlerischen Ansprüche in Paris und Berlin könnte man schon ein dickes Buch schreiben. […] Wo in aller Welt soll ich hier die Stimmung hernehmen, aus der heraus ich in Paris gearbeitet. […] In London war ich tief unglücklich. Aber welch eine freundliche Welt ist London gegen Berlin. Lange*

Figur und Energie der Mutter:
Erika Wedekind, die berühmte Sängerin

*werde ich es in dieser Atmosphäre von Gewöhnlichkeit und Al-
bernheit jedenfalls nicht aushalten.*

Es gelingt ihm nicht, auch nur ein Gedicht oder einen Text bei
einer Zeitschrift unterzubringen. Um die Zeit zu nutzen, nimmt
er sich sein fünf Jahre altes Stück «Kinder und Narren» vor,
siebt und strafft, unterstreicht das Lustspielhafte, vereinfacht und
verdeutlicht. Dabei geht manch hübscher Einfall verloren, der
Dialog war auch vorher kunstvoll und rund, Aktualität, Wucht
und Stoßrichtung bleiben ungefähr gleich – Wedekinds Drang, an
Stücken immer wieder zu feilen, gereicht denen nicht immer zum
Vorteil. «Kinder und Narren» heißt jetzt «Die junge Welt». Die
Arbeit verschlingt sechs Monate, eine Aufführung rückt dadurch

nicht näher. Wedekinds zweiter Anlauf, Berlin für sich einzunehmen, ist so erfolglos wie der erste. Angewidert und unglücklich reist er im Sommer 1895 nach Zürich.

Dort muss er Mieze um Geld bitten, sosehr er es bedauert. Sie hilft ihm wie früher, aber spricht von *Erpressung* und einem *moralischen Sumpf,* dem er entfliehen sollte. *Mir ist das Leben zu ernst und zu schwer, als daß ich solche Dinge ruhig hinnehmen kann,* klagt Frank der Mutter. *Wenn ich kein Geld mehr habe, so habe ich es dafür weiter in der Welt gebracht als hunderte, die den gleichen Weg mit mir eingeschlagen haben. Hätte ich im Traum ahnen können, wie niedrig Mieze von mir denkt, dann wäre sie sicher gewesen, von mir verschont zu bleiben. [...] Der Werth meiner eigenen Person ist in diesem Augenblick alles, was ich habe, und da lasse ich mir von niemandem daran rühren. In wenigen Monaten werde ich darüber hinaus sein und mir den Luxus erlauben können, weniger exact zu empfinden. Vorderhand muss ich mich selber rein halten.*

Der Hottinger Lesezirkel engagiert Wedekind für einen «dramatischen Vortrag» von Ibsens «Gespenstern», für den er sich Teile des Stücks so zurechtlegt, dass er alle Rollen spielen und sogar ein Bühnenbild andeuten kann. Dergleichen fällt ihm leicht, ist ihm aber künstlerisch peinlich: *Ich würde Sie dabei nur um die Erlaubnis bitten, unter einem beliebigen angenommenen Namen auftreten zu dürfen, indem ich meinen Schriftstellernamen gern von meiner Thätigkeit als Recitator getrennt halten möchte.* Wedekind nennt sich Cornelius Mine-Haha. Der Name ist indianisch, Longfellows «The Song of Hiawatha» entlehnt, bedeutet «Lachendes Wasser» und ist Titel eines wichtigen, auf dem «Eden»-Konzept basierenden Prosawerks Wedekinds, das gerade im Entstehen ist.

Spricht Wedekind Texte, die er nicht selbst zu verantworten hat, ist er vergleichsweise locker und angstfrei. Der «Tagesanzeiger für Stadt und Kanton Zürich» ist jedenfalls begeistert: *Herr Minehaha markiert die Personen durch sehr geschickte Modulation der Stimme, ferner durch Platzwechsel für jedes Hin und Her eines Gesprächs, aber nur durch sehr wenig Gesten. Er ist*

*in seinen Bewegungen sehr gewandt und fast möchte man sagen
graziös. Sein Organ ist außerordentlich biegsam und so fein ge-
tönt, daß selbst die leisesten Worte zum letzten Winkel des großen,
übervollen Saales drangen. Ungekünstelt, ohne den mindesten
Anklang an Deklamation, zauberte der eigenartige Künstler doch
die Illusion der Wirklichkeit so lebensvoll hervor, daß man nur
bewundernde Anerkennung über ihn sprechen hörte.* Aber solch
simple Tätigkeit genügt Wedekind nicht. Sein Lebensinhalt ist
die Kunst: *Wenn der große Haufe mich fragt: Was will der Dichter? – so ist meine Antwort: Er muß!*

Weihnachten 1895 singt Mieze in Zürich, aber versäumt es,
ihrem Bruder ein Billett zu schicken. Bis ins Mark gekränkt
berichtet er der Mutter: *Da ich augenblicklich nicht bei Casse
war, um mir einen guten Platz zu kaufen, war ich unter meinen
sämmtlichen Bekannten der einzige, der sie nicht gehört und gesehen. […] So kam es, daß ich, während sie hier war, die entsetz-
lichsten Tage meines Lebens durchgemacht, indem sich natürlich
jedermann bemüssigt fühlte, mir von ihr zu sprechen. Ich beneide
Mieze nicht um ein Glück, mit dessen Hilfe es ihr gelingt, Anderen solche Wunden zuzufügen. […] Vor drei Tagen bekam ich
eine Besprechung über mich von der Frankfurter Zeitung, in der
ich wieder als der Bruder der Sängerin erwähnt werde. Ich habe
sofort ein Dementi hingeschickt, daß ich weder mit der Sängerin
verwandt bin, noch sie überhaupt kenne. Ich bin übrigens fest
überzeugt, daß Mieze nur erleichtert aufathmen wird, wenn sie
das liest, indem sie einerseits zu dumm, andererseits zu feige ist,
und nebenbei nicht Stolz genug hat, um mich jemals anzuerken-
nen. […] Pfui Teufel, das habe ich anderswo nicht nöthig! Ich
werde gereizt, wenn ich daran denke.*

Schlechter als Frank geht es nur Donald. Er war mit Frank
in Berlin und hat sich dort die Syphilis geholt, eine *sehr leichte
Attacke,* wie ein Berliner Spezialist meinte, aber die Anfälle
haben sich den Sommer über wiederholt. Jetzt ist er in Rom,
um vielleicht doch noch Priester zu werden. Seine besorgte und
ungeduldige Mutter ist ihm nachgereist und wird von Frank
informiert: *Liebe Mama, ich halte es für meine Pflicht, dir et-*

Mitunter ein glänzender Gesellschafter:
Donald Wedekind, der «Schatten seines Bruders»

*was mitzutheilen, was du zum Theil schon zu wissen oder doch
zu ahnen scheinst. Donald ist krank. Es handelt sich bei ihm
thatsächlich um Leben und Tod. Daher hauptsächlich seine Depression. [...] Er muß wöchentlich zweimal, mindestens einmal
zum Arzt gehen. Wenn er das thut, kann er in einigen Monaten
geheilt sein. Solange er Geld hatte, war er gewissenhaft darin,
aber ich fürchte, daß er sich jetzt vernachlässigt, und das wäre
kurzweg das Verderben für ihn. Schicke ihn also bitte zum Arzt,
unter irgend einem Vorwand, wenn er nicht selber hingeht. [...]
Wenn Mieze einen Funken Herz hätte, sie, die ihr ganzes vä-
terliches Vermögen noch besitzt, so würde sie ihm das Nöthigste
zur Verfügung stellen. [...] Donald kann ihr durch sein Talent
und seine Begabung nur Ehre in der Welt machen, sie kann nur
stolz auf ihn sein. Aber auf solche Empfindungen versteht sie sich*

nicht. Er ist ihr höchstens im Wege, weil er kein gewöhnlicher Dutzendmensch ist.

Donald ist, wenn bei Laune, ein glänzender Gesellschafter, schlagfertig und sarkastisch. Er singt gut und spielt gut Gitarre und schaut dabei, seiner Wirkung gewiss, Frauen mit seinen smaragdgrünen Augen herausfordernd an. Literarisch ist er ebenso ambitioniert wie Frank, der ihn sogar für den *Begabtesten von uns allen* hält. Aber Donald hat sein Thema noch nicht gefunden, vielleicht fehlen ihm auch Wille und Durchhaltevermögen. Als Bettlektüre für die Schlossgäste oder als Werbebroschüre für Emilie Wedekinds geplanten Pensionsbetrieb hat er «Schloss Lenzburg in Geschichte und Sage» dargestellt und darin die eigene Kindheit beschrieben, den ersten Schultag, die Weinlese und andere Begebenheiten, auch seine Amerikareise und Erlebnisse in Italien. Ein kleiner Erzählband ist in Vorbereitung, die «Züricher Post» bringt gelegentlich Beiträge von ihm. Für seine Mutter sind das Tändeleien und Träumereien – ähnlich wie der Traum eines gewissen Dr. Wedekind von einem glänzenden Schlossleben, aber ohne dessen Finanzkraft.

Tochter Erika wird derweilen in Dresden für ein Konzert ausgewählt, das auf Befehl des Kaisers in Moskau offizieller deutscher Beitrag zur Krönung des russischen Zaren sein soll. Nur allererste Sänger und Instrumentalisten nehmen teil. Es spielt das Berliner Philharmonische Orchester unter Hofkapellmeister Karl Muck; die Presse spricht von einem «Parkett von Königen». Die Berliner «Illustrirte Zeitung» bejubelt Erikas *außerordentliches darstellerisches Talent, das ihr auf dem heißen Boden der weltbedeutenden Bretter dauernde Erfolge verheißt.*

13

«Simplicissimus» und Kammersänger

1896/97

Deutschland ist wirtschaftlich stark, aber weltpolitisch schwach. Der «junge» Kaiser Wilhelm II. (mittlerweile geht er auf die vierzig zu) will das nicht hinnehmen, setzt auf Expansion und Flottenbau und verprellt dabei wichtige Nachbarn, besonders das von nahen Verwandten regierte England. Als er im Januar 1896 verkündet: «Von heute an ist das Deutsche Reich ein Weltreich!», klingt das wie ein fernes Beben. Er selbst hört es offenbar nicht, ebensowenig wie die Schar von Höflingen, Generälen, Leutnants und Feldwebeln, Diplomaten, Staatsanwälten, Scharfrichtern, Gefängniswärtern, Oberlehrern, Junkern, Adligen und Korpsstudenten, die ihm untergeben sind. Ihnen die Augen zu öffnen, mit den bewährten Mitteln des Spotts und der Überhöhung, ist Anliegen derer, die Wilhelms Worte und den preußischen Obrigkeitsstaat unangenehm finden. Die Idee einer satirischen Wochenschrift, in Frankreich längst Teil des kulturellen Lebens, liegt in der Luft.

Realisieren will sie Albert Langen, einst Jungverleger in Paris, jetzt Besitzer eines repräsentativen Verlagshauses in der Münchner Kaulbachstraße, und zwar auf eine Weise, die flotter und moderner ist, als man es von den liebenswürdig-beschaulichen «Fliegenden Blättern» kennt, dem «Wahren Jakob» oder dem «Kladderadatsch», die diese Positionen in Deutschland bisher innehatten. Die Schärfe eines Honoré Daumier schwebt ihm vor, der Esprit von Zeitschriften wie «Le Chat Noir» oder «Gil Blas illustré». Dazu muss er das Beste finden, was Deutschland an Zeichentalent zu bieten hat, und die wortgewaltigsten Dichter engagieren.

Agil, spontan und hellwach – so beschreiben die Zeitgenossen Albert Langen. Seit seinen Anfängen in Paris hat er zahlreiche skandinavische, französische und deutsche Autoren gewonnen und, sozusagen im Vorübergehen, einen neuen Buchstil geschaffen: leichte, broschierte Bände mit farbigen, von namhaften Künstlern gestalteten Einbänden, die den Blick auf sich ziehen und sein Verlagslogo, zwei Waagschalen mit den verschlungenen Initialen A. L., immer bekannter machen. Mit Willy Grétor, der ihm angeblich gefälschte Gemälde verkauft und bedeutende Summen aus der Tasche gezogen hat, ist er zerstritten, aber nicht böse: Grétor hat seinem Leben eine Richtung gegeben, ihn dem Vernehmen nach auch zu einer satirischen Wochenschrift inspiriert und ihm die Bekanntschaft des norwegischen Dichters Björnstjerne Björnson vermittelt, dessen Tochter Dagny er zu ehelichen gedenkt, wie man hört aus Liebe und bestimmt nicht zum Schaden seines Geschäfts. Albert Langen ist, so scheint es, ein Glückspilz, dem in den Schoß fällt, wovon andere träumen.

Den Titel seiner Zeitschrift soll Maximilian Harden vorgeschlagen haben, der als Herausgeber der «Zukunft» eine Art Übervater für alle ist, die sich mit Zeitkritik befassen: «Simplicissimus», nach Grimmelshausens berühmter Schelmenfigur. Langens Stab fand ihn kompliziert und schwer aussprechbar, er selbst hat seinem Klang vertraut und recht behalten: Schon vor dem Erscheinen der ersten Nummer ist er in aller Munde, und aus ganz Deutschland kommen Literaten nach München, die an seiner Zeitschrift mitarbeiten wollen.

Unter ihnen ist, wenig überraschend, auch Frank Wedekind: Langen hat im Spätsommer 1895 seinen «Erdgeist» herausgebracht, ist sozusagen sein Verleger. Wedekind hofft auf weitere Publikationsmöglichkeiten und wählt wieder einmal München als Standort, weil sich anderswo Türen nicht öffnen. Ab März 1896 wohnt er bei seiner alten Wirtin Fau Mühlberger, die von der Akademiestraße in die Adalbertstraße gezogen ist. Statt Havelock und Schlapphut, seinem letzten Münchner Kleidungsstil, trägt er Paletot und hellgrauen Zylinder nach Pariser Mode, statt der Virginia raucht er Zigaretten. Die Bärte sind geblieben. *Eines*

Tages stand Wedekind im Zimmer, wie aus dem Boden gewachsen, im grauen Zylinder und grauen Gehrock, mit vier Bärten im Gesicht und steinern unerbittlicher Miene, erinnert sich Jakob Wassermann, ein späterer Weltstar der Literatur, jetzt Jungredakteur bei Albert Langen.

Die erste Nummer des «Simplicissimus» erscheint am 4. April 1896 und kostet zehn Pfennig. Das Titelblatt zeigt eine nachdenkliche junge Frau im Nachthemd auf einem Bett mit der Überschrift «Die Fürstin Russalka»; den Schwerpunkt der Ausgabe bildet Wedekinds gleichnamige Erzählung über die sexuellen Wirrnisse einer Adligen und ihren Weg zu Aufklärung, Frauenrecht und Sozialdemokratie. Die Nummer war viel zu optimistisch kalkuliert – Tausende unverkaufter Exemplare versorgen den Verlag auf Jahre mit Einwickelpapier –, aber es dauert nicht lange, bis der «Simplicissimus» sein Publikum findet. In Nummer 5 erscheint erstmals das Wahrzeichen des Blattes, eine rote Bulldogge, die sich von der Kette losgerissen hat. Gezeichnet hat sie Thomas Theodor Heine, neunundzwanzig Jahre alt, Fabrikantensohn aus Leipzig. Neben ihm wirken Josef Benedikt Engl, Bruno Paul, Ferdinand von Reznicek, Wilhelm Schulz und Eduard Thöny, später kommen Olaf Gulbransson, Erich Schilling, Rudolf Wilke und Karl Arnold hinzu, jeder mit einem unverwechselbaren Stil, jeder ein Könner höchsten Grades – sein Ziel, die weit und breit besten Zeichner an sich zu binden, hat Albert Langen von Anfang an erreicht. Auf der Textseite arbeiten (mehr oder minder regelmäßig) Otto Julius Bierbaum, Knut Hamsun, Hugo von Hofmannsthal, Detlev von Liliencron, Heinrich und Thomas Mann, Guy de Maupassant, Marcel Prevost, Franziska zu Reventlow, Rainer Maria Rilke und Arthur Schnitzler. Ausgabe Nummer 7 erregt erstmals den Vorwurf der Unsittlichkeit, Nummer 8 wird in Österreich verboten, Nummer 19 in Deutschland konfisziert. Mit den Verboten wächst die Leserschaft. Nach weniger als einem halben Jahr ist der «Simplicissimus» als wichtigste satirische Zeitschrift Deutschlands etabliert.

Wedekind müsste überglücklich sein: Im ersten «Simplicissimus»-Jahrgang erscheinen vierundzwanzig Beiträge von ihm.

Seine Ballade «Das arme Mädchen» erhält eine von Max Slevogt bebilderte Doppelseite, der nachmals berühmte Bänkelsang «Brigitte B.» (einer der Hauptgründe für das Verbot von Ausgabe Nummer 19) eine kongeniale Illustration durch Thomas Theodor Heine. Wedekind ist Teil einer modernen, wachen Künstlergemeinschaft, die seinen Witz und seine Formulierungsgabe schätzt, und hat nebenher genügend Zeit für eigene literarische Projekte. Den Tag, an dem er zum ersten Mal die «Simplicissimus»-Redaktion betrat, könnte er als Schicksalswende zum Besseren begreifen – für nicht wenige bedeutende Künstler war die Mitarbeit am «Simplicissimus» über Jahrzehnte die Existenzsicherung.

Aber Wedekind scheint zu verachten, was ihm in den Schoß fällt. Am «Simplicissimus» sieht er nur das Negative, zum Beispiel die Ungleichbehandlung von Wort- und Bildkünstlern. Albert Langen zahlt Zeichnern für größere Arbeiten zwei- bis dreihundert Mark, Autoren müssen sich mit weniger begnügen, auch wenn die von Artur Kutscher genannten Zeilenhonorare von fünfzehn Pfennig und Gedichtpauschalen von zwei Mark fünfzig stark untertrieben sein dürften. Wedekind, von Jahren des Darbens zermürbt, sieht wieder einmal seine Existenz gefährdet – was immer Langen ihm zahlt, ist zu wenig. Büroleiter Korfiz Holm, Balte, vierundzwanzig Jahre alt, schildert einen Dialog zwischen dem Verleger und seinem unbequemen Autor:

«Nun, wo ist das Gedicht?»

«Gedicht? Glauben Sie, daß es mir Vergnügen machen kann, den geistesarmen Elaboraten Ihrer Zeichner, die Sie phantastisch honorieren, durch meine Verse überhaupt erst Wert und Resonanz zu geben?»

«Na, Sie haben das bisher ganz gern getan. Wenn das auf einmal unter Ihrer Würde ist, dann müssen Sie es eben lassen.»

«Die Überlegenheit des Geldsacks! Wollten Sie mir die ERNSTEN Werke, die ich schreibe, nach Gebühr bezahlen, dann kriegten mich zu solchen Schusterarbeiten nicht zehn Pferde.»

«Haben Sie schon einmal Ihr ausgemachtes Honorar nicht bekommen? Und bin ich IHNEN etwas schuldig, oder umgekehrt?»

Der Verleger Albert Langen – ein Glückskind?

«Barmherziger Heiland! Dieses bißchen Vorschuß wird wohl keine Rolle spielen!»
Eigentlich ist Albert Langen ein Typ, der Wedekind gefallen müsste, zumal er sich verlegerisch für ihn einsetzt. Aber Wedekind mag Albert Langen nicht. Etwas an seinem Wesen ist ihm unerträglich. Er nennt ihn «Rasiermesser», lässt kein gutes Haar an ihm und verwandelt, ob aus Eifersucht auf Langens vornehmes Haus, seine schöne Frau oder die scheinbare Mühelosigkeit seines Erfolgs, eine für beide Seiten profitable, ja glückhafte Verbindung in geradezu selbstzerstörerischer Weise in eine lang andauernde Fehde, die niemandem mehr schadet als ihm selbst.

Um seine dramatischen Werke durchzusetzen, greift Wedekind nach jedem Strohhalm und fasst dabei immer wieder ins Leere. Richard Strauss, im selben Jahr wie er geboren, Münchner

Hofkapellmeister und weltweit gefeierter Komponist, soll sein Pariser Ballett «Die Flöhe oder Der Schmerzenstanz» vertonen: *Sehr geehrter Herr Director, erlauben Sie einem Unbekannten, Ihnen mit einem künstlerischen Vorschlag nahe zu treten, in dem er Sie von vornherein bittet, nichts anderes als die größte Hochschätzung Ihrer Compositionen sehen zu wollen.* Der Münchner Mäzen Baron von Grote erhält auf den Vorschlag, ein Opernlibretto zu schreiben, einen fertigen ersten Akt, *weil alles um mich her darauf ausgeht, sich eine Stellung im Leben zu verschaffen, und ich, der ich nicht einen Fuß breit festen Boden unter mir habe, der ich momentan vollkommen von der Hand in den Mund lebe, am meisten Ursache habe, diesem Zustand ein Ende zu machen.* Zum wiederholten Mal bietet er Paul Schlenther den «Erdgeist» für die Freie Bühne an, ganz so, als ob die missglückte Vorlesung in Max Liebermanns Atelier nie stattgefunden hätte – immerhin ist das Werk jetzt (von Albert Langen verlegt) als Buchausgabe erschienen: *Sehr geehrter Herr Doctor, gestatten Sie mir, auf eine Anfrage zurückzukommen, die ich Ihnen vor einem Jahr vorlegte, nämlich die, ob Sie sich entschließen könnten, meinen Erdgeist auf der Freien Bühne zur Aufführung zu bringen. [...] Die Urtheile der Presse sind bei allen Aussetzungen so ziemlich alle darüber einig, daß mein Stück der dramatischen Kunst einen neuen Weg zu einem neuen Stil weist [...] Vielleicht haben Sie die Güte, es noch einmal durchzublättern.* Keine dieser Bemühungen zeitigt irgendein Resultat.

Irgendwann im Herbst 1896 sieht Wedekind Frida Strindberg wieder. Sie hat die vergangenen achtzehn Monate teils bei ihrem Kind im Donautal, teils allein in Wien verbracht, unschlüssig, ob sie zu Strindberg zurückkehren soll, der sie in Briefen das *schmutzigste Menschenwesen* nennt und auf dem Ofen seines Pariser Zimmers alchemistische Studien betreibt. Jetzt hat sie auf Drängen ihres Vaters die Scheidung eingereicht. In München ist sie ohne Kind, eingeladen von Albert Langen, um die französische Literatur seines Verlags in Deutschland bekanntzumachen.

Frida und Frank finden zusammen. Frida liebt es, ihr Organisationstalent der Förderung begabter Literaten zu widmen, Frank kann durch Fridas Verbindungen nur gewinnen. Im Dezember 1896 reisen beide nach Berlin. Frida kennt die dortige Szene, Frank erhofft sich eine Aufführung seiner «Jungen Welt» durch die Berliner dramatische Gesellschaft. *Von dem Augenblick an, da ich den Anhalter Bahnhof betrat, fühlte ich thatsächlich neues Leben in mir, und heute bin ich ein neuer Mensch,* schreibt er dem aus New Orleans nach München zurückgekehrten Pariser Freund Richard Weinhöppel. *Die liebe gute Frida! Es ist um ein großes Herz doch keine Kleinigkeit. Ich werde vielleicht meine ganze Weltanschauung ändern müssen. Eh bien, ich habe doppelt so viel Vertrauen auf einen guten Erfolg meiner Reise. Wenn mir einer hundert Besuche, die einem solchen Ereignis vorausgehen, erleichtern kann, so ist es Frida. Wenn mir jemand aus meiner zehnjährigen Arbeit endlich blankes Gold münzen kann, so ist es Frida. [...] Ich erscheine mir selber wie Jemand, der in Gesellschaft etwas sucht und bei dem es «heißer» und «heißer» wird. Bei mir ist es jetzt sehr heiß, und wenn ich es diesmal nicht finde, so werde ich es niemals finden.*

Finanziell ist seine Lage katastrophal. *Ich lebe hier schlimmer, als ich jemals in München gelebt,* gesteht er Weinhöppel, *aber bitte sagen Sie niemandem etwas davon. Ich mache die bedenklichsten Salto Mortali, um nicht Hungers zu crepieren.* Die Mutter erhält einen harschen Brief: *Wenn Du mir wenigstens 20 Mark geschickt hättest. Du kannst Dir doch denken, daß ich nicht ohne dringende Notwendigkeit telegraphierte. Du hast doch Geld! Fällt es Dir denn so furchtbar schwer, einem in solchem Moment die Situation etwas zu erleichtern? Für Dich ist jeder schmutzige gemeine Fleischerknecht und jeder schafsköpfige Millionärssohn ein ehrenhafter Mensch. Aber Dein eigener Sohn, der sich einen geachteten Namen in Deutschland gemacht hat, ist es nicht. Und das ist die Mutter der ersten Sängerin, die der Himmel mit der Gabe beschenkt hat, in einer halben Stunde 1000 Mark zu verdienen!*

Die Aufführung der «Jungen Welt» scheitert im Februar 1897. Um nicht abermals geschlagen in München anzukommen, schreibt Wedekind zwischen März und Juni 1898 eine lange und technisch äußerst anspruchsvolle Pantomime für den Zirkus Renz um die Traberstute Bethel und die Gattin eines Jockeys, mit reichlich Slapstick, sexueller Anspielung und Sadismus – wer sie aufführen wollte, hätte Polizei und Staatsanwaltschaft bald im Haus. Wedekind glaubt daran: *Sehr geehrter Herr Doctor! Mit gleicher Post erhalten Sie eingeschrieben das Manuscript von «Bethel». Darf ich Sie nun bitten, mir mitzutheilen, unter welchen Honorarbedingungen Sie die Pantomime entgegennehmen würden? Die Einstudierung derselben bin ich gern bereit zu übernehmen.* Ehe es zu weiteren Verhandlungen kommt, schließt der Zirkus Renz seine Berliner Niederlassung. *Meine Baßgeigen sind wieder einmal unter Wimmern und Dröhnen vom Himmel gefallen,* schreibt Wedekind an Weinhöppel. *Das ist wirkliches Pech. Denn bei einem dreißig Jahre alten Institut konnte ich unmöglich mit der Eventualität rechnen, daß es plötzlich aufhört zu existieren.*

Was bleibt, ist Lohnarbeit für Albert Langen und den «Simplicissimus»: Als Hieronymus, Hieronymus Jobsius, Hermann, Kaspar Hauser, Benjamin oder Müller von Bückeburg schreibt Wedekind von Berlin aus politische Gedichte über Ministerkrisen und Flottenpolitik, die Rolle der Agrarier und den preußischen Großgrundbesitz, Sozialdemokraten, die Frauenfrage oder die Verbreitung des Christentums durch Wilhelm II., in bewusst holprigen, scheinbar naiven Knittelversen, die gezielte Hiebe umso schärfer erscheinen lassen. Wie viel echtes politisches Engagement dahinter steht, ist ungewiss. Wedekinds Interesse gilt der Metaphysik. Wo er im «Simplicissimus» für die geschundene Spezies Mensch eintreten kann, tut er es, ansonsten belässt er es bei schwungvollen, virtuos gedrechselten und allemal amüsanten Versen, die bald eine breite Leserschaft haben. Die Redaktion spielt mit den wechselnden Pseudonymen des «unbekannten» Autors: *Nachstehende Verse wurden uns von einem Anonymus aus Berlin ohne Adresse eingesandt. Da sie für den Papierkorb zu gut und wir auf die vom Einsender angekündigte regelmäßige Fortsetzung gespannt sind, geben wir dem Poem im «Simplicissi-*

mus» Raum, obgleich es eigentlich nicht hineingehört. Wäre nur alles im Leben so leicht wie das Schreiben satirischer Verse!

Frida Strindberg ist von Wedekind schwanger. Das Verhältnis zwischen ihnen ist zerrüttet, er selbst in eine Affäre mit Julie Rickelt verstrickt, der Frau seines Freundes Gustav Rickelt, der sich als Regisseur am Berliner Residenztheater für eine Aufführung seiner Stücke einsetzt. *Es stehen bedeutende Interessen auf dem Spiel, das, was man Familienglück e.ct. nennt,* beichtet er seiner Mutter und setzt sich nach Dresden ab.

Frida Strindberg reist nach München. Freunde helfen ihr bei der Wohnungssuche und anderen Vorbereitungen, unter ihnen Max Halbe und Lotte Dreßler, die Frau des mit Wedekind befreundeten Sängers und Gesangspädagogen Anton Dreßler. Wedekind berichtet Weinhöppel von seinem *Pech,* das ihn *nicht in letzter Linie* Frida Strindbergs wegen schmerze: *Ich habe ihr gegenüber niemals Illusionen gehegt und hege sie auch jetzt nicht, aber umso eher würde ich ihr gerne in einer Lage beistehen, an der ich der Mitschuldige bin, wenn ich es nur könnte. Daß sie gegen mich die Beleidigte spielt, scheint mir angesichts der ernsten Situation kindisch, kann mich aber nach so viel Kindischem nicht überraschen.*

Lotte Dreßler zeichnet ein anderes Bild der Person, die Wedekinds *Pech* auszubaden hat: *Frida hat niemals häßlich von Ihnen gesprochen. Das ist wirklich wahr, sie hat mir nur gesagt, daß Sie sie eben nicht lieben können und deshalb Alles in Freundschaft zu Ende sei. Sie können sich gewiß denken, daß sie innerlich sehr erregt ist, weil sie leider in diesem beklagenswerten Zustand ist – sonst würde sie ja leichter darüber hinweg kommen. [...] Ob Sie noch einmal schreiben sollen, weiß ich nicht, denn Frida spricht nicht gern über diese Angelegenheit, und ich will lieber auch nichts sagen. Haben Sie nur Mut, und es wird Alles wieder recht werden. Ich bin freilich so aufrichtig, Ihnen zu sagen, daß Sie auch manchen Fehler begangen haben, um sich Feinde zuzuziehen, aber schließlich hat deren jeder Mensch! Durch Frida haben Sie meinem Gefühl nach keinen bekommen.*

Julie Rickelt, seine neue Geliebte, bestürmt Wedekind: *Mein lieber, einziger Frank! Immer und immer muss ich an Dich denken, und die abenteuerlichsten Gedanken kommen mir, wie ich wenigstens auf ein paar Stunden mit Dir zusammen sein könnte. Oh, wie ich mich nach Dir sehne! Frank, mein Frank! Ich weiss wirklich nicht, wie ich das Leben ohne dich, mein Alles, ertragen werde. Ich empfinde bei einer Berührung mit G. gar nichts, es ist mir so furchtbar gleichgültig, dass es beinah erschreckend ist, ich fühle seine Liebkosungen nicht einmal, mein einziger Gedanke bist Du. Wenn es keine Hoffnung gibt, Dich bald wieder zu haben, so denke ich, dass ich mir das Leben nehmen würde. Das ist banal, aber wahr.* Frank soll ihr *Postrestante* schreiben und als Zeichen einer auf sie wartenden Nachricht in Briefen an ihren Mann auf dem Absender den i-Punkt im Namen Wedekind weglassen. *Wie tief ich wieder in Weiberconflicten stecke, das kann ich Ihnen hier gar nicht so rasch auseinandersetzen,* schreibt Wedekind an Weinhöppel.

Am 18. August 1897 bringt Frida in München ihren Sohn Max Friedrich Strindberg zur Welt, benannt nach Max Halbe und seinem Großvater Friedrich Uhl. Den Nachnamen verdankt er einem weltberühmten, genialen Schriftsteller, den er zeit seines Lebens nie sehen wird – Fridas Scheidung von August Strindberg geschah zu einem Zeitpunkt, der eine Vaterschaft von ihm gerade noch ermöglicht hätte. Sie will jedes Stigma von ihrem Sohn fernhalten und legt ihm gleichzeitig einen kaum lösbaren Identitätskonflikt in die Wiege.

Das turbulente und enttäuschende Jahr 1897 verlangt ein Resümee. Innerhalb weniger Wochen schreibt Wedekind eines seiner bittersten, lebensnahesten und zugleich wirkungsvollsten Stücke: «Das Gastspiel», später bekannt als «Der Kammersänger», ein zynisches Bild einer von Egoismus beherrschten Welt und eine schonungslose Abrechnung Wedekinds mit dem verhassten Kunstbetrieb und sich selbst.

Im Mittelpunkt steht der Tenor Gerardo, gelernter Tapezierer, ein Mann von *brutaler Raubtierintelligenz,* wie sie nach Wede-

Frida Strindberg, Hoffnungsträgerin
und Mutter von Max Friedrich

kinds Überzeugung jeder braucht, der im Leben vorankommen will. Er muss am nächsten Tag in Brüssel den Tristan singen und ist vor der Abreise für NIEMANDEN zu sprechen, aber zieht, bevor er zwei Noten geübt hat, hinter dem Vorhang eine sechzehnjährige Amerikanerin hervor, die ihn als Tannhäuser gehört hat und von ihm verführt werden will. Gerardo lässt die Finger davon: Verführung Minderjähriger ist ein Tabu, das zu durchbrechen seinem Marktwert schaden würde. Dass Frauen sich ihm antragen, gehört zum Tagesgeschäft: *Dazu bin ich ja da. Mein Impresario verlangt von mir, daß ich mich dem Publikum in dieser Erhabenheit zeige. Das Singen allein tut es nicht.*

Gerardo übt ein paar weitere Töne, da stürmt der Komponist Professor Dühring in seine Suite, eine Selbstkarikatur Wedekinds. Dühring hat FÜNFZIG JAHRE an einer Oper gearbeitet, die niemand hören will, und hat, um sie dem Sänger vorzuspielen, ACHT TAGE vor dessen Hotel gewartet und sich beim Hinaufgehen in einem KLOSETT versteckt. So sieht Wedekind sich selbst. Gerardo deutet auf den Flügel. Dühring findet sich in der eigenen Partitur nicht zurecht, singt mit krächzender Stimme falsche Töne und verpatzt seine Chance so gründlich wie Wedekind die seine in Max Liebermanns Atelier. Gerardo schlägt ihm Wahrheiten um die Ohren, dass ihm Hören und Sehen vergeht: Warum ist er Komponist, wenn er keinen Erfolg hat? Zwingt man ihn dazu? Warum tut er, was er offensichtlich NICHT kann, und nicht das, was er KANN? *Die Komponisten, die ich kenne, schreiben ihre Opern herunter – ihre geistigen Kräfte bewahren sie sich, um die Aufführung zustande zu bringen. […] Ein gesunder Mensch tut das, worin er GLÜCK hat; hat er Unglück, dann wählt er einen anderen Beruf.* Er, Gerardo, habe nie acht Tage lang vor einem Hotel gestanden und sei im Übrigen seit seinem fünfzehnten Lebensjahr für jede Tätigkeit BEZAHLT worden; umsonst zu arbeiten sei eine Schande. *Fünfzig Jahre fruchtlosen Ringens! Das müßte doch den Starrköpfigsten von der Unmöglichkeit seiner Träume überzeugen.*

Gerardo will Dühring Geld schenken – er hat *aus Zufall fünfhundert Mark zuviel bekommen.* Dühring ist ebenso entsetzt wie unbelehrbar: Für *Gnadenakte* sei ihm sein *Kind zu lieb,* und ein *großer Weiser* habe einmal gesagt: *GUTMÜTIG SIND SIE ALLE!*

Auftritt Helene Marova. Sie ist jung, gepflegt und verheiratet, war während des Gastspiels die Geliebte des Tenors und hat sich, konträr zur Absprache, in ihn verliebt. Jetzt will sie Mann und Kinder verlassen oder sterben. Wie bitte? Gerardo versteht die Welt nicht mehr: Er hat Affären in jeder Stadt, und dass von *Gefühlen* zwischen ihnen *nicht die Rede sein kann,* hat er doch deutlich genug gesagt, oder? Wie kann sich Helene so *ERNIEDRIGEN?* Wo ist ihr *Selbstgefühl?* Mit welcher *Verachtung* hätte sie ihn in die Schranken gewiesen, hätte er sich in sie *VERLIEBT* oder wäre gar *eifersüchtig* gewesen? *Helene, willst du dich für einen Mann hinschlachten, den hundert Frauen vor dir geliebt haben, den hundert Frauen nach dir lieben werden, ohne sich eine Sekunde in ihrer Behaglichkeit stören zu lassen! Soll dich dein warm vergossenes Blut vor Gott und der Welt LÄCHERLICH machen?*

Helene scheint zu verstehen. Gerardo küsst sie und sagt: «Übers Jahr, Helene, singe ich hier wieder.» «Übers Jahr!», antwortet Helene. «Wie ich mich darauf freue!» Sie nimmt ihren Muff vom Sessel, zieht einen Revolver heraus und schießt sich in den Kopf. *Grimmiger und hohngetränkter ist niemals über die Kunst als Geschäft und Ausbeutung zu Felde gezogen worden als in diesem kleinen, aber innerlich weltbedeutenden Stück Frank Wedekinds,* urteilt der Berliner Kritiker Paul Friedrich.

Julie Rickelt, das Vorbild der Helene Marova, kommt zur Vernunft: *Unklugheiten hast Du von mir keine zu erwarten, dazu bin ich doch wohl ein bißchen zu gesund. Ich kenne Dich besser, als Du denkst, und mein Glück von Dir abhängig zu machen und Dir irgendwelche Verantwortlichkeiten aufzuerlegen, bin ich zu besonnen.*

14

Hinauf und hinab

1897/98

Die Literarische Gesellschaft in Leipzig verdankt ihre Gründung einer Gruppe angehender, zum Teil bereits promovierter Juristen, die sich aus dem Studium kennen, die üblichen akademischen Verbindungen durchlaufen haben und neben dem Brotberuf literarisch tätig sind. Einer von ihnen ist der Romanautor und Journalist Kurt Martens, in späteren Jahren vor allem als Vertrauter und Duzfreund Thomas Manns bekannt, ein anderer der Germanist Dr. Carl Heine, der in Leipzig nach dem Vorbild der Berliner Freien Bühne ein Ibsen-Theater gegründet hat, das neue Literatur fördern soll, ein in Leipzig nicht einfaches Unterfangen: Die Mehrheit der Bevölkerung ist konservativ eingestellt und will soziale Umbrüche, an sich schon bedauerlich genug, nicht auch noch auf der Bühne nachgespielt sehen. Die Leipziger Zensur genehmigt Stücke wie «Hedda Gabler», «Der Biberpelz» oder Schnitzlers «Anatol» nur mit Auflagen. Dennoch hat die Literarische Gesellschaft mehrere hundert Mitglieder, die Aufführungen des Ibsen-Theaters, meist an Sonntagvormittagen, sind gut besucht. Hinterher gibt es Frühstück in einem Weinrestaurant, und zunehmend kommen Gäste auch aus anderen Städten.

Kurt Martens hat Wedekinds Gehversuche in Berlin beobachtet und ihn für November 1897 zu einer Lesung nach Leipzig eingeladen. Seine Gestalt beschreibt er als *höchst fremdartig und stilwidrig*, im *schwarzen, abgeschabten Jackettanzug, einen unförmigen Chapeau claque in die Stirn gedrückt, grüblerisch dahinschreitend.* Kein Zweifel: Wedekind will auffallen. Der Ruf des Erotikers eilt ihm voraus, aber Männerwitze und Zoten erwartet man von ihm vergebens, und erzählen sie andere, bringt er sie durch eisiges Schweigen in Verlegenheit. Dafür fragt er jedes junge Mädchen laut und vernehmlich, ob sie noch Jungfrau sei. Bei gemeinsamen Bordellbesuchen (anscheinend üblicher Teil des Besuchsprogramms der Literarischen Gesellschaft) fällt er durch die Höflichkeit auf, mit der er den dort arbeitenden Frauen begegnet. *Er küßte ihnen chevaleresk die Hand und redete sie nie anders als «Mein Fräulein» an. In diskreter Haltung nahm er auf dem Kanapee Platz und unterhielt sich mit ihnen ernst und sachlich über ihre Geschäftsinteressen, über Fragen der Toilette, der Körperpflege und der obrigkeitlichen Kontrolle. Der Anstand seines Auftretens wirkte auf uns derart suggestiv, daß in seiner Gegenwart zwanglose Heiterkeit kaum je die Grenzen guter Sitten überschritt.* Bei seiner Lesung provoziert er das Publikum durch seine Novelle «Rabbi Esra»: Ein Vater beschwört seinen Sohn, bei der Wahl einer Frau vor allem auf sexuelle Attraktion zu setzen – wer den Körper einer Frau nicht lieben könne, versage unweigerlich vor der Aufgabe, ihren Geist zu lieben. Solche Ansichten hört man in Leipzig selten.

Man bemerkt, dass Wedekind fast immer schwarze Handschuhe trägt, glaubt es in der Scham für seine breiten, roten Hände begründet, registriert sein schwankendes Selbstwertgefühl: *Erschütternd zu sehen, wie dieser prachtvolle Mensch Frank Wedekind zu Zeiten etwas von einem verprügelten Hund an sich hatte, dies auch ganz offen zugestand. Immer war er in Besorgnis, gesellschaftlich nicht für voll genommen zu werden, es an kavaliermäßigen Manieren fehlen zu lassen und mehr skurril als korrekt zu wirken.* Bei nächtlichen Runden in Lokalen ist er nicht zu halten: *Da kettete er alle seine Teufel, Trolle und Dämonen los, und wenn er gar einen ihm ebenbürtigen Zechkumpanen, Aphoristiker und Seiltänzer des Geistes gefunden hatte, so konnte ein erlesenes Feuerwerk paradoxer Wechselreden uns und verspätete Fremdlinge, die aus ihren Winkeln verstohlen heranrückten, bis zum Morgengrauen festhalten. Der Ruf des Phänomens Frank Wedekind drang bald zu allen wesentlichen und anspruchsvollen Köpfen der Stadt. Er wirkte wie ein Magnet, führte uns immer neue Freunde und Gefährten zu.*

Carl Heine bittet Wedekind, beim Ibsen-Theater mitzuarbeiten, als Sekretär, Regieassistent, vielleicht auch als Schauspieler kleiner Rollen – eine untergeordnete Stellung gewiss für einen fast vierunddreißigjährigen Mann, aber für Wedekind Einbruch in eine heiß ersehnte Welt: Erstmals ist er Teil eines lebendigen Theaterbetriebs. *Ich habe heute Morgen ALLEIN eine fünfstündige Probe geleitet,* schwärmt er in einem Brief an Mieze. *Uebermorgen ist die Vorstellung, natürlich ÖFFENTLICH, im Kristallpalast, vor 2000 Menschen.* Er legt den Kontrakt mit Dr. Heine bei, der ein monatliches Fixum von hundertfünfzig Mark nachweist. *Du siehst, ich arbeite, was ich kann, und wäre Dir sehr dankbar, wenn du mir noch einmal Mk. 50 schicken wolltest, von denen ich zum Theil meine Wirthin bezahlen werde.*

Ein zweites Wunder geschieht: Das Ibsen-Theater will Wedekinds «Erdgeist» aufführen und beginnt tatsächlich mit der Einstudierung. Die Schauspieler, so Kurt Martens, stehen *der ganzen Sache ziemlich ratlos gegenüber,* Wedekind *fiebert vor nervöser Überreiztheit.* Die Lulu spielt Leonie Taliansky, Arzttochter aus Wien und bisher hauptsächlich in der Provinz tätig. Die schwere Rolle des Dr. Schön will Wedekind selbst angehen, obgleich er im eigentlichen Sinn noch nie Theater gespielt und seine wenigen Auftritte bisher immer allein bestritten hat. Vorsichtshalber wählt er ein Pseudonym: Heinrich Kammerer, eine Reverenz an seine Mutter und seinen feurigen Großvater. Dem Leipziger Theaterkritiker Rudolf von Gottschall erklärt er, als sich die Gelegenheit ergibt, in aller Ausführlichkeit, was er mit seinem Stück gemeint hat und was dessen Vorzüge sind.

Am 25. Februar 1898, fast neun Jahre nach der Uraufführung von Hauptmanns «Vor Sonnenaufgang», hebt sich im Leipziger Kristallpalast der Vorhang für die Uraufführung von Wedekinds «Erdgeist» und damit für die erste Aufführung eines Wedekind-Stücks überhaupt. Man kündigt es als Burleske an: Niemand glaubt, den Ernst der Handlung vier Akte lang durchhalten zu können. Das Publikum, hauptsächlich Gewerkschafter und Arbeiter, begreift Lulu als Frauenrechtlerin und applaudiert gehorsam. Kritiker von Gottschall sieht bei *aller Grellheit und*

Keckheit den *dramatischen Wurf* und Wedekind *unter den modernen Stürmern und Drängern jedenfalls in vorderster Reihe.* Die Aufführung wird siebenmal wiederholt und geht danach auf eine Tournee durch Deutschland und Österreich. Wedekind ist glücklich wie noch nie und preist Carl Heine als seinen Retter, der den Bann gebrochen und ihn auf die Bühne gebracht hat.

Auf Wunsch Dr. Heines, der das Publikum auf Wedekinds Gedanken und Anschauungen vorbereiten möchte, schreibt Wedekind nach einer Vorstellung in einem Kaffeehaus auf der Rückseite von drei aneinandergeklebten Theaterzetteln den «Erdgeist»-Prolog:

> Hereinspaziert in die Menagerie,
> Ihr stolzen Herrn, ihr lebenslust'gen Frauen,
> Mit heißer Wollust und mit kaltem Grauen
> Die unbeseelte Kreatur zu schauen, -
> Gebändigt durch das menschliche Genie.
> Hereinspaziert, die Vorstellung beginnt!
> Auf zwei Personen kommt umsonst ein Kind.

Er enthält die Essenz von Wedekinds Philosophie und Spiritualität: die Absage an Emotion und Sentiment, die Rückbesinnung aufs Existenzielle und Sexuelle, die Verortung des menschlichen Trieblebens im Tierreich, die Anerkennung der Frau als Herausforderung, Gefahr und Erfüllung für den Mann, die Bejahung von Mut und Schwung und der Lust am Leben angesichts seiner Unsicherheit und Kürze, *gebändigt durch das menschliche Genie,* das an dieser Aufgabe wächst oder scheitert. Ungezählte Male wird Wedekind den Prolog im roten Frack, Hetzpeitsche und Revolver in den Händen, unter Zimbelklängen und Paukenschlägen seinem Publikum vortragen.

Die «Erdgeist»-Tournee markiert auch den Beginn von Wedekinds viel bewunderter und viel gescholtener Schauspielerkarriere und seiner lebenslangen, oft bitter geführten Auseinandersetzung mit dem deutschen Schauspielerstand, dem er vorwirft, seine Rollen links liegen zu lassen oder nicht zu begreifen. Tatsächlich ist es schwer, Wedekinds Texte beim ersten Hören verständlich zu machen, vor allem für Schauspieler, die im Naturalismus geschult sind und, wenn es sein muss, auch mit dem Rücken zum Publikum agieren. Wedekind stellt sich an die Rampe, fixiert die Zuschauer mit den Augen und spricht sie persönlich an, wie ein Jurist, der sein Plädoyer bis in die Nuancen kennt und durch die Intensität der Sprache und die Schärfe des Gedankens wirkt. Das ist das Neue und Aufregende an ihm, und vielleicht übertreibt man nicht, wenn man sagt, das deutsche Theater des zwanzigsten Jahrhunderts sähe ohne Wedekinds Beispiel anders aus. *Der Tag, an dem Wedekind anfing, als Schauspieler durch die Lande zu ziehen, ist der Beginn einer neuen Ära,* meint der Regisseur und Theaterleiter Leopold Jessner.

In Hamburg übernimmt ein Berufsschauspieler die Rolle des Dr. Schön. Das Resultat ist, laut einer späteren Polemik Wedekinds, ein *Theaterskandal, der die geplante Aufführung in Stettin unmöglich machte. [...] Die Kastanien, die ich in Leipzig aus dem Feuer geholt hatte, wurden mir von richtiggehenden Schauspielern mit dem ganzen Aufgebot ihrer schauspielerischen Routine, mit Eleganz und dem unerschütterlichen Hochgefühl schauspielerischer Überlegenheit wieder ins Feuer zurückgeschleudert.* In Breslau setzt es für den «Erdgeist» harsche Kritik: *Dieser crasse Unsinn, ausgeschmückt und verziert mit einer Fülle abstoßender Cynismen in Rede und Handlung, erfüllt mit angekränkelten und perversen Lebensanschauungen, in den tragischen Momenten abstoßend, in den komischen unschön wirkend, wurde [...] als das epochemachende Werk eines jungen, aufstrebenden Talents angekündigt.* Rezensionen dieser Tonlage säumen Wedekinds Weg zu Hunderten. Dass er ihn trotzdem beharrlich bis zum Ende verfolgt, ist eine seiner großen Leistungen. In Wien wird der «Erdgeist» verboten – zum ersten, aber keineswegs letzten Mal sieht Wedekind ein mühevoll geschriebenes und mühevoll durchgesetztes Werk behördlich abgewürgt.

Stattdessen spielt man Ibsens «Volksfeind» und «Die Frau vom Meere» mit Wedekind in kleinen Rollen. Arthur Kahane, Autor, Theatermann und später Dramaturg und Theaterleiter

Fixiert sein Publikum wie ein Advokat –
Frank Wedekind am Beginn seiner Schauspielerkarriere

in Berlin, sieht zum ersten Mal Wedekinds *streng sachliche* und *sehr eindringliche* Art der Darstellung. Beim Nachhauseweg im Morgengrauen hält ihm Wedekind einen Vortrag über sein *Lieblingsthema:* die Frau, genauer gesagt über die *unlösbare Einheit* ihres Körpers und ihrer Seele, und erhebt dabei drei Forderungen: Ein *gerader, aufrechter Gang,* eine *gerade Nase* und *schöne, große, wohlgeformte Gliedmaßen.* Stimmten diese, stimme auch alles andere: *Charakter, Wahrhaftigkeit und die Fähigkeit zur Liebe.* Vor seinem Hotel in der Leopoldstadt verabschiedet sich Wedekind rasch – angesichts der späten Stunde begreiflich. *Als ich mich aber, meinen Weg fortsetzend, nach einigen Sekunden zufällig umdrehte, sah ich zu meiner Überraschung, wie mein lieber Wedekind aus dem Hotel wieder hervortrat und mit schnellen Schritten in derselben Richtung, in der wir gekommen waren, zur Stadt zurückging.*

Mitte Juni 1898 löst Dr. Heine sein Ibsen-Theater auf, die Tournee ist zu Ende. Wedekind behält sie *wie eine erste Liebe* in Erinnerung und behandelt Dr. Carl Heine und seine Frau Beate für den Rest seines Lebens mit höchstem Respekt und Vertrauen. Als kein ganz Erfolgloser kehrt er nach München zurück und findet sofort Arbeit bei Albert Langen: Der Verkauf des «Simplicissimus» ist auf preußischen Bahnhöfen verboten worden, ein Wedekind-Gedicht soll den Kommentar aus München liefern. Wedekind setzt die Obrigkeit einem wütenden Eisenbahnzug gleich, der auf das Publikum losrast:

> Männer, Frauen, Kinder, Greise,
> Kühe, Kälber, Jud und Christ –
> Stückweis bluten auf dem Gleise
> Schaffner, Heizer, Maschinist.

> Diesem ist der Arm zerschmettert,
> Jenem ging das Bein kaputt,
> Und der Postbeamte klettert
> Kopflos aus dem Trümmerschutt. […]

> Menschen werden immer wieder
> Neugeboren und gesäugt,
> Doch vor allem fährt man nieder
> Den, der nicht den Nacken beugt.

Und weil auch das Glück manchmal nicht allein kommt, engagiert ihn der Regisseur Georg Stollberg als Dramaturg und Darsteller an das neue Münchner Schauspielhaus, das er gerade in einem historischen Akt rettet, inmitten eines seit zwei Jahren andauernden

Skandals um das Deutsche Theater in der Schwanthaler-Passage. Das sollte, privat finanziert, neben Volkstümlich-Musikalischem auch das vom Hofschauspiel vernachlässigte moderne Drama pflegen, aber das Interesse war gering und der Geldfluss unbefriedigend. Emil Meßthaler, der erste Direktor, wurde wegen einer öffentlichen Prügelei entlassen, sein Nachfolger warf nach sechs Monaten das Handtuch, der dritte Direktor verpachtete es wegen Publikums- und Geldmangels an ein Varieté und mietete an der Neuturmstraße einen Saal, den er Münchner Schauspielhaus nannte, aber verschwand, als wieder finanzieller Zusammenbruch drohte, in einer Nervenklinik. Die Münchner Presse sprach abwechselnd von «Schwanthaler-Blamage» und «Schwanthaler-Bagage».

Jetzt ist Georg Stollberg Direktor. Er ist fünfundvierzig Jahre alt, stammt aus Wien, hat kluge schwarze Augen und trägt einen schwarzen Schnurrbart. Er hat sich als Chargenspieler hochgedient und war Regieassistent bei Otto Brahm in Berlin. Noch ahnt niemand, dass er zwei Jahrzehnte lang das Münchner Theaterleben prägen und das Münchner Schauspielhaus zu einer der erfolgreichsten Bühnen Deutschlands machen wird. Die «Münchner Allgemeine Zeitung» erklärt ihn schon im Vorfeld für gescheitert: *Unsere Leser wissen, daß wir die Sache des Münchner Schauspielhauses von allem Anfang an für aussichtslos gehalten haben. Unter Herrn Stollberg wird sie um nichts aussichtsreicher.*

Aber Georg Stollberg weiß, wie man einen maroden Betrieb wieder auf die Beine bringt: Er überlässt das Deutsche Theater seinem Schicksal, gewinnt den Münchner Großkaufmann Cajetan Schmederer als Geldgeber (und späteren kaufmännischen Direktor) und konzentriert sich auf einen attraktiven Spielplan. Wieder ist Wedekind Teil eines Erfolgsmodells, das ihm Sicherheit und Ansehen bringen könnte.

Anfangs stürzt er sich in die Arbeit wie einst bei Julius Maggi: Er ordnet die Bibliothek, lässt fehlende Rollen herausschreiben, beantwortet Engagementgesuche und befindet – eine völlig neue Erfahrung – über Annahme oder Ablehnung von Stücken anderer. Aber bald wird klar, dass Wedekind auch diese Stellung nur

Kluge schwarze Augen: Schauspielhausdirektor
Georg Stollberg

dazu benutzt, seine eigenen Stücke zu produzieren und seine Lebenszeit nicht mit Verwaltungsaufgaben verschwenden will: *Lieber Herr Stollberg, Sie geben mir die Versicherung, daß ich in meinen Bureaustunden meine eigenen Arbeiten erledigen könnte. Das ist aber ein Ding der Unmöglichkeit, wenn man alle 30 Sekunden unterbrochen wird. Ich habe mich von Ihnen als Dramaturg und nicht als Ladenhüter engagieren lassen.*

Frida Strindberg lebt mit dem einjährigen Max Friedrich zurückgezogen in Tutzing am Starnberger See. Wedekinds Verhalten ihr gegenüber hat in München für reichlich Kritik gesorgt, jetzt fährt er hinaus und sieht sich, wie er Beate Heine schreibt, die *Folgen* seiner *Gewissenlosigkeit* an. Wie soll es weitergehen? Mit Frida zusammenzuleben ist ihm so unmöglich wie vordem, der Gedanke an ihr Unglück und seinen beschädigten Ruf ihm unangenehm. Wedekind hat eine Idee: Wäre seine Mutter bereit, Max Friedrich in Lenzburg aufzuziehen, wie es Fridas Mutter mit dessen Halbschwester Kerstin in Österreich tut? Sie möge es mit Mati besprechen, die als Einzige noch zu Hause lebt, aber nicht mit Mieze, die *bei ihrer Engherzigkeit nur den Rat geben könnte, nein zu sagen.* Aber Emilie Wedekind lehnt auch ohne Mieze ab – sie nähert sich den sechzig, hat Gehbeschwerden und andere gesundheitliche Probleme. Mati, mittlerweile zweiundzwanzig, wird vielleicht doch noch heiraten und soll nicht mit einem Kind belastet werden. Eine kurze Weile beschäftigt sich Wedekind mit dem Schicksal seines Sohns, dann wirbeln zwei parallel stattfindende Ereignisse sein Leben durcheinander und rücken alle anderen Überlegungen in weite Ferne: Georg Stollberg will den «Erdgeist» am Münchner Schauspielhaus aufführen und Kaiser Wilhelm II. sein zehntes Regierungsjahr mit einer Orientreise begehen.

Sie begreifen, sagt der Kaiser, *daß Ich Meine ganze Stellung und Meine Aufgabe als eine Mir vom Himmel gesetzte auffasse und daß Ich im Auftrage eines Höheren, dem Ich später einmal Rechenschaft abzulegen habe, berufen bin.* Umso wichtiger ist es für ihn, den Ort zu besuchen, wo er diesem *Höheren* besonders nah ist: Palästina, die Wiege des Christentums. Auf dem Weg dorthin sollen mit dem türkischen Sultan Pläne zum Bau der Deutschen Bagdad-Bahn erörtert und andere außenpolitische Interessen Deutschlands vorangetrieben werden. Wilhelms Minister, die durch seine Sprunghaftigkeit nicht selten monate-, wenn nicht jahrelange diplomatische Bemühungen mit einem Schlag vernichtet sehen, fürchten seine Reiselust, haben aber keine Möglichkeit, ihn zu bremsen.

Dem «Simplicissimus» ist Wilhelms Jubiläumsreise eine Extranummer wert, mit einem Wedekind-Gedicht als Spitze des Angriffs. Wedekind lässt einen dem Grabe entstiegenen König David seinen preußischen Kollegen begrüßen:

Drum sei uns denn noch einmal hoch willkommen
Und laß dir unsre tiefste Ehrfurcht weihn,
Der du die Schmach vom Heil'gen Land genommen,
Von dir bisher noch nicht besucht zu sein.
Mit Stolz erfüllest du Millionen Christen.
Wie wird von nun an Golgatha sich brüsten,
Das einst vernahm das letzte Wort vom Kreuz
Und heute nun das erste deinerseits.

Die anderen Strophen sind ähnlich scharf. Die Redaktion hat
Bedenken und bittet ihren Justitiar Dr. Rosenthal um ein Gutachten – seit einem Anschlag auf Kaiser Wilhem I. ist «Majestätsbeleidigung» eine streng geahndete Straftat. Dr. Rosenthal gibt sein
Plazet, die Nummer wird vorbereitet. Kaiser und Gattin stechen
am 13. Oktober 1898 auf der «Hohenzollern» in See.

Währenddessen ringen Münchner Schauspieler mit dem Text
von Wedekinds «Erdgeist». Nach einem Streit mit Direktor Stollberg führt er selbst Regie, aber seine Sätze sind so schwer zu memorieren und scheinbar so zusammenhanglos, dass ein Gang der
Handlung nur schwer erkennbar ist. Die Schauspieler betrachten
ihn nach eigener Angabe mit *aufrichtigem, herzlichem Bedauern*
als einen *Verirrten, dem nicht mehr zu helfen* ist. Am 29. Oktober
1898 hat der «Erdgeist» seine Münchner Erstaufführung im Theatersaal an der Neuturmstraße. Die Darstellerin der Lulu hat einen
Sprachfehler, die Schauspieler sind mit ihren Rollen überfordert.
Das Publikum lacht an unpassenden Stellen und veranstaltet ein
Pfeifkonzert. Einzig Wedekinds Dr. Schön, so Langens Büroleiter Korfiz Holm, habe ahnen lassen, *daß hier etwas Bedeutendes
geschah.* Mit *steinernem Gesicht* und *anscheinend unbewegt* habe
er den *unten tobenden Skandal* betrachtet.

Zu diesem Zeitpunkt weiß Wedekind bereits, dass er verhaftet
werden soll – die «Palästina-Nummer» des «Simplicissimus»
mit seinem Spottgedicht «Im Heiligen Land» ist erschienen und
sofort beschlagnahmt worden. Während der Vorstellung waren
zwei Polizisten bei Georg Stollberg und haben ihn nur auf dessen Bitte nicht von der Bühne geholt. Korfiz Holm hat zwei-

hundert Mark von Albert Langen für ihn in der Tasche und rät ihm, Deutschland umgehend zu verlassen – das Manuskript des Gedichts sei gefunden worden, das Pseudonym «Hieronymus» stehe kurz vor der Enthüllung. Ob Albert Langen noch in München oder auch bereits geflohen ist, weiß niemand.

Über die jetzt folgende Nacht existieren viele Berichte. Korfiz Holm beschreibt einen in sein Schicksal ergebenen, ja heiteren Wedekind, der im Morgengrauen nach viel süßem Sekt in der Gastwirtschaft Donisl mit Appetit und einer Menge Bier Weißwürste hinuntergeschlungen habe. Andere meinen, die mit der Verhaftung betrauten Polizisten hätten mitgefeiert und in Münchner Gutmütigkeit beide Augen zugedrückt. Wedekind selbst spricht von *30 Personen,* die ihm *in den fragwürdigsten Restaurants* bis zur Abreise Gesellschaft geleistet hätten.

Fest steht, dass Wedekind am Morgen des 30. Oktober 1898 Deutschland verlässt und via Kufstein und Innsbruck nach Zürich gelangt. Fest steht auch, dass Frida Strindberg bis zum Schluss bei ihm ist, nach Aussage Korfiz Holms sogar seinen Koffer packt und dass Wedekind einen Stapel Manuskripte in ihrer Obhut zurücklässt. Fest steht drittens, dass er die Tatsache seines Exils weit schwerer nimmt, als es die Zeitgenossen vermuten. *Es war ein sehr harter Schlag, der mich in München traf,* schreibt er Beate Heine. *Es war der Zusammenbruch eines ganzen großen Gebäudes, das ich mir für die Zukunft construiert, und es blieb mir die Aufgabe, die Trümmer nach Kräften zu verwerthen.* An Richard Weinhöppel schreibt er: *Für mich giebt es keinen Aufenthalt mehr. Ich habe durch den Schlag so unendlich viel verloren, daß es mir gar nicht möglich ist zurückzublicken. Ich muß vorwärts, vorwärts, sonst werde ich verrückt.*

15

Ein gefallener Teufel

1898/99

Albert Langen, ein paar Tage nach Wedekind in Zürich eingetroffen, wohnt im Hotel Baur au Lac, Wedekind in einem
möblierten Zimmer in der Leonhardstraße 12 – selten ist ihm das
Verhältnis von Herr und Knecht, fast könnte man sagen von Herr
und Hund, bitterer aufgestoßen. Unaufhörlich kreisen die Gedanken: Er hat im Auftrag Albert Langens ein Gedicht geschrieben, ein Anwalt hat es geprüft, der Verlag ihm die Zusicherung
gegeben, das Original zu vernichten. Wie konnte man es im Büro
herumliegen lassen, wo mit einer Durchsuchung zu rechnen war?
Stand Absicht dahinter? Haben Verbote dem «Simplicissimus»
nicht immer genützt? Muss ein europaweit beachteter Presse-
skandal das nicht in weit höherem Maß tun? Hat sich die Auflage
des Blattes seit dem Erscheinen der «Palästina-Nummer» nicht
mehr als verdoppelt? Muss er, Frank Wedekind, dessen Talent
der «Simplicissimus» einen Gutteil seiner Popularität verdankt,
jetzt dafür büßen, dass Albert Langens Umsätze steigen? Gibt
es Zynischeres als Langens Begrüßung beim Wiedersehen: «Sie
mussten doch selbst wissen, was Sie taten»? Nie, solange er lebt,
wird Wedekind ihm diese Kränkung verzeihen.

Dabei geht es dem Verleger keineswegs besser als seinem Autor: Dichten kann man überall, aber ein Unternehmen aus dem
Ausland zu leiten ist eine andere Sache. Wenn er Pech hat, kann
er es sogar verlieren. Bei einer Verurteilung, sagen Experten, erwartet ihn als Herausgeber eine höhere Strafe als Wedekind und
den ebenfalls wegen Majestätsbeleidigung angeklagten Zeichner
Thomas Theodor Heine. Albert Langen tut sein Möglichstes,
führt Wedekind durch Zürcher Speise- und Vergnügungslokale,

begleicht Rechnungen und gewährt ihm ein monatliches Fixum von dreihundert Franken als Gegenleistung für ein wöchentliches Gedicht, aber Wedekind fühlt sich *von allen Seiten verraten und verkauft,* ist angewidert von Langens *überströmender Katzenfreundlichkeit,* nennt ihn *Ungeheuer* und *Plagegeist,* der ihm *jede künstlerische Stimmung* nimmt, und lässt nicht einmal Züricher Luxusleben gelten: *N. B. haben wir in diesen 14 Tagen jeden Abend Champagner gekneipt, Austern gefressen und uns mit Weibern herumgetrieben. Welch eine Herrlichkeit hätte das für mich in anderer Gesellschaft sein können.*

Wut, Abscheu und Selbstironie ergießen sich in ein Stück, das er gleich nach der Ankunft beginnt, eine Parabel über den Kampf des Menschen mit seinen Verhältnissen und sich selbst. Vorläufiger Titel: «Ein Genussmensch». Hauptfigur ist ein gehetzter, getriebener, größenwahnsinniger Schriftsteller, der Abend für Abend mit gleichbleibendem Misserfolg eigene und fremde Stücke in einem gemieteten Theatersaal über die Bühne jagt und dabei immer neue Schulden anhäuft. Seine Frau beschwört ihn, doch einmal etwas *VERNÜNFTIGES* zu tun, *etwas Gewöhnliches, etwas ganz Alltägliches,* es sei ein *Jammer* um seine *Talente* und seine *schönsten Jahre.* Aber der Dichter glaubt unverdrossen an seine Bestimmung, seine Größe, seine glänzende Zukunft – musste nicht auch Richard Wagner lange warten, ehe er Licht am Ende des Tunnels sah? Der Dichter heißt Franz Welter, hat sich der Welt verschrieben, aber die Welt ist *eine verflucht schlaue Bestie. Es ist nicht leicht, sie unterzukriegen. Man hat nur ein Leben zu verlieren, man hat aber auch nur eines zu leben.* Sein Schulfreund Edmund Grabau ist Millionenerbe und dennoch grabesstraurig. Skrupel und Gewissensbisse plagen ihn, was er anfasst, misslingt. Er nimmt das Leben hoffnungslos ernst und will sich von Franz Welter, seinem Alter Ego, zum *Genußmenschen* ausbilden lassen. *Es ist die höchste Zeit für mich. Es ist das einzige, was mich noch retten kann.* Wedekinds Zorn muss beträchtlich sein – innerhalb von vierzehn Tagen ist ein fulminanter erster Akt fertig. Dann bringen neue Skandalnachrichten aus München die Arbeit zum Erliegen.

Georg Stollberg hat, wahrscheinlich aus Gutmütigkeit, Wedekinds frei gewordene Dramaturgenstelle seinem Bruder Donald gegeben, der sie antrat, aber nichts Besseres zu tun wusste, als sich an Stollbergs Frau heranzumachen, in offenbar ausreichend deutlicher Weise, um von Stollberg hinausgeworfen zu werden. Münchens Gesellschaft ist in Aufruhr, Stollberg schreibt einen Beschwerdebrief nach Zürich. Wedekind hat allen Grund, Stollberg dankbar zu sein, der den auch finanziell schmerzlichen Misserfolg des «Erdgeist» mit den Worten kommentiert hat: «In zehn Jahren werden alle dieses Stück spielen», und Wedekind wissen ließ, auch in Zukunft Stücke von ihm aufführen zu wollen. Aber Wedekind verteidigt Donald, als ginge es um die eigene Ehre und die seiner Familie dazu: *Wenn man vier Wochen lang mit einem Menschen am gleichen Tisch gesessen hat, dann droht man auch im schlimmsten Fall nicht ohne weiteres mit Ohrfeigen, noch gebraucht man Ausdrücke, die einem Menschen von Anstand und Erziehung jede entschuldigende Erwiderung unmöglich machen. [...] Mit dem Vorwurf, mein Bruder habe keine Erziehung, werden Sie bei niemandem, der ihn kennt, Glück haben. Er selber hat sich mit Trunkenheit entschuldigen wollen. Ich erkläre mir seine Ungezogenheit einfach daraus, daß er sich langweilte. Die Langeweile gebiert ärgere Untaten, als es die schlimmste Leidenschaft vermag. Und, seien wir offen, lieber Herr Stollberg, ist Ihnen denn in Ihrem ganzen Leben nie etwas ähnliches passiert? Waren Sie immer ein solcher Mustermensch?*

Stollbergs Zusicherung, seinem neuen Drama Interesse entgegenzubringen, entringt ihm starke, für einen exilierten, bisher kaum gespielten Autor sehr starke Worte: *Ja wissen Sie denn nicht, daß es mein gutes Recht ist, Ihnen meine Stücke zuzuschicken und daß es Ihre verdammte Pflicht und Schuldigkeit ist, sie zu prüfen? Ich hoffe sehr, daß mein neues Drama derart ist, daß Sie es berücksichtigen müssen, ob unsere Beziehungen nun die alten sind oder nicht.* Wedekind bittet Max Halbe, Donald *trotz des Vorgefallenen gesellschaftlich nicht fallen zu lassen.* An Weinhöppel schreibt er: *Ich danke Dir sehr, daß Du mich über Stollberg orientirt hast. Was er Dir sagte, ist einfach gelogen* und gilt ihm zum Vorwand, den Posten nicht neu zu besetzen, sondern das Geld selber einzustecken. Seine Freundschaft kann mir gestohlen werden. Aber dass Frida Strindberg, die in letzter Zeit auffällig vertraut mit Donald gewesen ist, drei Wochen lang nicht geschrieben hat, beunruhigt ihn doch: *Ohne daß ich gerade untröstlich darüber wäre, durchkreuzen die sonderbarsten Vermuthungen meinen Kopf.*

Wedekind findet Zürich öde und langweilig. Ob er seinen Bruder Armin aufsucht, ist nicht bekannt. In Lenzburg fürchtet er die Vorwürfe seiner Mutter und resümiert, als er doch hinfährt: *Liebe Mama, ich muß Dir gestehen, ohne Groll, daß ich selten eine eisigere, unfreundlichere, abweisendere Aufnahme gefunden habe.* Oskar Panizza, sein hauptsächlicher Umgang, der nach einjähriger Gefängnishaft wegen Gotteslästerung hier Unterschlupf fand, wird ausgewiesen, weil er angeblich eine minderjährige Prostituierte nackt fotografiert hat, und geht nach Paris. Wedekind will ihm folgen.

Weihnachten 1898 trifft Wedekind zum fünften Mal in Paris ein. Die Stadt bereitet sich auf die Weltausstellung 1900 vor, Straßen sind aufgerissen, Theater geschlossen. Wedekind wohnt zunächst am Montmartre, dann wie früher im Quartier Latin, geht aber kaum aus. Willy Grétor ist fast immer in London, der traurige Panizza bietet wenig Anregung, seine Freundin Emma Herwegh besucht er nicht. Sein in Zürich begonnenes Stück sitzt ihm im Nacken, das *verdammte Drama,* das er trotz allen Zweifels nicht lassen kann. *Den einen Tag erscheint es mir sehr gut und den anderen Tag sehr schlecht,* gesteht er Beate Heine. *Ich will es noch einmal versuchen, etwas Praktisches, Brauchbares für die Bühne zu schaffen. Gelingt es mir diesmal nicht, dann lasse ich es vielleicht für mein ganzes Leben.*

Der gehetzte Dichter Franz Welter heißt jetzt Marquis von Keith. Er hinkt wie Willy Grétor, ist zappelig wie Albert Langen, aber gleicht vor allem dem Autor Wedekind: ein Mensch auf der Suche nach seiner Bestimmung. Die Angst, sie nicht zu finden und sein Leben zu vergeuden, treibt ihn panisch vorwärts. Er ist Kunsthändler und Konzertagent, Journalist, Politiker, Städteplaner und Architekt, gönnt sich keine Ruhe, aber kommt immer zu spät, hechelt allem hinterher und bringt nichts fertig. *Ich kann nicht sterben, ohne gelebt zu haben! Ich würde als Geist umgehen*, ruft er seiner Frau zu. Die hält ihn für *gut, groß* und *lieb*, aber leider *dumm wie die Nacht. Ja, das bist du! Vom niedrigsten Schuft läßt du dich betrügen und ausbeuten!*

Der Marquis will in München einen «Feenpalast» bauen und dafür einen ganzen Häuserblock niederreißen. Kultstätte, Vergnügungspark und Fresstempel soll es werden, ein Bauwerk, wie es München noch nicht gesehen hat. Der Marquis führt Verhandlungen, ist überall gleichzeitig, veranstaltet Feuerwerke und verspricht Geldgebern das Blaue vom Himmel. Aber als sie in seinem Büro die Verträge unterzeichnen wollen, ist keine Tinte in seinem Tintenfass. Sein Freund Edmund Grabau (jetzt Ernst Scholz) ist von ihm enttäuscht. Dessen Plan, aus seinem inneren Gefängnis auszubrechen und ein *Genußmensch* zu werden, ist gescheitert, sein Vertrauen in Keith dahin: *Ich hielt dich für einen eingefleischten Teufel, aber der Teufel hat Glück.* Keith hat keines, aber gibt es nicht zu. Er ist, so der neue Titel des Stücks, ein «GEFALLENER TEUFEL», kein vom Himmel gefallener Engel, sondern ein in die Bedeutungslosigkeit gestürzter Mensch, der über seinem inneren Streben die Gesetze der Welt vergessen hat.

Wedekind beendet den «Gefallenen Teufel» Ende Februar 1899 und überarbeitet ihn bis Mai. Inzwischen ist auch Albert Langen in Paris eingetroffen und bewohnt mit Frau, Kindern und Dienstboten eine Zehn-Zimmer-Wohnung in der Rue de la Pompe. Wedekind bezieht weiterhin sein Fixum, aber liefert Gedichte widerwillig, aus Furcht, seinen Konflikt mit dem deutschen Gesetz zu verschärfen. Albert Langen unterstellt er nach wie vor niederste Motive: *Der Hund möchte nichts lieber, als daß ich mir die Gurgel noch vollends abschneide*, schreibt er Beate Heine. *Auf diese Weise hat es sich wie von selbst gemacht, daß in unserer Correspondenz nicht mehr von «Dichten», sondern nur noch von «zum Rasiermesser greifen» die Rede ist. So zum Beispiel: «Lieber Herr Langen, es war mir gestern Abend mit dem besten Willen unmöglich, zum Rasiermesser zu greifen …»* Schließen Sie daraus

auf die Gemüthlichkeit unseres Verkehrs und meiner Stimmung.
Sein letztes Pariser «Simplicissimus»-Gedicht heißt «Des Dichters Klage»:

> Schwer ist's, heute ein Gedicht zu machen,
> Darum läßt man es am besten sein;
> Wenn die Menschen wirklich drüber lachen,
> Sperrt man den Verfasser meistens ein;
> Wenn sie sich jedoch in Tränen winden,
> Dann verhungert schließlich der Poet,
> Deshalb wird man es begreiflich finden,
> Daß die Poesie zugrunde geht.

Paris bietet Wedekind keine Perspektive; beruflich vorankommen kann er nur im deutschsprachigen Raum. *Fast habe ich Deutschland lieben gelernt,* schreibt er Weinhöppel. Wedekind will seinen *Frieden mit dem Deutschen Reich* machen und sich in Leipzig dem Gericht stellen, wo er mit einigen Monaten Festungshaft davonzukommen hofft. Die gilt nicht als ehrenrührig, danach ist er frei für einen neuen Anfang.

Bevor es so weit ist, stehen erst einmal Donald und Frida Strindberg vor seiner Tür, unangemeldet, als Paar, ohne Geld und ohne Max Friedrich, den sie, als Vorgeschmack auf das, was ihn erwartet, bei seiner Großmutter Marie Uhl in Österreich gelassen haben. Frank hält Paris für das denkbar schlechteste Pflaster, um sich, wie es Donald offenbar vorhat, als freier Autor durchzubeißen, und überredet ihn, ob mit oder ohne Frida, nach Zürich zu gehen – ein paar Beiträge im «Simplicissimus», durch Franks Vermittlung zustande gekommen, haben ihm bescheidene Bekanntheit beschert, vielleicht gelingt es, ihn in eine sichere Stellung zu bugsieren. Frank lobt Donalds Talent, wo immer er kann, und will ihn keinesfalls scheitern sehen, vielleicht aus Angst, dann selbst ins Straucheln zu geraten – fast ist es, als ob die Brüder verschiedene Aspekte derselben Persönlichkeit verkörpern. Frank bereitet die Mutter auf Donalds Ankunft vor: *Ich weiß nicht, ob es eine erfreuliche oder unerfreuliche Nachricht ist, die ich Dir*

mitteile: Donald kommt in den nächsten Tagen nach Zürich. [...]
Er hat während des letzten halben Jahres fleißig gearbeitet, und
seine Schuld ist es nicht, wenn es sich noch nicht genügend rentiert
hat. Aber das wird noch kommen. Er hat die besten, redlichsten
Absichten. Es kann Dir unmöglich unerfreulich sein, Dich davon
zu überzeugen und an seinem ehrlichen Streben teilnehmen zu
können. [...] Ich möchte durch diese Zeilen nur verhindern, daß
er eventuell hungernd und in Folge dessen arbeitsunfähig in einer
Stadt herumlaufen muß, in der seine Schwester die glänzendsten
Triumphe gefeiert hat. Seinen Entschluss, sich einsperren zu lassen, spielt er herunter: *Es existiert in Deutschland nicht ein nam-*
hafter Schriftsteller, der nicht einmal gesessen hat. [...] Solltest Du
Anlaß haben, mir nach Leipzig zu schreiben, dann vergiß bitte
nicht, daß die Briefe geöffnet werden.

Vor der Abreise ist, möglichst ohne Gesichtsverlust, das Verhältnis zu Georg Stollberg zu reparieren, der für einen dauerhaften Bruch doch zu wichtig ist: *Es thut mir sehr leid, auf eine*
Sache zurückkommen zu müssen, die dazu angethan war, Sie
aufs tiefste zu verletzen, aber erlauben Sie mir, Ihnen meine Art,
darauf zu reagiren, verständlich zu machen. Die Ausdrücke, die
Sie in Ihrer Mittheilung an mich auf meinen Bruder anwandten,
kann niemand auf seinen Bruder anwenden lassen, mag derselbe
gethan haben, was er will. Gestehen Sie mir, lieber Herr Stoll-
berg, daß Sie bei der großen Liebenswürdigkeit, die Ihr Wesen
für gewöhnlich charakterisiert, wenn Sie in Zorn gerathen, ein
Hitzkopf sind, so wie ich das auch bin. Erlauben Sie mir, zu Ihrer
Ehre vorauszusetzen, daß Sie in meinem Fall nicht anders gehan-
delt haben würden als ich, nur hätten Sie vielleicht nicht so lange
auf diese Zeilen der Versöhnung warten lassen. Wollen Sie mir
also bitte den Gefallen thun, Ihrer hochverehrten Frau Gemahlin
mein tiefstes Bedauern über den Fall auszudrücken.

Da der «Simplicissimus» in Leipzig gedruckt wird, ist sächsische
Gerichtsbarkeit zuständig. Wedekind meldet sich Anfang Juni
1899 bei der Leipziger Polizei und kommt in Untersuchungshaft:
Wecken um sechs Uhr, Kaffee um acht, Hofgang von zehn bis elf.

Das Mittagessen darf im Restaurant bestellt werden, Rauchen, Schreiben, Lesen und ein halber Liter Bier zu den Mahlzeiten sind erlaubt. Um sieben Uhr gibt es Abendbrot, um neun wird das Licht gelöscht. Wedekind, *geistig zu préoccupiert*, um den gewohnten Komfort *ernstlich zu vermissen*, glaubt, dass man ihm nach Maßgabe der Hausordnung seine Situation möglichst erleichtert. Seine Verhandlung wird verschoben, weil sein Verteidiger Dr. Kurt Hetzel Karten für die Bayreuther Festspiele hat, die er nicht verfallen lassen will.

Am 4. August 1899 steht Wedekind im Gerichtssaal. Er schiebt alle Schuld auf Albert Langen, der ihn zu Gedichten beleidigenden Inhalts überredet, gedrängt, ja gegen seine Überzeugung gezwungen habe. Die Argumentation sorgt in München für Befremden. Albert Langen erfährt sie in Paris und stoppt Wedekinds monatlichen Wechsel; die Leipziger Richter verurteilen ihn kühl zu sieben Monaten Gefängnis. Wedekind sitzt sechs Wochen ab, dann erfolgt die erwartete Begnadigung zu Festungshaft auf Königstein bei Dresden.

Die Überführung schildert er Beate Heine: *Gestern Morgen um vier Uhr wurde ich geweckt und von einem Detektiv hierher gebracht, in aller Unauffälligkeit. […] Seltsam war gestern früh die Wanderung durch Leipzig, wo mir jeder Schritt des Weges historischer Boden war, dabei stockfinstere Nacht.* Das Schwierigste sei der Fußweg zur Festung gewesen, *eine so schöne Bergpartie, nachdem man des Gehens so gänzlich entwöhnt ist.* Die Festung selbst findet er *milder, versöhnlicher* als befürchtet: ein gewölbtes, gelb getünchtes Zimmer mit zwei Fenstern und prächtiger Aussicht, pfeifender Wind, klappernde Fenster und anderes, was ihn an Schloss Lenzburg erinnert. *Eine Ordonnanz sorgt für unser leibliches Wohl, dabei braucht man nicht mehr mit sich selbst zu sprechen, man zählt seine Schritte nicht mehr ab, die Menschen klopfen an, wenn sie hereinwollen, kurzum das reine Paradies.*

In der Nebenzelle sitzt der Zeichner Thomas Theodor Heine, verurteilt wegen des Deckblatts der «Palästina-Nummer», auf dem Gottfried von Bouillon zu Kaiser Barbarossa sagt: *Lach nicht so dreckig, Barbarossa, UNSERE Kreuzzüge hatten doch eigentlich auch keinen Zweck.* Heine hat sich gleich nach dem Eklat dem Gericht gestellt und seine Strafe fast verbüßt. Als Mensch ist er ähnlich misstrauisch wie Wedekind; das Verhältnis der beiden ist höflich, aber nicht herzlich. Jetzt schmiedet sie die Ausnahmesituation zusammen, und als Heine nach ein paar Tagen entlassen wird, fehlt er Wedekind. In seinen Erinnerungen, Jahrzehnte nach Wedekinds Tod verfasst, beschreibt Heine eine Episode aus Königstein, während derer ihm Wedekind Aspekte einer sexuellen Problematik derart heftig erläutert habe, dass ihm dabei das Gebiss aus dem Mund gefallen und zerbrochen sei – Wedekind litt bereits als Student an Zahngeschwüren, die er mit dem Auflegen von Feigen oder in Selbstoperation behandelte, aber musste schon mit fünfundzwanzig Jahren ein künstliches Gebiss tragen. Das ist peinlich und unerotisch, hindert beim Küssen und Sprechen und gibt Anlass für das wenig schmeichelhafte Gerücht, Wedekinds «satanisches Grinsen» sei in Wahrheit nichts anderes als das Bemühen, sein Gebiss an seinem Platz zu halten. Sein Versuch auf Königstein, das aus Hartgummi gefertigte Teil mit Nadeln und Zwirn zusammenzuflicken, führt zu einer jener typischen Wedekind-Situationen, die andere in aller Unschuld komisch finden, er selbst aber nicht. Thomas Theodor Heine berichtet: *Als er schon beinahe damit fertig war, klopfte es an der Tür, der Festungskommandant kam zur Inspizierung. Wir standen stramm. Wedekind schob sein Gebiß schnell wieder in den Mund und hatte keine Zeit mehr, die Nadel zu entfernen, sie hing am Faden aus seinem Munde und tanzte ihm beim Sprechen auf der Brust. Der Kommandant erschrak über diese merkwürdige Erscheinung, ging rückwärts zur Tür und stammelte beim Hinausgehen: «Wenn Sie etwas zu nähen haben, lassen Sie es doch von der Ordonnanz machen.»*

Auf Königstein hat Wedekind viel Zeit zum Nachdenken, zum Beispiel über Albert Langen und dessen Entscheidung, das vereinbarte Gehalt zu streichen. Hat Thomas Theodor Heine ihn vor Gericht nicht ebenso belastet wie er selbst? Aber Heine kassiert siebenhundert Mark monatlich, die er mit Langen für

den Fall seiner Inhaftierung in einem wasserdichten Vertrag aus-
gehandelt hat, während er, Wedekind, sich für die Überführung
nach Königstein fünfzig Mark pumpen musste. Das unerträgliche
Gefühl, der Schwächere, Dümmere, Naivere zu sein, treibt Wedekind zu einem vielseitigen Beschwerdebrief an Albert Langens
Schwiegervater Björnstjerne Björnson, in dem er alle Kränkungen, Ungerechtigkeiten und Täuschungen auflistet, die er von
Langen erfahren hat. Björnson hat «Frühlings Erwachen» gelesen
und Wedekind ermutigt, als ernster Dichter weiter zu streben,
was nicht bedeutet, dass er bereit wäre, in einem Konflikt gegen
den eigenen Schwiegersohn Partei zu ergreifen, weshalb er Wedekinds Brief gar nicht erst beantwortet.

Sein in Paris beendetes Stück «Ein gefallener Teufel» erscheint
Wedekind *geradezu entsetzlich skelettartig und unplastisch*. Wie
beim «Erdgeist» belässt er es nicht bei Korrekturen, sondern
schreibt es vollständig neu; wie bei «Kinder und Narren» geht
auch hier manch Wertvolles der Erstfassung verloren. Es entsteht,
kann man sagen, ein neues, erweitertes Stück aus dem Material
des alten – bei aller Knappheit der Formulierung ist Wedekind
mitunter ein Dichter, der hinzufügt, anstatt zu streichen, vielleicht aus Sorge, Kritikern und Lesern nicht genügend zu bieten.
Die Schlussszene zwischen Keith und Scholz gerät zum Ka-
binettstück, das Thomas Mann das *Schrecklichste, Rührendste
und Tiefste* nennen wird, was *dieser tiefe, gequälte Mensch geschrieben hat*. Eine Reihe klassischer Wedekind-Zitate entstehen
auf Königstein: *Die Wahrheit ist unser kostbarstes Lebensgut,
und man kann nicht sparsam genug damit umgehen.* Oder: *Der
Mensch wird abgerichtet oder er wird hingerichtet.* Der Marquis
von Keith hinkt nach wie vor, aber hat, um alle Zweifel an der
Person des Gemeinten zu zerstreuen, jetzt auch die *groben roten
Hände eines Clowns.*

Auf der einsamen, winterlichen Festung, die ihn auf Schritt und
Tritt an das Elternhaus erinnert, steigt Wedekind hinab in die
Gegenwelt seines «Eden»-Konzepts, das auf Eltern und Familie
verzichtet und irgendwann in einem Roman «Die große Lie-

be» seine neue Gesellschaftsordnung detailliert präsentieren soll. Jetzt vollendet er einen ersten Teil, eine Novelle von zirka fünfzig Druckseiten mit dem Titel «Mine Haha oder Über die körperliche Erziehung der jungen Mädchen», eine trügerische Idylle voll subtiler Gewalt in deskriptiver, schillernder Sprache.

Die Ich-Erzählerin Hidalla berichtet von ihrer Kindheit und Jugend in einem Park mit laubbewachsenen Häusern in einer Gruppe von Knaben und Mädchen, die den Begriff «Eltern» nicht kennen und darüber weder glücklich noch unglücklich sind. Ihre früheste Erinnerung ist *Sonnenschein, der durch dichte grüne Blätter fällt,* ihre Bezugsperson ist Gertrud, die sie in Körperhaltung und Bewegung auf den Geschlechtsakt vorbereitet, von dem sie noch nichts weiß: Beim Gehen dürfe man *nur noch fühlen, daß man Hüften habe,* müsse *gewissermaßen mit den Hüften denken lernen.* Die Mädchen seien hierbei durchaus fähiger als die Knaben.

Eines Nachts hebt jemand Hidalla nackt aus dem Bett und legt sie in eine Kiste. Sie erwacht in einem hellen Raum, wird von allen Seiten begutachtet und lernt mit anderen Mädchen mehrere Jahre lang Tanzen, Musizieren, Ballspielen, Auf-der-Kugel-Laufen und Seilspringen, nicht aber Lesen oder Schreiben. Als sie in einer Winternacht mit *sehr viel Schnee und bodenlosen Wegen* durch einen unterirdischen Gang auf eine gleißend helle Bühne geführt wird, kann sie das ebenso wenig deuten wie die Geschehnisse um sie herum. Sie erkennt ansteigende Sitzreihen in einem zur Bühne hin vergitterten Zuschauerraum, muss tanzen, wie sie es gelernt hat, glaubt das Blitzen von Lorgnons und Operngläsern zu sehen, hört *Beifallsgeheul bis unters Dach hinauf* und *hin und wieder Gläsergeklirr.* Ein Prinz sperrt seine Braut in einen Käfig und vollzieht vor ihren Augen den Geschlechtsverkehr mit einer anderen Frau. Die Mücke, die vorher im Käfig gefangen war, umschwirrt das Bett und durchbohrt mit ihrem Stachel die Bettdecke. Die Frau hat danach einen dicken Bauch. Hidalla versteht die Handlung nicht, aber fühlt sich kurz darauf *furchtbar schwer in den Hüften.* Mit anderen Mädchen, denen es ebenso geht, wird sie in einem Wagen auf einen Bahnhof gefahren, wo sich Menschen in *dichten Haufen* drängen, um die aus dem Park entlassenen Mädchen zu sehen. Die Flügeltüren werden aufgerissen, und *in langem Zuge, wie wir der Größe nach geordnet, kommen Knaben herein.* Jeder nimmt ein Mädchen an die Hand, es spielt Musik, Blumen sind gestreut, ein *Meer von Fahnen und Wimpeln* weht. *Sooft wir an einer Straßenkreuzung unter einem Triumphbogen durchkamen, suchte mein Begleiter wieder eine Unterhaltung anzuknüpfen. Natürlich verstand ich kein Wort; mir schien es ganz so, als spräche er eine andere Sprache als wir.*

Literaturkritiker und Wedekind-Forscher nennen «Mine Haha» *Entgleisung, männliche Wunschprojektion, voyeuristische und sado-masochistische Phantasie* oder *obszönes Machwerk.* Artur Kutscher hält die *Pantomimenspiele der nichtsahnenden Zöglinge zur Belustigung einer besinnungslosen, wollusttrunkenen, brutalen Menge* für *unerträglichen Zynismus.* Eine Rahmenhandlung über Hidallas Erwachsenenleben lässt Wedekinds Position zumindest erahnen: Hidalla heiratet, gebiert drei Kinder und lässt sich scheiden. Ein Architekt entführt sie nach Amerika, sie muss als *Dienstmädchen* und *Krankenwärterin* arbeiten, trifft einen Musiker, der *nachts im «Melodion» und anderen Tingeltangeln Klavier spielt,* unterrichtet in Brasilien Indianerkinder und wird in Europa Lehrerin an einer Höhere-Töchter-Schule – ein bewegtes, ein wenig an Wedekinds Mutter orientiertes, aber nicht ungewöhnliches Schicksal, das konventionell erzogenen Frauen hätte ebenso widerfahren können. Hidalla heißt mit bürgerlichem Namen Helene Engel und schreibt irgendwann die Geschichte ihrer Jugend auf. Sie stirbt als alte Dame durch einen Sturz aus dem Fenster, nach Meinung von Wohnungsnachbarn kein klassischer Selbstmord, sondern eher die Folge einer *geistigen Störung,* die sich seit Längerem bei ihr in *plötzlichen Anfällen von Angst, Verworrenheit und Exaltation* bemerkbar gemacht habe.

Das neunzehnte Jahrhundert geht zu Ende. Am Fenster seiner Festung hört Wedekind Glocken aus dem Elbtal und sieht Raketen in den Nachthimmel zischen. Kaiser Wilhelm, der den Namen Frank Wedekind vielleicht nie gehört und möglicherweise auch von dem Majestätsbeleidigungsverfahren nur unzureichend Kenntnis hat, begeht den Jahrhundertwechsel mit einer Mitternachtsmesse und nimmt danach im Weißen Saal des Schlosses eine Defiliercour entgegen. Am Neujahrstag liegt ungewöhnlich dichter Nebel über Berlin und weiten Teilen des Reichs.

16

So ist das Leben

1900–1902

Als Frank Wedekind am 3. Februar 1900 aus der Haft entlassen wird, hat er Grund zum Optimismus: Die Berliner Secessionsbühne hat seinen «Kammersänger» uraufgeführt, der zunehmend einflussreiche Berliner Theaterkritiker Alfred Kerr ihn *unter den humorhaften Dichtern in Deutschland* den *Ersten* genannt. Otto Julius Bierbaum will den «Gefallenen Teufel», der jetzt «Der Marquis von Keith» heißt, in seiner neu gegründeten Zeitschrift «Die Insel» abdrucken, die Buchausgabe soll im Herbst bei Albert Langen erscheinen. Ein Münchner Komponist hat Wedekinds Gedicht «Das Goldstück» vertont, der Berliner Journalist Ferdinand Hardekopf ihm geschrieben: *Ist es Ihnen eine Freude zu hören, daß man sich auf Studentenbuden in Berlin N. bei Whisky und Cigaretten Gedichte aus der «Fürstin Russalka» vorliest, dass man diese erlesenen Leckerbissen mit Gourmand-Mienen schlürft, sie discutiert und componiert, daß man sich Ihre Bücher gekauft hat und Sie – pardon! – sogar ein bisschen lieb hat?* Aber Wedekind beklagt in einem Brief an Beate Heine seine *ebenso komische wie unerquickliche Situation,* die seinen Willen *vollkommen geknickt* habe und ihn *nur noch sehr selten und dann mit dem größten Widerwillen zur Feder greifen* ließe. Was ist geschehen?

Tante Auguste Bansen, eine Schwester von Wedekinds Vater, ist in Hannover gestorben. Wedekind kennt sie nicht und hat sich nie um sie gekümmert, aber ein Teil der Erbschaft steht ihm zu. Im Gespräch sind mehrere tausend Mark, die er zur Schuldentilgung bei Mieze, seiner Mutter und Donald gut gebrauchen könnte. Außerdem will er sich in München eine Wohnung einrichten.

Aber das Geld kommt nicht. Stattdessen entfaltet sich ein Drama, das dem «Marquis von Keith» an Kompliziertheit und Hektik nicht nachsteht.

Wedekind bittet seinen Schulfreund Walther Oschwald, inzwischen Miezes Ehemann und Finanzassessor in Dresden, in seinem Namen die Angelegenheit mit dem Hannoveraner Testamentsvollstrecker Justizrat Heiliger zu klären: *Es kann mir nicht einfallen, dich irgendwie drängen zu wollen, das wäre Unsinn, du kannst ja an dem Lauf der Verhandlungen, die man in Ruhe abwarten muß, nichts ändern.*

Ostern vergeht, Gerichtsferien stehen bevor, Wedekind wird unruhig: *Bei diesem Hotel-, Café- und Straßenleben verbrauche ich ein Heidengeld, ohne auch nur die geringste Bequemlichkeit dafür zu haben. Dazu kommt elektrisches Licht, das mir die Augen blendet, Tingeltangelmusik, Luftheizung; ich versuchte in den letzten Tagen, Gedichte für die «Jugend» zu machen, die mir sofort Baar Geld gebracht hätten, bin aber so nervös, daß mir nichts gelingt; ich bin absolut nicht Herr meiner Stimmung*

Wedekind mietet eine Wohnung in der Franz-Joseph-Straße 42 in München-Schwabing, aber hat kein Geld, sie einzurichten. Albert Langens Büroleiter Korfiz Holm teilt ihm mit, dass er beim Verlag immer noch mit über dreitausend Mark nicht eingelöster Vorschüsse in der Kreide steht. Wedekind rast vor Wut und bombardiert aus seiner leeren Wohnung Korfiz Holm mit Briefen, in denen er angebliche Schulden beim Verlag in Schulden des Verlags bei ihm ummünzen will. Björnstjerne Björnson erhält einen weiteren Beschwerdebrief: *Ihr Schwiegersohn scheint sich noch immer nicht von dem Gedanken trennen zu können, daß ich ihm mit dem Ertrag meiner Arbeit die Kosten bezahlen soll, die ihm aus seinem spekulativen Schurkenstreich erwachsen, mit dem er mich um meine Stellung betrogen und mich auf vier Monate ins Gefängnis und auf vier Monate auf die Festung gebracht hat.* Der große Norweger schweigt, Korfiz Holm verflucht den Quälgeist Wedekind in Briefen an seinen Chef in Paris: *Ach, wenn ich nur mit dem Sauhund nichts mehr zu tun hätte!* Walther Oschwald fragt, warum Wedekind nicht wieder schauspielert, bei Carl Heine in Leipzig zum Beispiel? *Warum?*, fragt Wedekind zurück, *weil ich mit einem Mundwerk, das mir bei jedem erregten Wort herausfällt, mich nicht auf die Bühne wagen kann.*

Justizrat Heiliger will wissen, wann und wo Wedekind getauft ist. Wedekind weiß nichts von einer Taufe, seine Mutter kann sich angeblich nicht erinnern. Wedekind lässt in der Hannover'schen Aegidienkirche nachforschen. Dort heißt es zwar: *Das Kind wird ungetauft die Eltern auf der Rückreise nach Californien begleiten*, aber der übervorsichtige Dr. Wedekind hat den Vornamen unterschlagen. Dr. Heiliger behauptet, auf dieser Basis nicht weiterarbeiten zu können. Wedekind sieht sich *gründlich dadurch blamiert, daß die eigene Mutter nicht zu wissen scheint, ob ihre Kinder getauft sind*, und hält den Advokaten für einen Betrüger: *Es wird mich nicht wundern, wenn er uns morgen mittheilt, daß in Hannover wieder ein neuer Erbschaftsrichter eingesetzt worden ist, der noch ganz andere Garantien verlangt.*

Walther Oschwald wehrt sich gegen Vorwürfe seines Schwagers: *Ich habe die Wahrnehmung gemacht, daß du von solchen Sachen wirklich erstaunlich wenig verstehst.* Wedekind antwortet: *Darin magst du recht haben, obschon ich mit dem besten Willen nicht finden kann, daß dein Verständnis dieser Sache zur Beschleunigung der Geschäfte wesentlich beigetragen habe. […] Verzeih bitte die schlechte Schrift; auf meinem einzigen Tisch herrscht eine Unordnung, wie sie eben nicht anders möglich ist, nachdem sich seit einem Vierteljahr alle Papiere darauf gestaut haben.*

Donald schaltet sich ein und will die Angelegenheit in Hannover persönlich regeln. Mieze, Walther Oschwald und Mutter Wedekind sind dagegen, Frank findet es *sehr vernünftig.* Donald erreicht nichts. Frank fährt selbst nach Hannover, erreicht auch nichts und erleidet auf dem Rückweg nach München in Leipzig eine Nervenkrise und muss in eine Klinik. Dort erfährt er, dass Donald Mieze heimlich angepumpt hat und man ihm *Infamie* und *freches, verlogenes Betragen* vorwirft. Frank verteidigt ihn: *Ich kann keinem Menschen erlauben, von mir anzunehmen, daß mir eine für meinen Bruder beschimpfende Mittheilung ange-*

nehm oder auch nur gleichgültig sein könnte – Donald sei nun einmal sein *empfindlicher Punkt*.

Ihm selbst gehe es *um kein Haar besser: Aus meinen Beziehungen und meinem Leben ist ein Chaos geworden, ich erscheine im Licht eines Lügners und Betrügers, habe vom Ertrag meiner Arbeit keine freudige Minute gehabt, sehe nur täglich die besten Gelegenheiten zum Vorwärtskommen entgehen, kann mich wegen meiner mangelnden Zähne in keine anständige Gesellschaft wagen, habe den letzten Funken Muth verloren und sehe täglich dem schließlichen Zusammenbruch meiner Gesundheit entgegen.*

Endlich, endlich Anfang September wendet sich das Blatt. Rückt die Bank die Erbschaft heraus? Nein: Mieze und Walther Oschwald strecken Wedekind dreitausend Mark vor. Justizrat Heiliger erhält einen abschließenden Brief: *Empfangen Sie meinen entsprechenden Dank dafür, daß Sie mich in unverschämter Weise belogen haben.*

Frank Wedekind, sechsunddreißig Jahre alt, richtet seine erste eigene Wohnung ein und ist mächtig stolz darauf: *Ich habe auf dem allerbeschränktesten Raum und mit den allergeringsten Mitteln Effecte erzielt, über die Jedermann in Staunen gerät.* Zentrum ist das weiß lackierte Schlafzimmer. Laut Arthur Holitscher, Kollege Wedekinds aus frühen «Simplicissimus»-Tagen, hat es *das Aussehen eines Jungenmädchenstübchens – züchtig, hell und freundlich.*

Während Frank langsam auf die Beine kommt, stürzt Donald ab. Seine Redakteursstelle in Zürich hat er aufgegeben, ist nach Wien gereist, wo Frank ihn für eine Schriftleiterstelle vorgeschlagen hatte, fand Wien eine *leere Stadt*, wollte in Dresden Privatunterricht erteilen, ist jetzt in Mailand, wo er hofft, *ohne deutsche Rüpelei und Hypokrisie* leben zu können. Er fordert von Mieze eine monatliche Rente, andernfalls bringe er sich um. Die Familie ist empört, Armin hat schon lange den Kontakt mit ihm abgebrochen. Frank führt sein *Taedium Vitae* an, seine Neurasthenie, seine vom Großvater ererbte Veranlagung zu geistiger Verwirrung, seine Syphiliserkrankung. *Donald ist der ärmste Mensch, den ich kenne. […] Dazu brauchen aber wir, die wir am besten wissen, woher er seine Veranlagung hat, nicht unter uns über ihn zu schimpfen. […] Als Donald fünfundzwanzig Jahre alt war, da sagte sein Vater nach ruhiger, reiflicher Überlegung von ihm: «Der Junge ist verrückt.» […] Wäre Mieze oder wäre Walther am 4. November 1871 als Donald Wedekind auf die Welt gekommen, sie wären heute mit logischer Wahrscheinlichkeit ganz auf dem nämlichen Punkte, auf dem sich Donald befindet. Beide können Gott danken, daß das nicht der Fall ist. Ich kann diesen verfluchten, vermaledeiten moralischen Hochmut nicht ausstehn, und es giebt nichts in der Welt, was mich mehr empören kann.*

Donald bedrängt Frank: *Bin ich krank oder bin ich's nicht? Sicher ist, daß ich seit dem Jahre 93 nicht aus der Behandlung herausgekommen, und daß schon stärkere Naturen durch denselben Krankheitskeim ihrer Vernunft beraubt wurden.* Um seine Verzweiflung zu dokumentieren, legt er eine selbstverfasste Todesanzeige bei. Jetzt ist Frank empört: *Dein Brief ekelt mich einfach an. Er ist zu plump und zu dumm, um irgend welche anderen Empfindungen bei mir auszulösen. […] Man erschießt sich nicht, nachdem man einen solchen Brief geschrieben hat. Man erschießt sich höchstens vorher.*

Überall in Deutschland gibt es Bestrebungen, nach dem Vorbild des französischen literarischen *Cabaret* sogenannte «Kleinkunst» unters Volk zu bringen – die deutsche «Brettl-Bewegung» ist geboren und hat in Berlin mit Ernst vom Wolzogens Buntem Theater sogar ein an Nietzsche orientiertes «Überbrettl». In München scharen sich tatendurstige Männer um den Franzosen Marc Henry, der angeblich weiß, wie man Derartiges in Paris betreibt. Sie nennen sich «Die Elf Scharfrichter» und geben sich Namen wie Kaspar Beil, Serapion Grab, Till Blut oder Frigidius Strang. Unter ihnen sind Otto Falckenberg, der spätere Kammerspiel-Intendant, Leo Greiner, ein Dichter aus Siebenbürgen und, als musikalischer Leiter, Wedekinds alter Freund und Weggefährte Richard Weinhöppel, als «Scharfrichter» Hannes Ruch. «Exekutiert» werden soll, was an Heuchelei und Scheinmoral der menschlichen Entfaltung entgegensteht, darunter besonders die im Februar 1900 verabschiedete «Lex Heinze», die als «Kunst- und Schaufensterparagraph» regelt, was durch *gröbliche Verletzung des Scham- und Sittlichkeitsgefühls Ärgernis zu erregen geeignet* ist, weshalb in der Münchner Glyptothek anstößige Körperteile der Figuren neuerdings mit papiernen Feigenblättern verdeckt sind. *Was hat eigentlich die brave Feige verbrochen, daß man ihr schön geformtes, großes Blatt zu solchen Schweinereien mißbraucht?*, fragt Georg Hirth in seiner Zeitschrift «Jugend».

Die «Scharfrichter» sammeln Geld und mieten einen ehemaligen Fechtboden im Hinterhof der Wirtschaft Zum goldenen Hirschen in der Türkenstraße 28. Einer von ihnen, der Architekt Max Langheinrich (Scharfrichtername: Max Knax) verwandelt ihn in einen schmucken Theatersaal für etwa einhundert Zuschauer. Leo Greiner dichtet die «Scharfrichter-Hymne»:

> Erbauet ragt der schwarze Bock
> Wir richten scharf und herzlich,
> Blutrotes Herz, Blutroter Rock,
> All unsere Lust ist schmerzlich.
> Wer mit dem Tag verfeindet ist,
> Wird blutig exequiert,
> Wer mit dem Tod befreundet ist,
> Mit Sang und Kranz gezieret.

Wedekind widersteht den Lockrufen der «Brettl»-Aktivisten: Er befürchtet, durch Teilnahme an ihren Programmen seinem Ruf als Dramatiker zu schaden. Aber weil er Geld braucht und weiß, dass er Vorzügliches zu bieten hätte, versieht er auf alle Fälle Gedichte aus seinem Fundus mit neuen Melodien. Carl Rössler, Bühnenautor und Schauspieler in Wien, der Wedekinds Gedicht «Der Tantenmörder» interpretieren will, erhält eine scharfe Absage: *Wenn mir ein Fremder die Gelegenheit, damit an die Oeffentlichkeit zu gelangen, vor der Nase wegschnappt, dann kann ich mich nicht dagegen wehren. Bei seinen Freunden sollte man aber vor solchen Streichen doch wohl sicher sein.*

Am 13. April 1901 findet die «Eröffnungs-Exekution» statt. Rot gekleidet und beleuchtet treten die «Elf Scharfrichter» vor ihr Publikum. Weinhöppel singt Selbstvertontes aus «Des Knaben Wunderhorn», ein «Mystodrama» verulkt «Ibsenisten» und «Maeterlinckianer», ein Schattenspiel die europäische «Realpolitik». Der Abend kommt in Fahrt, als Marya Delvard die Bühne betritt, siebenundzwanzig Jahre alt, Elsässerin und Geliebte des Franzosen Marc Henry. Weiß geschminkt, mit blutrotem Mund, in einem bodenlangen schwarzen Kleid, das ihr kurz vor dem Auftritt jemand mit Nadeln um den Leib gesteckt hat, singt sie ohne Druck und Pose Wedekinds Lied «Ilse». Publikum und Kritik sind begeistert: *Fräulein Delvard lebte in und mit den Versen, sie blieb jeden Moment wahr, und das schenkte ihr den Erfolg des Abends.*

Ein paar Vorstellungen später schlüpft Wedekind selbst durch einen Vorhangspalt auf die «Scharfrichter»-Bühne und wirkt durch Verweigerung – keinen Moment soll man vergessen, dass hier einer steht, der nicht hierhergehört und hier nicht sein will, wohl aber zu schockieren angetreten ist. Seine Gitarre, berichten Zeitgenossen, habe er *schräg gegen den Boden* gehalten, *gegen eine unsichtbare Öffnung zu, als wollte er sie zu einem Phallus mißbrauchen.* Auch Heinrich Mann, bei gelegentlichen München-Aufenthalten auf der Suche nach Neuem, findet sein Auftreten *niegesehen, von nahezu schauriger Niegesehenheit. Die bebänderte Laute in den schwerfälligen Händen, trat vor die schöne Welt jenes ästhetisierenden Zeitabschnitts eine mit allen Wassern gewaschene Erscheinung, von Gott weiß wo herbeigefahren in dieses bäurische Lokal. Kleine Schritte, «ich komme, ihr entgeht mir nicht».* Untersetzt, ein scharfgeschnittener Kopf mit Cäsarenprofil, die Stirn unheilverheißend gesenkt und von geschorenen Haaren ausgezackt. Richard Weinhöppel nennt Wedekinds Gesang *einzigartig und unübertrefflich, der Gipfelpunkt der Begeisterung bei den genußfähigen Zuhörern.* Carl Hauptmann meint, es sei *nicht leicht zu sagen, welche Tiefe der Gefühle durch das Anhören der Lautenlieder ergraben wurde.*

Damals dachte ich gleich, daß nur noch die DUSE so tragisch zu erschüttern vermöchte.

Einen «Scharfrichter»-Namen lehnt Wedekind ab: «Wozu ein Pseudonym? Ich will mich nicht verstecken, sondern bekannt werden.» Seine Vorträge beginnt er mit den Worten: «Ich singe zunächst die Lieder, die von der Polizei erlaubt sind, und später diejenigen, die von der Polzei verboten sind.» Unter den verbotenen ist jener «Tantenmörder», in dem ein Neffe seine Tante *schlachtet* und ihr einen Dolch *in die Därme* stößt, aber hinterher keinerlei Reue zeigt, oder «Brigitte B.», ein Paradefall weiblicher Hörigkeit, männlicher Gemeinheit und bürgerlicher Kälte. Bei anderen Liedern sind die Anspielungen versteckter, etwa bei «Galathea», wo die Zeile: *Aber deinen MUND enthülle, Mädchen, meinen Küssen nie* so zu betonen ist, dass der Zuhörer merkt, dass ein anderer weiblicher «Mund» gemeint ist, den man als Mann auch gerne küsst. Aber Wedekinds Programm enthält auch seine innigsten und spirituellsten Gedichte, oft in der Aarauer Gymnasialzeit entstanden und über Jahrzehnte gereift, zum Beispiel «Der blinde Knabe», der Abschied des Fünfzehnjährigen von der Kindheit, als ihm *Glauben* für *Begreifen* galt und er *Gedanken* noch nicht kannte:

> Mußt ich doch die Welt verachten,
> Die mir Gottes Garten schien,
> Denn die Guten läßt er schmachten,
> Und die Bösen preisen ihn.
> Freude, Lust und Ruh vergehen –
> Oh, wie wohl war einst dem Kind!
> Meine SEELE hat gesehen,
> Meine AUGEN wurden blind!

Allesamt sind sie Klassiker ihres Genres und Vorbild für Generationen späterer Dichter und Sänger. Dennoch ist Wedekind alles andere als zufrieden. *Man sah einen furchtbaren Druck ihn von innen erschüttern,* erinnert sich Heinrich Mann. *Gotteslästerung, drohende Verhaftung auf offener Bühne, Flucht nach Paris, Rück-*

Wirkt durch Verweigerung: Scharfrichter Frank Wedekind (links außen);
neben ihm Marc Henry, der Chef des Ensembles

kehr, Gefängnis, alles dieses hatte Wedekind hinter sich gebracht.
Dennoch preßte er die Hände ineinander und sagte: «Daß nur
endlich etwas geschieht!»

Schwabing erlebt seine große Zeit. Thomas Mann hat seinen
Roman «Buddenbrooks» beendet, Ludwig Thoma schreibt sein
erstes Stück. Bei Karl Wolfskehl in der Leopoldstraße treffen
sich die «Kosmiker» mit ihrem Meister Stefan George, in der
Giselastraße entwickelt Wassily Kandinsky einen neuen Malstil,
in der Kaulbachstraße wohnt, von immerwährender Geldnot
geplagt, Franziska Gräfin zu Reventlow, die mit Frida Strindberg
befreundet ist und ihren Sohn Rolf wenige Tage nach der Geburt

von Max Friedrich zur Welt gebracht hat; in der Kaiserstraße verfasst der dreißigjährige Wladimir Iljitsch Uljanow, der bereits Lenin heißt, sich aber in München vorsichtshalber Meyer nennt, seine Programmschrift «Was tun?».

Wedekind hat seinen eigenen Kreis. Max Halbe gehört dazu, ein geselliger, gutmütiger Mann, der montags in der von ihm gegründeten «Unterströmung» kegelt, außerdem Kurt Martens, der Wedekind nach Leipzig geholt hat und inzwischen Redakteur bei den «Münchner Neuesten Nachrichten» ist, und Arthur Holitscher, Spross einer jüdischen Handelsfamilie aus Budapest mit einer ähnlich von Enttäuschungen und kleinen Erfolgen durchsetzten Vita wie Wedekind. Senior der Gruppe ist Eduard von Keyserling, baltischer Graf, sechsundvierzig Jahre alt, aber vom Aussehen eines Sechzigers, ein Erzähler von hohen Graden, der an seinem Talent zweifelt und das Schreiben immer wieder aufgibt. Nachmittags um fünf Uhr trifft man sich im Café Stefanie. Arthur Holitscher erinnert *keine einzige hohle, leere, mit Geschwätz und «Fachsimpelei» verbrachte Stunde.* Gegen sieben Uhr abends verlässt Wedekind die Runde, um bei den «Elf Scharfrichtern» zu singen, nachts trifft man sich wieder und bleibt bis in den Morgen zusammen. Aber *tiefere Kameradschaft*, meint Holitscher, habe es auch hier nicht gegeben – das «legendäre» Schwabing ist in Wahrheit ein programmloser Wildwuchs von Einzelkämpfern. *Oft, wenn wir, Wedekind, Martens und ich, nachts den Heimweg antraten, und Keyserling, halb gelähmt schon, einen Wagen bestieg und seine Zigarette zwischen den dünnen Lippen, mit seitwärts und uns Fußgängern abgewandtem Gesicht in dem nächtlichen Einspänner vorbeifuhr, sagten wir uns: «Seht ihr – das ist der innere Zusammenhang!»*

Emil Meßthaler, der gescheiterte erste Direktor des Münchner Deutschen Theaters, will in Berlin den «Marquis von Keith» uraufführen. Nach vielem Hin und Her einigt man sich auf Juli, den schlechtesten Theatermonat. Wedekind hält den «Marquis» für sein bestes Stück, hegt hohe Erwartungen und stimmt zu, als Martin Zickel, Gründer der Berliner Sezessionsbühne, ihm gleichzeitige Auftritte als Liedersänger im Berliner Centraltheater vorschlägt. Aber Emil Meßthaler springt ab – der als Zugpferd vorgesehene Schauspieler will den Marquis nicht spielen, eine weniger prominente Besetzung erscheint ihm zu riskant. Wedekind, gequält von der Vorstellung, in Berlin ohne den «Marquis von Keith» als Lautensänger auftreten zu müssen, bestürmt Martin Zickel, es selbst zu versuchen: *Denken Sie sich meine Lage, der ich mich dem Berliner Publicum als Spaßmacher und Hanswurst vorstellen soll, während mir als ernster Mensch, mit dem Besten, was ich zu sagen habe und was mir selber heilig ist, der Mund verschlossen bleibt. Das wäre eine Thätigkeit, die einem in allerkürzester Zeit das Herz abfressen müsste. [...] Für mich gestaltet sich das Leben nicht so glücklich wie für Sie; ich habe mir jeden Fußbreit mit übermenschlicher Anstrengung erkämpfen müssen. Vielleicht verstehen Sie aus dieser Thatsache meine Handlungsweise. Dafür werde ich Ihnen dankbar sein.*

Martin Zickel macht das Unmögliche möglich und führt den «Marquis von Keith» am 11. Oktober 1901 im Rahmen eines literarischen Abends am Berliner Residenztheater auf. Der Abend endet mit Buhrufen und Pfiffen. Wedekind ist weniger über den Misserfolg enttäuscht als über das Geschehen auf der Bühne: Hänger, Patzer und Ungenauigkeiten in Fülle beweisen, dass die Schauspieler sein Stück nicht ernst nehmen und nicht gewillt sind, es gedanklich zu durchdringen. Sein Hass auf den Schauspielerstand wächst, und mit ihm die Entschlossenheit, sein Werk selbst zum Erfolg zu führen. Martin Zickel, der sich für ihn bemüht hat, erntet wenig Dank. *Sie hätten längst schon Nachricht von mir bekommen,* schreibt Wedekind an Beate Heine, *wenn ich Ihnen etwas wirklich Erquickliches über mich zu schreiben gehabt hätte. Aber die längste Zeit dieses Winters brachte ich in trübseligem Hinbrüten zu; besonders in Folge der schmählichen Darstellung und des lächerlichen Durchfalls meines Marquis v. Keith. [...] Daß es mit den Kräften des Residenztheaters nicht zu geben war, wußte ich im Voraus. Aber unser lieber Freund Zickel ließ sich in seinem Vernichtungsdrang nicht aufhalten.*

Auch in Wien fällt Wedekind durch. Felix Salten hat ihn für ein

Gastspiel mit Lautenliedern engagiert und dafür das viel zu große Theater an der Wien gemietet. Wedekinds deutsche Erscheinung befremdet die Wiener, deren schnelle, scheinbar oberflächliche, frozzelnde Art macht ihn unsicher und unnatürlich. Nach unbefriedigenden Auftritten beginnt er in Wiener Bierlokalen ein neues Stück: «So ist das Leben».

König Nicolo hat durch Leichtlebigkeit, Eigennutz und Träumerei sein Schicksal vergeigt, ist abgesetzt und zieht unerkannt durch das Land, das er einst regiert hat. Sein Stolz ist ungebrochen, aber seine Angst vor Menschen so groß, dass er sich nur hinter Gefängnismauern sicher fühlt – ein klassisches Symptom des depressiven Rückzugs: *Armselig, wie ich bin, zittre ich vor dem Augenblick, wo mich KEINE eisenbeschlagene Tür mehr schützt, wo KEIN Gitterfenster mehr hindert, daß man zu mir hereinsteigt, wo ich wieder unter Menschen stehe, mit denen ich keine Verständigung finde.* Nicolo erzählt Gauklern und Landstreichern sein Schicksal. Sie lachen und halten ihn für einen genialen Komödianten. Gegen seinen Willen wird er Schauspieler, sein Ruf wächst, und er darf seinem Nachfolger vorspielen, einem ehemaligen Schlächtermeister, der trotz niederer Herkunft ein weit besserer und weiserer König ist, als er selbst es war. Nicolo gibt sich zu erkennen, aber niemand glaubt ihm. Mit dem Ausruf *So ist das Leben!* stirbt er. Alma, seine Tochter, singt ein närrisches Lied, das gerade deshalb besonders ernst gemeint ist – zum ersten Mal gibt Wedekind einem Stück Lieder bei, abseits der Handlung, als Zäsur, Kommentar oder Hinweis:

> Seltsam sind des Glückes Launen,
> Wie kein Hirn sie noch ersann,
> Daß ich meist vor lauter Staunen
> Lachen nicht, noch weinen kann.
>
> Aber freilich steht auf festen
> Füßen selbst der Himmel kaum,
> Drum schlägt auch der Mensch am besten
> Täglich seinen Purzelbaum.

Wem die Beine noch geschmeidig,
Noch die Arme schmiegsam sind,
Den stimmt Unheil auch so freudig,
Daß er's innig lieb gewinnt.

Im Dezember 1901 liest Wedekind «König Nicolo oder So ist das Leben» im Münchner Freundeskreis vor, am 22. Februar 1902 wird es im Münchner Schauspielhaus uraufgeführt, in dem neuen, schönen Gebäude zwischen Maximilian-, Hildegard- und Kanalstraße, das Georg Stollbergs Tüchtigkeit, die Geberlaune der Münchner Familie Riemerschmid und das Können ihres begabten Sprosses, des Architekten Richard Riemerschmid, entstehen ließen. Stollberg führt Regie, Wedekind übernimmt die musikalische Ausgestaltung. Mit dem Rücken zum Publikum, in einen Umhang gehüllt, begleitet er die Gaukler und Spielleute auf seiner Gitarre, die sich fernab der Schönen und Reichen mitternachts unter dem Galgen treffen:

Aus der Sonne Glanz verbannt,
Finden leisen Schrittes wir des Glückes Spur im Dunkeln
Und sind Herrn im weiten Land,
Wenn vom hohen Himmel die Gestirne freundlich funkeln.

Als man beim Schlussbeifall nach ihm sucht, findet man ihn in einem Haufen von Vorhängen auf der Hinterbühne – er will seinen schwarzen Anzug schonen, mit dem er nachher bei den «Elf Scharfrichtern» auftritt und sich in Hemdsärmeln nicht verbeugen.

Die Rezension für die «Münchner Neuesten Nachrichten» schreibt Hanns von Gumppenberg, ein begabter Satiriker, der unter dem Namen «Jodok» Wesentliches zum Programm der «Elf Scharfrichter» beiträgt. Er hat den Kritikerposten mit Bauchgrimmen angenommen, da er selbst Stücke schreibt und nun über Kollegen zu Gericht sitzen muss, aber sieht keine andere Möglichkeit, sich finanziell über Wasser zu halten. Wedekind, der solche Kompromisse ablehnt, ist nicht erfreut, von ihm zu hören, sein neues Stück sei *nicht dramatisch,* der Held *fast durchweg passiv,* auch *gedanklich* fehle *Einiges,* und stellt ihn zur Rede. Gumppenberg schildert die Begegnung: *Wedekinds knappe und scharfe Erklärungen schienen auf einen charakterschwachen Dummkopf berechnet und schlossen mit dem Satz: «In diesen Dingen verstehe ich keinen Spaß!»* Ich war empört über die groteske Geringschätzung, die aus diesen Worten sprach, über die Verdächtigung, dass mir ein abfälliges Kritisieren literarischer Kollegen und Freunde persönlichen «Spaß» mache, über die Nichtwürdigung meiner moralischen Zwangslage und vor allem über die beleidigende Annahme, dass derartige Maßnahmen mich zur öffentlichen Unehrlichkeit veranlassen könnten; so gab ich ihm nur ein zorniges «Ich auch nicht!» zur Antwort.*

Wedekind hat eine Haushälterin engagiert. Sie heißt Hildegard Zellner, stammt aus Landshut und war beim Antritt ihrer Stellung zweiundzwanzig Jahre alt. Jetzt ist sie schwanger von ihm und bringt am 22. Mai 1902, während Wedekind in Berlin gastiert, in einer Münchner Frauenklinik den gemeinsamen Sohn Josef Frank zur Welt. *Solltest Du wirklich noch nicht zurück von Berlin sein, oder willst Du mich nicht besuchen?,* fragt Hildegard Zellner. *Ich bitte Dich, mache mich jetzt nicht noch krank, nachdem trotz allem alles gut abgegangen, und besuche wenigstens Dein Kind.* Wedekind erkennt die Vaterschaft an und verpflichtet sich, für den Knaben vierteljährlich dreihundertsechzig Mark zu zahlen. Ein Münchner Amtsgericht bestellt den Großvater Josef Zellner, Mühlenbetreiber aus Landshut, zum Vormund, Hildegard verzichtet auf eine *persönliche Entschädigung für die Ansprüche aus der Beiwohnung.* Wedekind ist in Bastellaune und konstruiert für seinen Sohn einen deutschen Diskus und anderes Spielgerät. Er schickt die Entwürfe an eine Dresdner Werkstatt und erhält irgendwann fünfzig Mark Lizenzgebühr. Zeit, sich seinem Sohn zu widmen, hat er nicht – der «Marquis von Keith» wird am Münchner Schauspielhaus aufgeführt, das erfordert seine ganze Aufmerksamkeit.

Er führt selbst Regie und spielt selbst die Titelrolle. Wegen des starken Lokalbezugs ist von einer zweiten Uraufführung die Rede, aber ein echter Erfolg stellt sich auch hier nicht ein. Die Münchner nehmen das Stück als Gaunerkomödie, amüsieren sich leidlich, aber verkennen die darin aufgeworfenen existenziellen Fragen. Hanns von Gumppenberg findet die zentrale Figur des Ernst Scholz als *für die Handlung ziemlich überflüssig* und Wedekinds Verkörperung der Titelrolle zwar besser als manche seiner *früheren schauspielerischen Leistungen,* aber mit denen eines Berufsschauspielers, *der über die nöthige Intelligenz verfügen würde,* nicht zu vergleichen.

In Berlin macht indessen ein bemerkenswerter junger Mann von sich reden: Max Reinhardt, neunundzwanzig Jahre alt, als Max Goldmann in Baden bei Wien in eine weder kunst- noch theaterbegeisterte jüdische Kaufmannsfamilie geboren, aber von Anfang an mit dem Charisma und dem Glück des Tüchtigen begabt. Otto Brahm hat ihn auf einer österreichischen Provinzbühne entdeckt und an das Deutsche Theater nach Berlin geholt. Dort hat er bald erste Rollen gespielt und, ermutigt durch die wachsende Unzufriedenheit von Kollegen und Publikum mit dem streng naturalistischen Stil, immer mehr eigene Projekte entwickelt, so dass es nur eine Frage der Zeit zu sein scheint, bis er das Theater von seinem Chef übernimmt. Als Sprungbrett hat er einen ehemaligen Festsaal Unter den Linden in das «Kleine Theater Schall und Rauch» verwandelt und mit einer glänzenden Inszenierung von Oscar Wildes «Salome» eröffnet. Ein Stab von Assistenten arbeitet ihm zu, sein Bruder Edmund steht ihm als Geschäftsmann zur Seite. *Von dem sinkenden Schiff haben sich vor einem Jahr ein paar kleine Schauspieler gerettet und sich über Nacht in die unternehmendsten und künstlerischsten Bühnenleiter Berlins verwandelt,* schreibt Siegfried Jacobsohn, der selbst gerade zu einer großen Journalistenkarriere ansetzt.

Im Herbst 1902 berichtet der «Berliner Börsen Courier», Max Reinhardt wolle den «Erdgeist» aufführen. Wedekind dementiert umgehend und verbittet es sich, dass sein Name *immer wieder zu einer billigen Sensationsreklame* gebraucht wird. Aber das

Ein bemerkenswerter junger Mann:
Max Reinhardt

Gerücht entpuppt sich als Wahrheit und versetzt ihn in helle Aufregung: *Es war noch keine Premiere für mich von SOLCHER Bedeutung, zumal ich nachher keine Ursache mehr haben werde, mich über Ungunst des Schicksals, schlechte Kräfte oder sonst etwas zu beklagen. Nach dieser Premiere muß ich die Schuld lediglich auf MICH nehmen. Ich zittere ihr deshalb entgegen wie einem Urtheilsspruch über mein ganzes bisheriges Tun und Treiben.*

Zur Premiere am 17. Dezember nach Berlin zu fahren, bringt Wedekind nicht über sich – die Angst vor einer weiteren öffentlichen Hinrichtung ist zu groß. Eine Postkarte des Schauspielers Friedrich Kayssler gibt Anlass zur Hoffnung: *Wissen Sie, was Sie heute getan haben? Sie haben die naturalistische Bestie der Wahrscheinlichkeit erwürgt und das spielerische Element auf die Bühne gebracht. Sie sollen leben!* Eine Nachtkritik spricht von *starkem Beifall, der mitunter demonstrativen Charakter hatte*, in anderen Zeitungen ist das Echo geteilt, aber fast alle finden das Stück interessant, und ein Rezensent stellt mit Erstaunen fest, dass der Autor Wedekind offenbar bereits eine große, *überwiegend weibliche* Verehrergemeinde hat, die *durch begeistertes Hände-*

Die «Berliner Lulu»
Gertrud Eysoldt

klatschen bezeugte, wie herrlich weit wir es auf der Schaubühne, die den Menschen erheben und veredeln soll, in der öffentlichen Behandlung von Dingen gebracht haben, über die man sich früher höchstens in geschlossenen Herrengesellschaften, und dann auch nur im Flüstertone, unterhielt.

Einigkeit herrscht über die Leistung der zweiunddreißigjährigen Gertrud Eysoldt als Lulu. *Sie hat alle ihre Kraft daran gesetzt, diese moderne Teufelin zu gestalten, sie hat ihr auch eine Seele gegeben, soweit dies freche Stück mit seiner Karikaturzeichnung überhaupt eine Seele brauchte und unterbringen konnte. In München hat man das Stück verhöhnt, in Berlin hat es Erfolg gehabt und wird untrennbar mit dem Namen Gertrud Eysoldt verbunden bleiben.*

Wedekind fährt nach Berlin und kann nicht glauben, was er sieht: Er hat sich die Lulu als ursprüngliches, kindliches Triebwesen vorgestellt, Gertrud Eysoldts Interpretation ist intellektuell und ausgeklügelt. Aber der «Erdgeist» wird fast täglich gespielt und hat bereits im Februar 1903 alle bisherigen Wedekind-Aufführungen an Anzahl der Vorstellungen weit übertroffen.

17

Der Zwergriese Karl Hetmann

1903/04

Im Mai 1903 betritt Albert Langen nach viereinhalbjährigem Exil unangemeldet seine Münchner Büroräume, reicht seinen Mitarbeitern die Hand und geht zur Tagesordnung über. Die Leitung seines Verlags war aus der Ferne immer schwieriger geworden. Zähe Verhandlungen, eine freiwillige Zahlung von zwanzigtausend Mark und eine breit angelegte Kampagne im «Simplicissimus», bei der so geschätzte Zeitgenossen wie Ibsen, Tolstoi, Hauptmann und Lenbach das Lob des Blattes und seines Verlegers sangen, haben beim König von Sachsen eine Begnadigung erwirkt. Gut gelaunt und aufgeräumt wie immer, nach Pariser Mode gekleidet, mit auffällig elegantem Schuhwerk, kauft Albert Langen alsbald ein Automobil und fährt fröhlich hupend durch München. Sein Verlag hat in Selma Lagerlöf, Anatole France und Maxim Gorki wichtige neue Autoren gewonnen, der «Simplicissimus» erscheint mit hoher Auflage jeden Dienstag. Aber Langens Finanzdecke ist dünn und seine Ehe durch das Exil gefährdet. Von den «Majestätsbeleidigern» Langen, Heine und Wedekind hat er entschieden den höchsten Preis bezahlt.

Sein schwierigster Autor Wedekind liegt zu dieser Zeit mit einem gebrochenen Bein in seiner Wohung in der Franz-Joseph-Straße. Seit einem Streit mit den «Elf Scharfrichtern» und seinem Ausscheiden aus dem Ensemble ist ihm eine wichtige Einnahmequelle weggebrochen, aber die Tantiemen für den «Erdgeist» fließen nicht in seine, sondern in Albert Langens Kasse, der damit nicht eingelöste Vorschüsse verrechnet. Wedekind findet das ungerecht und glaubt, nach seiner schier endlosen Durststrecke endlich Anspruch auf Bargeld zu haben. Er beantragt einen neuen Vorschuss, erhält eine Teilsumme ausbezahlt und fragt Langen, wie er es mit dem Rest zu halten gedenke: *Sollte Ihnen die erbetene Summe zu hoch erscheinen, so würden Sie mich dadurch zu dem berechtigten Schluß veranlassen, daß ich Ihnen geschäftlich um vieles weniger wert bin als eine Reihe anderer an Ihrem Geschäft beteiligter Personen, da Sie nach Ihrer eigenen Äußerung ein ganzes Vermögen in Vorschüssen ausstehen haben und ich auch sonst über die Höhe der von Ihnen gewährten Darlehen unterrichtet zu sein glaube.* Er deutet eine literarische Arbeit an, die sich mit Albert Langens Person beschäftigen und nötigenfalls auch anderswo verlegt werden könnte.

Um die Sache voranzutreiben, macht sich Wedekind persönlich auf den Weg und humpelt zur Kaulbachstraße. Glaubt man seinem späteren Vorwurf, lässt ihn Langen dort eine Stunde warten und behauptet dann, keine Zeit zu haben, weil er zu einer Aufführung der «Meistersinger» müsse, nicht ohne ihn vorher in einen bewusst niedrig gehaltenen Klubsessel zu nötigen, aus dem Wedekind mit seinem gebrochenen Bein nicht hochkommt – für Wedekind das Schulbeispiel der Demütigung eines finanziell Schwachen durch einen finanziell Überlegenen. Heinrich Mann, neuerdings auch Langen-Autor, trifft Wedekind vor dem Verlagsgebäude und blickt in ein *von Wut und Haß verwüstetes Gesicht. Er rauchte. Der Mund spie, wild bewegt, Stoß auf Stoß den Rauch aus, als könnte es die Brust befreien. Kein Zweifel, Rache für das kaum erst Erlittene zog herauf.*

Den Sommer 1903 verbringt Wedekind in Lenzburg. Von dort bietet er Langen «Die Büchse der Pandora» an. Er hat den zweiten Teil der «Lulu»-Tragödie so gründlich umgearbeitet wie den ersten, hat auch hier einen neuen Akt, neue Personen und neue Verflechtungen eingeführt, immer in dem Vorsatz, das Stück zensurtauglicher, bühnengerechter und spielbarer zu machen. Wie beim «Erdgeist» ist auch hier das Resultat gezähmter und glatter, aber nicht unbedingt besser und aus Sicht des Zensors wahrscheinlich immer noch bedenklich. Langens Büro will Mitte August über das Projekt befinden. Wedekind wartet ab, gewährt vier Tage Galgenfrist und schreibt: *Nachdem die Zeit abgelaufen ist, die sich Herr Langen ausgebeten hatte, um sich betreffend der «Büchse der Pandora» zu entscheiden, teile ich Ihnen mit, daß ich das Stück einem anderen Verleger zur Buchausgabe übergeben habe.*

Der «andere Verleger» heißt Bruno Cassirer, ist einunddreißig Jahre alt und hat mit seinem Vetter Paul Cassirer in Berlin eine florierende Kunstgalerie und einen Kunstverlag aufgebaut, den er nach einem Zwist mit seinem Vetter allein führt. Den Kontakt hat Donald Wedekind vermittelt, der wieder einmal in Berlin lebt und von Max Reinhardts Dramaturgen Felix Hollaender im Auftrag Cassirers gefragt wurde, ob Wedekind für einen Verlagswechsel zu gewinnen sei. Donald redet Frank zu: *Was ich von diesen Leuten gehört habe, waren immer die besten Urteile über ihre geschäftliche Prosperität. [...] Ich glaube, dich versichern zu können, daß die Firma Bruno Cassirer bei derselben Solidität jedenfalls ein coulanteres Verfahren ihren Mitarbeitern gegenüber einhalten wird als der Albert Langensche Verlag.*

Langen will Wedekind nicht verlieren, sein Prokurist Korfiz Holm, seit einer schwachen Stunde Duzfreund Wedekinds, lenkt ein: *Es wäre doch nun sehr schön und wünschenswert, wenn alle Deine Werke im Langenschen Verlag erscheinen würden, namentlich die «Büchse der Pandora», die als Teil Deines «Erdgeistes», wenn irgend möglich, in gleicher Ausstattung usw. erscheinen müßte. Ich glaube, das wäre auch in Deinem Interesse. Ist es Dir denn nicht möglich, den Vertrag mit dem anderen Verleger rückgängig zu machen?* Wedekind antwortet: *Herrn Albert Langen, München. Ich erhielt vor einigen Tagen von Ihrer Firma ein von Herrn Holm unterzeichnetes Schreiben, auf das ich nicht antworten möchte, weil ich mit Herrn Holm in keinerlei geschäftlichen Beziehungen stehe. Schreiben Sie mir gefälligst selbst, wenn Sie etwas wünschen. Hochachtend Frank Wedekind.*

Eine Langen'sche Verlagsabrechnung zeigt, dass Wedekind immer noch mehr als zweitausend Mark schuldet. Angesichts der Tatsache, dass auch der Berliner «Erdgeist»-Erfolg seine Finanzlage nicht bessert, sieht Wedekind keine Möglichkeit, von Summen dieser Größenordnung jemals herunterzukommen. Er hält es für die moralische Pflicht Langens, ihm den Betrag im Austausch für seine Gefängnis- und Festungshaft zu erlassen und einen neuen Anfang zu machen. Dass Langen dies offenbar anders sieht, er aber durch einen Vertrag an ihn gebunden ist und womöglich noch jahrelang keine Tantiemen von ihm beziehen wird, gibt Anlass für immer neue Briefe: *Ich komme noch einmal auf die Frage zurück, die ich schon im Laufe des letzten Sommers an Sie richtete. Es handelt sich um § 4 und § 6 unseres Vertrages. Die Consequenzen, die Sie bis jetzt aus diesen beiden Paragraphen gezogen haben und bis in unabsehbare Zeit ziehen können, bestehen darin, daß ich Ihnen meine gesammte Arbeit auszuliefern habe, ohne zeit meines Lebens einen Pfennig damit zu verdienen, während mir zu gleicher Zeit von anderen Verlegern die besten Angebote gemacht werden. Das moralisch Unmögliche dieser Praxis hier noch einmal zu erörtern, hat wohl gar keinen Zweck ...* Die «Büchse der Pandora» ist zu dieser Zeit bereits im Verlag Bruno Cassirer erschienen.

Seit Juli arbeitet Wedekind an einem neuen Stück: «Hidalla oder Sein und Haben». Hidalla ist die Ich-Erzählerin aus Wedekinds Gesellschaftsutopie «Mine Haha», «Sein» und «Haben» sind Symbole für den Konflikt zwischen kreatürlichem Leben und weltlicher Macht. Die Protagonisten sind, leicht erkennbar, Albert Langen und Frank Wedekind, Ersterer Rudolf Launhardt (per Lautwandel «Lohnhart», das heißt er zahlt wenig), Verleger und Unternehmer, *ein Mann von gedrungener Statur, Ende der Zwanziger, mit blondem Spitzbart, kurzgeschornem Haar, Kneifer und völlig ausdruckslosem unveränderlichem Gesicht, er bewegt sich sehr rasch und spricht sehr rasch,* Zweiterer Karl Hetmann (slawisch für Hauptmann, Oberbefehlshaber), *eine schiefgewachsene, unansehnliche Erscheinung, glattrasiert, zahnlos, mit dünnem Haar und großen, von Leidenschaft sprühenden Augen,* Gründer und geistige Potenz eines «Internationalen Vereins zur Züchtung von Rassemenschen».

Der Züchtungs- und Rassegedanke hat seit Charles Darwins «Entstehung der Arten durch natürliche Zuchtwahl» in Deutschland Konjunktur. Sozialdarwinisten diskutieren, warum die Menschheit Kühe, Schafe und Pferde züchtet, sich selbst aber dem Wildwuchs überlässt. Polygamisten fordern Vielweiberei, Frauenvereine die Reduktion des Mannes aufs Begatten, Kommunisten die Gleichstellung der Geschlechter, und alle finden, so sie wollen, ihren Standpunkt bei Nietzsche bestätigt. Karl Hetmanns Verein preist die SCHÖNHEIT als höchsten Wert, er selbst kann ihm aber wegen seiner ausnehmenden HÄSSLICHKEIT nicht beitreten. Er ist ein ZWERGRIESE, ein wandelnder Widerspruch, Helligkeit und Dunkel, David und Goliath in einem. Rudolf Launhardt lässt Karl Hetmann für sich arbeiten, vermarktet seine Thesen, sieht zu, wie er für sie ins Gefängnis wandert, sich der Lächerlichkeit preisgibt und am Schluss umbringt, und benutzt seinen Selbstmord unverzüglich als neuen Reklametrick.

Abseits vom Begleichen alter Rechnungen um die «Simplicissimus-Affäre» behandelt Wedekind auch in «Hidalla» das Thema der freien Liebe: In Karl Hetmanns Verein hat jedes Mitglied ein *unverbrüchliches Recht auf die Gunstbezeugung des anderen. [...] In der Liebe sind unter den Mitgliedern des Bundes alle Frauen allen Männern und alle Männer allen Frauen untertan.* Dahinter steht die Frage: Können Menschen die Monogamie durchbrechen, gegenseitige Besitzansprüche aufgeben, die Eifersucht besiegen, dem «Ehebruch» den Schmerz, die Lüge und das schlechte Gewissen nehmen und sexuelle Beziehungen mit Dritten tolerieren? Sind sie, von Ehe und Familie befreit, glücklichere Menschen?

Umfangreiche Notizen verdeutlichen, dass Wedekind die «Züchtung von Rassemenschen» ihrer sexuellen Befreiung gleichsetzt: Die *Bethätigung des Geschlechtslebens* habe für jeden Menschen einen *plötzlichen Aufschwung* in *Körper und Geist* zur Folge, der sich aber, weil Gesellschaft und christlicher Glaube Frauen vor der Ehe Keuschheit abverlangen, für Männer *VOR,* für Frauen *NACH* der Verheiratung auswirke. Die weibliche Entwicklung werde *künstlich zurückgehalten,* damit dem Mann *die Herrschaft über die Frau um so leichter* fiele – Männer, die keinen Vergleich mit Vorgängern befürchten müssten, könnten ihre Ängste und Unsicherheiten besser kontrollieren. Da die Ehe für Frauen im Wesentlichen ein *Tauschgeschäft* sei – ihr weiblicher Körper als Gegenleistung für soziale und wirtschaftliche Sicherheit –, sei die Jungfräulichkeit ein gesellschaftliches Machtmittel, *um den Werth der Frau als Kaufgegenstand in des Wortes gewöhnlichster Bedeutung zu erhöhen.*

Für Mädchen, die sich auf diesen Handel einließen und trotzdem keinen Mann fänden, sei ihre Jungfräulichkeit geradezu ein *Bankrott* – ihr Körper, *einst eine so üppige Blüthenpracht,* sei *verwüstet wie das Königreich Sachsen nach dem Siebenjährigen Krieg,* ihre Jungfräulichkeit *Gegenstand des niedrigsten Spottes.* Frauen, die sich *aus «Liebe»* und *ohne Entgelt* Männern hingeben, entwürdigen laut Wedekind ihr Geschlecht in ähnlicher Weise wie ein Arbeiter, *der seine Arbeit unentgeltlich verrichtet,* oder ein Dichter, *der seine Gedichte unentgeltlich drucken läßt.* Würden sie schwanger, belaste sie die Geburt eines Kindes in *ganz unverhältnismäßiger Höhe* – Wedekind fordert eine *Mutterschaftsversicherung,* die in solchen Fällen für den Unterhalt von Kindern aufkommt. *Die Frau wird nicht eher ein freier Mensch sein, als bis sie nicht mehr zu fürchten braucht, Mutter zu werden.*

Während Wedekind in Lenzburg an «Hidalla» arbeitet, wohnt Hildegard Zellner in seiner Münchner Wohnung. Sie hat die Rolle der ledigen Mutter schlecht verkraftet und das Kind zu ihren Eltern nach Landshut gegeben. Vielleicht hofft sie noch immer, mit Wedekind zusammenzufinden, aber als er Woche um Woche nichts hören lässt, gibt sie auf: *Der Grund, warum ich Dir Deine Schlüssel nicht zusandte, liegt darin, weil ich nicht wollte, daß Deine Pflanzen nochmal zum Teufel gehen. Warum bleibst Du so lange aus? Hoffentlich bist Du nicht krank geworden. Oder hast Du immer auf die Schlüssel gewartet, um sicher zu sein, daß ich Dein Haus verlassen habe? Zu Deiner Beruhigung kann ich Dir mitteilen, daß ich Deine Wohnung schon seit 1. August verlassen, Du also ungeniert zurückkehren kannst, als freier Mann. Glaube ja nicht, daß ich Dir ferner im Wege stehe. Nein. Ich werde sobald wie möglich München verlassen und versuchen, mein Brot in der neuen Welt zu verdienen. Sollte ich Dich nicht mehr sehen, dann habe ich nur die eine Bitte an Dich, für Dein Kind, solange ich nichts weiter thun kann, weiter zu bezahlen. [...] Du wirst froh sein, mich so leicht losgebracht zu haben – was? Ich kann mir Dich jetzt vorstellen, wie Du beim Lesen dieser Zeilen höhnisch lachen wirst, und dann zu singen und zu pfeifen anfängst vor Freude, wieder einmal eine los zu sein, an der man abgestoßen hat. Ich kann mir ganz genau sagen, daß Du denkst, Du hast nur das aus mir gemacht, zu dem ich geschaffen bin, zu einer Dirne. Du hast Dein Ziel erreicht. Mag ich drüben sterben und verderben, wen kümmert's, ich habe wenigstens keinen schadenfrohen Blicken zu begegnen. Sage aber dann unserem Kinde, daß es nicht so ist. Sage ihm, daß ich auf dem Boden, wo ich ihm das Leben gab, wo ich so viel Herbes und Bitteres erfahren, nicht den Kampf um's Dasein aufnehmen konnte. Mehr habe ich Dir nicht zu sagen, denn ich weiß, wie Du das nimmst.*

Hildegard Zellner heiratet in New York. Ob sie ihren Sohn wiedersieht, ist nicht bekannt. Wedekind kümmert sich um Frank Zellner aus der Ferne und korrespondiert mit seiner Großmutter: *Sehr geehrte Frau Zellner, sagen Sie Fränki meinen herzlichen Dank für seinen lieben Brief. Wenn er in der Schule brav lernt und Ihnen Freude bereitet, dann soll es ihm, wenn ich noch lebe, sicherlich nicht an dem Nötigen fehlen, um etwas Tüchtiges in der Welt zu werden und Ihnen, geehrte Frau, die Liebe zu vergelten, mit der Sie ihn erziehen.* Frank Zellners Spur verliert sich. Wedekind, das beweisen Protokolle des Landshuter Amtsgerichts, zahlt pünktlich für ihn Alimente. Als sein Sohn volljährig wird, ist er bereits tot.

Nach seinem erfolglosen Bemühen, den «Marquis von Keith» in Berlin zu realisieren, will Emil Meßthaler eine Lanze für Wedekind in Nürnberg brechen, wo die Zensur vergleichsweise liberal ist und er seit 1900 sein Intimes Theater betreibt. Dort will er «Die Büchse der Pandora», den zweiten Teil der «Lulu»-Tragödie, uraufführen. Wedekind lässt sich nach Zögern und Bedenkzeit auf das Wagnis ein. Das neu bearbeitete Werk geht am 1. Februar 1904 vor geladenem Publikum über die Bühne. Anhänger und Gegner Wedekinds brüllen einander nieder, die Polizei schreitet ein und verbietet die für den Folgetag geplante zweite Vorstellung. Eine einmalige, geschlossene Aufführung am Münchner Schauspielhaus am 29. März hat außer einem überwiegend negativen Presseecho keine Folgen, aber am 23. Juli beschlagnahmt die Münchner Staatsanwaltschaft die Buchausgabe der «Büchse der Pandora» und erhebt Anklage gegen Autor und Verleger wegen Verbreitung unzüchtiger Schriften – Bruno Cassirer, der um Wedekind geworben hat, erlebt einstweilen wenig Freude mit ihm.

Wedekind ist drauf und dran, den Kampf aufzugeben – vielleicht hatte Gerhart Hauptmann im «Friedensfest» doch recht, als er ihm *Herzensliebe* absprach und ihm riet, die Finger von der großen Kunst zu lassen und sich mit *Reklamescherzen* zu begnügen. *Mit der Literatur bin ich fertig,* gesteht er Beate Heine. *Die halsstarrige Abneigung des großen Publicums gegen mich würde ich auch in den kommenden zehn Jahren durch die heißesten Kämpfe kaum besiegen, und was hätte ich dann vom ganzen Leben gehabt! Ich wiederhole mir täglich mit dem Gefühl großer Erleichterung, daß mir von jetzt an die Literatur den Rücken hinunterrutschen kann. In allem, was ich bis jetzt geschrieben habe, fehlt mir DIE GROSSE LIEBE, der Hauptmann seine gewaltige Wirkung zu verdanken hat. Und diese Liebe lässt sich nicht vorgaukeln, auch wenn man es noch so durchtrieben anstellt. Als Mittel zur Unterhaltung, zur Bekämpfung der Langeweile ist sie mir auch schon gekommen, aber ich sehe zu meiner Enttäuschung, daß meine Begriffsverdrehungen keinen Glauben finden. Die wahre Liebe ist es nicht.*

Notgedrungen schließt Wedekind Frieden mit dem Kabarett und singt allabendlich seine Lieder bei den Münchner «Sieben Tantenmördern» – im Reich der «Zehnten Muse» ist er immerhin so berühmt, dass man Theater nach Gedichten von ihm benennt. Seine Einnahmen, im Kalender penibel notiert, betragen pro Auftritt etwa zehn Mark, an guten Tagen dreißig oder vierzig.

Während Wedekinds Dramen auf Unverständnis stoßen, hat Max Halbes präziser, volkstümlicher Naturalismus Erfolg. Sein Stück «Jugend» ist seit mehr als zehn Jahren auf allen Spielplänen zu Hause, während Wedekinds entfernt themenverwandtes, zwei Jahre älteres und künstlerisch weit interessanteres «Frühlings Erwachen» als unaufführbar gilt. Im Sommer 1904 kommt es zum großen Autorenkrach. Max Halbe sieht den Grund in Kollegenneid: *Wedekind ertrug es auf die Dauer nicht, daß ich Erfolge hatte, während er selbst noch vergebens darum rang. Er ärgerte sich über mich und mein Glück, als ob mir etwa die gebratenen Tauben nur so in den Mund geflogen wären. [...] Wie es seine Art war, rückte er nicht offen damit heraus, beließ es vielmehr bei spöttischen Bemerkungen, anzüglichen Witzen, deren Spitzen gegen mich, artig verkleidet, auch der Blinde mit dem Stock fühlen konnte. Dies schleppte sich über ein Jahr hin. Immer mehr Zündstoff häufte sich an. Endlich, im brennend heißen Sommer 1904, flog die sorglich angelegte Mine in die Luft.* Was genau geschieht, ist unbekannt, aber das Zerwürfnis ist tief und dauerhaft. Andere Zeitgenossen beschreiben Wedekind in künstlerischen Dingen als großzügig: Im Theater sehe man ihn oft demonstrativ klatschend im Zuschauerraum verharren, wenn alle schon gegangen sind, als ob er zeigen wollte, dass allein die Tatsache, ein Stück geschrieben und durchgesetzt zu haben, eine applauswürdige Leistung sei.

Ende September 1904 rückt Wedekind auf der Gesellschaftsleiter ein gutes Stück nach oben: Er lernt Maximilian Harden kennen, um den er sich jahrelang bemüht hat, ohne dafür mehr als flüchtige Erwähnungen in Artikeln geerntet zu haben. Nach der Berliner «Erdgeist»-Premiere hat ihn Harden zwar mit den Worten begrüßt: *Herr Wedekind, der begabteste der jüngeren deutschen Dramatiker, hat sich endlich Gehör erzwungen,* aber die «Büchse der Pandora» gefiel ihm gar nicht: *Das klingt widrig und riecht nach dem Müllhäufchen der Hintertreppe.* Jetzt beantwortet er auf einmal einen Gruß Wedekinds höchst freundlich und äußert den Wunsch nach einer persönlichen Begegnung. Maximilian Harden heißt eigentlich Felix Ernst Witkowski, ist drei Jahre älter als Wedekind, kleinwüchsig, schwarzlockig und energisch, Sohn eines jüdischen Seidenhändlers aus Polen, Verehrer Bismarcks und Gegner Wilhelms II. und als Herausgeber und Hauptautor der Wochenschrift «Die Zukunft» ein umstrittener, aber ungemein einflussreicher Publizist.

Wedekind trifft Harden am 22. September in Berlin und wird von ihm kurzerhand zu einem Diner bei Walther Rathenau mitgenommen, lernt also an einem Tag zwei in der Öffentlichkeit und für ihn selbst wichtige Männer kennen, in Rathenau sogar eine Art Wesensverwandten. Walther Rathenau ist Sohn des AEG-Begründers Emil Rathenau und wäre gern Schriftsteller geworden, aber hat, der Familientradition gehorchend, Physik und Chemie studiert, mit zweiundzwanzig Jahren seinen Doktor gemacht und ohne Begeisterung, aber mit enormer Tüchtigkeit, ein elektrochemisches Werk in Bitterfeld geleitet. Als Dreißigjähriger hat er in der «Zukunft» den Aufsatz «Höre Israel» veröffentlicht, als Aufruf und Mahnung an seine jüdischen Glaubensgenossen, Verhaltensweisen zu vermeiden, die den Antisemitismus schüren könnten, und sich damit zwischen alle Stühle gesetzt. Sein Wunsch, sich ins Privatleben zurückzuziehen, ist nicht erhört worden. Jetzt ist er im Aufsichtsrat der AEG, wo er wieder, sozusagen gegen seinen Willen, Entscheidendes leistet. Er bewundert die Konsequenz, mit der Wedekind den schwierigen Weg des freien Autors geht. *Das war für mich ein glückliches Ereignis, dass ich Sie begrüssen durfte*, schreibt ihm Rathenau, *und es würde mich schmerzen, wenn es nur ein Ereignis bliebe. Deshalb halte ich Sie an Ihrem Versprechen, mich wieder aufzusuchen, fest und warne Sie, dass ich selbst zuweilen, wenn auch nur unstet, nach München komme.* Auch Maximilian Harden ist jetzt Wedekinds Freund: *Ich hoffe, wir verlieren einander nicht wieder.*

Berlin bringt auch ein Wiedersehen mit Gertrud Eysoldt, die er im Sommer während eines längeren München-Gastspiels näher kennengelernt hat. Gertrud Eysoldt ist vierunddreißig, geschieden, mit einem kleinen Sohn, eine hochintelligente, virtuose und leidenschaftliche Schauspielerin, die *MUT* als Herz ihrer Künstlerschaft bezeichnet. Ihr Anteil am Erfolg des «Erdgeist» steht

Kleinwüchsig, schwarzlockig und energisch –
Maximilian Harden macht Urlaub auf Sylt

außer Zweifel. Wäre sie eine Frau für ihn? Würde sie auch seine
anderen Stücke durchsetzen? In Berlin scheint man sich gut zu
verstehen: *Ich hatte Sehnsucht nach Frühlings Erwachen. Du
liebes geniales Bilderbuch Du!*, schreibt ihm Frau Eysoldt nach
München.

Kurz darauf lernt Wedekind Anna von Seidlitz kennen. Sie
betreibt eine private Leihbücherei in München-Neuhausen und
will ihn für einen Vortrag gewinnen. Nach wenigen Tagen wird
sie seine Geliebte: *Mein süßer, angebeteter Frank! Wenn Dir
diese Anrede übertrieben scheinen sollte, so entschuldige mich
bitte damit, daß ich immer noch im Rausch bin, den Deine Liebe,
Dein Sekt und Deine Persönlichkeit in mir hervorgerufen. Lach
mich nicht aus, wenn ich Dir sage, daß ich Dich liebe, und gönn
mir diesen süßen Wahnsinn, den man so selten im Leben empfindet. Mein ganzes Dasein möchte ich in Deine Hände legen, und
wenn Du mir nur erlaubst, für Dich Thee zu kochen und Deinen*

Walther Rathenau,
Industrieller mit Künstlernatur

Koffer zu packen, so dünkt mich das eine wonnige Beschäftigung.
[...] Ich kenn ja nun all Deine Sachen und stehe in einem intimen
Freundschaftsverhältnis mit jedem Deiner Strümpfe.

Anna von Seidlitz ist patent und zupackend, nicht hässlich und
keineswegs dumm. Ihr selbstgeführtes Unternehmen weist sie
als moderne Frau aus. Aber Wedekind behandelt sie schlecht. Im
Kalender findet sich ihr Name selten und meist als Teil einer größeren Gruppe. Es ist der Nettchen-Schimmelpfennig-Effekt aus
«Elins Erweckung»: Eine bürgerliche Frau an seiner Seite würde
Wedekind selbst zum Bürger machen. Und da er nach Herkunft
seines Vaters ein Bürger und nach Jugend und Charakter sogar
ein Patrizier ist und einen entsprechenden Lebensstil auch irgendwie anstrebt, fürchtet er mit einer bürgerlichen Bindung den
Verlust seiner schöpferischen Kraft, so wie Elin die Brautnacht
mit Nettchen Schimmelpfennig mehr fürchtete als Examen und
Probepredigt zusammen.

Ende November 1904 wird Anna von Seidlitz von Wedekind schwanger, im Februar 1905 schreibt sie ihm: *Mein lieber Frank! Seit 8 Tagen sehe ich Dich nicht mehr und bin vor Sehnsucht krank. Ich wage es nicht, in Deine Wohnung zu kommen, aus Furcht, Dich zu stören, und nachts kann ich doch auch nicht allein ausziehn, um Dich in Deinem Stammlokal zu suchen. [...] Erbarm Dich doch meiner armen Seele im Fegfeuer und sag mir, wie und wo ich Dich sehn kann. Du bist doch mein Mann, der Einzige, Unvergleichliche, Deine Verachtung bringt mich um. [...] Zuweilen kommt es mir vor wie ein unerhörtes Glück, für das ich Dir danken möchte, und dann wieder packt mich eine Verzweiflung, eine kalte Angst: Was soll werden? Dann kommen mir alle erhabenen Ideen über uneheliche Kinder und Philister-moral wie leere Worte vor, die ganze Bohème, in die ich mich gestürzt habe, wie ein gräßlicher Traum. Sei nicht böse, daß ich Dich mit meinen Angelegenheiten belästige, ich weiß wohl, für Dich kommt in erster Linie Deine Kunst und dann nach langem Zwischenraum erst Deine menschlichen Beziehungen.*

Wenige Tage nach dem Erhalt von Annas Brief steht Wedekind erstmals als Karl Hetmann in «Hidalla oder Sein und Haben» auf der Bühne des Münchner Schauspielhauses. Alle Rechnungen Karl Hetmanns waren falsch: Die Moral der Schönheit, die er verbreiten wollte, haben die *REICHEN* für sich usurpiert, Frau-en, die ihre sexuelle Freiheit stolz und begeistert feiern sollten, betrachten Schönheit nach wie vor als *Mittel zum Zweck* der An-lockung von Männern, die Jugend, die er fanatisieren wollte, will *möglichst rasch in sichere Behausung.* Rudolf Launhart schlägt aus seinem Werk Profit, er selbst hat keine Liebe gefunden, denn er ist ein Mensch, *dem das Bewußtsein, GELIEBT zu werden, die furchtbarsten Qualen bereitet.*

Eine Flut von schlechten Kritiken ergießt sich über Wede-kinds Stück. Aber die Rolle des fanatischen, wütenden, zerrisse-nen und traurigen Menschheitskämpfers, Weltverbesserers und «Zwergriesen» Karl Hetmann ist ihm derart auf den Leib ge-schrieben, dass Freund und Feind voller Bewunderung sind und seine schauspielerische Leistung sein Werk zum Erfolg führt.

18

Die Büchse der Pandora

1905

Seit April 1899 erscheinen in Wien dreimal monatlich, später in zwangloser Folge, kleine rote Hefte mit dem Titel «Die Fackel», ähnlich subjektiv im Inhalt wie Hardens «Zukunft», aber mehr gegen kleine Verlogenheiten, Phrasenschwulst, Apathie und Gedankenlosigkeit gerichtet als gegen große Politik. Ihr Motto ist nicht «Was wir bringen», sondern «Was wir umbringen»; ihr Herausgeber ist Karl Kraus, Sohn eines jüdischen Papierfabrikanten aus Jizin in Böhmen, kurzsichtig und seit seiner Kindheit an einer Rückgratverkrümmung leidend. Als Schüler bedauerte er seine vermeintliche Schwäche im Deutschen und seine Phantasielosigkeit, die jeden befriedigenden Aufsatz verhinderte. Das präzise, schnörkellose Latein hingegen lag ihm. Es zog ihn mit Macht zum Theater, daneben verfasste er literarische Korrespondenzen, die satirisches Talent ahnen ließen: *Mir ist es in Ischl immer, als ob die Berge ringsum nur eine Art Dekoration wären, die man auf die Wiener Ringstraße gestellt hat.* Den Ausschlag zur Literatur gab eine Aufführung der «Räuber», in der er als Franz Moor durchfiel, während der zwei Jahre ältere Max Reinhardt als Spiegelberg brillierte; die Theaterbegeisterung ist ihm geblieben. Beim ersten Erscheinen der «Fackel» war Karl Kraus fünfundzwanzig Jahre alt und hatte sofort eine Menge Feinde: Literaten um Hermann Bahr, deren Anpassertum er geißelte, Zionisten, deren Ideen er für wahnwitzig hielt, und die mächtige Wiener Presse, die *jede Gemeinheit begehen lassen darf und keine einzige bereuen muß* und ihn immer noch totschweigt, obgleich nach Augenzeugenberichten am Erscheinungstag der «Fackel» Straßenbahnen und öffentliche Plätze mit den roten

Tupfern ihres Einbands geradezu übersät sind. Karl Kraus arbeitet nachts, ist hochgradig nervös, krankhaft lärmempfindlich und, ähnlich wie Wedekind, im Kern seines Wesens gütig, eher weich und manchmal sentimental.

Karl Kraus hat Wedekind erstmals 1898 gesehen, als er mit Carl Heines Ensemble nach Wien kam und ihn im Juni 1903 nach Max Reinhardts «Erdgeist»-Gastspiel gegen negative Kritik verteidigt: *Die Frage, wer das dümmste Feuilleton über den «Erdgeist» geschrieben hat, ist schwer zu beantworten. Herzl und Burckhard kommen in die engere Wahl* ... Im selben Monat hat er den *merkwürdigsten unter den deutschen Modernen* erstmals mit einem Gedichtbeitrag in der «Fackel» vorgestellt, seither bilden beide eine Art Interessengemeinschaft: Für Karl Kraus ist Wedekind eine Leitfigur der literarischen Gegenbewegung, die er zu fördern versucht; Wedekind sieht in dem elf Jahre Jüngeren einen Bewunderer, der ihm eine willkommene literarische Plattform bietet und Beiträge überraschend gut honoriert – sechzig bis einhundertzehn Mark pro Gedicht, das hat es beim «Simplicissimus» nie gegeben.

Als kulturpolitischen und persönlichen Akzent will Karl Kraus im Frühjahr 1905 die «Büchse der Pandora» aufführen, die den «Erdgeist» *erst verständlich* mache und ihn *an dramatischer Kunst und Kühnheit* weit übertreffe. Er mietet das Trianon-Theater an der Praterstraße (gegenüber dem Carl-Theater, das der verehrte Nestroy einst geleitet hat) und engagiert Schauspieler auf eigene Rechnung, darunter die berühmte Adele Sandrock als Gräfin Geschwitz. Wedekind, der den Jack the Ripper spielen soll, ist hocherfreut. Dass eine Hinwendung zu Karl Kraus seine eben geschlossene Freundschaft mit Maximilian Harden tangieren könnte, muss er nicht befürchten: Das Verhältnis der beiden Großkritiker ist gespannt, aber noch nicht so zerrüttet, dass er sich für einen der beiden entscheiden müsste; bei der Gründung der «Fackel» hat der erfahrene Harden den jungen Kraus noch beraten und unterstützt.

«Fackel»-Herausgeber Karl Kraus

Im April 1905 fährt Wedekind nach Stuttgart – das dortige Residenztheater spielt «Hidalla» mit ihm als Karl Hetmann. In der Nacht vor der Abreise schläft Anna von Seidlitz bei ihm. Ihr Kind taucht im Münchner Geburtenregister nicht auf, sie hat es entweder abgetrieben oder durch Fehlgeburt verloren. Sie liebt Wedekind noch immer, hilft ihm im Haushalt, ist zur Stelle, wenn er sie braucht. Im Stuttgarter Hotel sieht Wedekind eine ausnehmend hübsche Frau. Er schaut ihr nach, merkt sich ihre Zimmernummer und findet abends einen Brief in seinem Fach: *Sehr geehrter Herr! Ich habe Ihre «Büchse der Pandora» gelesen – ich habe in Erfahrung gebracht, daß Sie hier sind u. im selben Hotel wohnen – ich möchte Sie sehr gerne kennenlernen u. bitte Sie, mir ein Autogramm von Ihnen persönlich zu überbringen! Verzeihen Sie, wenn ich Sie incommodiere, u. bitte erfüllen Sie mir meinen Wunsch! Berthe Marie Denk.*

Die Unbekannte ist Wienerin, etwa fünfundzwanzig Jahre alt, hat irgendetwas mit Theater zu tun und fährt Auto. Wedekind diniert mit ihr, bummelt mit ihr durch die Anlagen, sitzt nach seiner Vorstellung mit ihr und lokalen Theaterleuten zusammen und verbringt die Nacht mit ihr in ihrem Zimmer. In sein Notizbuch schreibt er: *Genesis der Wollust. Pessimistisch. Von Kindheit, bis sie plötzlich erlischt. Das Bestreben, möglichst viel zu genießen. Wer ist Modell? Ich selbst? Marie Denk! Keusche Kindheit. Entjungferung. Immer nur war es der mächtige Trieb, aus dem an Freude nichts übrig blieb.* Letzterer Reim ist aus seinem neuen Stück «Totentanz», das er vor ein paar Wochen begonnen hat.

Es behandelt männlichen Umgang mit weiblicher Lust. Lisiska, eine Prostituierte in einem Edelbordell, will von einem Kunden geschlagen werden wie Wendla Bergmann in «Frühlings Erwachen». Der Kunde, ein anständiger Mensch, will sich abreagieren, bezahlen und gehen, aber Lisiska insistiert: Kein Mann konnte sie je befriedigen, alle waren zu schwach, auch die vielen im Bordell. Sie will geschlagen und ausgelöscht werden, nur um endlich etwas zu empfinden. Weibliche Sexualität: das Angstthema der Epoche, von Männern besetzt, die sich dabei selbst erforschen.

Berthe Marie Denk und Wedekind kutschieren im Auto über Land, besichtigen Ludwigsburg, die Stadt seines Großvaters Jakob Friedrich Kammerer, und lieben sich leidenschaftlich im Hotel. Aber nach einem genussvoll verbrachten Tag lässt Berthe Marie ihn seine Theatervorstellung allein absolvieren, ist bei seiner Rückkehr mit dem Auto fortgefahren und kommt erst gegen Morgen zurück. Wedekind ist brüskiert, lehnt weitere Automobiltouren ab. Bei der Rückfahrt nach München sitzt Berthe Marie mit ihm im Zug, vielleicht um die nächsten Tage mit ihm zu verbringen, aber es gibt Streit. Er lässt sie allein und verbringt den Abend mit Anna von Seidlitz und seinen Freunden Anton Dreßler und Max Langheinrich.

Eine im Notizbuch festgehaltene, hebräisch mit B. M. Denk unterzeichnete Aussage zeigt ihre erotische Macht über Wedekind: *Eine Nacht werde ich dir schenken, eine einzige Nacht, nicht die heutige, ich weiß noch nicht welche. Aber in dieser Nacht werde ich dich so küssen, daß du mich Zeit deines Lebens nicht vergißt.* Außerdem will sie ihn offenbar heiraten: *Mein lieber*

Frank Wedekind, aber natürlich sind wir Braut und Bräutigam, wie kannst Du nur daran zweifeln? Ich dachte nur, Du hättest es einstweilen vergessen u. wollte somit warten bis Du Dich gelegentlich daran erinnerst! Es handelt sich also nur um den Termin der Hochzeit – den zu bestimmen überlasse ich Dir!

Spielt sie mit ihm, oder ist die richtige Frau endlich gefunden? Der misstrauische Wedekind gibt seinen Gefühlen nach und schreibt seiner Mutter: *Ich glaube sogar beinah, daß ich mich verlobt habe; ich weiß es aber noch nicht ganz bestimmt und bitte daher, mir vorderhand noch nicht zu gratulieren.* Auch Karl Kraus muss an seinem Glück teilhaben: *Uebrigens habe ich in Stuttgart neulich die Bekanntschaft einer entzückenden Wienerin gemacht, von der ich Ihnen bei unserem nächsten Zusammentreffen allerhand zu erzählen haben werde.* Wedekind weiß nicht, dass Karl Kraus Berthe Marie Denk seit Jahren kennt und ebenso begehrt wie er selbst.

In Wien plagt sich eine junge Schauspielerin mit der Rolle der Lulu: Tilly Newes. Sie ist neunzehn Jahre alt, stammt aus Graz, ist das mittlere von sieben Geschwistern, Tochter eines wenig geschäftstüchtigen Weinhändlers und einer halbjüdischen, manisch-depressiven Mutter. Sie hat die Schule mit fünfzehn Jahren verlassen und privaten Schauspielunterricht genommen, aus eigenem Antrieb, um ihre Schüchternheit zu überwinden und ihr Selbstbewusstsein zu stärken – niemand in ihrer Familie hat je einen künstlerischen Beruf ergriffen. Sechzehnjährig begann sie als Volontärin am Grazer Stadttheater. Ihre Anmut und Natürlichkeit berührten das Publikum. Sie spielte mit Erfolg klassische Rollen, einmal auch die junge Amerikanerin Miss Coerne in Wedekinds «Kammersänger». Den «Erdgeist» sah sie in ihrem zweiten Bühnenjahr in Köln und war tief beeindruckt. Ein Bild des Autors gefiel ihr so gut, dass sie es küsste.

Jetzt gilt sie am Wiener Kaiser-Jubiläums-Stadttheater als Talent, ist umschwärmt, mag Gesellschaft und verblüfft gelegentlich durch Schlagfertigkeit und trockenen Humor. Aber oft ist sie auch traurig und energielos, manchmal tagelang, dann ist

Theaterspielen das Einzige, was sie wieder aufrichtet. Karl Kraus hat ihr ein paar Monate zuvor, als sie beim Wiener Presseball an seinem Tisch Wedekinds Chanson «Ilse» vortrug, die Mitarbeit bei seinem «Pandora»-Projekt angeboten. Sein Assistent, der nachmals berühmte Literat Egon Friedell, hat ihr das Stück vorgelesen, zusammen mit ihrer besten Freundin, der sechzehnjährigen Schauspielschülerin Ida Orloff. Alle drei waren für kleine Rollen vorgesehen. Aber als keine Lulu zu finden war, gab man Tilly Newes die Hauptrolle.

Tilly ist überfordert und weiß es. Ihr Elternhaus war nicht frei von persönlichen und erotischen Konflikten. Depressionen der Mutter drückten auf die Stimmung, der charmante, nachgiebige Vater hatte Affären mit weiblichem Personal. Tilly spürte das Verdrängte und Verhuschte ihrer Umgebung, aber hatte als Kind mit ihrer älteren Schwester Dora selbst ein kleines lesbisches Verhältnis, erst ohne Unrechtsbewusstsein, dann mit dem deutlichen Gefühl, dass etwas nicht stimmte. Ihr Gang zum Theater war auch ein Versuch, der heimischen Enge zu entrinnen. Er gelang nur halb, denn die Eltern gaben ihr als Aufpasserin die zweitälteste Schwester Paula mit, die eigentlich studieren will, aber nun, zur Untätigkeit verdammt und durch eine von der Mutter ererbte Schwermut belastet, neben ihr herlebt. Ihre Jungfräulichkeit hat Tilly vor Kurzem geopfert, mehr als Akt der Auflehnung denn aus Liebe, einem ehrgeizigen jungen Literaten namens Paul Eger, und hat es sehr genossen. Aber um den Niedergang der Lulu darzustellen, die gekämpft und gemordet und die Tiefen menschlichen Daseins erlebt hat, fehlen ihr Erfahrung und Härte. Tilly fühlt sich unwohl und würde die Rolle am liebsten abgeben, aber kein Ersatz ist da, und die Premiere naht.

Am 12. Mai 1905 wird vor dem Königlichen Landgericht I in Berlin die Strafsache «Pandora» gegen Frank Wedekind und den Verlagsbuchhändler Bruno Cassirer wegen Verbreitung unzüchtiger Schriften verhandelt. Gerhart Hauptmann ist als Sachverständiger geladen; Wedekind und er müssen vor dem Gerichtssaal zwei Stunden warten – ein erstes Wiedersehen der ungleichen Dichter nach mehreren Jahren. Seit dem kontroversen «Friedensfest» hat Hauptmann fünfzehn Stücke geschrieben, darunter die «Weber», den «Biberpelz», «Florian Geyer», «Die versunkene Glocke», «Fuhrmann Henschel» und den «Roten Hahn». Er hat zum zweiten Mal geheiratet, ein schlossartiges Haus in Schlesien erbaut, zweimal den Grillparzer-Preis und die Ehrendoktorwürde der Universität Oxford erhalten. Wedekind, der noch immer um Anerkennung kämpft, hat es an Seitenhieben auf ihn nicht fehlen lassen, Hauptmann hat nie reagiert. Vor Gericht verteidigt er die «Büchse der Pandora» und ihren Autor. In sein Tagebuch notiert er: *Büchse der Pandora, eins der merkwürdigsten Werke: voll Schmerz, Bosheit, Tiefe, symbolischer Kraft.* Wedekind schreibt seinem Bruder Carl Hauptmann: *Gerhart hat Ihnen vielleicht schon von Berlin erzählt, wo er mir in schwerer Not große Dienste erwiesen hat.* Der Prozess endet mit einem Freispruch – es sei nicht zu leugnen, dass *Tatsachen oder Vorgänge* des Stücks dem *herrschenden Gesetze von Sitte, Zucht und Anstand* zuwiderliefen, aber in keiner *das Scham- und Sittlichkeitsgefühl verletzenden Art.* Der Staatsanwalt legt Revision ein.

Am 26. Mai nimmt Wedekind den Nachtzug von München nach Wien. Karl Kraus holt ihn ab, geht mit ihm ins Theater, betritt mit ihm den dunklen Zuschauerraum. Auf der Bühne probt Tilly Newes. Wedekind sieht eine wunderschön gewachsene junge Frau, anrührend in Blick und Geste, enorm sicher in der körperlichen Bewegung, eine heitere, weiche Lebendigkeit mit unübersehbarer Melancholie. Der Gegentyp der intellektuellen Frau. Hat er sich so seine Lulu vorgestellt? Jemand flüstert Tilly zu: «Es gefällt Wedekind. Er ist entzückt.» Kurz darauf kommt er selbst. Sie sieht seine Augen, spürt seine breite Hand und beim Probieren der Schlussszene die Plumpheit und Wucht seines Körpers. Nach der Probe fährt Wedekind zu Berthe Marie Denk. Sie liegt krank im Bett. Am nächsten Tag besucht er sie gemeinsam mit Karl Kraus.

Der 29. Mai 1905 ist ein Montag. Die Wiener Zensur hat die «Büchse der Pandora» nur als sogenannte «§ 2-Vorstellung» genehmigt: Zuschauer müssen Eintrittskarten schriftlich bestellen und im Voraus bezahlen. Die sechshundert Plätze sind so gut wie verkauft, Karl Kraus kann, was das Geschäftliche betrifft, aufatmen. In einer fast einstündigen Vorlesung stimmt er das Publikum auf die Problematik des Stücks und die Eigenart des Autors ein. Er spricht vom *Irrgarten der Weiblichkeit* und von Lulu als *Herrin der Liebe,* die zur *Allzerstörerin* wurde, weil sie von *allen* zerstört ward. Der Einfluss von Otto Weiningers heftig diskutiertem Buch «Geschlecht und Charakter», 1903, wenige Monate vor dem Freitod des erst dreiundzwanzigjährigen Philosophen erschienen, ist deutlich spürbar: Jack the Ripper ist für Kraus der *summarische Rächer des Männergeschlechts,* der *sexuellste Mann,* dem Lulu *zufliegt wie die Motte dem Licht,* sein *Messeramt* nimmt ihr, *womit sie an den Männern gesündigt hat.* Wedekinds dichterische Leistung ist für ihn einzigartig: Wedekind habe als erster Dramatiker seiner Generation wieder dem GEDANKEN den *langersehnten Zutritt* zur Bühne verschafft. *Alle Natürlichkeitsschrullen sind wie weggeblasen.* Kein anderer habe *Mut und Kraft* zu solchem *Griff in das Mensheninnerste,* keinem hätten sich wie Wedekind *die Striemen, die seelisches Erleben schlug, zu Ackerfurchen dichterischer Saat gewandelt.*

Wedekind leidet unter Lampenfieber, seit er auf der Bühne steht. Nach Auftritten finden ihn Bekannte schweißüberströmt und zitternd mit der Frage: «War es gut?» In Wien ist er besonders aufgeregt: Max Reinhardts Dramaturg Felix Holländer hat Karten bestellt, vielleicht kommt der Meister selbst, Theaterleute und Kritiker werden da sein. Wedekind hat sein Stück nur einmal gesehen, kann dessen Wirkung nicht abschätzen, hat die Rolle des Jack noch nie gespielt und den Text erst kurz vor der Abreise memoriert. Neben ihm steht Tilly Newes. Sie bemerkt seine Nervosität und gibt ihm zur Beruhigung einen Kuss.

Bei der Premierenfeier sitzt Wedekind zwischen Berthe Marie Denk und Tilly Newes. Seine übliche Frage: «Sind Sie noch Jungfrau?» pariert Tilly mit einem kurzen: «Natürlich.» Aber nach

Eine wunderschön gewachsene junge Frau:
Tilly Newes als Lulu, Wien 1905

einer Weile beugt sie sich zu ihm und sagt: «Übrigens, zu dem, was Sie mich vorher gefragt haben: natürlich nicht! Es war an seinem fünfundzwanzigsten Geburtstag. Ich hätt's ihm gern auf den Geburtstagstisch gelegt.» Wedekind soll sehr gelacht haben.

Nur wenige Blätter berichten über die Aufführung der «Büchse der Pandora», vielleicht des gespannten Verhältnisses zwischen Karl Kraus und der Wiener Presse wegen. Aber die Publikumsnachfrage ist groß. Karl Kraus vereinbart eine Wiederholung für Juni. Wedekind, im sicheren Bewusstsein, einen Sieg errungen zu haben, dankt Karl Kraus in aller Aufrichtigkeit: *Der uneingeschränkte Beifall, der der Vorstellung folgte, löste bei mir ein Empfinden der seelischen Erleichterung aus, für das ich wohl Zeit meines Lebens Ihr Schuldner bleiben werde.* Karl Kraus wird, in Anerkennung der herausragenden Bedeutung des Ereignisses für sein Wirken und die Kultur seiner Stadt, zum zwanzigsten Jubiläum der Aufführung seine 1905 gehaltene «Pandora»-Vorlesung in der «Fackel» veröffentlichen.

Auch Tilly Newes erhält einen Brief. Wedekind dankt für ihr *kluges und zugleich so madonnenhaftes Spiel* und hofft, dass ihre *herrliche Leistung* ihr zum *Glück gereichen* möge. Er könne sich auch *gar nicht in den Gedanken finden*, sie zum *ersten und letzten Mal* gesehen zu haben. *Und nachdem ich Dir so tief verschuldet, wage ich nun sogar noch eine Bitte. Aber mißverstehe mich darin nicht. Ich gehe nicht darauf aus, Kunst-Trophäen zu sammeln. Ich habe kaum eine Künstlerin um dieses Geschenk gebeten. Es thäte mir aber unendlich weh, Dein süßes Bild, wie Du im zweiten Akt erschienst, mit der Zeit aus dem Gedächtnis verlieren zu müssen. Hast Du nicht vielleicht eine Aufnahme von Dir in dem Kleide, das Du im zweiten Akt trugst? Wenn Du eines hast, dann weißt Du, wen Du sehr glücklich damit machen könntest.* Wedekind schließt mit Grüßen an *IHN* – gemeint ist Tillys Geliebter Paul Eger. *Die Gefühle des Neides kommen nicht auf, dazu habe ich Dich zu lieb.*

Tilly ist gleich nach der Aufführung krank geworden. Ihr Leben scheint aus dem Lot geraten. Aber Wedekinds Brief beantwortet sie sofort: *Lieber Herr Frank Wedekind! Ich danke Ihnen sehr für Ihren lieben Brief, auf den ich natürlich furchtbar stolz bin.* Tilly findet es *sehr, sehr nett*, Wedekind im Juni wiederzusehen, und will sich bestimmt für ihn fotografieren lassen, *schon um Ihnen zu beweisen, wie sehr sympathisch Sie mir sind.* Dass Frauen beim «Sie» bleiben, während Männer sie duzen, ist als Ausdruck der Zeit nicht ungewöhnlich.

Berthe Marie Denk kündigt einen Münchenbesuch an, Wedekind ist krank vor Verlangen: *Ich erwarte sehnlichst Nachricht von Berthe Marie. Fahre nach Tutzing, um von dort eine Karte zu schreiben, gehe zu Fuß nach Possenhofen, erwarte sie vergebens in München am Bahnhof. Betrinke mich im Pschorrbräu.* Schließlich kommt sie. Wedekind ordnet und putzt seine Wohnung, steht klaglos um sechs Uhr früh auf, holt sie am Bahnsteig ab, bestellt ein Reitpferd für sie, speist mit ihr in vornehmen Lokalen. *Wir fahren nach Haus. Schäferstunde bei Gewitter. Sie schläft bis 9 Uhr. Hoftheaterrestaurant. [...] Um drei Uhr fahren wir durch den Englischen Garten nach Hause und lieben uns.* Wedekind bewundert Berthe Marie beim Reiten, lädt sie zum Frühstück in den «Aumeister» und abends ins Theater, stellt sie seinen Freunden vor, organisiert eine Rundfahrt auf dem Starnberger See und singt sie, wenn sie müde ist, mit seinen Liedern in den Schlaf. *Sie liebt mich, schaukelt auf dem Trapez, drapiert sich mit Meßthalers Kranzschleife, singt den König von Thule. Ich heule wie ein Schloßhund.* Als sie ihn nach vier Tagen verlässt, überfällt ihn der Katzenjammer. Um ihr wenigstens ein bisschen nah zu sein, abonniert er selbst einen Reitkurs, lässt sich Hosen und Stiefel anmessen und nimmt getreulich ein paar Wochen lang Unterricht.

Aber er ist sich ihrer nicht sicher. Versuche, sie zu provozieren, ihre Eifersucht zu wecken, prallen an ihr ab: *Mit wem hast Du mich denn betrogen? Weisst Du, das passt mir eigentlich gar nicht! Wenn ich so etwas thue, dann ist das doch etwas ganz anderes!* Wedekind versucht es mit Humor und schreibt einen Brief an ihren Hund: *Mein lieber Fischmann! Du wirst Dich nicht besonders wundern, daß ich Dir schreibe, denn Du weißt ja jedenfalls, daß ich von unserer schönen süßen angebeteten Herrin seit drei Wochen keine Nachricht mehr erhalten habe. [...] Eigentlich sind wir doch Leidensgefährten; unsere schöne Herrin führt uns beide an der Leine, nur mit dem Unterschied, daß Du eine bessere Erziehung genossen hast.* Im Juli bestellt Berthe Marie ihn nach Franzensbad – ihre Lunge sei wieder einmal *sehr launisch,* Wedekind möge sie von *einer entsetzlichen Langeweile* befreien. Wedekind fährt hin, nimmt sich Arbeit mit, aber verlässt sie nach wenigen Tagen ohne Abschied – ihren Gefühlen traut er nicht mehr, für die Rolle des Stimmungsmachers ist er sich zu gut. Berthe Marie reist nach Italien. Wedekind erfährt, dass Karl Kraus sie begleitet.

Inzwischen ist Wedekinds Einakter «Totentanz» in der «Fackel» erschienen. Karl Kraus hat ihm eine ganze Nummer gewidmet – ein in der Geschichte des Blattes einmaliger Vorgang. Die Szene der Prostituierten Lisiska und ihres Kunden ist flankiert von zwei Gesprächen, in denen die Frauenrechtlerin Elfriede von Malchus den Bordellbetreiber Casti-Piani erst angreift und dann von ihm verführt werden will, während er ihr erst die Moral der käuflichen Liebe erklärt und sich erschießt, als er deren Leere und Grausamkeit erkennt. Der Gesinnungswandel erfolgt, nachdem beide, auf gegenüberliegenden Seiten der Bühne versteckt, die Begegnung zwischen Lisiska und ihrem Kunden beobachtet haben. In einer kompakten und dramatischen Schlussszene stellt Wedekind noch einmal alle Menschenliebe infrage: Tödlich getroffen, ist für Casti-Piani die Erotik in weite Ferne gerückt und nur noch der Wunsch vorhanden, die Frauenrechtlerin möge *LIEB* zu ihm sein. Aber der ist das angesichts seines blutenden Körpers unmöglich: *Nein! Nein! Nein! Ich KANN bei diesem Anblick nicht lieb sein!* Das griechisch zitierte Motto aus dem Matthäusevangelium lautet: *Wahrlich, ich sage euch: Die Huren mögen wohl eher ins Reich Gottes kommen als ihr.* Darunter steht: *Meiner Braut in innigster Liebe gewidmet* – gemeint ist Berthe Marie Denk. Die ist wenig beeindruckt: *Ich kann Dir nur den guten Rath geben, verbrenn' Deinen «Totentanz», denn er strotzt von Unwahrheiten.* Von ihrer Italienreise sei nichts Besonderes zu berichten. Sie sei erschöpft und wolle in einem Kloster Ruhe finden: *Die schönsten Stunden erlebe ich doch allein mit mir.*

Ende August kommt plötzlich schwer verständliche Post von Tilly Newes aus Frankfurt am Main, wo sie offenbar engagiert ist. Von der Durchreise in München hat sie eine von Paul Eger mit unterschriebene Postkarte geschickt, jetzt kündigt sie ihre Verlobung mit einem Serben an. *Ja, das hätte ich in Wien nicht gedacht. Sie denken wohl, wieso dann die glückselige Karte von München?!* Paul liebe sie, der andere liebe UND heirate sie. *Ich sage Ihnen, das Wiedersehen war wunderschön.* Warum sie ihr vielversprechendes Wiener Engagement aufgegeben hat, um einen bisher unbekannten Serben zu heiraten, ist nicht ersichtlich, und merkwürdigerweise nennt sie sich nicht mehr Newes, sondern Niemann. Wedekind lässt ihren Brief erst einmal liegen. Später wird klar, dass er ein Hilferuf ist: Tillys Eltern und Geschwister haben Druck ausgeübt, ihres leichtfertigen Wiener Lebenswandels, vielleicht auch ihres Auftretens in der «Büchse der Pandora» wegen. Ihr Bruder Rudolf, ein korrekter Bankkaufmann, hat sie aufgefordert, den Familiennamen abzulegen. In Frankfurt passt ihre Mutter persönlich auf sie auf. Tilly will weg und glaubt, dass Wedekind ihr helfen kann. Den Serben hat es nie gegeben.

Wedekind spielt zu der Zeit den Karl Hetmann in «Hidalla oder Sein und Haben» am Kleinen Theater Unter den Linden in Berlin, das Victor Barnowsky, ein dreißigjähriger Schauspieler und Regisseur, bisher Theaterleiter in Breslau, von Max Reinhardt übernommen hat. Seine Partnerin in der Rolle der Fanny Kettler ist Gertrud Arnold. Wedekind hat ein Verhältnis mit ihr. Aber als Tilly Newes wieder schreibt und ziemlich unverblümt bittet, von ihm nach Berlin geholt zu werden, sagt er nicht Nein – sie ist nicht Berthe Marie Denk, aber auch sehr hübsch und als Schauspielerin geeignet. *Ich hatte schon sicher gehofft, Dich hier zu treffen,* schreibt er ihr, *da ich Dich Barnowsky so eindringlich angepriesen hatte, wie man jemanden anpreisen kann.* Die Rolle der Fanny Kettler sei besetzt, aber Barnowsky käme nach Frankfurt, um sich Tilly anzuschauen. *Daß ich auch sonst noch von Dir entzückt bin, darf er natürlich nicht ahnen, da das meine Fürsprache entwerthen würde* – ihr selbst dürften seine Empfindungen *wohl ziemlich gleichgültig sein, da ihr Herz mit Serben und Wiener Literaten ohnehin so reich bevölkert sei. Übrigens ist es nicht Eifersucht, was aus diesen Worten spricht. Im Gegentheil! Ich werde mich unter allen Umständen immer Deines Glückes freuen.*

Barnowsky kommt nach Frankfurt, findet Tilly aber für die Fanny Kettler zu mädchenhaft. Tilly lässt nicht locker: *Lie-*

Leuchtet in Seelenabgründe –
Wedekind als «Zwergriese» Karl Hetmann

*ber Wedekind, ach, bitte beruhigen Sie ihn doch darüber! Lulu
braucht doch auch starke Weiblichkeit, u. ich glaube, das besitze
ich in hohem Maße, wenn ich auch sehr jung u. sehr schlank bin.
Machen Sie ihm das doch begreiflich.* Barnowsky engagiert Tilly
auf Wedekinds Wunsch hin – dessen neuerliches Renommee
macht es möglich.

Denn der Schauspieler Wedekind ist jetzt auch in Berlin angekommen. Nach der Premiere, berichtet ein Kritiker, hätten sich

zwar zahlreiche Zuschauer gefragt: «*Haben Sie das verstanden?*», aber Wedekind habe mit *unheimlich heller Fackel* hinabgeleuchtet in die *finsteren und mysteriösen Gänge dieses labyrinthischen Schauspiels*. Er sei der *fürchterlichste Dilettant*, aber *alle Macht des höchsten Spieles* verblasse vor diesen *klagenden und weichen und harten fanatischen Klängen*, diesen *bohrenden und flackernden* Augen.

Tilly Newes reist am 18. Oktober 1905 in Berlin an und nimmt Wohnung in der Albrechtstraße um die Ecke von Wedekind am Schiffbauerdamm. Wenige Tage später beginnt sie ein sexuelles Verhältnis mit ihm – beiden muss klar gewesen sein, dass es so kommen würde. *Es war halt da, wie etwas Selbstverständliches,* sagt Tilly in einem etwa dreißigseitigen, in ihrem Nachlass gefundenen Dokument, in dem sie als junge Witwe versucht, die erste Zeit mit Wedekind zu analysieren.

Gertrud Arnold, seine bisherige Bühnen- und Bettgenossin, leidet: *Wedekind weiß an einem Tag nicht mehr, was er am vorigen gewollt, mir aber heute Zärtlichkeit geben, um mich morgen mit Augen zu beobachten, die sich an der Qual weiden, die man der Person zugefügt, die man gestern geliebkost – das kann ich nicht aushalten. […] Ich bin so ehrlich einzugestehen, daß ich glücklich war, wenn ich Gutes mit aus unseren Vorstellungen nach Hause nehmen konnte; ich habe Alles hundertfach genossen u. gefühlt und vergaß das Häßliche so schnell, aber bitte spielen Sie nicht weiter mit mir, nehmen Sie mich nur einen Moment ernst; es dürfte sich mal an Ihnen rächen!* Es nützt ihr nichts: Am 30. Oktober übernimmt Tilly Newes die Rolle der Fanny Kettler. Wedekinds Geliebte ist sie bereits, sein Interesse hat sie auch. Wie bei jeder Beziehung Wedekinds geht es um Sieg oder Niederlage, um oben oder unten.

Wartet Wedekind vor dem Theater auf Tilly, gibt er sich unbeteiligt, aber ist pünktlich zur Stelle und bewirtet sie in teuren Lokalen. Tilly akzeptiert seine Wohltaten ohne Unterwürfigkeit oder überschwänglichen Dank. Auch scheint sie nicht zu bemerken, dass der frühe Abend, den er mit ihr verplaudert, seine eigentliche Arbeitszeit ist. Im Sexuellen hat der erotische Theoretiker Wedekind einen interessanten Fall zu lösen: Tilly ist anspruchsvoll, freizügig und zu allem bereit. Um zu prüfen, wie weit er gehen kann, lässt er sich mit ihr nackt fotografieren. Tilly macht problemlos mit.

Wird Wedekind eingeladen, fragt er: «Darf ich Fräulein Newes mitbringen?» Tilly lernt Maximilian Harden, Walther Rathenau, Alfred Kerr, Max Reinhardt, Emil Orlik, Lovis Corinth und viele andere kennen, aber das Gespräch geht an ihr vorbei. Oft fallen ihr fast die Augen zu. Bei anderer Gelegenheit ist sie erstaunlich raumgreifend: Bestellt Wedekind eine Droschke, setzt sie sich mitten hinein und merkt oder bedenkt anscheinend nicht, dass er auch Platz braucht. *Minderwertigkeitsgefühle und Größenwahnideen gingen bei mir sehr früh Hand in Hand*, bekennt Tilly. *Wir verlebten in diesem Winter viele schöne und reiche Stunden miteinander. Aber es gab auch schon manche Schwierigkeiten. Seine Art war mir so neu. Ich hatte bisher nur an mich gedacht.*

Irgendwann gibt es Streit. Der Grund ist Tillys Mutter, die ihr nachgereist ist, um nach dem Rechten zu sehen, aber, wie Wedekind erfährt, ihr Verhältnis mit Paul Eger toleriert – für Wedekind ein unerträgliches Beispiel von Doppelmoral zu seinen Ungunsten, das ihn, nach der Erfahrung mit Berthe Marie Denk, an der Ernsthaftigkeit von Frauen im Allgemeinen, und an der von Österreicherinnen im Besondern, zweifeln lässt. Wedekind wirft Tilly hinaus. Tilly schickt die Mutter fort, schreibt einen vielseitigen, herzzerreißenden Brief, nimmt alle Schuld auf sich, gelobt Besserung, schwört ihm ewige Liebe und beklagt das abgrundtiefe Elend, in das seine Abweisung sie gestürzt habe. *Ich quäle mich sehr u. kann nicht herausfinden. Und die Tränen waren Freude über meine Illusion, dass wir uns lieb haben. Versuche es doch mal u. stelle mich auf eine Probe.*

Wedekind tut es. Gelegenheit gibt eine Aufführung der «Wildente» im Lessingtheater mit Tillys Freundin Ida Orloff in der Hauptrolle, die seit der Wiener «Pandora»-Aufführung eine sensationelle Karriere gemacht hat: Otto Brahm hat sie für «Hanneles Himmelfahrt» nach Berlin geholt; sie wurde über Nacht zum

Star, und Gerhart Hauptmann, der Dichter des Stücks, hat sich so heftig in sie verliebt, dass er um seinen Verstand fürchtet. Ida kann ihren Theatererfolg kaum fassen, die Liebe des berühmten Hauptmann steht wie eine Bedrohung vor ihr. Ihr Stiefvater war österreichischer Offizier; sie wuchs als Heimatlose auf, ein wildes, sensibles, liebeshungriges Kind, unternahm als Schülerin einen Selbstmordversuch, ließ sich in Hausgängen und Hinterhöfen von fremden Männern verführen. Ida Orloff verehrt Wedekind und freut sich, Tilly wiederzusehen. Wedekind nimmt beide Mädchen zu sich und notiert in hebräischen Buchstaben: *Ich liebe Tilly vor Iduschka. Tilly lässt sich von mir mit der Reitpeitsche schlagen. Ich bringe Iduschka nach Hause.*

Drei Tage später hat der «Marquis von Keith» Premiere, mit Tilly als Hermann Casimir und Wedekind in der Titelrolle. Die Kritiken sind schauderhaft. Tilly erlebt die enorme Feindseligkeit, die Wedekind entgegenschlagen kann, und erlebt sie am eigenen Leib, stellvertretend für ihn – im Vergleich dazu hat man sie bisher mit Samthandschuhen angefasst. Tilly wird krank. Dr. Flatau, Modearzt der Schauspieler und Sänger, konstatiert eine Mittelohrentzündung und durchsticht Tillys Trommelfell in ihrem Pensionszimmer. Tilly brüllt wie am Spieß, das *Dienstmädchen, das zugegen war, musste leuchten mit dem Licht* wie in Wedekinds Ballade vom «Lehrer von Mezzodur». Über all der Aufregung vergisst man, dass Weihnachten ist und das Jahr 1905 zu Ende geht.

Ida Orloff schreibt einen verzweifelten Dankbrief, sie wisse selbst nicht, wofür. Sie habe noch nie zwei Menschen *so lieb* gehabt und sei doch in deren Gegenwart *so furchtbar unglücklich.* Niemand könne ihre Qualen ermessen, ihr Leben sei verpfuscht. *Für die Stunden, die Ihr mir heute geschenkt habt, werde ich stets Euer Schuldner bleiben.* Es gibt also Menschen, die Frank und Tilly um ihr Glück beneiden.

III

Sonne bald den Berg erklimmt

Sonne bald den Berg erklimmt,
Uns bis übers Jahr in alle Winde zu verschlagen,
Die vom Schicksal wir bestimmt,
Unerreichte Truggebilde krampfhaft zu erjagen!

FRANK WEDEKIND: «Chorus der Elendenkirchweih»,
aus *König Nicolo*, 1901

19

Viechkerl, Schafskopf oder Prügelknabe

1906

Wedekind ist gereizt: Tillys Exfreund Paul Eger hat einen Berlinbesuch angekündigt – wie wird er neben dem sechzehn Jahre
Jüngeren wirken? Tilly will gut Wetter machen, aber Wedekind
bleibt misstrauisch – hielte sie zu ihm, würde sie Pauls Besuch ablehnen. Sie tut es aber nicht: *T. verläßt mich um 10 Uhr, um Paul
Eger bei sich zu empfangen. Fühle mich sehr unglücklich.* Wie es
der Zufall will, kündigt auch Berthe Marie Denk eine Berlinreise
an und hebt seine Laune deutlich – Karl Kraus hat ihm in einem
langen Brief die Natur seiner Beziehung zu ihr erläutert: Er habe
kein Verhältnis mit ihr, sondern *nur ein Verhängnis*, was Wedekind nicht schaden werde, denn man wisse nicht, wie *diese Frau
mit ihren zahllosen Seelen ihre Gefühle vertheilt* – wen immer
sie heirate, sie würde *keinem von beiden verloren* gehen. Noch
ist alles offen.

Turbulente Tage folgen. Wedekind überwindet sich zu einem
Diner zu dritt mit Tilly und Paul Eger und trifft auf einen energi-
schen, eleganten und gebildeten jungen Mann. Das Zusammensein verläuft laut Tilly harmonisch – unter normalen Umständen,
meint sie, wären Frank und Paul vielleicht Freunde geworden.
Berthe Maries Ankunft entspricht ihrer schwer fassbaren Natur:
Entweder hat sie ein falsches Datum angegeben, oder Wedekind
hat es falsch gelesen. Er geht umsonst zum Bahnhof, wird krank,
kann nicht schlafen. Als sie schließlich kommt, mietet er sie in
seiner Pension ein. *Wir ruhen auf meinem Zimmer aus.* Abends
besucht sie die Vorstellung des «Marquis von Keith» und sieht
Frank und Tilly auf der Bühne. Zum anschließenden geselligen
Beisammensein geht Wedekind mit ihr allein und stellt sie Max

Reinhardt, dessen Dramaturgen Felix Hollaender und dem österreichischen Kritiker, Schriftsteller und Literaturtheoretiker Hermann Bahr vor, einem mächtigen Mann mit einem noch mächtigeren Bart, der am folgenden Morgen als Gutachter vor dem Landgericht Berlin II im Revisionsprozess gegen Wedekind und Bruno Cassirer in der Sache «Büchse der Pandora» aussagen soll. Tilly mag sich derweil mit Paul Eger vergnügen.

Wedekind verschläft, Berthe Marie muss ihn wecken. Er kommt eine Stunde zu spät zur Verhandlung, aber immer noch rechtzeitig, um vom Gericht ausgewählte Passagen seines Werks zur allgemeinen Begutachtung vorzulesen. Hermann Bahr hält eine unzüchtige Wirkung der «Büchse der Pandora» schon deshalb für unwahrscheinlich, weil Wedekinds Dialogtechnik den *normalen Leser* so *verwirren und befremden* würde, *daß er sich einfach langweilt.* Das Gericht sieht die Sache ernster: Selbst wenn die Schrift nur einem begrenzten Publikum dargeboten würde, sei sie doch eine *(objektiv) unzüchtige* – Autor und Verleger hätten irrigerweise ihre *eigenen Kreise* dem Durchschnittspublikum gleichgesetzt, der dem Angeklagten Wedekind *in diesen Kreisen gezollte Beifall* möge *zur Erzeugung dieser Wahnvorstellung* beigetragen haben. Wedekind und Cassirer werden freigesprochen, aber das Einstampfen sämtlicher noch vorhandener Exemplare wird verfügt – die «Büchse der Pandora» darf in dieser Form nicht mehr veröffentlicht und muss neu überarbeitet werden. Der künstlerische Aufwand ist beträchtlich, der materielle Schaden des Urteils nicht gering.

Wedekind steht zwischen zwei Frauen, aber die Realität gibt die Richtung vor: Berthe Marie wird krank, Wedekind kann sich nicht kümmern und muss für einen Auftritt nach Bremen; Paul Eger bleibt allein, während Tilly mit Wedekind ein Gastspiel in Leipzig absolviert. Irgendwann reisen beide ab, Wedekind wird beide nicht vergessen: Paul Eger als Schreckgespenst des jüngeren, sexuell attraktiveren Mannes, der jederzeit in sein Leben zurückkehren kann, Berthe Marie als erotisches Ideal, das ihm entglitten ist. Tilly verkündet inzwischen, ohne ihn *nicht leben* zu können – *ich gebe Dir alles, was ich zu geben habe, aber dafür will ich auch Dich, Dich Frank.* Ist das Liebe oder eine subtile Art der Unterdrückung?

Wedekind schreibt ein ironisches Gedicht über die Unmöglichkeit, als Mann das Wesen einer Frau zu erfassen, vielleicht für Tilly, vielleicht für Berthe Marie, vielleicht für beide:

> Du auf deinem höchsten Dach,
> Ich in nächster Nähe;
> Doch die wahre Liebe, ach,
> Schwankt in solcher Höhe.
> Du in deinem Herzen leer,
> Ich in blindem Wahne –
> Dreh dich hin, dreh dich her,
> Schöne Wetterfahne!
>
> Unterhaltend pfeift der Wind,
> Saust uns um die Ohren;
> Von des Lebens Freuden sind
> Keine noch verloren!
> Glaubst du, daß verliebt ich bin,
> Weil ich dich ermahne?
> Dreh dich her, dreh dich hin,
> Schöne Wetterfahne!
>
> Drehn wir uns auf hohem Turm
> Immer frisch und munter!
> Ach, der erste Wintersturm
> Schleudert dich herunter.
> Wenn dann auch verflogen wär,
> Was ich jetzt noch ahne …
> Dreh dich hin, dreh dich her,
> Schöne Wetterfahne!

Er schickt das Gedicht an Karl Kraus für die «Fackel». Wenige Tage später entscheidet sich sein Schicksal, aber nicht durch ihn selbst.

Victor Barnowsky bittet Wedekind, einen Prolog für eine Feier zum fünfzigsten Todestag Heinrich Heines zu schreiben. Keinem Dichter fühlt sich Wedekind mehr verbunden, von keinem hat er mehr gelernt. Er preist Heines *herben Spott*, der *Perücken, Kronen und Zipfelmützen* purzeln ließ, und zitiert, auch als Kommentar zum eigenen Werdegang, dessen Parabel vom verkannten Dichter Firdusi, den man tot zum Stadttor hinaustrug just in dem Moment, als eine geschenkbeladene Karawane den Undank seines Herrschers an ihm sühnen sollte. Eine Passage ist nur für Tilly gedacht:

> Ich bin nur Mensch; mein sehnsuchtsvoller Blick
> Sucht Schönheit, junges Leben, junges Blut
> In grünem Samtkleid, Rosen überm Hut …

Tillys Kleider erregen und beunruhigen Wedekind. Er notiert sie als Ereignisse in seinen Kalender. Das Verhüllte als Versprechen des Unverhüllten, das auch andere Männer sehen, lässt ihm keine Ruhe. Eigentlich will er nach München, den Kopf auslüften, die Beziehung zu Tilly überdenken, und bleibt nur wegen der Heine-Feier in Berlin. Die Atmosphäre ist gespannt.

Nach dem Vortrag sitzen Wedekind und Tilly in einem Lokal. Mit am Tisch ist Richard Weinhöppel, einer der wenigen Menschen, mit denen Wedekind dauerhaft gut auskommt. Aber als er heute früh Rat in seiner Beziehungskrise wollte, hat Weinhöppel ihm einen *Vortrag über Tillys Charakter* gehalten und ihn damit verärgert. Tilly ist schweigsam. Hat sie seine Huldigung überhört oder gar als selbstverständlich betrachtet? Wedekind reizt Tilly durch ironische Bemerkungen und setzt ihr so zu, dass sie ein Glas zerbeißt, sich blutige Scherben in die Hand spuckt und hinausläuft. Weinhöppel warnt Wedekind, den Bogen nicht zu überspannen. Wedekind bestellt einen Wagen, bringt Tilly nach Hause, aber sie will zu ihm. Anstatt einzulenken und sie zu beruhigen, lässt er sie allein und trinkt Bier in einer Kneipe. Als er zurückkommt, ist sein Zimmer verwüstet – vor Wut habe sie ein Kissen gebissen, sagt Tilly später, Federn seien umhergeflattert. Vielleicht war es auch Absicht. Eine regelrechte Prügelei beginnt. Die Petroleumlampe kippt um und setzt das Bett in Brand, Wedekind löscht mit Ofenasche. Tilly läuft die Treppe hinab, überquert die Straße und springt in die Spree. Ein Schiffer zieht sie heraus. Dass Hilfe da ist und Tilly nicht ertrinkt oder erfriert, grenzt an ein Wunder. Es ist Freitag, der 16. Februar 1906.

Was jetzt? Der moralische Druck auf Wedekind ist enorm. Tilly ist nicht die Erste, die ihm mit Selbstmord droht, aber die Erste, die es tatsächlich versucht. Wie wird sie auf eine Trennung reagieren? Wie muss er sich verhalten? Zwei Frauen beraten ihn: Gertrud Eysoldt, die intellektuelle Ausnahmekünstlerin, die ihn als Künstler und Mann schätzt, und Adele Sandrock, die alternde Diva, die in den Armen Arthur Schnitzlers, Roda Rodas und zahlloser anderer die Liebe in allen Facetten erfahren hat. Gertrud Eysoldt soll gesagt haben: «Das ist eine Affekthandlung und hat mit Liebe nichts zu tun.» Adele Sandrock habe gemeint: «Wenn es die Donau oder Isar gewesen wäre – aber die Spree? Du musst sie heiraten.» Muss er?

Tillys Anmut und Feinheit kommen Wedekinds Frauenideal nah. Sie hat einen aufrechten Gang, eine gerade Nase und, was besonders zählt, die denkbar schönsten Beine – *alle seine Frauen wirken und siegen mit ihren Beinen,* sagt Arnold Zweig über Wedekind, *bei keinem Dichter haben sie eine so wichtige und entscheidende Bedeutung als Ausdrucksträger.* Tilly ist eine harte und zuverlässige Arbeiterin, auf der Bühne ergänzen sie sich gut. Die Vorstellung, dauerhaft mit ihr aufzutreten, sie als Figur in seinem Sinn zu formen, ist verlockend. Aber kann es sexuell gutgehen? Wenn sie die Lebensmitte erreicht, ist er ein Greis.

Jede Ehe steht und fällt mit dem Sexuellen, das ist Wedekinds Überzeugung, und nichts hat ihm je das Gegenteil bewiesen, ebensowenig wie nichts seinen Glauben erschüttert hat, dass Männer, die vermeintlich Stärkeren, in der Beziehung zu Frauen geistig und moralisch die Schwächeren sind. 1904, als Anna von Seidlitz von ihm schwanger war, hat er das männliche Dilemma in einem Gedicht zusammengefasst:

Überkommt dich nun, mein holder Knabe,
Deines Erdendaseins höchste Gabe,
Wenn die Schenkel rosig frisch dir schwellen,
Wenn der Flaum dir um die Lippen keimt,
Wenn dein Sehnen trotz der Sturmeswellen
Spielend sich zu leichten Liedern reimt –
Präg dir dann für alle Zukunft ein:
Deines Erdendaseins höchste Gabe
Läßt dich eines nur von Dreien sein:
VIECHKERL, SCHAFSKOPF oder PRÜGELKNABE;
Und du hast für eine der drei Freuden
In der ersten Nacht dich zu entscheiden!

Früher hat sich Wedekind oft nach Variante eins verhalten, jetzt bleiben nur noch zwei und drei. Wedekind entscheidet, wie sich ein anständiger Mann entscheiden muss, aber wird das Gefühl nicht los, hineingedrängt, ja gezwungen worden zu sein. Tilly berichtet: *Er kam zu mir zurück, setzte sich an mein Bett und fragte mich, ob ich ihn nach allem, was vorgefallen war, noch heiraten wolle. Ich drückte seine Hand, die Tränen rollten über meine Wangen, teils aus Freude, teils aus Schwäche, und hauchte: «Ja!» So waren wir also verlobt.* Auch Emilie Wedekind hat unter Tränen Dr. Wedekind ihre Hand gegeben. Im März wird Tilly schwanger. Wedekind notiert: *Ich steuere lässig zum Traualtar, alles ist Essig, was göttlich war!*

Walther Rathenaus leiser Spott trifft den Nagel auf den Kopf: *Von allen Aprilüberraschungen war es mir die erfreulichste, die alte Institution der monogamischen Ehe von Ihnen sanktioniert zu sehen.* Wedekind fühlt sich vorgeführt und plant seine Strategie: keine Sentimentalitäten, keine Verwandten, Hochzeit im kleinsten Kreis, so unbürgerlich wie möglich. Auch Tilly verbittet sich Familienbesuch, aus Rücksicht auf ihn. Am Hochzeitsmorgen bringt ihr ein Bote einen Fliederstrauß und einen Rubinring von Wedekind ins Pensionszimmer. Plötzlich geht die Tür auf, und Onkel Dagobert Engländer tritt herein, ein Bruder

Liebe oder subtile Unterdrückung – Tilly in Berlin

von Tillys Mutter und Donaudampfschifffahrtskapitän von Beruf. Tilly fliegt ihm an den Hals – ein bisschen Heimatwärme in der explosiven Wedekind-Atmosphäre. Es ist der 1. Mai 1906, Büsche und Bäume blühen, Verbände der organisierten Arbeiterschaft marschieren durch Berlin. Beim Jawort im Standesamt Moabit setzt draußen Blasmusik ein.

Das Hochzeitsfrühstück findet, betont unbürgerlich, im Restaurant des Zoologischen Gartens statt, mit Löwengebrüll, Vogelgekrächz und Raubtiergeruch. Zu den wenigen Gästen zählt Berlins Zensor Curt von Glasenapp, Herr über Wohl und Wehe der Schriftsteller in Preußen – was Wedekind mit seiner Einladung bezweckt, ist unklar, der Staatsbeamte macht höflich mit, aber bleibt bei seiner Ablehnung der «Büchse der Pandora» und anderer Stücke Wedekinds bis zu dessen Tod. An Freunden sind Adele Sandrock und Ida Orloff da. Letztere hat mit Hauptmanns für sie geschriebenem «Und Pippa tanzt» einen weiteren großen Theatererfolg gehabt, aber ist unglücklicher als zuvor: Hauptmann umwirbt sie hartnäckig, aber denkt nicht daran, sich scheiden zu lassen. Tillys Stimmung ist getrübt durch die Anwesenheit von Wedekinds Trauzeugen Emil Gerhäuser, einem Sänger von der Münchner Hofoper, der wegen Stimmproblemen aussetzen muss. Etwas an ihm flößt Tilly Angst ein: *Es war, als säße mit Emil Gerhäuser schon bei unserer Hochzeit das Verhängnis unserer Ehe mit am Tisch.* Lichtblick der Gesellschaft ist Onkel Dagobert Engländer, ein weltläufiger, charmanter Österreicher, der sich besonders mit Wedekind prächtig unterhält.

Betont unbürgerlich ist auch die am Festabend angetretene Hochzeitsreise: Statt an den Gardasee zu süßem Nichtstun geht es nach Nürnberg zur Uraufführung des «Totentanz», mit der Braut als Prostituierter Lisiska, dem Bräutigam als Bordellbetreiber Casti-Piani. Die Reise selbst verläuft nach jener geheimnisvollen Logik, die Wedekind immer wieder Situationen beschert, mit denen er schlecht oder gar nicht umgehen kann: Im Nebenabteil des Nachtzugs sitzt Max Halbe mit seiner Frau. Seit dem Zerwürfnis im Sommer 1904 hat Wedekind kein Wort mit ihm gewechselt, ihn nicht zur Hochzeit eingeladen und wahrscheinlich nicht einmal informiert. Eine Versöhnung böte sich an, aber Wedekind verzieht keine Miene. Um fünf Uhr früh hält der Zug in Nürnberg. Die Hoteltür ist verschlossen, Wedekind klopft und ruft, ein Nachtportier öffnet und fragt, wen er eintragen soll. «Herrn und Frau Wedekind», sagt Frank. «Vater und Tochter?», fragt der Bedienstete. Wedekind berichtigt eisig. Wie auf ein Stichwort torkelt ein angetrunkener Gast herein und gratuliert Tilly zu ihrer Schönheit und Jugend. Wedekind fragt, ob er den Mann ohrfeigen oder erschießen müsse. Tilly weint, er tröstet sie, und beide versuchen, vor der Probe noch ein wenig zu schlafen.

Emil Meßthaler hat die Schauspieler seines Intimen Theaters vorbereitet, eine Dekoration gebaut und ein Regiekonzept erstellt. Frank und Tilly haben ihre Rollen geübt, aber kennen die örtlichen Arrangements nicht. Innerhalb weniger Stunden muss alles zusammengesetzt werden. Irgendwie geht es. Am Nachmittag bleibt Zeit zum Ausruhen, abends ist Premiere. Der «Nürnberger Generalanzeiger» meldet ein *dicht besetztes Haus* und fasst für seine Leser den Inhalt zusammen: *Abschaffung der Ehe, freier Liebesmarkt; Bestrafung der Frauen, die durch würdelose Hingabe die Preise verderben.* Das Ereignis lockt viele Münchner nach Nürnberg, darunter Wedekinds «Scharfrichter»-Kollegen Max Langheinrich mit seiner frisch angetrauten Gattin Anna von Seidlitz. Sie kann einen neuen Anfang machen, wirkt glücklich und bleibt Wedekind in lebenslanger Freundschaft verbunden. Manche Affären gehen eben gut aus.

Noch von Nürnberg aus bietet Wedekind Karl Kraus den «Totentanz» für Wien an. Der ist willig, aber fürchtet, die Sache vorderhand nicht vorantreiben zu können: Er ist auf offener Straße verprügelt worden, von Marc Henry, dem Begründer der «Elf Scharfrichter», der in Wien das Cabaret Nachtlicht betreibt. Karl Kraus hat das Unternehmen zunächst unterstützt, dann aber in der «Fackel» kritisiert, worauf Marc Henry ihn beim Verlassen des Lokals überfallen und halb bewusstlos geschlagen hat, nicht ohne vorher seine jüdische Herkunft in herabsetzender Weise zu erwähnen; auch seine Lebensgefährtin Marya Delvard soll *auf den wehrlosen Karl Kraus tüchtig eingehauen* haben. Karl Kraus prozessiert gegen beide. Wedekind, der sich ebenfalls mit Marc Henry geohrfeigt hat und mit Marya Delvard seit Langem auf gespanntem Fuß steht (dem Vernehmen nach, weil sie sein Lied «Ilse» wirkungsvoller vorträgt als er selbst), unterstützt Kraus in einem offenen Brief. Ihm selbst schreibt er: *Es wäre ein Glück, wenn man dieses Pack mit einem Schlag unschädlich machen könnte. Wie konnten Sie sich nur so damit einlassen!*

In Berlin beginnt der Alltag. Eine Wohnung in der Marienstraße ist gemietet, Wedekinds Möbel sind aus München gekommen. *Die Ehe ist die Übereinkunft von Mann und Frau zu gemein schaftlichem Leben,* notiert Wedekind. *Für dieses Zugeständnis stellt jeder von beiden seine Bedingungen und Forderungen.* Aber in Briefen spricht er von *meiner Tilly,* eine Postkarte des Paars trägt seine faksimilierte Unterschrift: *Frank Wedekind u. Frau,* und bald zeigt sich, dass Tillys *Bedingungen und Forderungen* mit den seinen nicht übereinstimmen. Wer setzt sich durch, wer gibt nach?

Victor Barnowsky hat Tilly als Partnerin von Harry Walden für Oscar Wildes «Der ideale Gatte» engagiert. Wedekind hat zugestimmt, die Proben laufen, Tillys Kostüm ist geschneidert. Aber recht ist ihm die Sache nicht: Was wird aus ihm, wenn der «Ideale Gatte» ein Serienerfolg wird, Tilly jeden Abend fort ist, auf Tournee geht, vielleicht berühmter wird als er, so wie Mieze es war? Tillys künstlerische Kraft in fremden Diensten, noch dazu als Partnerin eines bekannten Frauenhelden, ist nicht das, worauf er gewettet hat, zumal sein eigener Ausflug in die Welt des Berufsschauspiels kurz und unrühmlich war: Max Reinhardt, der in ihm den genialen Menschengestalter witterte, hat ihn den Tartuffe spielen lassen, aber Wedekind ist durchgefallen. *Frank Wedekinds künstlerischen Rang in Ehren, aber zum Darsteller in der vordersten Gefechtslinie taugt er nun mal nicht,* befand das «Berliner Tageblatt». Wedekind gab sich unbeeindruckt, aber jeder Misserfolg tut weh.

In der Ehe will Wedekind oben sein: Tilly, von Proben und Einkäufen nach Hause kommend, sieht Koffer in der Diele. «Ich fahre nach Leipzig», sagt Wedekind, «ich habe keine Lust, mir deine Liebesszenen mit Harry Walden anzuschauen.» Tilly steigt mit in den Wagen, der ihn zum Bahnhof bringen soll, und bietet unter Tränen an, ihre Rolle abzusagen. Wedekind gewinnt die erste Runde – bis zu seinem Tod wird Tilly nur noch in seinen Stücken auftreten. Ein Arzt bestätigt ihre Schwangerschaft, die frisch geschneiderten Kostüme landen auf dem Hängeboden, Direktor Barnowsky engagiert eine andere Schauspielerin. Die langfristige Wirkung dieses Verzichts auf Tillys Psyche bedenkt Wedekind vermutlich ebenso wenig wie die Tatsache, dass Auftreten in fremden Stücken ihr schauspielerische Erfahrung bescheren würde, die auch seinen eigenen Produktionen zugute käme. Die Folgen dieser Entwicklung zeigen sich bald genug.

Georg Stollberg holt das Ehepaar im Sommer 1906 nach Mün-

So waren wir also verlobt – Tilly und Frank, 1906

chen. Tillys Einwand, sie könne nicht im vierten Schwanger-
schaftsmonat auftreten, nachdem sie im zweiten wegen Schwangerschaft abgesagt hat, lässt Wedekind nicht gelten: Während der
Theaterferien sei ihr Vertrag mit Barnowsky ungültig, sie könne
tun und lassen, was sie wolle. «Erdgeist», «Der Kammersänger», «Hidalla» und «Rabbi Esra» stehen auf dem Programm, die
Erwartungen sind hoch: *Das Publikum wird sich die Gelegen-*
heit, einen leibhaftigen deutschen Dichter, und noch dazu den
unanständigsten, mit seiner ehelichen Gattin auf der Bühne zu

sehen, nicht entgehen lassen, meinen die «Münchner Neuesten Nachrichten». Tilly gibt ihr Bestes, aber es fehlt ihr an Spielpraxis und Sicherheit. Die Münchner Presse rüffelt sie für mangelnde Technik und Ausdruckskraft und lobt Wedekind als überlegenen Gestalter seiner eigenen Figuren – dabei ist er der Dilettant und sie die Berufsschauspielerin. Dieses Missverhältnis wird sich in zwölf gemeinsamen Bühnenjahren nicht auflösen. Nur im «Erdgeist» überzeugt Tilly. Die junge Lulu wird die Rolle ihres Lebens und für Wedekind die Bestätigung seiner Wahl, auch wenn es privat schwierig bleibt.

Wie wirkt sich die Ehe auf die schöpferische Entwicklung eines Menschen aus, der Unabhängigkeit gewohnt ist und ein klar definiertes antibürgerliches Programm verfolgt? Seit Tilly in sein Leben getreten ist, hat Wedekind kein größeres Werk geschrieben. Als sich im Sommer 1906 in München ein leicht behandelbarer, dankbarer Stoff bietet, stürzt Wedekind sich darauf: Sein Freund Anton Dreßler, Dozent an der Münchner Musikhochschule, hat sich etwas zuschulden kommen lassen, wahrscheinlich einen Übergriff auf eine Studentin, und bangt um seine Stellung. Wedekind macht daraus sein *Sittengemälde* «Musik», ein Angriff auf den Abtreibungsparagraphen 218 und eine Parabel über männliche Brutalität und weibliche Hörigkeit, über gesellschaftliche Kälte und die Lächerlichkeit, die Opfer neben ihrem Unglück erleiden.

Die Arbeit geht ihm flott von der Hand, und wie immer, wenn er einem Stoff relativ neutral gegenübersteht, ändert er nachher wenig daran. Seine Gewohnheit, nachts in Lokalen zu schreiben, behält er bei – man habe, meint Tilly, ohnehin nie gemerkt, wann er arbeite, und sei überrascht gewesen, plötzlich ein fertiges Werk vorzufinden. Künstlerisch kann Wedekind zufrieden sein, gesellschaftlich ist das neue Stück problematisch. Denn natürlich erkennt man Anton Dreßler in der Figur des Gesangslehrers Josef Reißner, und Menschen aus Wedekinds Umfeld fragen sich, womit er und seine Frau, die Wedekind in schwerer Zeit treue Gefährten waren, solche Bloßstellung verdient haben. Außerdem ist der Name der Gesangsstudentin Klara Hühnerwadel, die das Kunststück fertigbringt, sich von ihrem Lehrer gleich zweimal schwängern zu lassen, nicht Ausgeburt grotesker Phantasie, sondern (ohne das «h» in der Mitte) Name einer respektierten Lenzburger Familie, die eine unvergessene, früh verstorbene Sängerin dieses Namens hervorgebracht hat. Das schmerzt nicht zuletzt Donald Wedekind, der als Kind oft bei den Hünerwadels zu Gast war.

Donald und Mieze kennt Tilly von Berlin, jetzt gilt es, sie der Mutter vorzustellen. Am Bahnhof in Lenzburg wartet Mati, die jüngste der Wedekind-Geschwister (aber immer noch zehn Jahre älter als Tilly); im «Steinbrüchli» tritt ihnen Emilie Wedekind entgegen, sechsundsechzig Jahre alt, weißhaarig, mit wachen grünen Augen, einschüchternd, aber nicht ohne Güte. In späteren Jahren, wenn Wedekinds Eifersucht immer schwerer erträglich ist, wird sie Tilly mit dem Hinweis auf den Charakter ihres eigenen Mannes trösten.

Donald meldet sich nicht, obwohl er seit Februar in Baden bei Zürich als Redakteur arbeitet, und Frank fährt nicht zu ihm. Donald hat Frank um Geld gebeten und, als dieser nicht sofort reagierte, ihn in einem bitteren Brief beschuldigt, seinen Aufstieg als Literat verhindern zu wollen. Frank war schwer getroffen und hat ein Schreiben ignoriert, in dem Donald bekannte, sich noch nie *so mut- und hilflos gefühlt* zu haben, und seine Angst beschrieb, *jeden Augenblick vom Schlag getroffen zu werden* – vielleicht hat Donald bereits zu oft um Hilfe gerufen. Frank und Tilly bleiben zehn Tage in Lenzburg. Tilly fühlt sich unwohl, Frank ist ungeduldig. *Ich versuche vergeblich zu arbeiten. [...] Nachts sitze ich sehr unglücklich allein im Kronensaal.*

Max Reinhardt will die «Büchse der Pandora» aufführen, in den Kammerspielen des Deutschen Theaters, einem Dreihundertzwanzig-Plätze-Haus neben dem von ihm für zweieinhalb Millionen Mark erworbenen Deutschen Theater an der Schumannstraße. Gertrud Eysoldt soll die Lulu spielen, Adele Sandrock die Gräfin Geschwitz. Die Proben laufen seit August. Nach dem Urteil des Berliner Landesgerichts vom Januar 1906 hat Wedekind das Werk erneut umgearbeitet und in einem ausführlichen Vorwort seinen künstlerischen und philosophischen Hintergrund erläutert. Die Anklage des Vergehens gegen die Sittlichkeit habe ihn nicht überrascht – wer auf einem *geistigen Gebiet einen entscheidenden Schritt vorwärts* tue, sei noch immer *wegen Verletzung dieses selben Gebiets* vor den Richter gestellt worden, zum Beispiel Jesus Christus, den das *Synedrium in Jerusalem wegen GOTTESLÄSTERUNG zum Tode verurteilt* habe. Den zweiten Teil seiner «Lulu»-Tragödie auf den Spielplänen heimisch zu machen ist eines der wichtigsten künstlerischen Ziele Wedekinds.

Im Zuge dieser Entwicklung ist er nicht sonderlich glücklich über Karl Kraus, der nach einem gegen Marc Henry gewonnenen Prozess wegen Körperverletzung in bisweilen hektisch anmutenden Aktivitäten versucht, den «Totentanz» in Wien durchzusetzen. *Wegen Totentanz bitte ich Sie jetzt, vorderhand nichts mehr zu unternehmen,* bescheidet ihn Wedekind bündig und verweigert ihm auch das neue Stück «Musik» als Vorabdruck, das er *möglichst gut losschlagen müsse,* da er infolge seines *zweimaligen Umzugs in diesem Sommer* stark *aufs Trockne* geraten sei – Wedekind und Tilly sind im Spätsommer in eine Fünf-Zimmer-Wohnung in der Kurfürstenstraße 125 in Tiergartennähe gezogen.

Das «Büchse der Pandora»-Projekt ist inzwischen schon wieder erledigt: Zensor Glasenapp hat nur drei Vorstellungen genehmigt, wohl wissend, dass er es damit für Reinhardt hinfällig macht. Wedekind sieht sein sprichwörtliches Pech bestätigt, aber erhält zwei Tage später die Nachricht, dass Reinhardt stattdessen «Frühlings Erwachen» spielen will. Damit hat niemand gerechnet. Die Unaufführbarkeit von «Frühlings Erwachen» ist auch sechzehn Jahre nach seinem Erscheinen so allgemein akzeptiert, dass Wedekind selbst alle dahingehenden Bemühungen aufgegeben hat. Max Reinhardt will es wagen und sogar selbst inszenieren – und hat mit der sensationell neuartigen Drehbühne seiner Kammerspiele die Möglichkeit, die vielen Szenenwechsel technisch zu bewältigen.

Die Vorbereitungen beschreibt der seit Sommer von Reinhardt als Dramaturg engagierte Hermann Bahr. Er ist kein Wedekind-Enthusiast, aber «Frühlings Erwachen» ist für ihn *das Schönste, was Wedekind je gemacht hat – von einer Poesie in manchen Scenen, die seit dem Sturm und Drang nicht da waren. Es riecht wirklich überall nach Frühling.* Umso überraschter stellt er fest, dass Wedekind anscheinend *gar keine Empfindung für das Schauspielerische* habe – auch «Frühlings Erwachen» wolle er *wie eine Vorlesung* behandelt wissen, die nur *das Logische und das Wort* betonen solle. Die *Verwegenheiten* seines Stücks, die *eigentlichen Wedekindsachen,* seien ihm *direkt peinlich,* und er tue alles, sie *durch die Darstellung abzuschwächen –* als *Zuschauer* sei er *der größte Philister, der diesen Dichter verabscheuen würde, wenn er es nicht zufällig selbst wäre.*

Die Proben verlaufen stürmisch. Wedekind fordert echte Kinder, die ihr eigenes sexuelles Erwachen darstellen, Reinhardt winkt entsetzt ab – die Zeiten, in denen «Frühlings Erwachen» bevorzugtes Stück für Schüleraufführungen ist, sind noch weit entfernt. Gertrud Eysoldt weigert sich zu spielen, weil Tilly, die hochschwanger in einer vorderen Reihe sitzt, sie irritiere. Wedekind bittet sie nun selbst, sich zu entfernen, denn sie irritiere ihn. *Eysoldt heult, tobt wie ein Waschweib,* berichtet Herrmann Bahr. *Zuletzt entschuldigen sich die beiden vor einander, und morgen wird wieder ein Krawall sein.* Wedekind fürchtet eine Verfremdung seines Stücks durch Reinhardts Theatereffekte – seine lebenslange Phobie gegen die sogenannte «Parforceregie» ist hier begründet. Er ruft Maximilian Harden zu Hilfe und beschließt, der Generalprobe fernzubleiben.

Kurz vor der Premiere erkrankt der Darsteller des Moritz Stiefel. Die Brüder Reinhardt, so Hermann Bahr, sind *außer sich. Edmund hat eine große Wut auf den jungen Menschen, der so talentlos ist, vor der Premiere krank zu werden. Max schimpft auf den Theaterarzt, der jede Krankheit gelten lässt.* Schauspieler, die den Text mitgelernt haben, werden abgehört und für ungeeignet befunden. Dann holt man Alexander Moissi, den Albaner aus Triest, der erst mit neunzehn Jahren Deutsch gelernt hat und von Max Reinhardt trotz anfänglich verheerender Kritiken unbeirrbar gefördert wird. Moissi habe *wie immer sehr nett, sehr lustig und mit einer unbekümmerten Grausamkeit gegen seine Nerven* reagiert und erklärt, dass er weder Stück noch Rolle kenne, selbst seit ein paar Tagen heiser sei, aber *die zehn Bogen halt lernen, morgen den ganzen Tag probieren und Dienstag spielen* werde – Moritz Stiefel wird eine der Glanzrollen seiner Karriere. Bernhard von Jacobi spielt den Melchior Gabor, Camilla Eibenschütz die Wendla Bergmann, Wedekind den «vermummten Herrn».

Am 20. November vormittags sieht Zensor von Glasenapp eine stark abgemilderte Version von «Frühlings Erwachen» – bis vor wenigen Jahren hat man noch Goethes «Götz»-Zitat durch Trommelwirbel kaschiert –, am Abend desselben Tages hat Wedekinds «Kindertragödie» Uraufführung. Im Publikum sitzen Abonnenten, die zwanzig Mark pro Platz bezahlt haben und laut Hermann Bahr *zu trottelhalft* sind, sich zu äußern – *merkwürdige Idee von Reinhardt, sich die feinsten Stücke auszusuchen, diese mit den besten Schauspielern einzustudieren, um das Ganze dann dem ausgesucht dümmsten Publicum der ganzen Stadt vorzusetzen* – die Nervosität von Autor und Schauspielern könne man sich vorstellen. Wedekind notiert: *Es rührt sich keine Hand.* Zwei Tage später folgt die erste öffentliche Aufführung.

Es hagelt Einwände – *nach allen dramaturgischen Strafgesetzbüchern* verdiene Wedekind *den Verlust der theatralischen Ehrenrechte* –, aber langsam wird klar, dass Frank Wedekind nach zwanzigjährigem Ringen seinen Durchbruch erlebt. Eine Münchner Zeitung fasst zusammen: *Nach der Berliner Aufführung ging ein Ton der Ergriffenheit durch die deutsche Kritik. Es war wie eine Abbitte an den Dichter. Die Verstocktesten gingen in sich, dickfellige Zeitungsschreiber waren erschüttert, hartnäckiger Unverstand beugte sich vor der Größe dieses Werks.* «Frühlings Erwachen» bleibt zwanzig Jahre auf dem Spielplan des Deutschen Theaters und wird das meistgespielte Stück der Ära Reinhardt.

Am 12. Dezember 1906 bringt Tilly in der Kurfürstenstraße 125 in Berlin ihre Tochter Anna Pamela zur Welt. Die Hebamme ist seit dem Abend da, Hilfe von Mutter und Geschwistern hat Tilly abgelehnt. Um vier Uhr früh werden die Wehen stärker, Tilly bekommt schwarzen Kaffee, ein Arzt überwacht die Geburt. Wedekind, sehr blass, erscheint mit Gläsern und Sekt. Um acht Uhr ist alles vorbei. Am Nachmittag macht Wedekinds Pariser Freundin Lou Andreas-Salomé ihre Aufwartung. Wedekind geleitet sie zu Tillys Bett, aber verschweigt die wenige Stunden zurückliegende Geburt. Im Nebenzimmer schreit das Kind. «Es ist ja schon da!», ruft Lou, entschuldigt sich für ihre Taktlosigkeit und verlässt fluchtartig die Wohnung. Tilly kann nicht glauben, dass ihr Ehemann den einfachen Satz: «Ich bin gerade Vater geworden» nicht über die Lippen bringt.

Wedekind berichtet nach Graz: *Nachdem soweit nun alles glücklich vonstatten gegangen ist, möchte ich Euch doch schreiben, wie sich unsere liebe Tilly befindet. Unbestritten sehr gut. […] Sie ist mit großer Gefaßtheit, ich darf wohl sagen, Munterkeit dem Abenteuer entgegengegangen, dann hat sie zwei Stunden fürchterlich geschrien und dann war sie gleich wieder ebenso munter wie vorher. […] Ich danke Euch allen herzlich für das freundliche Anerbieten, Tilly zu pflegen, aber wir halten es jetzt augenblicklich nicht für nötig, daß jemand herkommt, und dann hat man doch viel mehr davon, sich gesund und munter wiederzusehen, was hoffentlich bald geschieht.*

Drei Wochen später nimmt sich Tillys Schwester Paula in Graz das Leben. Ihr Verlobter hat sie verlassen, die Schwermut sie überwältigt. Zu Tillys Hochzeit hat sie einen Kuchen geschickt und zu ihren Eltern gesagt: «Ein bisschen Glück hätte ich auch verdient.» Ihre Familie hatte ihre Zurückgezogenheit bemerkt, sie aber nicht stützen oder auffangen können. Jetzt hat sie sich mit einem Rasiermesser Puls- und Halsschlagadern aufgeschnitten und ist auf dem Weg ins Krankenhaus verblutet.

Wedekind erhält die Nachricht, lässt sich im Theater vertreten und informiert Tilly, ohne die Todesursache zu nennen. Tilly erfährt sie von Ida Orloff, die unbefangen weitergibt, was sie in

Zeitungen gelesen hat – da Paula mit einem *bekannten deutschen Dramatiker* verwandt war, wird ihr Selbstmord überregional berichtet. Wedekind hört Idas Stimme, schreit sie an, schilt sie dumm und herzlos, stürmt aus dem Zimmer und schlägt die Tür hinter sich zu.

20

Beifall und Fallbeil

1907/08

Der *Unterschied zwischen Beifall und Fallbeil ist nur ein L, das dazukommt, und dieses L bedeutet die Lakrymae, die ohnmächtigen Thränen, die in der Zwischenzeit vergossen werden.* Wedekinds Tal der Tränen liegt hinter ihm. Er ist als Dramatiker anerkannt, seine Werke werden gespielt, seine Einnahmen, bisher Beträge zwischen dreißig und einhundert Mark, gehen in die Tausende, ein Platz im Lexikon ist ihm sicher. Dennoch ist er unglücklicher denn je. Eine nie gekannte Leere hat sich in ihm ausgebreitet. Sind die Menschen, die ihn jetzt umwerben, nicht dieselben, die ihn vorher abgelehnt haben? Ist die bürgerliche Gesellschaft, deren Mitglied er zu werden droht, jetzt weniger kalt und verlogen? Woran soll er sich reiben? Wen soll er angreifen? *In meinem Leben gibt es keine krassere Enttäuschung als die Berühmtheit. Man träumt vorher von einem Purpurgewand und findet sich plötzlich als Vogelscheuche.*

Neben ihm ist Tilly. Sie hat ihm Glück gebracht und ihm die Freiheit geraubt. Jahre, vielleicht Jahrzehnte des Zusammenseins stehen bevor, sich von ihr zu trennen ist ohne Skandal und Gesichtsverlust nicht möglich. Neben Tilly liegt Anna Pamela, mit grünen Augen und großer Wedekind-Nase, sowohl legitime Tochter und Erbin als auch Zeichen von Sesshaftigkeit und Verbürgerlichung. Um nur ja nicht bürgerlich zu erscheinen, behängt Wedekind die Wände seines Arbeitszimmers mit Peitschen und platziert einen Sessel so, dass Besucher nicht umhinkönnen, Nacktaufnahmen von Tilly zu betrachten.

Aber auch Tilly ist unglücklich. Der Tod der Schwester lastet auf ihr, das Stillen verursacht ihr Schmerzen, sie leidet unter

Einsamkeit. Tilly ist Frühaufsteherin und Morgenmensch und von Elternhaus und Theater Betriebsamkeit gewöhnt. Wedekind schläft bis Mittag, verbringt die Nachmittage bummelnd oder spazieren gehend, spielt abends Theater, arbeitet in Lokalen und entspannt sich mit Reden und Diskutieren bis in die Morgenstunden. Tilly versucht, sich anzupassen, begleitet ihn wenn möglich, aber langweilt sich nicht selten und ist am nächsten Tag unausgeschlafen.

Wie vorausgesehen findet die wahre Auseinandersetzung im Erotischen statt. Tilly ist nicht frei von Eifersucht – was treibt Wedekind in den langen Stunden seiner Abwesenheit, während sie auf die Kleine aufpasst? Sie hat das Wochenbett schnell verlassen, ihren Leib bandagiert und ihre frühere Figur wiedergewonnen und auch während der Schwangerschaft wert auf häufigen Geschlechtsverkehr gelegt, zum letzten Mal etwa vierundzwanzig Stunden vor der Geburt von Anna Pamela. Beide wissen um die zentrale Bedeutung des Sexuellen, aber darüber zu sprechen fällt schwer. Erst nach Wedekinds Tod, in einem nicht für die Öffentlichkeit bestimmten Autobiographiefragment, findet Tilly deutliche Worte für ein zwischen ihr und Wedekind wahrscheinlich lebenslang unausgesprochenes Problem: Wedekind sei ein *sehr erotischer Mensch* gewesen und habe *reizvolle Situationen* durch Kostümierung und Tanz geschaffen, aber sie häufig nicht zum Orgasmus gebracht – die *vollständige Auslösung,* wie sie es nennt, habe oft gefehlt. Das habe in ihr *Unbefriedigtsein* und *Traurigkeit* erzeugt und sie *zum alten Mittel der Selbstbefriedigung* greifen lassen, was sie *müde, unlustig und uninteressiert* gemacht habe.

Wedekind sagt, wie es ist: *Der Schwanz ist der Lebenszweck. Der Kopf ist der Tröster des Schwanzes. Die geschlechtlichen Fähigkeiten bestimmen den Werth des Menschen. Die geistigen Fähigkeiten sind der Trost über schlechte Pflege und Behandlung. Die Geschlechtlichkeit ist absolute Herrin. Imponieren durch geistige Fähigkeiten gilt nicht.* Glaubt er das wirklich? Sein Witz, seine Formulierungskunst, seine Bühnenpräsenz, seine gesellschaftliche Brillanz, seine Gläubigkeit, sein Fleiß, sein Ringen um Wahrheit – ist das alles wertlos neben einem Sexualprotz, der Frauen zum Stöhnen und Schreien bringt? Wedekind glaubt es nicht und glaubt es doch, denn Frauen, meint er, glauben es auch, egal, was sie sagen – und kennte er Tillys Autobiographiefragment, fände er sich bestätigt.

Seit Herbst arbeitet er wieder an seiner Sozialutopie «Die große Liebe», in der ein grausamer Gott seine hilflosen Geschöpfe an ihrer Sexualität zugrunde gehen lässt. Herzensliebe und Verliebtsein sind in diesem Staat verboten: *Der an Liebesleidenschaft Leidende kam ins Irrenhaus. [...] Der Mensch ist geboren, um zur Freude Gottes zu leiden. Gott liebt nur den unglücklichen Menschen. (Wie Shakespeare seine Verbrecher-Helden.) Der Glückliche ist ihm Luft. Er sucht ihn zu stürzen. [...] Die Religion ist rein praktisch. Es handelt sich um Tod oder Leben. Ewigen Tod, ewiges Leben. Weil es sich um so gewaltige Werte handelt, muß die Religion FANATISCH sein. Die Religion kennt keinen Spaß.*

Zwischen Gewaltexzessen und religiösen Phantasien notiert Wedekind Äußerungen Lenzburger und Aarauer Lehrer über sich selbst: *Seine Sammlung war in jeder Beziehung mangelhaft; könnte Besseres leisten; Prüfungsarbeit ungenügend; viele gute Vorsätze, aber wenig gute Thaten.* Sein Vater taucht als Quäler und Züchtiger auf, Schloss Lenzburg und seine Umgebung werden zu Opferstätten, bei denen Knaben und Mädchen den Geschlechtsakt bis zum Tod vollziehen müssen. *Ich möchte mir erst eine Kugel in den Kopf schießen und mir selber dann von hinten einen Fußtritt versetzen, daß ich über die Grenzen dieser schönen Welt hinausflöge, die ich nur zu verunstalten bestimmt bin.* Dazwischen, in einem Briefentwurf an Tillys Mutter, fordert er zornig Tillys Anerkennung, die ihm bei aller Unzulänglichkeit zusteht: *Liebe Mama, Deine Tochter glaubt augenscheinlich, einen Cigarrenreisenden geheiratet zu haben. Würdest Du ihr bitte telegraphisch mitteilen, wer Frank Wedekind ist.*

Am 14. Februar hat Wedekind in einem Lokal einen *Weinkrampf*, am 9. März notiert er: *Ich bin arbeitsunfähig,* und sucht einen Nervenarzt auf. Noch mehrere Monate kämpft Wedekind mit seinem Romanprojekt «Die große Liebe», dann lässt er es für immer und verarbeitet die darin aufgeworfene Problematik in anderen Werken.

Was sagt das Publikum zu einem domestizierten Wedekind, der mit seiner jungen Gattin von der Bühne ehefeindliche Thesen verkündet? Eine in diese Richtung zielende scherzhafte und bestimmt nicht böse gemeinte Bemerkung Victor Barnowskys anlässlich eines «Hidalla»-Gastspiels im April 1907 in Wien veranlasst Wedekind zu einem offenen Brief: *Nachdem in der letzten Sonntagsnummer vom Wiener Merkur ein Artikel erschienen ist, in dem sich Herr Direktor Barnowsky über die ernstesten Stellen meines Stückes «Hidalla» öffentlich lustig macht, und in welchem er besonders den Gegensatz zwischen dem Inhalt des Dramas und der Thatsache feststellt, daß meine Frau und ich in diesem Drama die Hauptrollen spielen werden, muß ich zu meinem Bedauern, der Kritik sowohl wie dem Publicum gegenüber, als Autor sowohl wie als Darsteller, jede Verantwortung für die Wirkung der hier stattfindenden Aufführung meines Dramas «Hidalla» ablehnen.*

Die Wiener Presse feiert die Berliner «Hidalla»-Aufführung als *das bedeutungsvollste Theaterereignis der Saison.* Niemand verliert ein Wort über Wedekinds Doppelrolle als Ehemann und Promiskuitätsprediger, alles ist voller Bewunderung für ihn und seine Kunst. Felix Salten schildert seinen Eindruck: *Was er auf der Bühne gibt, ist keine schauspielerische Leistung, aber es ist etwas unendlich Feineres und Höheres, als reproduzierende Mimenkunst je zu bieten vermöchte. Es ist eine geistige und seelische Hingabe an das Werk von solcher Stärke, daß sie alle schauspielerischen Kunstmittel ersetzt. [...] Und es tritt die ganz einzige, gar nicht wieder zu erlebende Wirkung ein, daß man einen Dichter auf der Bühne schaffen sieht, und das Geschaffene darstellen und das Dargestellte neu schaffen, und daß man dabei einen tiefen Blick in seine Seele tun kann.*

Tilly, seit einem Dreivierteljahr ohne Bühnenpraxis und am Premierenabend erkältet, wird erneut heftig kritisiert. Wedekind wirft ihr mangelnde Bemühung, künstlerische Leichtfertigkeit und übertriebenes Interesse an Kleidern und Hüten vor. Tilly

Eine bürgerliche Familie?
Eltern und Tochter, Berlin, 1907

droht mit der Abtreibung ihres nächsten Kindes – ihre «Krankheit» sei die Mühe des Kindbettes gewesen, sonst nichts, und sie
habe keine Lust, sich dauernd Vorhaltungen machen zu lassen.
*Ich bin überzeugt, dass ich oft hässlich u. ungerecht war; ich war
zuweilen eben auch nicht Herr meiner selbst, wie Du's jetzt bist.
Sonst würdest Du einsehen, dass es ungerecht ist, mir immer die
Unannehmlichkeiten vorzuwerfen, die ich Dir je gemacht habe.
Denn ich habe diesen Winter auch mehr durchgemacht als in
meinem ganzen bisherigen Leben, u. ich glaube, andere Frauen
machen noch viel mehr Geschichten dabei. Was meine Hüte u.
Kleider anbelangt, so glaube ich auch das Recht zu haben, als Frau
Frank Wedekind etwas auf mein Äusseres zu halten. Und wenn*

man jung u. hübsch ist, putzt man sich halt gern, ich halte dies für kein Verbrechen. Wedekind verwahrt Tillys Briefe sorgfältig. Was er aus ihnen herausliest, manchmal zwischen den Zeilen, findet man nicht selten in seinen Stücken wieder.

Das Ehepaar Wedekind besucht Graz. Am Bahnhof steht Tillys Vater Eduard Newes, fünfundsechzig Jahre alt, aufrecht, mit blauen Augen und rötlichem Schnurrbart, im Innersten erschüttert vom kürzlichen Tod seiner Tochter Paula. Wedekind sieht Tillys Elternhaus und lernt ihre Geschwister kennen: den Lieblingsbruder Bertl, die älteste Schwester Dora, mit der sie erste sexuelle Erfahrungen hatte, und die dreizehnjährige, gefährlich hübsche jüngste Schwester Martha. Man besichtigt die Stadt und speist im «Erzherzog Johann». Tilly zeigt Wedekind das Theater, in dem sie zum ersten Mal gespielt hat. Dessen Direktor, erstaunt über den hohen Besuch, lädt beide ein, am nächsten Tag die Hauptrollen im «Erdgeist» zu übernehmen, aber das ist selbst dem waghalsigen Wedekind zu riskant. Vom Parkett aus erlebt er mit Tilly und Bertl, wie sich der Maler Schwarz in dem von ihm geschriebenen Stück die Kehle aufschlitzt. Das Zimmer der unglücklichen Paula ist verschlossen. Niemand betritt es, und wahrscheinlich wird auch ihr Name nicht erwähnt.

Karl Kraus in Wien wiederzusehen ist Wedekind aus mehreren Gründen ein Anliegen: Zum einen will er Abbitte leisten für sein Verhalten in Berlin im vergangenen November, als er Karl Kraus in einem Lokal sitzen ließ, um anderswo mit seinem Freund Emil Gerhäuser weiterzufeiern. Karl Kraus vergibt gern und kommentiert den Vorfall zwei Jahre nach Wedekinds Tod in typisch eigenwilliger Sprache: *Der in jeder Lebensäußerung, selbst im Drang nach Gewöhnlichkeit, ungewöhnliche Mann war als Gesellschafter die Kontrolluhr des Behagens. Er verstand keinen Spaß, wenn's die Gemütlichkeit galt, und war so sehr von der Berechtigung ihres Anspruchs durchdrungen, daß ihn nichts hindern konnte, eine ungezwungene Unterhaltung zu erzwingen. […] Mit tiefer Rührung denke ich an eben diese Augenblicke fragwürdigs-*

*ter Geselligkeit zurück, weil sie das Gefühl von einer Einsamkeit
zutrugen und den erschütternden Eindruck jener grauenhaften
Angst vor der Langeweile des Lebens, aus der der merkwürdigste
Geist der neuen Literatur gewirkt hat und die er just zwischen
den Wänden einer spießbürgerlichen Weinstube bewältigen zu
müssen wähnte.*

In Wedekinds zweitem Anliegen, im Streit zwischen Karl Kraus
und Maximilian Harden zu vermitteln, lässt sein Wiener Freund
nicht mit sich reden. Karl Kraus bekämpft Maximilian Harden,
seit dieser im Frühjahr 1906 damit begann, in der «Zukunft» den
fast sechzigjährigen, in der aktiven Politik nicht mehr tätigen Grafen Philipp zu Eulenburg-Hertefeld als Mitglied eines angeblich
homoerotisch dominierten Kreises ungebührlichen Einflusses
auf Kaiser Wilhelm II. zu bezichtigen. Hardens Motive sind bis
heute umstritten, die von ihm losgetretene Harden-Eulenburg-
Affäre wird an den Grundfesten des Kaiserreichs rütteln und von
Historikern gar als eine der Ursachen für den Ersten Weltkrieg
gesehen werden. Für Karl Kraus ist die Diffamierung angeblich
homosexueller Personen für politische Zwecke eine moralische
Unmöglichkeit, und er erwartet von Wedekind, dem Kämpfer
für sexuelle Freiheit, der die Schönheit von Knaben mit innigen
Versen bedichtet und in «Frühlings Erwachen» die homosexuelle
Liebe als gangbare Alternative darstellt, seine Ansicht zu teilen.
Aber Wedekind mag sich von Harden nicht distanzieren, wahrscheinlich weil er ihn für den wichtigeren und mächtigeren Publizisten hält. Karl Kraus lehnt jeden Vermittlungsversuch ab und
erklärt, sein *öffentliches Interesse,* Harden einen *Culturschädling*
zu nennen, keinem *freundschaftlichen Verhältnis* unterordnen zu
können, und sei es dem zu Wedekind. *Sie haben gewiss nicht eine
so geringe Meinung von mir, dass Sie mich eines solchen Opfers
für fähig halten, und darum kann ich ernstlich nicht glauben, dass
Sie es mir zumuthen.*

Wedekinds Kalender meldet hohe Einnahmen an Tantiemen und
Gagen, aber keine literarische Arbeit. Die befürchtete Schaffenskrise ist eingetreten. Wedekind sucht ein Thema, aber findet

nur sich selbst, seine Ehe und seine künstlerische Situation. Am 29. Mai 1907, dem Tag von Anna Pamelas Taufe in der Berliner Matthiaskirche (Adele Sandrock und ihre Schwester Wilhelmine sind Taufpatinnen), konzipiert er ein Stück mit dem Arbeitstitel «Das Kostüm» – Tillys «Äußerlichkeit» und seine «Innerlichkeit» sollen gegeneinander gestellt werden. *Der Plan gefällt Tilly nicht,* notiert Wedekind – ein konfliktreiches Werk kündigt sich an.

Ein Monat vergeht mit «Kammersänger»-Vorstellungen und Berliner Leben, aber ohne dichterischen Neuanfang. Ende Juni ist er so weit, Tilly um eine vorübergehende Trennung zu bitten. Tilly fühlt sich verstoßen, es gibt Streit, aber sie fügt sich und fährt mit Anna Pamela und dem Kindermädchen zu den Eltern nach Graz. Wedekind verbringt drei Wochen allein in Leipzig, Frankfurt und München mit *Dampfbädern, Spazieren-Rennen* und *Fasten* – sein Übergewicht, Beweis von Saturiertheit und ehelicher Verbürgerlichung, soll und muss abgebaut werden. Ende Juli kommt Tilly für ein Gastspiel nach München. Sie weint bei einer Probe und erhält Presseschelte wie im Vorjahr; Wedekind wird von Josef Kainz gelobt, dem derzeit Größten der Großen auf den berühmten Brettern: «Den Kammersänger spiele ich Ihnen nicht nach. Sie erschöpfen die Rolle derart, daß ich sie nicht nach Ihnen spielen möchte.» Mittlerweile ist es Ende August, und von dem neuen Stück ist immer noch keine Zeile geschrieben. An einem regnerischen Tag, nach einem Gespräch mit Josef Kainz und einem Mittagessen mit Tilly im Münchner Hoftheaterrestaurant, fährt Wedekind vom Isartalbahnhof nach Thalkirchen, betrachtet Votivbilder in der dortigen Kirche und vom Hochufer aus die Stadt und läuft auf der anderen Isarseite zurück, *jeden Ausblick gierig in mich aufsaugend und ununterbrochen mit meiner geistigen Niedergeschlagenheit hadernd.* Im Hofbräuhaus bringt er zum ersten Mal *seit mehreren Wochen* wieder *einige Sätze zu Papier* – eine Zusammenfassung seiner Stimmungslage und ein Ausgangspunkt für das zu schreibende Stück:

In der Liebe holdem Spiele
Ist der Seele Flug erlahmt
Denn der Milchtopf der Gefühle
Wird beständig abgerahmt.
Auch aus abgenagten Knochen
Läßt sich zwar noch Suppe kochen,
Aber solche Suppe schmeckt
Nach dem Leichnam wie verreckt.

Alles was ich ehmals träumte,
Schleicht sich lautlos aus dem Haus
Was an Brandung in mir schäumte,
Löscht die letzten Fackeln aus.
Laues trübes Pfützenwasser
Flutet um den Menschenhasser
Dem als schönste Hoffnung winkt,
Daß er nächstens drin ertrinkt.

Die Schaffenskrise scheint überwunden, aber Tilly muss noch einmal fort, diesmal zu Mutter Wedekind nach Lenzburg. Tilly weint wieder und fügt sich ein zweites Mal. *Ich kann Dir ja leider durch nichts anderes nutzen, als wenn ich Dir fern bleibe,* schreibt sie. *Unsinn,* meint Frank, *mehr kannst Du gar nicht für Dich selber thun, als wenn Du Dir selber nützt. Aber wenn Du mich nicht einmal 14 Tage, die ich durchaus nötig habe, allein lassen kannst, dadurch kannst Du mir allerdings sehr empfindlich schaden.* Wedekind habe sich *alles aus dem Weg* geschafft, was ihn *irritierte,* meint Tilly, *ohne Rücksicht darauf, ob es für mich gut oder schlecht war. Ich war allem ausgeliefert und verstand es nicht, mich zu wehren.* Kaum allein, macht Wedekind sich an die Arbeit.

Das neue Stück heißt jetzt «Die Zensur», ist also eine *Überprüfung* und *Bewertung,* gleichzeitig eine Auseinandersetzung mit der real existierenden wilhelminischen Theaterzensur, die Wedekind schon jetzt mehr als alle Dichter seiner Generation behindert, auch wenn die schlimmsten Kämpfe noch bevorstehen.

Hauptfigur ist der Schriftsteller Buridan, benannt nach dem französischen Scholastiker Buridanus und dessen Fabel vom Esel, der verhungert, weil er sich zwischen zwei gleich großen Heuhaufen nicht entscheiden kann. Buridans «Heuhaufen» sind, kurz ausgedrückt, die Sexualität und die Spiritualität. Beide sind gleich wichtig, beide sollten einander ergänzen und befruchten, aber tun es nicht aus Mangel an Verständigung. Buridans Partnerin ist Kadidja. Er ist mit ihr seit *achtzehn Monaten* zusammen, ohne *während der ganzen Zeit mehr als fünf Tage voneinander getrennt* gewesen zu sein – die Skizzierung der Szenenfolge macht klar, wer gemeint ist: 1. Tilly gegen mich; 2. Ich gegen den Pater; 3. Ich gegen sie. Der Pater, ein weltlicher Zensor, ist sein Gegner in der Debatte über Kunst und Religion.

Buridan hat seine *Spannkraft* verloren und bittet um Urlaub – die andauernde Gegenwart einer Frau hat ihn erschöpft, der *Milchtopf der Gefühle* ist über Gebühr *abgerahmt*. Ersetzt man *Spannkraft* durch Libido, ist der Konflikt offensichtlich, und mit ihm das von Wedekind oft thematisierte männliche Urproblem: Frauen können den Geschlechtsakt über sich ergehen lassen, ob aufgelegt oder nicht, Männer brauchen *Spannkraft*, und fehlt die, bricht für sie die Welt zusammen – der Grund für ihr ständiges Auf-der-Hut-Sein, Sich-selbst-Überfordern und ihren frühen Tod. *«Ich kann nicht» kann nur ein Mann sagen*, erklärt Wedekind. *Bei einer Frau heißt «ich kann nicht» immer «ich will nicht».* Und: *Wenn ich müde bin, dann bin ich geizig, neidisch und feig, dann bin ich eifersüchtig und abergläubisch, dann fühle ich mich dick.*

Kadidja, stellvertretend für alles Weibliche, das nach Jahrtausenden der Suche nach dem stärksten Erzeuger nur fordernd und nehmend sein kann, fühlt sich durch Buridans mangelnde *Spannkraft* entwürdigt: *Mit jedem Tag werde ich ärmer an Eigenart. Mit jedem Tag werden meine Mittel, mit denen ich früher auf dich wirkte, geringer und schwächer. [...] Zu Hause soll ich mich dadurch verdient machen, daß ich nicht vorhanden bin, und gehen wir zusammen aus, dann bedrückt dich meine Erscheinung. Sieht mich jemand an, weil ich ihm gefalle, dann tönt ein Fluch von deinen Lippen. Das ist dem keine Freude, das ist mir keine Freude, und dir kann es auch keine Freude sein. Bin ich dazu von Gott geschaffen?*

Wedekind weiß, dass Tilly neben ihrem vermeintlichen Hang zur Leichtlebigkeit durchaus Interesse für Geistiges hat. Um sich ihre Güte bewusst zu machen, schreibt er sich Zitate ihrer kürzlich geschriebenen Briefe heraus: *Ich bin jung und mein ganzes Herz und jeder meiner Gedanken gehört dir, geliebter Frank. Ich will dich nicht mehr quälen, es fehlte mir bis jetzt nur die richtige Sanftmut.* Andere Briefstellen zeigen, dass auch Tilly in erster Linie Frau im oben genannten Sinn ist: *Ich wünsche nur das Eine, dich wieder im Vollbesitz deiner Kräfte zu wissen: Bei guter Laune und neuer Thatkraft* – das kann auch als Drohung verstanden werden. Das Publikum erfährt, was weder Tillys Memoiren noch Wedekinds Kalendereinträge verraten: Sexueller Frust war das Motiv für ihren Sprung in die Spree, die Prügelei ging von ihr aus, nicht von ihm. *Ich kannte mich selbst nicht mehr vor Wut darüber, daß du ein so klägliches Jammergeschöpf aus mir gemacht hattest. Ich biß dich in die Wange, daß du aufstöhntest. Ich hätte auch bestimmt deine Kehle durchgebissen, wenn ich die nötige Kraft gehabt hätte.* Wedekind schreibt über die «Zensur»: *Hätte ich das Kind beim rechten Namen nennen wollen, dann hätte ich den Einakter «Exhibitionismus» nennen müssen.*

Als Gattungsbezeichnung wählt Wedekind den Begriff «Theodizee», also eine «Rechtfertigung Gottes» oder, laut Leibniz, ein «Ausdruck der notwendigen Endlichkeit jeder geschaffenen Welt». Sentenzen über Gott und Religion finden sich in Wedekinds Notizen zuhauf: *Gott ist eine Zwangsvorstellung. – Weil es keinen Gott gibt, mußte man einen erfinden. – Wenn es einen Gott gäbe, würde kein Mensch an ihn glauben.* Dennoch ist die Religion für Wedekind eine höchst nützliche Sache: Sie fördert sowohl *Geisteselastizität* als auch *seelische Equilibristik.* Der *Gottesbegriff,* meint Wedekind, sei ein *Accumulator* für *seelische Energien,* die in Notlagen, wenn die Widerstandskraft erlahmt, *willkürlich und je nach Bedarf entbunden und verwerthet werden* könnten. Auch das Gebet habe *ausnahmslos und unter allen*

Umständen einen günstigen Erfolg, denn es bedeute eine *Samm-lung der Lebensgeister,* ein *ernstes Besinnen auf sich selbst und die eigenen Kräfte,* eine *Spanne der Ruhe und völliger Abgeschlossen-heit* und damit eine *vorher nicht empfundene Klarheit* und eine *Neubelebung des bewußten Wollens.* Ob ein Gott, zu dem man bete, existiere oder nicht, sei dabei ganz unerheblich. In diesem Sinn ist Wedekinds viel zitierter Satz zu verstehen: *Auf jeden Fall kenne ich nichts Bedauernswürdigeres auf dieser Welt als einen Dummkopf, der nicht an Gott glaubt.*

Buridan sagt ihn zu Dr. Cajetan Prantl, einer *jugendliche Er-scheinung von tadellosem Auftreten,* Jesuitenpater, Zensurbe-auftragter und *Sekretär des Beichtvaters Seiner Majestät,* der die «Büchse der Pandora» nicht freigeben will, weil dem Autor die *seelische Lauterkeit* fehle, die *anima candida.* Den Vorwurf hat ihm schon Gerhart Hauptmann gemacht, er wehrt sich heute so dagegen wie damals: Es sei eben der *untilgbare Fluch,* der ihn be-gleite, der das, was er im *tiefsten Ernst* ausspreche, wie *Lästerun-gen* klingen lasse. *In keiner meiner Arbeiten habe ich das Gute als schlecht oder das Schlechte als gut hingestellt. Ich habe die Folgen, die dem Menschen aus seinen Handlungen erwachsen, nirgends gefälscht. Ich habe diese Folgen überall immer nur in ihrer uner-bittlichen Notwendigkeit zu Anschauung gebracht.* An anderer Stelle sagt Wedekind: *Will man moralisierend wirken, muss man die Abgründe der Unmoral zeigen.* Oder: *Man muß der Moral die Glieder ausrenken und sie seiltanzen lehren.* Dr. Prantl for-muliert die Gegenposition, und auch die ist nicht von der Hand zu weisen: *Ein Mensch von sittlichen Empfindungen KANN seine eigenen Gedanken nicht zu Ende denken! Das ist ein Ding der Unmöglichkeit! Wozu bedürften wir denn des Glaubens, wenn wir mit unserer Vernunft auskämen!*

In der letzten Szene will Kadidja Buridan verlassen: *Es ist jam-merschade um mich, wenn ich einem Manne zur Last falle. Ich werde mich nun also wieder auf das wilde Meer hinausbegeben, auf dem du mich vor achtzehn Monaten eingefangen hattest; auf dem man sich nur durch seine Kräfte, nur durch seine Vorzüge über Wasser halten kann. Bei dir könnte ich mich von jetzt an nur*

noch durch meine Defekte über Wasser halten – vorausgesetzt na-
türlich, daß ich welche hätte. Sie tritt auf den Balkon, übersteigt
das Gitter und lässt sich fallen.

Wenn ich die Arbeit zu Ende bringe, wird es dir jedenfalls die
liebste Rolle sein, schreibt Wedekind nach Lenzburg. Er hat sich
dafür etwas Besonderes ausgedacht: Tilly soll auf einer Lauftrommel auf die Bühne rollen und Dr. Prantl im Vorüberrollen,
quasi selbstverständlich, die Hand auf die Schulter legen und ihn
damit aus der Fassung bringen. Das wird Übung kosten, aber
Wedekind ist überzeugt, dass Tilly es schaffen wird. Gleichzeitig
unterstreicht es seine Rolle als Zirkusdompteur und zeigt, dass er
immer noch der Chef ist.

Kommt nicht jeden Tag Post von Tilly, wird Wedekind unruhig:
Was ist mit Dir, daß Du nichts hören läßt, hast Du Dich bei dem
plötzlichen Witterungswechsel erkältet oder geht es Anna Pame-
la nicht gut? In der Eile schreibt er Tilly am Schluss mit i. Die
antwortet prompt: *Mein einzig geliebter Frank, es muss schon*
sehr schlimm mit uns stehen, wenn Du nur «liebe Tilli» u. dann
mit i zum Schluss schreibst. Mein Frank, ich hoffe von ganzem
Herzen, dass dies nichts Schlimmes zu bedeuten hat. Für Wedekind bedeutet es vor allem eines: den Nachweis, dass Tilly nicht
heimlich in seinen Papieren liest. Denn sonst wüsste sie, dass es
in den Notizen des berühmten Formulierers kunterbunt zugeht:
«Tilli» statt «Tilly», «Reinhart» statt «Reinhardt», «Henckel»
statt «Henckell», «Kassirer» statt «Cassirer». Besonders bei Namen gibt er sich keinerlei Mühe. Wahrscheinlich sind innerer
Druck und Ungeduld zu groß. *Sollte ich wirklich Tilly mit einem*
i geschrieben haben?, fragt Frank. *Nun, ich werde es nicht mehr*
thun. [...] Geliebteste Tilly, süßes Geschöpf! Wir nehmen alles
vielleicht zu schwer, aber wir thun es doch nur für uns!

Als wollte er seine Konflikte der Reihe nach abarbeiten, vielleicht
auch in Ermangelung eines besseren Themas, beginnt Wedekind
unmittelbar nach Beendigung der «Zensur» ein Stück über seinen
Intimfeind Albert Langen, obwohl er bereits in «Hidalla» mit

ihm abgerechnet hat und es Langen momentan selbst nicht gut geht: Seine Ehe ist gescheitert, er muss um die Sympathie seines Schwiegervaters und Schutzherrn Björnstjerne Björnson bangen und seiner mit den Söhnen in Paris verbliebenen Frau jährlich große Summen zahlen. Schlimmer noch: Seine wichtigsten Mitarbeiter, die Zeichner Heine, von Reznicek und Thöny sowie der Dichter Ludwig Thoma, haben einen Aufstand gegen ihn angezettelt und ihn vor die Wahl gestellt, den Gewinn des «Simplicissimus» mit ihnen zu teilen oder die Gründung eines Konkurrenzblattes hinzunehmen. Langen hat geschickt verhandelt, war aber der Schwächere und ist in dem von ihm auf den Weg gebrachten und mit eigenem Geld durch alle Fährnisse gesteuerten «Simplicissimus» nur noch Teilhaber.

Wedekind hat seit Jahren mit dem «Simplicissimus» nichts mehr zu tun und wahrscheinlich auch die Redaktionsräume nicht mehr betreten. Dass der «Simplicissimus» ihn berühmt gemacht hat und er für seine vielen bei Langen verlegten Werke fast wöchentlich nicht unerhebliche Tantiemenzahlungen kassiert, spielt für ihn offenbar keine Rolle. Akribisch notiert er Vorkommnisse, ordnet den Protagonisten leicht durchschaubare Pseudonyme zu und skizziert fünf Akte mit der Frage: Was muss gesagt werden? Alle Kränkungen einer langen Verbindung kommen zur Sprache: Die «Palästina-Nummer» des «Simplicissimus», das gebrochene Bein, der zu tiefe Sessel, Wedekinds Bitten um Geld, seine Abhängigkeit vom Verleger. Die «Simplicissimus»-Zeichner, durchweg Künstler von internationalem Ruf, verkommen zu Karikaturen: Thöny hat Mundgeruch, Heine ist geldgeil, Reznicek vergräbt seine Nase in Damenunterwäsche, und Ludwig Thoma ist ein bayerischer Grobian, der alle und jeden *auf die Kirchweih laden tut.* Die lohnende und interessante Aufgabe, künstlerische Freiheit in einem kommerziellen Betrieb und die Verschleißerscheinungen von Berufssatirikern aufs Korn zu nehmen, verblasst hinter Wedekinds Groll auf Gegner, die gar keine mehr sind.

Kein Stück Wedekinds wird seinen Ruf dauerhafter beschädigen und seine Bewunderer mehr enttäuschen als dieses – was nicht bedeutet, dass er weniger hart daran arbeitet. Er nennt es

«Oaha», nach einem zwerghaften, sich beständig vor Lachen ausschüttenden, auf einem Wägelchen einherrollenden Kretin, der den von pausenlosem Witzemachen zermürbten Redakteuren auf Kommando Witze auf eine Schiefertafel kritzelt, die diese weder verstehen noch lustig finden, aber, da ihnen schon jahrelang keine Witze mehr einfallen, dankbar zum Inhalt ihres Blattes machen.

Die «Fackel» vom 31. Oktober 1907 hat nur einen Inhalt und nur einen Titel: «Maximilian Harden – eine Erledigung» – die erste große «Harden-Polemik» von Karl Kraus, angestachelt durch den eben zu Ende gegangenen ersten Prozess in der «Harden-Eulenburg-Affäre». Harden hat die Grafen Eulenburg und Kuno von Moltke als homosexuelles Paar bezeichnet und Hof und Reichswehr in beispiellosen Aufruhr versetzt. Der Kaiser hat eine Liste Verdächtiger verlangt, mehrere Offiziere haben sich aus Angst, ihrer Sexualität wegen vor ein Kriegsgericht gestellt zu werden, das Leben genommen. Graf Eulenburg hat sich gemäß § 175 selbst angezeigt, Moltke Harden wegen Verleumdung verklagt, wurde aber dank Harden'scher Zeugen der Homosexualität überführt, während Harden mit einem Freispruch davonkam.

In diesem Hause herrscht die Pest, befindet Karl Kraus. Seine eigentliche «Erledigung» Hardens aber zielt auf dessen Qualität als Literat und Publizist. Auf sechsunddreißig «Fackel»-Seiten weist Kraus seinem einstigen Mentor nach, dass sich *nie ein geschwolleneres Mundwerk, nie eine affektiertere Zunge* in *normwidrige Beziehungen zur deutschen Sprache gesetzt* habe, und hält ihm als leuchtendes Beispiel seinen Freund Wedekind entgegen, der mit der *farblosesten Comptoirprosa* in *Seelengründe* greife.

Im September hat Karl Kraus noch einmal fast verzweifelt die Beziehung zu Wedekind zu retten versucht, und ihm eine Aufführung der «Büchse der Pandora» am Deutschen Schauspielhaus in Hamburg vorgeschlagen, dessen Direktor Alfred von Berger er für künstlerisch seriöser hält als den umtriebigen Max Reinhardt. Aber Wedekind ist ausgewichen – er sei bereits mit dem Hamburger Thalia-Theater in Verhandlung und habe *wenig Zutrauen zur Berger'schen Regie* – und hat Maximilian

Harden öffentlich den *größten deutschen Publizisten* genannt, dessen *Überzeugungstreue* für ihn über *jeden Zweifel erhaben* sei. Karl Kraus lässt von seiner Bemühung ab, der Briefwechsel mit Wedekind kommt zum Erliegen, und eine der fruchtbarsten Verbindungen im Leben beider geht zu Ende.

Wedekind notiert: *Die Falschheit, die mir im Blut liegt, besteht darin, daß ich mir einen Menschen, der mir nützlich sein kann, zum Freunde mache, indem ich seine schlechten Eigenschaften völlig übersehe. Hat er dann seine Dienste getan, dann gehen mir plötzlich die Augen über seine schlechten Eigenschaften auf, und dadurch wird ihm selber der Verkehr mit mir unmöglich.* Gilt dies auch für Wedekinds Beziehung zu Karl Kraus?

Weihnachten 1907 feiern Frank und Tilly mit Paul Cassirer, einem der erfolgreichsten Kunsthändler Berlins, und dessen Ehefrau Tilla Durieux, einer gefeierten Schauspielerin in Max Reinhardts Ensemble. Die Paare verbringen viel Zeit miteinander, die Männer zum geistigen Schlagabtausch, die Frauen zum Schwatz. Dass Tilla Durieux Wedekinds Geliebte war, stört nicht: Wedekind passt gut auf Tilly auf, und der ist es vielleicht ganz recht, eine um vieles erfolgreichere Kollegin zumindest in diesem Punkt ausgestochen zu haben.

Die Festfreude ist getrübt durch die Anwesenheit der Schweizer Brüder Karl und Robert Walser, Ersterer Bühnenbildner der Berliner «Frühlings Erwachen»-Aufführung und gesuchter Illustrator, Lezterer Schriftsteller von so seltener Eigenart, dass bis jetzt niemand so recht etwas mit ihm anzufangen weiß. Die Walsers beschließen, Wedekind zu ärgern, und treffen mit sicherem Instinkt einen empfindlichen Punkt: Als Schweizer Landsmann, meinen sie, sollte Wedekind Schweizer Brauchtum pflegen und sich mit ihnen im sogenannten «Hosenlupf» messen, bei dem man sich gegenseitig am Gürtel packt und aus der Balance zu bringen versucht – für Wedekind eine grauenhafte Vorstellung, besonders da Frauen zugegen sind und die beiden Walsers ihn um Haupteslänge überragen. Außerdem weiß er nur zu gut, dass er kein Schweizer ist und ihn echte Schweizer allein seiner Sprache wegen nie als solchen akzeptieren würden. Er weiß aber auch, dass er keine andere Heimat hat als eben jene Schweiz, in die er nicht gehört.

Wedekind verzieht sich mit Tilly ins Café Austria, Cassirers folgen. Kaum ist Ruhe eingekehrt, kommen die beiden Walsers nach und setzen sich an einen separaten Tisch. Wedekind drängt erneut zum Aufbruch, muss aber, um zum Ausgang zu gelangen, am Tisch der Walsers vorbei, von denen einer ihm das Wort «Schafskopf» ins Gesicht sagt, was ihn so erbost, dass er in der Drehtür den Ausgang verpasst und, Tilly im Arm, wieder vor seinen Peinigern landet und den wenig schmeichelhaften Ausdruck ein zweites Mal zu hören bekommt.

Jahre später, als Wedekind längst tot und Robert Walser ein immer noch nahezu unbekannter Autor ist, erscheint in der «Prager Presse» ein kurzes Prosastück «Bildnis eines Dichters», das Wedekind nicht namentlich nennt, ihn aber unmissverständlich porträtiert. Ein *zartes, junges, schönes, böses, liebes, süßes und saures Mädchen* sei Wedekind gewesen, mit einem *stets aufs sorgfältigste zugekniffenen Mund*, der Robert Walser *gehasst habe,* weil der in seiner Gegenwart einmal *die Unschicklichkeit begangen* habe, *witzig zu werden.* Sein ganzes Leben lang habe Wedekind das *Stückchen Beschränktheit* ersehnt, *das ihm nicht abhanden gekommen war, weil er's nie besaß. [...] Er war nicht gescheit genug, um zu merken, daß seine Gescheitheiten seine Feinde waren. Seine Intelligenz hinderte ihn vielfach daran, intelligent zu sein.* Dabei sind sich Robert Walser und Wedekind bei aller Verschiedenheit ähnlich: Auch Robert Walser baut sein Werk auf Selbstironie und Selbsterniedrigung – und wer sich als den Schlechtesten hinstellt, hält sich in Wahrheit für den Besten. Hätte Walser die Pein von Wedekinds *zugekniffenem Mund* gekannt – das künstliche Gebiss, das er seit seinem fünfundzwanzigsten Lebensjahr tragen musste –, hätte er ihn vielleicht milder beurteilt.

Weihnachten 1907 meldet sich auch, nach langer Pause, Donald Wedekind, aus Zürich, wo er Redakteur am «Zürcher Fremdenblatt» ist: *Mein lieber Bruder! Seit anderthalb Jahren Tag für Tag* derselben Arbeit lebend, empfinde ich das Bedürfnis nach einer kurzen Unterbrechung. Vielleicht um eine Arbeit zu vollenden, die mir am Herzen liegt. Jedoch ist es mir nicht möglich, mich frei zu machen. Vielleicht weißt du Rat. Diesen erwartend und dir im Übrigen meine aufrichtigen Glückwünsche zusendend zu deinen sichtbaren Erfolgen, bin ich dein Bruder Donald.

Aber Frank ist mit seinem Stück «Oaha» beschäftigt und fährt Anfang Januar 1908 zur Uraufführung von «Musik» nach Nürnberg. Donald schreibt wieder: *Mein lieber Frank! Als ich vor einigen Wochen meine erfolglosen Zeilen an dich richtete, mußte ich wohl eine Ahnung von einem wirklichen kommenden Unglück gehabt haben. Aus beiliegendem Schreiben wirst du ersehen, daß mir meine Stellung gekündigt wurde, ohne mein Verschulden, ohne daß man mir vorwerfen kann, daß ich meine Pflicht nicht erfüllt hätte. Dieser Katastrophe bedurfte es noch, um meinen seelischen und körperlichen Zustand derartig zu komplizieren, daß ich mich meiner Lage nicht mehr gewachsen fühle und ohne äußere Hülfe ein schlechtes Ende unvermeidlich vor Augen sehe. Willst du mir nicht helfen? [...] Ich weiß, daß ich dich vor zwei Jahren beleidigt habe, ich muß aber auch vermuten, daß meine exponierte Lage als mildernder Umstand gelten mag, und ich kann mir nicht denken, daß man einen um eines Wortes willen zeitlebens aus seinem Ideen- und Empfindungskreis ausschaltet.*

Donald ist morphiumsüchtig. Mit der Droge kam er bereits als Kind in Kontakt, durch gelegentliche Einspritzungen seines Vaters zur Beruhigung oder Schmerzlinderung. Ihr süchtig machendes Potential war damals noch wenig bekannt; irgendwann ist Donald ihm erlegen. Frank schickt Geld. Ein Arzt untersucht Donald, findet keine organischen Veränderungen, wohl aber starke Unterernährung und Vereinsamung. Donald ersucht Frank um monatlich hundertzwanzig Mark, aber bitte ohne Vermittlung Armins: *Geld, das ich aus seinen Händen zu empfangen hätte, würde für mich zu Steinen.* Frank ist in Wien, der Brief geht nach München.

Donald schreibt ein letztes Mal: *Ich will durchaus, daß ich ehrlich sterbe, eine ehrliche Erinnerung hinterlassend, und das ist, so meine ich, doch wahrhaftig auch in Eurem Interesse. Du weißt oder vermutest wenigstens, daß ich krank bin. Ist das nicht schon Grund genug, daß du das tun solltest, was ich dir gegenüber, als du in der Vollkraft deines Lebens standest, so und so oft unaufgefordert getan habe. [...] Das sind, wie ich einleitend schrieb, die letzten Worte, die ich an dich richte.*

Donald reist nach Wien, vermutlich um Frank zu treffen, aber der ist wieder in München. Donald schickt ein Telgramm: *In extremis, bitte Telegrammsendung! Wien Hotel Palace.* Im Morgengrauen des 4. Juni 1908 erschießt sich Donald Wedekind, sechsunddreißig Jahre alt, in dichtem Gebüsch im Wiener Prater.

Der letzte Mensch, der sich um ihn gekümmert hat, war Frida Strindberg. Sie hat zu Frank seit Jahren keinen Kontakt und schreibt an Mati nach Lenzburg: *Ich fürchte, Sie haben aus den Zeitungen erfahren, was geschehen ist. Ich möchte Ihnen sagen, dass ohne Schmerz, ohne Leiden, ohne Verbitterung, gut und gütig allem verzeihend und dankend Ihr armer, lieber, guter Bruder Donald von dieser Welt durch eigenen Entschluss geschieden ist. Gestern, 5h in den frühen Morgenstunden hat er seinem Leben ein Ende gemacht, in grünen Anlagen, unweit einer Kapelle, die Zigeunermusik spielte, die er so lieb gehabt. Um 6 Uhr früh hat die Polizei ihn gefunden. Ich habe Donald seit vielen Jahren nicht gesehen gehabt und nichts von ihm gehört, ich kann daher die Motive seiner Tat nur ahnen. Er ist gestorben wie ein Held und Dichter, mit einem Schuss in's Herz hinein, und sein Gesicht ist so ruhig und gut und friedlich wie im Schlafen.*

Frank fährt nach Wien und wohnt im selben Hotel wie wenige Tage zuvor sein Bruder. Mieze und Walther Oschwald kommen aus Dresden, Armin und Emilie Wedekind aus Zürich. Beim Erhalt von Donalds Todesnachricht soll seine Mutter gesagt haben: «Alle Achtung! Jetzt hat er doch endlich einmal gezeigt, dass er etwas kann!» Frank hat es nicht selbst gehört, aber hält es im Notizbuch fest und erwähnt es mehrmals in anderen Schriften.

21

Kein Hundetrab

Sommer 1908 bis Frühjahr 1909

Ich schäme mich, in Berlin zu leben, weil Berlin das Gegentheil von alledem darstellt, was ich jemals in meinem Leben geliebt und für mich erträumt und erstrebt habe. Ich empfinde den Aufenthalt in Berlin als eine unausgesetzte Entwürdigung, da ich in Berlin nie und nirgends das geringste Verständnis für mein Gefühl finden kann. Wedekind ist Großstadtmensch, schreibt in Großstadtkneipen, hat großstädtischen Umgang, läuft nachts durch Großstadtstraßen nach Hause. Aber Berlin ist ihm eine *Riesen-Nerven-Folter,* ein *trauriger Notbehelf,* ein *Conglomerat von Kalamitäten.* Was stört ihn an der Stadt, die andere als kreativen Stimulans oder gar als Lebenselixier empfinden?

Teil seiner Enttäuschung ist fraglos die Zusammenarbeit mit Max Reinhardt. Der hat 1906 mit ihm einen Schauspiel- und einen Autorenvertrag geschlossen, Ersteren mit einem Fixum von monatlich tausend Mark, Letzteren mit der Auflage, ihm fünf Jahre lang alle neuen Arbeiten zuerst anzubieten. Aber seit seinem Misserfolg als Tartuffe hat ihn Reinhardt keine fremden Rollen mehr spielen lassen und sein neues Stück «Musik» nicht zur Uraufführung angenommen. Als Wedekind im Herbst 1907 während Proben zum «Marquis von Keith» seine Gage als Schauspieler und Regisseur kassieren wollte, hatte das Theaterbüro keine Zahlungsanweisung, bei erneutem Vorsprechen am Folgetag auch nicht. Wedekind bot an, die Gage mit der Aufhebung des 1906 geschlossenen Autorenvertrags zu verrechnen, was Reinhardt ohne die Zustimmung seiner Soziätäre nicht tun zu dürfen vorgab. Wedekind bat die Soziätäre, den Kontrakt zu lösen, damit er nicht *nach dreijähriger künstlerischer Tätigkeit in Berlin diese Stadt mit dem Gefühl persönlicher Demütigung verlassen müsse*, aber der Vertrag blieb in Kraft, und seine Gage hat er bis heute nicht erhalten. Solche Kränkungen vergisst Wedekind nicht.

Obwohl ihm Max Reinhardt wie kein Zweiter den Weg gebahnt hat, ist Wedekind auch künstlerisch mit ihm uneins. Reinhardts viel gerühmte Massenszenen, seine atemberaubenden Bühnenbilder und Beleuchtungseffekte lenken nach Wedekinds Überzeugung vom Gedanken dessen ab, der das Stück geschrieben hat, sei es Shakespeare oder er selbst – das Bonmot der Berliner zu Reinhardts «Sommernachtstraum»-Premiere: «Det muss man jesehn haben: Um zehn Uhr dreht sich bei Reinhardt der Wald» ist für ihn der Inbegriff der falschen Gründe, ins Theater zu gehen. Seinem neuen Stück «Oaha» stellt er eine indirekt gegen Reinhardt gerichtete Anweisung voran: *Auffallende Dekorationen und Requisiten, Entfaltung eines besonderen Stiles, Verwendung einer Drehbühne, sowie aller sonstige HUMBUG EINER KLOBIGEN, MARKTSCHREIERISCHEN REGIE sind bei der Aufführung dieses Stückes unzulässig* – obgleich so gut wie keine Aussicht besteht, dass Reinhardt das Stück aufführt.

Wedekind will nach München. Dort soll alles besser werden. Tilly freut das nicht. Sie mag das Berliner Tempo, und es schmerzt sie, Tilla Durieux, Ida Orloff, Adele Sandrock und ihre wenigen anderen Bekannten zurückzulassen. In München kennt sie niemanden, und was sie durch Frank kennenlernen wird, ist mindestens fünfundzwanzig Jahre älter als sie. Um sie bei Laune zu halten und ihr bei den Umzugsvorbereitungen zu helfen, darf ihre vierzehnjährige Schwester Martha die Sommerferien in Berlin verbringen. *Tilly mit ihrem Hofstaat am Wannsee,* notiert Wedekind.

Er selbst verfasst derweil einen *ewigen Küchenzettel,* der alles enthält, was er gerne isst: *Fondue, Kuhbacherkäse mit Melonen, Ölsardinen, Reisauflauf mit Zwetschgenkompott, Frankfurter Würste mit Linsen, Blut- und Leberwurst mit gerösteten Butterkartoffeln.* Müßiggang ist für Wedekind etwas Unmoralisches, ja Selbstzerstörerisches. Ist kein neues Stück in Arbeit, verbes-

Tilly und ihr «Hofstaat»:
Martha Newes und Anna Pamela

sert er ein altes, bietet sich auch das nicht an, erstellt er Listen seines Hausrats oder seiner Kleidung, zählt die Frauen auf, die er geliebt hat, oder die Requisiten, die für Stücke mitzunehmen sind – Letztere auf weißen Zelluloidplättchen, die er auf Schlüsselringe zieht, so dass Tilly unabhängig von ihm Koffer packen kann und nichts vergessen wird. Als er jedoch erfährt, dass die Gage von Tilla Durieux bei Max Reinhardt ein Vielfaches der für ihn kontraktlich vereinbarten Summe beträgt, ist es mit der Beschaulichkeit vorbei: Innerhalb eines Tages stellt er ein sogenanntes «Reinhardt-Tagebuch» zusammen, das in chronologischer Folge alle von ihm erlittenen Ungerechtigkeiten benennt, und gibt es, um es stets parat zu haben, in eine Druckerei zum Vervielfältigen. Am 21. September 1908 verlässt er als arrivierter Schriftsteller mit Frau und Tochter die Stadt, die er vor drei Jahren als darbender Junggeselle betreten hat.

Ein Spediteur führt den Umzug durch, die Familie macht Station in Dresden. Julius Ferdinand Wolff, Verleger der «Dresdner

Neuesten Nachrichten», gibt ein Essen zu Ehren der Gäste, an dem neben Erika Wedekind auch sein Feuilletonredakteur Dr. Paul Fechter teilnimmt, der später eines der ersten Bücher über Wedekind schreiben wird und ihn an diesem Abend zum ersten Mal sieht. Sein Eindruck, in derselben Nacht festgehalten, vermittelt ein lebendiges Bild eines Menschen, von dem es weder Film- noch Tonaufnahmen gibt: *Wedekind war mittelgroß und hatte einen Körper, der meist wie entspannt wirkte, weich und muskellos, ohne mager zu sein, einen Gang, der etwas Flaches, Horizontales, niemals Federndes hatte. [...] In der Kleidung eine Neigung zur Eleganz, ein ausgeprägter Wille, nicht aufzufallen, betont korrekt und wohlerzogen bis ins Letzte zu sein. Es lag darin ein Widerspruch gegen seine Natur, gegen die schwelende Glut im Innern; man empfand desto stärker den Willen zur Form, der diese Selbstbändigung erzwang. [...] Eine nicht eben hohe, aber klare, schöngeformte Stirn, gefurcht von drei, vier tiefen Längsfalten, die sich beim Gespräch alle Augenblicke zusammenzogen. [...] Darunter saßen hinter dem Klemmer die grauen Augen, wunderlich wechselnd im Ausdruck, ironisch, scharf, überlegen, kalt und dann auf einmal von einer wunderschönen menschlichen Weichheit, fast Zartheit, die in diesem Gesicht etwas unwahrscheinlich Überraschendes hatte.*

Der Abend verläuft laut Dr. Fechter ungemütlich. Man redet über Literatur, Tilly schweigt; zwischen den Geschwistern Wedekind registriert er eine *stumme, aber fühlbare Spannung. Gegen zehn Uhr zog Wedekind seine Uhr, sah Frau Tilly streng an und sagte mit allem Ernst seiner präzisen Schauspielersprache: «Tilly, es ist zehn Uhr, das Kind will trinken ...»* Gehorsam erhob sich die junge Frau, verabschiedete sich und ging. Nach Auflösung der Gesellschaft bittet Wedekind den Journalisten auf ein Glas Pilsener, andere schließen sich an. *Wir saßen genau so sinnlos da wie vorher. Wedekind machte ein finsteres Gesicht; jemand erzählte freundlich und harmlos allerhand Dresdner Neuigkeiten, bis auf einmal Wedekind aufsprang, ein Geldstück auf den Tisch warf und nach dem Kellner rief. Noch bevor er kam, hatte er seinen Mantel angezogen und reichte mir die Hand: «Urteilen Sie nicht, Herr Doktor; wir sehen uns wieder!»* Ein kurzer Gruß, ein Nicken, er war verschwunden.

Die Prinzregentenstraße in München ist vornehm, schnurgerade, ein wenig steril und weit weg von Schwabing. Geschäfte und Cafés gibt es keine, stattdessen Regierungsgebäude, das Bayerische Nationalmuseum und die Preußische Gesandtschaft, neben der soeben im Auftrag Kaiser Wilhelms II. ein repräsentativer Bau entsteht, der die Gemäldesammlung des Grafen Schack beherbergen soll. Von seinem Arbeitszimmer im Haus Nummer 50 aus kann Wedekind den Fortgang der Arbeiten beobachten. Lehnt er sich aus dem Fenster, blickt er rechts auf die Isarbrücke und den Friedensengel, nach links in freier Sicht bis zum Prinz-Carl-Palais.

Wedekinds Wohnung im dritten Stock war früher Sitz des argentinischen Konsulats. Sie hat acht Zimmer, die nach seinen Anweisungen tapeziert sind: das Esszimmer dunkelblau, sein Arbeitszimmer rot, sein Schlafzimmer blassweiß, Tillys Boudoir orange, Tillys Schlafzimmer blaublumig, Anna Pamelas Zimmer rosa. Die nach Norden zur Straße gelegenen Herrschaftsräume sind sonnenlos, Küche, Dienstbotenräume und Kinderzimmer hell und freundlich. Hinter dem Haus befindet sich ein Klosterhof, in dem Kinder in Unterrichtspausen singen.

Möbel werden aufgestellt, Teppiche ausgelegt, Bücher ausgepackt. Wedekind richtet sein Arbeitszimmer ein, *geradezu ein Saal,* wie sich Tilly erinnert, mit nüchternsten Möbeln, amtsstubenhaften Aktenschränken und einem Schreibtisch von einfachster Art. Tilly sieht ihn mit Bangen auf Leitern hantieren und findet ihn *entsetzlich ungeschickt,* aber sein Ordnungssinn verblüfft auch sie: Jeder Gegenstand hat seinen Platz, er findet alles auf den ersten Griff. Als Zeichen neuer Häuslichkeit kauft er gelegentlich sogar persönlich ein.

Das Leben ordnet sich. Wedekind wiegt sich jeden Morgen, macht Gymnastik, übt mit Tilly Rollen, Lieder und das Gehen auf der selbstentworfenen Lauftrommel. Pünktlich um zwei Uhr gibt es Mittagessen, danach läuft er an der Isar entlang nach Thalkirchen oder durch den Englischen Garten zum Aumeister, vermutlich froh und erleichtert, nicht mehr Stadtbahn fahren zu müssen. Tilly und er nehmen Reitunterricht. Tilly hat eine entfernte Cousine entdeckt, Jenny von Sadkowska, die mit ihrem polnischen Mann in Nymphenburg lebt und einen Sohn in Anna Pamelas Alter hat.

Friedlich ist es deswegen nicht. Das Münchner Schauspielhaus spielt «Musik»; Anton Dreßler, Wedekinds Vorbild für den Gesangslehrer Josef Reißner, hat seine Stellung am Konservatorium verloren und macht einen weiten Bogen um seinen ehemaligen Freund; seine Frau Lotte verweigert eine Aussprache. Das Schlüsselstück «Oaha» ist auf dem Buchmarkt erschienen, der angegriffene «Simplicissimus» schießt zurück und zeigt einen von Ludwig Thoma und Olaf Gulbransson karikierten schmerbäuchigen *satanischen Dichter Franz Wedelgrind,* der sein künstliches Gebiss auf den Richtertisch legt und die Geschworenen auffordert, ihm *zwischen diesen zweiunddreißig Schneide-, Eck-, Backen- und Mahlzähnen* auch nur *eine einzige Fleischfaser* nachzuweisen. *So lebt ein Dichter! Hunger! Hunger!* Für Albert Langen ist mit «Oaha» eine Grenze überschritten, jenseits derer keine Zusammenarbeit mehr möglich ist. Er verkauft seine Wedekind-Bestände an Bruno Cassirer und beendet die Beziehung zu einem Autor, den er entscheidend gefördert hat und der ihm eigentlich dankbar sein müsste.

Und ausgerechnet in München gibt es Schwierigkeiten bei der Aufführung von «Frühlings Erwachen», das von Berlin bis Wiesbaden, Leipzig, Wien, Budapest, Prag und Teplitz mehr als dreihundertmal gespielt worden ist. Am Ort seines Entstehens muss ein von Polizeipräsident Julius von der Heydte geschaffener «Zensurbeirat» aus pensionierten Gymnasiumsdirektoren, Professoren und Studienräten unter dem Vorsitz des ehemaligen Münchner Generalintendanten Ernst von Possart darüber befinden, ob es genehmigungstauglich und aufführbar sei, umso bedauerlicher deswegen, weil auch Weggefährten Wedekinds wie Max Halbe und sein Schauspiellehrer Friedrich Basil dem Gremium angehören. Als «Frühlings Erwachen» im November 1908 endlich aufgeführt wird, reagiert das «Neue Münchner Tageblatt» mit beispielloser Primitivität: *Wenn ein unheilbarer Patient in Egelfing so was schreibt, so hat man Mitleid mit ihm oder setzt ihn ins Dauerbad. Vielleicht läßt sich auch Herr Wedekind einmal von einem tüchtigen Psychiater untersuchen. Denn irgendwo muß da entschieden eine Schraube los sein.*

Presseärger fundierterer Art kommt aus Berlin. Der für Fairness und Bildung bekannte Kritiker Fritz Engel hat im Berliner Tageblatt «Musik» und «Oaha» gleichzeitig abgelehnt: *Nein, Herr Frank Wedekind! Wer in Ihnen einen der originalsten Köpfe unserer Zeit, einen Schrittmacher neuer Anschauungen, einen Gestalter kühner Probleme, mit einem Wort den Dichter von «Frühlings Erwachen» sieht, gerade wer Sie größer sieht als andere, muß Ihnen dieses Stück und Stücke wie jenes «Oaha» vor die Füße werfen. Annahme verweigert.*

Wedekind sieht nicht den enttäuschten Bewunderer, sondern den Feind und bricht einen öffentlichen Schlagabtausch vom Zaun: Gerade «Frühlings Erwachen» habe das «Berliner Tageblatt» *fünfzehn Jahre lang totgeschwiegen*, das sei *mindestens ebensowenig liebenswürdig*, wie einem Autor eine neue Arbeit *zwei Jahre nach ihrem Erscheinen vor die Füße* zu werfen. *Diese Tatsachen zusammen genommen drängen mir die Frage auf, ob sich ein Schriftsteller in Deutschland nicht vielleicht auch trotz des «Berliner Tageblatts» in vollkommenem Gegensatz zum «Berliner Tageblatt» entwickeln kann, eine Frage, die mir wichtig genug erscheint, um mit Ernst und Gründlichkeit erwogen zu werden.*

Das «Berliner Tageblatt» antwortet kühl und gelassen, Wedekinds Antwort sei *typisch für den Gemütszustand eines zu Recht durchgefallenen Autors* und liefere zukünftigen Fachgelehrten, die sich mit der *«Psychologie des dramatischen Dichters»* befassen wollten, *wertvolles Material. Solche Briefe werden zu hunderten ersonnen, auch wohl aufgeschrieben, aber zumeist nicht abgeschickt.* Wedekind täusche sich gewaltig, bei «Musik» von einem Publikumserfolg zu sprechen: *Nach jedem Akt schlug eine kleine Wedekind-Clique, treu wie ein gut dressierter Hund, lärmenden Beifall. [...] Was der Zuhörerkreis in den Pausen laut und halb-*

Hunger! Hunger! –
Wedekind, karikiert von Olaf Gulbransson

laut über Wedekinds Stück urteilte, sei besser verschwiegen. Denn schließlich hat man diesen jetzt so ohnmächtig um sich schlagenden Tollkopf doch immer noch gern.

Wedekind lässt nicht locker, die Zeitung verschärft den Ton: *Herr Frank Wedekind, aus dem Katzenjammer eines blamierten Dramatikers noch immer nicht zur Nüchternheit erwacht, belästigt uns und, wie es den Anschein hat, auch andere mit einem erneuten Schreiben, das selbst für seine Verhältnisse bemerkenswert unmanierlich ist. [...] Damit schließen wir die Akten über eine Angelegenheit, die in ihren Anfängen Herrn Wedekind als den Verfertiger eines künstlerisch vollkommen rohen Bühnenwerks kennzeichnete, in ihrem weiteren Verlauf aber als einen Mann, der die Wahrheit nicht kennt oder nicht kennen will.*

Paul Lindau, Erfolgsschriftsteller, Journalist und Theaterleiter, siebzig Jahre alt und mit allen Höhen und Tiefen der Publizistik vertraut, kann sich über Wedekind nur wundern: *Sie haben wirklich mehr jugendliches Feuer, als ich Ihnen zugemutet habe, und Sie sind auch viel harmloser, als ich dachte. Daß Sie sich auf eine Zeitungspolemik – als Autor mit einem angestellten Redakteur – einlassen, das hätte ich Ihnen nie zugetraut. Ist Ihnen der Fall bekannt, daß man in solchem Falle als Autor jemals das letzte Wort behalten und Recht gehabt hätte? Die Herrschaften haben doch das Urteil letzter Instanz kontraktlich.*

Nach dem Abendessen verlässt Wedekind die Wohnung, tadellos gekleidet mit schwarzem Anzug und blank gewichsten Stiefeln, das Notizbuch in der Tasche seines Umhangs. Er schreibt ein paar Stunden in einem der vielen Münchner Bierlokale, dann geht er in die Torggelstube am Platzl neben dem Hofbräuhaus, ein bürgerliches Speiselokal mit preiswerten Menüs und vom Erzeuger gelieferten Weinen. In früheren Jahren war er gelegentlich dort, jetzt, da er wieder in München lebt, ist die Torggelstube sein Stammlokal. Die Gäste wenden bei seinem Eintreten den Kopf, in einem niedrigen, dunkel vertäfelten Nebenraum präsidiert er an einem langen Tisch unter einer gloriolenverzierten Gitarre über die Runde von Schauspielern, Literaten, Journalisten und anderen am geistigen Leben Münchens Interessierten, die sich nach Theaterschluss hier treffen.

Wer sie sind, erfährt man aus seinem Kalender: Alte Freunde wie Richard Weinhöppel und Max Langheinrich und sein späterer Biograph Artur Kutscher, vierzehn Jahre jünger als er und Privatdozent an der Münchner Universität, die Dichter Otto Julius Bierbaum und Alexander Roda Roda, der Theaterleiter Emil Meßthaler, der schöne und reiche Waldemar Bonsels, der in Indien gelebt hat und durch sein Buch «Die Biene Maja» bald noch viel reicher werden wird, die Schauspieler August Weigert und Gustav Waldau oder der Strafrechtler und Literat Max Bernstein, der Maximilian Harden in den Prozessen der «Eulenburg-Affäre» umstrittene, aber aus Hardens Sicht äußerst nützliche Dienste geleistet hat. Sind sie in München, kommen Heinrich

Mann oder Adele Sandrock; Jungtalente, die sich Förderung und Fortkommen erhoffen, drängen an Wedekinds Tisch.

Erich Mühsam, Apothekerssohn aus Lübeck, Lyriker und Kabarettkünstler, der in sogenannten «anarchistischen Kreisen» für das Gute kämpft und deshalb von der Polizei besonders aufmerksam bobachtet wird, meidet die Torggelstube zunächst als *Honoratioren-Versammlung,* aber als ihn Wedekind eines Abends kurzerhand mitnimmt, fühlt er sich dort *wohler als in irgend einem anderen Zirkel der Münchener Bohème.* In seinen «Unpolitischen Erinnerungen» beschreibt er Wedekinds Fähigkeit, Menschen, Ereignisse, kulturelle oder politische Fragen *mit den schärfsten Konturen* zu charakterisieren, die *keiner Zweideutigkeit* Ausweg lassen. Wedekinds Kritik sei oft *boshaft, sarkastisch und jede Illusion zerstörend* gewesen, aber er habe *viel öfter Lob als Tadel* aus Wedekinds Mund gehört; die *Schamhaftigkeit seines Wesens* habe seine Güte verborgen. Zwar habe Wedekind mit *gesellschaftlichen Unmöglichkeiten* aufwarten können, die seinem Gesprächspartnern *die Haare hochtrieben,* aber habe sie damit vor allem aus ihrer *Ahnungslosigkeit* reißen wollen, zum Beispiel einen schüchternen jungen Mann, der irgendwann bescheiden gefragt habe, ob er aus Wedekinds stets zur allgemeinen Bedienung auf dem Tisch liegenden Etui eine Zigarette nehmen dürfe, und über Wedekinds wütende Antwort gewaltig erschrocken sei: «Nein! Die sind nicht für Zaungäste – Fräulein Marie, bringen Sie dem Herrn fünf Zigaretten!» *Gerade, wenn Wedekind grob wurde, vergaß er die Maske, die sonst sein Inneres verdeckte.*

Tilly ist in der Torggelstube jederzeit willkommen, aber fühlt sich *wie auf einem Pulverfass,* besonders wenn Hofschauspieler Albert Steinrück da ist, ein massiger Mann mit roten Haaren, der nie Schauspielunterricht gehabt hat und sich eigentlich als Maler sieht, aber neben Albert Bassermann schon heute als der bedeutendste Schauspieler seiner Generation gilt. Für Wedekind ist er einer der wenigen, die seinen Rollen die nötige Sachlichkeit, Gedankenschärfe und Leidenschaft geben können, gleichzeitig ist er auf den körperlich überlegenen, acht Jahre jüngeren, von Frauen begehrten Steinrück auch eifersüchtig. «Tilly, ist dir etwas heruntergefallen?», fragt er, lüpft das Tischtuch und prüft, ob Tillys Füße dort sind, wo sie hingehören, und nicht etwa irgendwo anders.

Wedekind scheint die *körperliche Erziehung der jungen Mädchen* aus «Mine Haha» auf Tilly übertragen zu wollen, gemäß seiner Grundüberzeugung, dass Körperbeherrschung und Charakter eng miteinander verknüpft sind und dass eine durch Körperbewusstsein gesteigerte sexuelle Empfindsamkeit der ganzen Persönlichkeit zugute kommt. Tilly, die oft lethargisch wirkt, soll aufgeweckt werden, weshalb Wedekind mit ihr neben dem Training auf der Lauftrommel Spagat übt. *Dieselbe Spannkraft, die du im Unterleib gewinnst, die gewinnst du zugleich körperlich und geistig,* notiert Wedekind und schreibt in hebräischen Buchstaben «Tilly» darunter. Es ist ein Spiel mit dem Feuer: Sollte Tillys Lethargie sexuellem Unerfülltsein entstammen, wäre er dafür verantwortlich. Aber eine Frau herauszufordern kann auch ein kreatives Aufputschmittel sein.

In seinem neuen Stück «Der Stein der Weisen oder Laute, Armbrust und Peitsche» soll Tilly auf einer Kugel laufen, genauer gesagt auf dem Globus im Arbeitszimmer des Magiers und Alchemisten Basilius Valentinus, der *nichts als Schlünde, als Abgründe* im Kopf hat, und auf diese Weise die verschrobenen, realitätsfernen Ideen und Theorien symbolisch mit Füßen treten, die in Männerköpfen mitunter zu Hause sind – nach der «Zensur» ist der «Stein der Weisen» ein weiteres Stück über den Gegensatz zwischen Körper und Geist, Realität und Ideal, Frau und Mann. Tilly soll in vier Rollen Aspekte der Auseinandersetzung verkörpern. Das wird rasende Kostümwechsel erfordern, aber sie künstlerisch hoffentlich befriedigen. *Tilly stellt in allen Rollen die Welt dar, wie sie ist, frech, roh, brutal, gegenüber der Welt, wie ich sie mir vorstelle.*

In einer zentralen Szene erinnert sich der Alchemist Basilius Valentinus seiner Jugend, als seines *Lebens Zaubergarten* noch *frischere Blumenpracht* trug, und ihm ist, als ob eine Frauenstimme ihm das Gedicht «Lulu» einflüstert, Wedekinds innerstes

Credo weiblicher Sexualität und als solches durchaus wörtlich zu nehmen:

> Ich liebe nicht den Hundetrab
> Alltäglichen Verkehres;
> Ich liebe das wogende Auf und Ab
> Des tosenden Weltenmeeres.
>
> Ich liebe die Liebe, die ernste Kunst,
> Urewige Wissenschaft ist,
> Die Liebe, die heilige Himmelsgunst,
> Die irdische Riesenkraft ist.
>
> Mein ganzes Innere erfülle der Mann
> Mit Wucht und mit seelischer Größe.
> Aufjauchzend vor Stolz enthüll ich ihm dann,
> Aufjauchzend vor Glück meine Blöße.

Gleich darauf tritt Tilly als Geistererscheinung Lamia auf, Symbol ungeschminkter sexueller Verführung. Basilius stöhnt unter der Last:

> In meiner Seele Tiefen braust es hohl,
> kampft' ich dafür den schwersten Kampf auf Erden?

Tilly springt vom Tisch und ruft ihm zu:

> Ein großer Geist fühlt sich im Dunkeln wohl.
> Das Weib ist dazu da, gesehn zu werden!

Was immer die Mängel seines Stücks «Oaha» sein mögen – den Vorwurf der Unredlichkeit will Wedekind nicht auf sich sitzen lassen. Insbesondere Fritz Engels Ausdruck, ihm sein Werk «vor die Füße zu werfen», hat ihn schwer gekränkt. In einer «Vorrede zu Oaha» gibt er zu, die Vorgänge um Albert Langen und den «Simplicissimus» *unrichtig* gesehen zu haben, da sein Blick *durch*

Das Weib ist dazu da, gesehn zu werden!
Tilly in «Stein der Weisen»

langjährige, seine *vitalsten Interessen* betreffenden *Zerwürfnisse getrübt* war, aber geht dann unbarmherzig mit seinen Todfeinden ins Gericht, den Kritikern, die in fester Anstellung mit vergleichsweise geringem Risiko über die befinden, die alles riskieren, ihre Lebenszeit, ihren Namen und ihr Geld, und ohnehin ihre eigenen strengsten Kritiker sind. *Denn was ist künstlerische Produktion anderes, als fortgesetzte, ununterbrochene Selbstkritik?*, fragt Wedekind. *Der Literat, der seine Kritik zur Schädigung der Konkur-*

renz verwendet, hat sie zur Hebung der eigenen Tätigkeit nicht mehr übrig. [...] Er hat das Handwerk verschmeckt. Er kann nicht mehr davon lassen, in den Sünden anderer die Quelle seines Erwerbs zu erblicken. Er wird auf dieselbe Weise Kritiker, wie der Arbeiter, der seinem Liebchen keine Geschenke mehr bringen kann, zum Zuhälter wird. Kein Zuhälter liebt seinen Beruf. Und es ist ja auch ein Beruf, der schwer zu lieben ist.

Während Wedekind sich seinen Zorn vom Herzen schreibt, kämpft der Mann um sein Leben, der jahrelang Zielscheibe seines Zorns war: Albert Langen ist am 1. April inmitten kolossaler Aufregung einer techniktrunkenen Nation dem Reichsluftschiff Z1 vom Münchner Oberwiesenfeld im offenen Auto über Freising und Moosburg bis Dingolfing gefolgt. Dabei hat er sich eine Mittelohrentzündung geholt, sich aber nicht geschont und Ostern eine weitere Automobiltour unternommen. Jetzt hat er Eiter im Blut und unerträgliche Schmerzen. Ruhig und ohne zu klagen, setzt er ein vierköpfiges Kuratorium ein, das den Verlag im Fall seines Todes leiten soll. Den letzten Nachmittag seines Lebens verbringt er mit dem Abfassen eines Testaments im Beisein eines Anwalts. Am Abend des 30. April 1909 stirbt Albert Langen, noch nicht vierzig Jahre alt. Seine Leiche wird in seine Heimatstadt Köln überführt.

Albert Langen +, notiert Wedekind und schreibt scheinbar ungerührt seine «Vorrede» weiter. Aber als am 11. Mai auch der von ihm in «Oaha» verspottete und von zahllosen Lesern geliebte Zeichner Ferdinand von Reznicek stirbt, an einer Magenblutung und nachdem er eine Woche zuvor an Albert Langens Grab gestanden ist, gibt Wedekind auf. Die «Vorrede zu Oaha», die tiefe Einblicke in das Wesen ihres Autors gewährt und bei aller Polemik Bedenkenswertes zum ewigen Widerspruch zwischen Kunst und Kunstkritik enthält, verschwindet in der Schublade. Als ein wohlmeinender Zeitgenosse ihm rät, sich mit dem «Simplicissimus» zu versöhnen, antwortet Wedekind: «Warum sollte ich das tun? Der Einzige, der mich interessiert hat, war Albert Langen, und der ist tot.»

22

Die inneren Notwendigkeiten
von Ehe und Familie

Juli 1909 bis Januar 1911

Die Ehe ist um des Menschen willen da. Jeder Ehegatte will den anderen lieber tot als untreu wissen. Jeder Ehegatte lebt um seiner selbst willen. Was er im anderen liebt, ist der eigene Kostenaufwand, der nicht nur mit jedem Tag, sondern mit jeder Stunde anwächst. Unglückliche Ehen gibt es nicht, es gibt nur unglückliche Menschen, deren Ehe ein unglückliches Aussehen hat. Die Ehe beruht auf einem äußerst vergänglichen Gleichgewicht, das sich ununterbrochen automatisch korrigiert. Es gibt keine ehelichen Pflichten. Jeder Ehegatte ist nur sich selber verpflichtet.

Laut Wedekinds Notizbüchern ist die Ehe eine Übereinkunft zweier von Natur aus eigensüchtiger Menschen, die dann funktioniert, wenn beide dies wissen und akzeptieren. Besonders das Einfordern ehelicher Treue ist demnach ein egoistischer Akt – was am meisten schmerzt, will man am wenigsten zulassen, und den Partner in den Armen eines anderen zu wissen, kann schlimmer sein, als ihn zu beerdigen. Auch die anderen Ingredienzen einer Ehe, Herzensliebe, Vertrauen, Loyalität und dergleichen, pflegt man gemäß Wedekind im eigenen Interesse: *Jeder vernünftige Mensch liebt seine Frau, denn wenn er sie nicht liebt, ist sie eben doch seine Frau. Deswegen hat er natürlich lieber eine Frau, die er liebt, als eine Frau, die er nicht liebt.* Vor übertriebenem Altruismus warnt er: *Je mehr ein Ehegatte dazu bereit ist, dem anderen sein Leben zu opfern, um so mehr ist er auch dazu bereit, ihn niederzuschießen.*

Tilly hat Wedekind ihre Karriere und ihre Unabhängigkeit geopfert. Vor Kurzem noch als Desdemona, Luise Millerin und Ophelia gefeiert, gilt sie an der Seite des genialen Dilettanten

Wedekind jetzt oft selbst als Dilettantin, aber ohne Genie. Im Juli 1909 befinden die «Münchner Neuesten Nachrichten» anlässlich eines ersten großen Wedekind-Zyklus am Münchner Schauspielhaus: *Wer die Lulu spielt, muß eine routinierte Schauspielerin sein oder ein Talent. Frau Wedekind ist weder das eine, noch das andere.* Dabei bewältigt Tilly sieben Stücke in dreißig Vorstellungen ohne einen freien Abend, mit Proben für das jeweils nächste Stück an den Vormittagen, und trägt, als Höhe- und Schlusspunkt der Reihe, in der «Zensur» erstmals Wedekinds Version ihrer Ehe öffentlich vor. Die Presse registriert die Ungeheuerlichkeit von Wedekinds Entblößung, aber sieht nur ihn dabei: *Kann es etwas Tolleres in diesem Betracht geben als dieses Stück?*, fragt die «Münchner Zeitung». *Wie hier Wirklichkeit und Schein sich fortwährend überkugeln, sich ins Gesicht schlagen und dann wieder streicheln [...] das ist nicht nur in den Werken Wedekinds, sondern wahrscheinlich in der gesamten Literatur einzigartig. Wie es auch wohl kaum je ein Dichter gewagt hat, sein Innerstes, Verschwiegenstes und Schämigstes so ungeniert und vollkommen nach außen zu kehren.* Dass auch Tillys *Innerstes, Verschwiegenstes und Schämigstes* nach außen gekehrt wird, übersieht der Rezensent ebenso wie ihre artistische Leistung auf der Lauftrommel, die auch hundert Jahre später in einer gänzlich körperbetonten Zeit nicht selbstverständlich wäre. Für ihn und das Gros von Publikum und Gesellschaft ist Tilly ein Geschöpf Wedekinds – fürchtet Wedekind nicht, dass sie ihn bei so großem Opfer eines Tages *niederschießen* könnte?

Wedekind erwähnt Tilly im Juli 1909 im Kalender nur einmal, nach einer Vorstellung von «König Nicolo»: *Tilly hat Anfall.* War sie wütend, überfordert oder erschöpft? In Wahrheit hat Tilly von ihrer Mutter die manisch-depressive Psychose geerbt, die ihre Schwester Paula wahrscheinlich das Leben kostete – entweder fühlt sie sich bodenlos traurig und antriebslos oder voll überschäumender Energie. Sie leidet daran, hält sich für unnatürlich veranlagt, für nutz- und wertlos und eine Bürde für ihren Mann. Wedekind sieht beide Extreme als Übergriff auf seinen Teil des *äußerst vergänglichen ehelichen Gleichgewichts,*

Tilly auf der Lauftrommel –
«Die Zensur», eine Rechtfertigung Gottes

reagiert ungeduldig oder gereizt, entschuldigt sich und ist gleich
wieder so in den eigenen Lebenskampf verstrickt, dass für nichts
anderes Raum bleibt. Den Namen von Tillys Krankheit kennen
beide nicht, dass sie überhaupt als solche identifiziert wird, ist
unwahrscheinlich.

Im August 1909 beginnt Wedekind ein Stück über die *inneren
Notwendigkeiten, auf denen Ehe und Familie beruhen.* Drei
Einakter sollen es werden, drei *Bilder aus dem Familienleben:*
«In allen Sätteln gerecht», «Mit allen Hunden gehetzt», «In allen
Wassern gewaschen», später zusammengefasst zu dem Drama
«Schloß Wetterstein», seinem wildesten, provokantesten und
umstrittensten Stück, zu seinen Lebzeiten fast überall verboten
und nach seinem Tod Gegenstand wütender Theaterskandale.
Alle Figuren, sagt Wedekind, sind *nackt gedacht,* wie Maschi-
nen, die den Blick in ihre Mechanik freigeben, das *Stoffliche,* die

Geschehnisse, der *Gang der Handlung* seien *vollkommen Neben-sache* und in ihrer *Abenteuerlichkeit* durch die *weiten Grenzen und die Bewegungsfreiheit* bedingt, die nötig waren, um seine *Anschauungen* zu verdeutlichen. Eine durchgehende Handlung gibt es nicht, die Sprache ist expressionistisch verkürzt, die plakativen Titel der Einakter beziehen sich auf jeweils eine der drei Hauptfiguren und illustrieren Aspekte des Ehe- und Familienlebens, wie Wedekind sie sieht.

Rüdiger von Wetterstein ist «in allen Sätteln gerecht»: Um den Ehemann der von ihm begehrten Leonore von Gystrow aus dem Weg zu räumen, behauptet er in einem anonymen Brief, sie hintergehe ihn. Major von Gystrow scheut sich, seine Frau auf ihre Untreue anzusprechen, und stürzt sich in eine Affäre mit Wettersteins Frau, die dieser ohnehin loswerden will. Wetterstein fordert Gystrow zum Duell, erschießt ihn und bittet anderthalb Jahre später die trauernde Leonore um ihre Hand, die diese ihm bereitwillig gibt, obwohl (oder gerade weil) er ihr seine Schurkerei in aller Offenheit bekennt: Leonore weiß jetzt, dass ihr Mann sie nicht aus Leidenschaft, sondern aus Verzweiflung betrogen hat. Ihr Wert als Frau ist nicht herabgesetzt, ihr Gemüt beruhigt. Sie sieht ihn *lieber tot als untreu* und belohnt den neuen Mann für sein Bravado.

Im zweiten Akt ist Leonore «mit allen Hunden gehetzt»: Der eben noch überlegene Rüdiger hat ihr Vermögen verspielt und bei seinem Geschäftspartner Luckner riesige Schulden angehäuft. Luckner fordert neben dem Geld des Gläubigers auch dessen Frau. Leonore ist verzweifelt, der geschwächte Rüdiger weiß keinen Rat. Den rettenden Einfall hat Effie, Leonores Tochter aus der Ehe mit dem von Rüdiger getöteten Major: Leonore soll dem mit ungeheurer Potenz prahlenden Luckner hemmungsloses Begehren vorgaukeln. Leonore tut es, und siehe da: Der in seiner Männlichkeit herausgeforderte Luckner knickt ein, von Angst gelähmt wie einst der Maler Schwarz vor Lulu, und macht als lächerlicher Verlierer seinem Leben ein Ende. Leonore und Rüdiger bleiben verheiratet, auch wenn sie nichts mehr verbindet als die Illusion: *Was unsere Ehe auch an Stürmen und Prüfungen bestand! Und wie beglückend, wie unzerreißbar hält sie uns jetzt zusammen! Beim Nachmittagskaffee die Augen halb geschlossen und an nichts zu denken brauchen!* Wedekinds Albtraum einer toten Ehe.

Was Gott für die Menschen ist, das sind Eltern für ihre Kinder – schon als Gymnasiast hat Wedekind diesen Gedanken formuliert und allen Ernstes das Vaterunser wörtlich genommen: *Lieber Papa, der Du bist auf Deinem Studirzimmer! Geheiligt werde Dein Name! Dein Segen komme über uns! Dein Wille geschehe in unseren Gedanken und Werken!* Als reifer Mann und Familienvater notiert er: *Die hülflose Großherzigkeit der kindlichen Liebe im Gegensatz zum Egoismus der elterlichen Liebe,* und setzt drei Ausrufezeichen dahinter.

Im dritten, wichtigsten Bild ist Effie die Hauptperson, eine kluge, energische, großzügige junge Frau, die ihr Hobby zum Beruf gemacht hat und Edelprostituierte geworden ist. Sie glaubt sich durch Erfahrung und Naturell «mit allen Wassern gewaschen», aber begegnet ihrem Schicksal in Gestalt des Mr. Chagnaral Tschamper aus Atakama in Amerika, der als höchsten Geschlechtsgenuss, vielleicht auch zur Überwindung chronischer Impotenz, in den Armen einer Frau sterben will und dafür viel Geld zu zahlen bereit ist. Effie trifft ihn auf «Schloß Wetterstein», einem düsteren Gemäuer in der Schweiz mit der Jahreszahl 1632 über dem Portal, das vor Generationen den Wettersteins gehört hat, so wie Schloss Lenzburg den Wedekinds. Effie hat es zurückgekauft, mit dem als Prostituierte verdienten Geld, hat also durch ihren Beruf ihren Eltern Ansehen und Würde zurückgegeben. Chagnaral Tschamper erinnert sich, schon einmal hier gewesen zu sein: *Der weite Ausblick auf umgrünte Dörfer, die Zackenmauer, die von der Bastei zum Wächterturm sich zieht. Die Pflaumenbäume ...* Effie erkennt in ihm ihren verstorbenen Vater. Alle Wunden ihrer Kindheit brechen auf, ihr Lebensentwurf erweist sich als schal, ihre geheiligte Sexualität als chemische Reaktion. Überwältigt von ihrer eigenen *hülflosen Großherzigkeit*, formuliert sie im Schlüsselsatz des Werks den Schmerz von Kindern über Eltern, die nur an sich denken:

Auf der grünen Bank vor dem Oleander
Sitzen Vater und Mutter nebeneinander.
Wie ich auf ihren Knien stehe,
Sie auf einmal sich küssen sehe,
Schling ich meine Arme um beide,
Weil mir ihr Küssen die hellste Freude.
Rief, daß wir immer so bleiben müßten,
Nur damit sie sich weiter küßten.

Aus Angst, ihren Vater wieder zu verlieren, und um seinem
Selbstmord zuvorzukommen, trinkt sie die Blausäure, die er für
sich selbst bereitgestellt hat. «Ich schreibe jetzt ein Stück, in dem
ich schon tot bin und Anna Pamela fünfzehn Jahre alt ist», sagt
Wedekind zu Tilly.

Wedekinds berühmtes rotes Arbeitszimmer ist im Stil einer Zir-
kusarena eingerichtet: Im Zentrum der kreisförmig angeordne-
ten Möbel ist ein Podium mit einem Sessel als Blickfang: Tillys
Thron. Darüber ihr Porträt als Lulu, Wien 1905. Jeder soll sehen:
Sie ist die Königin, er ihr Diener und dankbarer Empfänger ihrer
Gunst, die sie auch anderen gewähren könnte. Aber Wedekind ist
sowohl Mann seiner Zeit als auch eigensüchtiger Künstler. Ent-
scheidungen trifft er allein, Verhandlungen führt er ohne Tilly,
und obwohl beider Gagen in eine Kasse fließen, empfängt Tilly
Haushaltsgeld von ihm und hat weder ein eigenes Konto noch
Zugriff auf seines.

Der 19. September 1909 ist ein stolzer Tag für beide: Kaiser
Wilhelm II. übergibt dem bayerischen Volk das von ihm gestiftete
Gebäude neben der Preußischen Gesandtschaft in der Münchner
Prinzregentenstraße, in dem hinfort die Gemäldesammlung des
Grafen Adolf Friedrich von Schack zu sehen sein wird. Wede-
kind ergreift die Gelegenheit, auf den Mann herabzusehen, der
ihm Exil und Festungshaft beschert hat, und lädt ein, was in
München wichtig ist: Schauspielhausdirektor Georg Stollberg,
Hofschauspieler Albert Steinrück, Theaterkritiker Hanns von
Gumppenberg, Justizrat Max Bernstein, die Schriftstellerkol-

legen Thomas Mann, Karl Henckell und Erich Mühsam und, weil sie gerade da sind, auch Max Reinhardt, Tilla Durieux, Paul Cassirer sowie Adele und Wilhelmine Sandrock. Fünfunddreißig Personen beobachten von seinen Fenstern die Versammlung der Hoheiten, die Ankunft des kaiserlichen Wagens, das Zeremoniell der Übergabe. Wedekind hat den Anlass gut vorbereitet, Tilly ihm dabei geholfen. Sekt und Leckereien stehen bereit, beide sind charmante Gastgeber, und Wedekind, dem gesellschaftliche Akzeptanz ein tiefes Bedürfnis ist, kann zeigen, dass er es zu etwas gebracht hat. Vier Tage später notiert er: *Reinhardt gibt einen großen Abschied in den 4 Jahreszeiten, zu dem er mich nicht aufgefordert hat.* Den Effekt solcher Zurückweisung bekommt auch Tilly zu spüren.

Sind Frank und Tilly getrennt, schreiben sie einander jeden Tag, auch wenn Tilly nichts zu berichten hat als Spaziergänge mit Anna Pamela oder Besuche bei Bekannten. Seine Stimmung deutet sie anhand von Merkmalen, die andere als belanglos abtun würden: *Geliebte Tilly!* statt *Innigst geliebte Tilly!* lässt aufhorchen, *Liebe Tilly!* statt *Geliebte Tilly!* ist ein Alarmzeichen. Wedekinds Briefe informieren in nüchterner Sprache über die Tagesereignisse.

Im Januar 1910 fährt Wedekind nach Berlin. Er will seinen Verleger Bruno Cassirer konfrontieren, dem er, wie weiland Albert Langen, mangelnde Reklame, inkorrekte Abrechnung, Übervorteilung, Schlamperei, kurz: Missachtung des Dichters Wedekind, seines Talents, seiner Leistung und Stellung im Literaturbetrieb vorwirft. Er will sich von ihm trennen; Cassirer, der drei Prozesse mit ihm durchgestanden und Geld und Nervenkraft investiert hat, will ihn nicht freigeben. Unter dem Motto «Contra Cassirer» sammelt Wedekind Verdachtsmomente, rechnet Bilanzen nach und entwirft in immer neuen Ansätzen immer gewagtere Formulierungen: *Ich habe Sie als einen Menschen kennengelernt, der mit Lügen arbeitet. – So, wie ich Sie beurtheile, kann ich mir wohl denken, daß Sie dumm und eitel genug sind, es noch als ein Vergnügen oder eine Ehre zu empfinden, mein Verleger zu sein. – Schämen Sie sich denn der ekelhaften, scheußlichen, niederträchtigen Rolle nicht, die Sie in meinem Leben spielen?*

Nach einer schlaflosen Nacht im Zug nimmt Wedekind ein Bad und fährt in Cassirers Büro. Tilly erhält einen Bericht: *Als ich ihn zur Rede stellte, warum er die Fragen in meinen Briefen nicht beantwortete, drohte er sofort, mich durch seine Leute hinauswerfen zu lassen, und hatte auch schon auf den elektrischen Klingelknopf gedrückt, wenn ich recht gesehen habe. Darauf riß mir die Geduld. Ich versetzte ihm ein paar Ohrfeigen. Er zog sich zur Thür zurück, und zwei seiner Leute traten ein. Er hetzte sie wie Hunde auf mich, aber es hat mich niemand angerührt. Ich zog ruhig meinen Rock an und nahm Hut und Stock und ging. Darauf ging ich eine Stunde im Thiergarten spazieren, schreibe Dir jetzt diese Karte.*

Tilly antwortet als treue Kameradin: *Innigst geliebter Frank, Dein Brief hat mich sehr erregt, u. ich kann mir vorstellen, in welcher Aufregung Du gestern Vormittag gewesen sein musst. […] Ich habe Angst um Dich, geliebter Frank, u. werde froh sein, wenn ich Dich glücklich wieder habe! Ich bekomme Herzklopfen, wenn ich an die Scene denke!* Diesmal hat sie sogar selbst etwas zu berichten: Otto Julius Bierbaum ist gestorben, einer der rührigsten und produktivsten Literaten seiner Generation. Als Herausgeber des «Neuen Musenalmanachs» hat er früher als die meisten Beiträge von Wedekind genommen; seine Sammlung «Deutsche Chansons» hat viel zum Ruhm des Lyrikers Wedekind beigetragen, in der von ihm mitgegründeten Zeitschrift «Die Insel» hat er Wedekind breiten Raum gegeben. Bierbaum hat Wedekind seine Eheprobleme anvertraut, seinen Rat gesucht, ihn informiert gehalten und auf Intrigen hingewiesen, ist immer auf seiner Seite gestanden. Jetzt hat ihn eine Ohrenentzündung in ähnlich kurzer Zeit wie Albert Langen dahingerafft, im Alter von vierundvierzig Jahren, ein Jahr jünger als Wedekind. Stirbt man früh in der Literatur? Den Dramatiker Otto Erich Hartleben, gleichaltrig mit Wedekind, hat es schon 1905 erwischt. Wedekind notiert: *Sich auf nichts freuen und sich vor nichts fürchten. So viel als möglich arbeiten und auf alles Misslingen gefaßt sein.*

Bei der Auseinandersetzung mit Bruno Cassirer hilft ihm Maximilian Harden, der in fünf Prozessen den Grafen Eulenburg niedergerungen und dabei selbst nicht unerhebliche Blessuren davongetragen hat. Geduldig liest er Wedekinds mit Zahlenreihen unterfütterte Schriftsätze und die in Rede und Gegenrede gehaltene Schilderung der Szene in Cassirers Büro. *Regen Sie sich, verehrter Herr Wedekind, so wenig wie möglich auf und versuchen Sie, die Sache ganz leidenschaftslos zu nehmen, wie ein Kaufmann. (Was ja nicht ganz leicht ist.) Jeder falsche Schritt kann schaden, gerade jetzt.* Wedekinds Plan, Cassirer die Rechte an den eigenen Werken abzukaufen und selbst zu vermarkten, hält er für wenig zweckdienlich: *Weder Sie selbst noch ein Komissionär könnten das Geschäftliche so versorgen wie ein mit seinem Geld daran interessierter Händler. Und Sie laden sich eine neue schwere Sorge auf. [...] Deshalb: Vermeidung des Prozesses und ein Arrangement, das Ihnen einen guten Verleger schafft.* Seit Februar sind Verhandlungen mit Georg Müller im Gang, einem zweiunddreißigjährigen Buchhändler aus Mainz, der seit 1907 am Münchner Josephsplatz einen Verlag führt. Georg Müller ist ähnlich risikofreudig und qualitätsbewusst wie Albert Langen, aber weniger sprunghaft und insgesamt eine Person, mit der auszukommen Wedekind sich vorstellen kann. Dass ein so prozesswütiger Mann wie Maximilian Harden zur Mäßigung rät, muss Wedekind überzeugen: Mit einer «Ehrenerklärung» für Bruno Cassirer schafft er die «Ohrfeigenaffäre» aus der Welt; Cassirer verkauft Bestände und Rechte an Georg Müller, an der Verlagsfront kehrt erst einmal Ruhe ein. Wedekind dankt seinem Berater: *Hochverehrter Herr Harden! Ihre lieben Zeilen waren mir eine große Wohltat. Ihr für mich so ehrenvoller Appell an Selbstdisciplin soll seine Wirkung nicht verfehlen.*

Von anderer Seite droht massiver Ärger: Ein Münchner Antiquar hat dem Leipziger Verlagsbuchhändler Ernst Rowohlt Manuskripte verkauft, die Wedekind im Herbst 1898 bei seiner Flucht ins Exil in der Obhut von Frida Strindberg zurückgelassen hat, darunter Jugendgedichte aus Lenzburg, zwei Tagebuchhefte und, was besonders schmerzt, das «Eden»-Konzept, Wedekinds

Entwurf einer neuen Gesellschaftsordnung, dessen Veröffentlichung unabsehbare Folgen hätte. Frida Strindberg, mit der Wedekind jeden Kontakt abgebrochen hat, scheint die Schriften an Franziska zu Reventlow weitergegeben zu haben, die den Verkauf wohl in die Wege geleitet hat. Wedekind bietet an, *obschon diese Bücher ganz ohne Zweifel* sein Eigentum seien, sie von Rowohlt für den von ihm bezahlten Preis zurückzukaufen, der will sie Wedekind aber höchstens in Kopie überlassen, was Wedekind ablehnt – wer ihren Inhalt kennt, meint er, würde dies *nicht nur begreiflich, sondern selbstverständlich und notwendig* finden. Wedekind beauftragt Justizrat Rosenthal, ihn zu vertreten, Rowohlt ausgerechnet den Leipziger Anwalt Dr. Kurt Hetzel, einen engen Freund Wedekinds, der ihn beim Majestätsbeleidigungsprozess verteidigt hat. Frida Strindberg fordert Rowohlt zur Herausgabe auf, der stellt immer neue Bedingungen, die Rolle der Reventlow bleibt undurchsichtig. Die verfahrene Angelegenheit wird erst nach Jahren in einem Vergleich enden und ist in der Zwischenzeit für Wedekind eine stete Belastung.

Ein Schulbeispiel des *äußerst vergänglichen ehelichen Gleichgewichts* ist die Episode von Wedekinds Besuch beim hessischen Großherzog Ernst Ludwig im April 1910. An Fürstenhöfe geladen zu werden ist dem um Anerkennung ringenden Wedekind hochwillkommen, aber die Tatsache, dass Tillys Exfreund Paul Eger Intendant des Darmstädter Hoftheaters ist, macht die Reise zur Nervenprobe für beide: Wedekind will seinem Vorgänger nicht begegnen, Tilly, die in München zurückbleibt, bangt um seine Stimmung und befürchtet eheliche Komplikationen – die Scham, von solch scheinbaren Kleinigkeiten abhängig zu sein, mag bei beiden mitspielen.

Aber alles scheint gut zu gehen. Paul Eger ist zum Festmahl nicht geladen, dafür aber Prinz Heinrich, der Bruder des Kaisers. Die Großherzogin reicht allen Gästen die Hand, und Wedekind kann als künstlerischer Mittelpunkt glänzen: *Zum Glück hatte ich erfahren, daß der Großherzog auch Theaterstücke schreibt,* berichtet er nach München. *Ich setzte mich daher mit den Worten nieder:*

Kgl. Hoheit wurden neulich am hiesigen Hoftheater aufgeführt.
Damit war das Eis gebrochen. Seit Willy Grétor habe er *keinen*
so aufgeregten Menschen erlebt, aber auch seit Langem keinen so
anregenden Abend. *Tilly hätte sich ausgezeichnet in der Gesell-*
schaft ausgenommen. Wenn ich mich dabei weniger unbefangen
gefühlt hätte, so ist das ein Mißstand, der sich eben ändern muß.

Tilly, der prekären Ausgangslage wegen doppelt vorsichtig, hat
Wedekind noch am Abreisetag eine Grußkarte geschickt, aber leider ins falsche Hotel: Wedekind war mit seiner ersten Darmstädter Unterkunft unzufrieden und ist umgezogen. Seinen ausführlichen Bericht hat sie sofort beantwortet und, da es in München
schneit, ihren Brief mit Wedekinds Wintermantel nach Berlin
geschickt, wohin er, wie sie weiß, im Anschluss an den Fürsten-
besuch fahren will. Sie hat also alles getan, was eine sorgende
Ehefrau tun kann. Dass das Personal im Hotel Habsburger Hof
am Anhalter Bahnhof ihr Paket irgendwo abstellt und vergisst, ist
ihr ebenso unbekannt wie sein Hotelwechsel in Darmstadt.

Wedekind weiß nur eines: Tilly hat ihm seit Tagen nicht geschrieben. Ihre guten Taten zeigen sich ihm als Kälte und Rück-
sichtslosigkeit und setzen Emotionen in Gang, die er im Notizbuch festhält: *Ich habe nicht das Gefühl, dein Kamerad zu sein,*
ich habe das Gefühl, dein Lakai zu sein. […] Wenn du durch an-
dere Dinge so in Anspruch genommen oder übermüdet bist, daß
du keine Gedanken und Gefühle mehr für mich übrig hast, dann
mute mir doch nicht zu, an deiner Seite zu gehen oder zu sitzen.
Denn das bringt in mir ein Gefühl der Entwürdigung hervor, das
mich auf Tage und Wochen mit Ekel vor mir selbst erfüllt.

Nach einem weiteren Tag frustrierten Wartens schickt Wedekind ein Telegramm: *du hast mir ein grosses stueck arbeit erspart.*
wir sind fertig. herzlichen glueckwunsch = frank – und lässt, weil
sein Zorn noch nicht verraucht ist, einen Brief folgen: *Mich auf*
Reisen ohne Nachrichten zu lassen, das ist ebenso unanständig
von Dir, wie wenn ich Dich ohne Geld lassen oder, wenn Du nach
Hause kommst, Dir die Thür vor der Nase zuschlagen wollte.
Ich habe Deine Unanständigkeiten gründlich satt. Mit welchem
Recht gehst Du in meinem Haus noch aus und ein?

Tilly, vom Telegrammboten geweckt, gerät in unkontrollierbare Panik. Anstatt kühl abzuwarten und eine Erklärung für sein Verhalten zu fordern, wirft sie sich in einen Zug und fährt nach Berlin. Von Nürnberg schickt sie ein Gegentelegramm: *innigst geliebter frank sofort nach erhalt deines telegramms abgereist habe dir montag, mittwoch, donnerstag nachricht und mantel geschickt. ich habe nicht das geringste unrecht getan. bin in furchtbarer aufregung. bin um 6.42 nachmittag in berlin anhalter bahnhof konnte nicht eher telegraphieren erreichte noch gerade den zug. in unveraenderter treuer liebe = deine tilly.*

Wedekind bereut seinen Ausbruch und schickt ein zweites Telegramm: *endlich lebenszeichen. bedaure meinen Brief – frank.* Vielleicht hat man ihm in der Zwischenzeit das Paket mit Mantel und Brief zukommen lassen. Eine Anreise Tillys ist für ihn mit Sicherheit nicht notwendig. Als sie abends kommt, versucht er sie zu beruhigen und bestellt Essen und Sekt aufs Zimmer. Aber Tilly lässt sich nicht beruhigen, fährt um elf Uhr zurück, liest in München seinen spontan geschriebenen, verletzenden Brief trotz seiner Bitte, ihn ungeöffnet zu vernichten, und reagiert, als sie ein paar Tage lang nichts von ihm hört, auf ihre Art nicht weniger übertrieben als er: *Innigst geliebter Frank, ein qualvoller Tag ist wieder zu Ende. Warum telegraphierst Du mir nicht? […] Ist noch irgend etwas zwischen uns? Obwohl ich gestern telegraphiert und geschrieben habe, packt mich plötzlich oft die Angst, ich hätte etwas versäumt. Dann klopft mein Herz zum Zerspringen.*

Irgendwann hält Wedekind die Sache für ausreichend erörtert: *Geliebteste Tilly! Herzlichen Dank für Deine drei Briefe, die mir alle eine Freude waren. Aber beruhige Dich doch nun. Daß Dir der Schreck in die Glieder gefahren ist, das verstehe ich natürlich. Aber es muß sich jetzt doch Sicherheit daraus ergeben. Sonst war ja alles umsonst.* Das eheliche Gleichgewicht ist wiederhergestellt, aber keiner der Beteiligten vergisst den Vorfall. Tilly hat ihn noch Jahrzehnte nach Wedekinds Tod in lebendigster Erinnerung, und hebt natürlich auch den Brief auf, den er sie zu vernichten bat.

Wedekinds Streit mit dem Berliner Feuilleton liegt auf Eis, ist aber nicht beigelegt. Im Oktober 1910 präsentiert er der Berliner Kritik sein Bekenntnisstück «Die Zensur» und erhält Antwort, wie man sie nur in Berlin erhalten kann, von berühmten Journalisten in bedeutenden Blättern. *Ist es ein Notschrei oder eine kalt ausgeklügelte Studie, ist es Keuschheit oder frechste Schamlosigkeit,* fragt Victor Auburtin in der «Berliner Börsen Zeitung». Arthur Eloesser von der «Vossischen Zeitung» weiß die Antwort: *Es ist eine große Konfession mit noch größeren Indiskretionen, vergrößert dadurch, daß Herr und Frau Wedekind selbst das Liebespaar spielen.* Wedekinds *Sensation* sei *nicht ganz appetitlich – Sophokles, Shakespeare und Molière sind allerdings auch in ihren eigenen Stücken aufgetreten, aber haben die Bühnen nicht als Beichtstuhl* benutzt, *um sich leibhaftig vor dem Publikum zu erleichtern.* Der «Berliner Lokal-Anzeiger» beschuldigt Wedekind, sich *überaus selbstgefällig als allgemein mißverstandenes, unbegriffenes Genie* aufzuspielen, die «Deutsche Tages-Zeitung» spricht von *Größenwahn.* Paul Schlenther meint im «Berliner Tageblatt», Wedekinds *Rechtfertigung Gottes* sei *nicht einmal eine Rechtfertigung Wedekinds.* Auch Alfred Kerr, für gewöhnlich ein Befürworter Wedekinds, lässt seine Wortgewalt spielen: *Ein mattes Werk. Ein halbwirres Werk. Ein dagewesenes Werk. [...] Die Feder stockt ... man braucht sie zum Salut für einen schwach gewordenen Kameraden.* In der «Neuen Rundschau» bespricht er das Werk noch einmal unter dem Titel «Winters Erwachen».

Das alles ist nichts gegen den Sturm, der in München losbricht, als Wedekind bekannt gibt, im Saal des Hotels Vier Jahreszeiten seine *drei Bilder aus dem Familienleben* «Schloß Wetterstein» vorlesen zu wollen. Die Münchner Polizeidirektion reicht das Stück bei der Staatsanwaltschaft München I *zur strafrechtlichen Würdigung aus § 184 R.Str.G. B.* ein und setzt durch, dass Ankündigungen auf Litfaßsäulen überklebt werden. Das Konzertbüro Gutmann, das Wedekinds Tourneen und Auftritte organisiert, muss die Anzahl verkaufter Eintrittskarten melden. Die «Münchner Neuesten Nachrichten» weisen darauf hin, dass *Einladungen nur an literarisch oder küstlerisch interessierte Erwachsene* erge-

hen können und dass *Bewerbungen von im Jünglings- oder Mäd-*
chenalter stehenden Personen keine Berücksichtigung finden. Die
«Münchner Post» hält «In allen Pfühlen gewälzt» für den ge-
eigneten Titel und bringt *Kostproben aus der Sudelküche dieses*
modernen Dichters, um zu zeigen, *welcher Morast sich unter dem*
Schlagwort «modern» verbirgt. Die «Allgemeine Rundschau»
meint: *Mit der Phrase der Freiheit läßt es sich nicht entschuldigen,*
wenn man nicht mit aller Energie gegen Frank Wedekind auftritt.
Seine Gemeinde ist gar nicht so groß, wie es scheint. Viele tun nur
so, es fehlt ihnen der MUT ZUR WAHRHEIT, im Inneren nennen
sie es auch eine Schweinerei. Und die sog. Maßgebenden schauen
ruhig zu oder stecken den Kopf in den Sand. Wie lange noch?

Der eigentliche Vortrag am 19. November 1910 dauert dreiein-
halb Stunden und erntet ein selbst für Wedekind nicht dagewesenes Maß an Spott und Häme. *Kläglicheres und Öderes* habe es in
München lange nicht gegeben, befindet die «Augsburger Postzeitung». *Dutzende von Besuchern* seien geflüchtet, andere hätten
mit resigniertem Gähnen ihre Eintrittspreise abgesessen. *Und*
am Schluß konnte man zahlreiche Äußerungen hören, es sei eine
BLAMAGE FÜR MÜNCHEN gewesen, daß so etwas entsetzlich
Armseliges zu Ende gelesen werden durfte! Die «Münchner Post»
beschreibt ein *immer tieferes Sinken des Hauptes,* ein *Senken der*
Augenlider, das schließlich in *kerngesunden Schlaf* überging, der
Kritiker der «Allgemeinen Rundschau» meint, in Podiumsnä-
he habe man Wedekind *sogar verstanden,* wenn er *sein gedan-*
kenschweres Dichterhaupt stützte und vergaß, daß er nicht nur
zur eigenen Erbauung las – ihm zuzuhören sei eine *Tortur.* Der
Schlussbeifall *sei auch für eine Gemeinde herzlich dünn* gewesen;
ein *paar Jünglinge* hätten allerdings *wie besessen* geklatscht. *Sie*
kamen sich sehr erwachsen vor.

Nur wenige Kritiker vertreten eine differenzierte Meinung,
darunter Richard Elchinger von den «Münchner Neuesten Nachrichten»: *Von acht Uhr abends bis eine halbe Stunde vor Mit-*
ternacht saß der seltsame Mann auf dem Podium des Jahreszei-
tensaals und las seine neuen Stücke vor. Wedekind liest ohne viel
rethorische Künste, wie man weiß, im Sinn der alten Schule sogar

schlecht. [...] Und doch hat die zahlreiche Menge zum größten Teil bis zum Ende ausgeharrt. [...] Man fühlte eben, daß man einem Zeitgenossen gegenüber saß, der etwas bedeutet, und der mit den paar Schlagworten, die man auf ihn gemacht, weder erläutert noch erledigt ist. Erich Mühsam äußert sich begeistert in Siegfried Jacobsohns «Schaubühne».

Am 23. Januar 1911 hat der «Stein der Weisen» seine Uraufführung an der Kleinen Bühne in Wien. Tilly spielt vier Rollen mit entsprechenden Kostümwechseln, läuft auf der Kugel über die Bühne und erhält, neben der üblichen Bewunderung für Wedekinds *letzte Durchdringung* und *gedankliche Ausfaserung* des Texts und dem ebenso üblichen Kopfschütteln über ihn als *Riesenbaby*, das *greint wie ein kleines Kind* und nach *allen verbotenen Früchten langt, aber bloß nach den angefaulten,* auch ein wenig Lob: Sie verfüge über *Noblesse und Grazie,* verstehe es, *Pointen vor dem Umkippen zu retten,* und sehe *entzückend aus.*

Zwei Jahre lang ist Tilly mit Wedekind quer durch Deutschland und Österreich gereist, hat auch im Sommer 1910 einen langen Zyklus seiner Werke am Münchner Schauspielhaus absolviert, hat seine Lieder gelernt und in großen Häusern vorgetragen, war dabei oft traurig und mutlos und hat doch alles geschafft. Jetzt ist sie schwanger, und Wedekinds *innere Notwendigkeiten von Ehe und Familie* erhalten eine neue Dimension.

23

Frank und Franziska

1911/12

18. Mai 1911: Mein lieber, geliebter Frank, wenn Dir unsere Beziehungen noch ein Bisschen wertvoll sind, so bitte ich Dich, tue etwas für Dich, für Deine gute Stimmung! Ich bitte Dich darum, auch aus Egoismus. Das Leben ist mir jetzt durch Dich, durch Anna Pamela u. durch das Kind, das ich in mir fühle, so reich geworden, dass ich weit mehr darum zittere als früher. [...] Ich fange jetzt an, die richtige Freude am Leben zu haben, wenn Du aber dadurch um den Genuss Deines Lebens kommst, dann wird diese Freude wohl von kurzer Dauer sein. Vielleicht ist aber alles ganz anders, vielleicht hast Du wirklich genug von mir u. es wäre das Beste, ich würde meinen Mantel nehmen u. gehen. Falls es so ist, brauchst Du es mir nur etwas deutlicher zu zeigen, u. ich glaube versprechen zu können, dass Du dann nicht allzu lang auf meinen Entschluss zu warten brauchst. Von ganzem Herzen Deine Tilly.

Tilly freut sich auf das neue Kind und das Leben vor ihr, Wedekind ist müde und überlastet. In Köln lag er krank in einem Hotelzimmer, jetzt plagt ihn eine Hautflechte. Früher hat ihm sein Übergewicht zugesetzt, jetzt wiegt er immer weniger. Manchmal strengt ihn Gesellschaft so an, dass er mitten im Gespräch aufsteht und nach Hause geht – wie soll er dabei guter Stimmung sein? Natürlich hat er nicht *genug* von Tilly – er wäre kaum imstande, sein Leben ohne sie zu bewältigen –, aber sie könnte die Geduld mit ihm verlieren. Ist gegenseitiges Verständnis möglich? Zwischen Mann und Frau, so Wedekinds Überzeugung, klafft ein *unüberbrückbarer Abgrund,* vergleichbar dem zwischen *Erde und Mond. Nie wird es einem Mann gelingen, das Gefühlsleben der Frau empfinden zu können, so wenig wie umgekehrt. Jeder sieht nur die Erscheinung des anderen, sieht sie als ein Wunder, an das er glauben muß, ohne seine Ursachen verstehen zu können.*

Auf einem langen Spaziergang über die Isarhöhen im Mai 1911 hat Wedekind die Idee zu einem *weiblichen Faust* und gibt ihm (oder ihr) seinen eigenen Namen: «Franziska», die weibliche Form von «Frank». Eine imaginäre Franziska war ihm in Lenzburg Seelenschwester, Muse und Bettgenossin, ähnlich wie die viel besungene Galathea, und bei aller Unmöglichkeit hat er immer wieder versucht, sich in das weibliche Körpergefühl hineinzudenken, eine verlockende Tätigkeit gewiss für Männer, die den Geschlechtsakt auch als Prüfung sehen und sich hier der Vorstellung hingeben können, ihn angstfrei und hemmungslos zu genießen:

> Freudig schwör' ich es mit jedem Schwure
> Vor der Allmacht, die mich züchtigen kann:
> Wieviel lieber wär' ich eine Hure
> Als an Ruhm und Glück der reichste Mann!
>
> Welt, in mir ging dir ein Weib verloren,
> Abgeklärt und jeder Hemmung bar.
> Wer war für den Liebesmarkt geboren
> So wie ich dafür geboren war? […]
>
> Lieben? Nein, das bringt kein Glück auf Erden.
> Lieben bringt Entwürdigung und Neid.
> Heiß und oft und stark geliebt zu werden,
> Das heißt Leben, das ist Seligkeit!

schreibt Wedekind in seinem Gedicht «Konfession», 1905 erstmals in der «Fackel» erschienen. Ein Notizbucheintrag lautet: *Wenn ich nicht Frank Wedekind wäre, möchte ich eine Hure sein.*

Jetzt soll eine Frau den Geschlechtertausch erfahren: Franziska, jung, lebenslustig und sexuell unbefriedigt, darf zwei Jahre lang als Mann leben, mit aller *Genußfähigkeit* und *Bewegungs-freiheit,* die ein männlicher Körper und die Stellung des Mannes in der Gesellschaft bieten. Danach wird sie wieder Frau und Eigentum von Veit Kunz, *Sternenlenker, Sklavenhalter, Gesangsmagister, Hanswurst, Schriftsteller, Schauspielakrobat und Bänkelsänger,* also unübersehbar von Wedekind selbst. Da Tilly voraussichtlich die Franziska spielen wird, wirbt Wedekind auch um ihr Verständnis, und da er selbst sowohl Franziska als auch ihr Mann, sowohl Faust(ine) als auch Mephisto ist, stellt das neue Werk auch einen Versuch dar, den *unüberbrückbaren Abgrund* vielleicht doch zu überbrücken.

Viele von Wedekinds Figuren haben faustische Züge: Buridan in der «Zensur», Basilius im «Stein der Weisen», aber auch Melchior Gabor in «Frühlings Erwachen» und sogar der Marquis von Keith. Wedekind ist, kann man sagen, ein faustischer Mensch: grüblerisch, am Jenseitigen interessiert, hin- und hergerissen zwischen Verstand und innerem Gefühl, Atheist und Religionsfanatiker, dem Lebenssinn auf der Spur und den Tod im Auge. Thomas Mann hat recht, wenn er Wedekind in *einer teils senilen, teils puerilen, teils femininen Epoche* den einzigen *MANN* nennt – «männlich» im Sinn von «spirituell», mit allen Stärken und Schwächen, die dem Begriff innewohnen.

«Franziska» wird Wedekinds längstes, buntestes, personen- und ereignisreichstes Stück, halb in Reim und halb in Prosa gehalten, mit viel Gesang und Tanz, verschlüsselter Dialektik und knallenden Peitschenhieben gegen Scheinmoral, Bevormundung und Gesellschaftsdünkel. Franziska erlebt als Mann eine *so unglückliche Ehe, wie sie in Wirklichkeit gar nicht vorkommt.* Das Thema Ehebruch wird in seine Einzelteile zerlegt, ein Prostituiertenmord findet statt, es gibt Theater im Theater. Franziska und Veit Kunz unternehmen, ähnlich wie ihre berühmten Kollegen, eine wilde Reise durch deutsche Großstädte zur Insel Rhodos und zur Steintreppe am Lenzburger Schlossberg, wo sie eine von Wedekinds zartesten und schönsten Liebesszenen erleben. In einer Berliner Weinstube macht Wedekind kein Hehl aus seiner Verachtung für den etablierten Kunstbetrieb:

Schriftsteller und Dirnen! Prolet und Baron!
Hier wird der Verzweifeltste munter.
Uns alle verschwägert ein kindlicher Ton.
Mild lächelt die fleischliche Prostitution
Auf die des Geistes herunter!

Wedekinds «Schriftstellerhymne» erklingt, ein zynischer Augenöffner für diejenigen, die am *Webstuhl der Zeit* zu schaffen glauben, aber nicht einmal sich selbst helfen können:

Und trägt er die Schriftstellerei zu Grab
Mit ausgefransten Hosen,
Gleich lösen ihn hundert Schriftsteller ab
Mit ausgefransten Hosen.

Auch Wedekinds Ängste kommen zur Sprache: Franziska ist schwanger, aber man weiß nicht, von wem. Veit Kunz und sie sind Schauspieler im Dienst eines Herzog, der eigene Stücke aufführen lässt – im Vorjahr war Wedekind bei dem Stücke schreibenden hessischen Großherzog Ernst Ludwig zu Gast. Der Herzog beschäftigt einen Künstler namens Ralf Breitenbach – Leiter des großherzoglichen Theaters ist Paul Eger, Tillys ehemaliger Geliebter. Ralf Breitenbach nennt den älteren und berühmteren Veit Kunz «Meister» und redet ihm nach dem Mund, aber legt ihm beim Sprechen die Hand auf die Schulter – für Kenner der Körpersprache ein ultimatives Zeichen gönnerhafter Demütigung. Franziska gebiert einen Knaben und nennt ihn *Veitralf* – wer ist der Vater?

Das Stück endet im Sinn des Sohns – Franziska will von beiden Männern nichts wissen und lebt nur für ihr Kind. Kommentatoren sehen hier einen Hinweis Wedekinds auf die Gräfin Franziska zu Reventlow, die in München ihren Sohn Rolf allein großzieht und sich Bindungen mit Männern verweigert. Wedekind und die Gräfin kennen sich weitläufig – nach einem Auftritt von ihm auf der Scharfrichter-Bühne, berichtet eine ihrer Aufzeichnungen, fühlte sie sich *très amoureuse*. Ob sie ihm wichtig genug ist, sie ins Zentrum eines Stücks zu stellen (zumal er sie im Vorjahr wegen der verlorenen Manuskripte mit Klage bedroht hat), sei dahingestellt. Man hat den Schluss von «Franziska» wechselweise *Banalität* und *bittersten Hohngesang* genannt – vielleicht will Wedekind den Bühnensohn nur vor dem selbst erlebten und auch hier wieder ausführlich zur Sprache gebrachten Leid schützen, das zerstrittene Eltern ihren Kindern zufügen. *Eine Mutter, die im Einklang mit der Welt lebt, versteht sicher mehr von Erziehung als ein Elternpaar, das sich täglich in den Haaren liegt,* meint Franziska. Zu ihrem Sohn sagt sie: *Gedeihen wirst du, denn du bist geliebt!*

Anna Pamela, viereinhalb Jahre alt, kann sich über Mangel an Zuneigung nicht beklagen. Als Baby hat Wedekind sie nachts aus ihrem Bettchen genommen, sie durch die Wohnung getragen, ihr Lieder ins Ohr gesungen und Geschichten erzählt, jetzt unterhält er sich mit ihr wie mit einer Erwachsenen. Sie dankt es ihm mit überströmender Liebe. Tillys Schwermut scheint sie durch Temperamentsausbrüche wettmachen zu wollen – einmal kam Tilly weinend mit ihr von einem Spaziergang zurück, da ist auch dem Vater die Hand ausgerutscht. Gegen die Ankunft einer Schwester protestiert Anna Pamela mit Bauchweh, Augenschmerzen, Fieber, Erbrechen oder Durchfall. Ihr Vater notiert jede ihrer Regungen: *Annapamela fieberfrei – Nachts hat Annapamela Kolikschmerzen – Annapamela sehr vergnügt, isst einen Teller Suppe.* Tilly hebt sie unzählige Male aus ihrem Bett, verliert Fruchtwasser, aber empfindet dennoch ihre zweite Schwangerschaft im Vergleich zur ersten als leichter und angenehmer.

Am Sonntag, dem 6. August 1911, kommt bei prächtigem Wetter um elf Uhr vormittags Epiphania Kadidja Mathilde Franziska Wedekind in der Prinzregentenstraße 50 zur Welt. Wedekind hat seinen Töchtern mehrere Namen gegeben, so dass sie, je nach Laune, einen bürgerlichen oder künstlerischen Lebenswandel wählen können. Seine Lieblingsnamen sind immer dabei: Epiphania ist abgekürzt Fanny, die Heldin seines Stücks «Hidalla», eine Kadidja ist ihm in Paris begegnet und in der «Zensur» wiedergekehrt. Die neue Tochter heißt Fanny Kadidja.

Wedekind verschläft ihre Geburt: *Ich erwache, als sie eben da ist.* Einen Ferientag ist sie ihm wert: Den Nachmittag verbringt er allein im Ungererbad, den Abend in großer Gesellschaft in der Torggelstube. *Nichts gearbeitet,* heißt es im Kalender. Kurz darauf mutet er sich wahre Gewaltmärsche zu: *Stechschrittmarsch von Höllriegelskreuth nach Prinzregentenstr. 50 – Marsch von Höllriegelskreuth nach Thalkirchen – Marsch zum Aumeister und zurück – Gehe bei Großhesseloh durch die Isar.* Die angegebenen Strecken sind zum Teil länger als fünfzehn Kilometer. Will er sich für die Belastungen des doppelten Familienvaters wappnen, oder fürchtet er, krank zu sein? Fast täglich notiert er sein Gewicht. Der Kalender meldet häufige Arztbesuche. Tilly fällt nach einem glücklich verbrachten Wochenbett in eine tiefe Depression: *Ich werde in einem Strom von Empfindungen herumgeworfen u. finde keinen Ausweg. Manchmal möchte ich laut schreien: Hilf mir! Wer öffnet mir die Augen über mich?* Was kann Wedekind ihr raten? Die Psychoanalyse steckt in den Kinderschuhen, die Ursachen der klinischen Depression sind nicht erforscht.

«Sie haben die öffentliche Meinung gegen sich», sagt Münchens Polizeipräsident Julius von der Heydte, als Wedekind ihn ersucht, das Schlüsselstück «Oaha» freizugeben. Wedekind will es trotzdem aufführen, ungeachtet seiner Mängel, und fragt in einem offenen Brief: *WAS hat die öffentliche Meinung gegen mich? WELCHE PARTEI hat etwas gegen mich, und WO ist diese Partei zu finden? Kommt es in der Kunststadt München in künstlerischen Fragen wirklich nicht darauf an, was jemand KANN, sondern darauf, WAS ER GEGEN SICH hat?*

Der erhoffte Aufschrei zugunsten des geknebelten Autors Wedekind unterbleibt. Schauspielhausdirektor Georg Stollberg nimmt Abstand von dem zwiespältigen Werk, und auch Louise Dumont vom Düsseldorfer Schauspielhaus will es nicht haben. Für eine Aufführung bleibt, wie häufig in Wedekinds Karriere, nur eine geschlossene Vorstellung unter Federführung eines Vereins. Wedekind beschreitet den dornigen Weg und gewinnt einen kampferprobten Mitstreiter: Dr. Eugen Robert, Leiter des

Münchner Lustspielhauses in der Augustenstraße, vierunddreißg Jahre alt, in Budapest geboren und vordem Direktor des Berliner Hebbel Theaters. Seit seinem Wechsel nach München hat er mit Strindberg, Shaw und Tschechow anspruchsvolles Theater geboten, ein Vertrag mit dem Neuen Verein lässt ihn auch Stücke wie «Oaha» aufführen. Neun Tage lang wird geprobt, am 20. Dezember 1911 findet eine einmalige Vorstellung statt.

Wedekind spielt den Verleger Sterner und hat sich hierfür eine rote Perücke und eine Maske besorgt, die den Gesichtszügen Albert Langens zum Verwechseln ähnlich ist. Ein anderer Schauspieler gibt in einer Wedekind-Maske den geschundenen Schriftsteller Max Bouterweck. Tilly, zum ersten Mal seit Fanny Kadidjas Geburt wieder dabei, spielt Langens norwegische Ehefrau Dagny, die junge Schauspielerin Sidonie Lorm die liebestolle Wanda Washington alias Frida Strindberg.

Das Publikum lacht und klatscht. Besonders die Maske des Dr. Kilian, unschwer als Ludwig Thoma zu erkennen, erregt Heiterkeit. Die Presse ist entsetzt. Alle sehen Wedekind weit unterhalb seiner Möglichkeiten. Die «Augsburger Zeitung» fragt: *Ist es denkbar, daß der nämliche Dichter, der «Frühlings Erwachen», «So ist das Leben», die Lulu-Tragödien geschrieben hat, eine so platte Sache von sich gibt? Man sollte es nicht für möglich halten.* Wedekind hätte den *kürzlichen Tod einiger der vorgeführten Personen* bedenken sollen. *Aber mir will scheinen, das schöne Wort «Pietät» steht nicht in seinem Lexikon.*

Zur selben Zeit berät der Münchner Zensurbeirat über Verbot oder Freigabe von «Schloß Wetterstein» – jedes Gremiumsmitglied verfasst ein Gutachten, die Entscheidung liegt beim Polizeipräsidenten. Wedekind erfährt nur das Ergebnis, nicht aber dessen Zustandekommen, und weiß nicht, welches Urteil Menschen, die er zum Teil seit Jahren kennt, über ihn gefällt haben.

> Und zu solchen Narrenpossen,
> Aller Menschenwürde bar,
> Bieten heut sich unverdrossen
> Lauter Ehrenmänner dar,

dichtet Wedekind und lässt «Sieben Fragen an den Münchner Zensurbeirat» folgen, die er der Zeitung zur Veröffentlichung und den Beiräten ins Haus schickt: Wie ist es mit dem *Charakter des anständigen Menschen* vereinbar, einen *Kollegen oder gar Konkurrenten* durch ein Gutachten zu schädigen, gegen das dieser sich nicht verteidigen kann? Was ist der Unterschied zwischen *dem Geheimverfahren eines Inquisitionsgerichts und demjenigen des Münchner Zensurbeirats?* Durch welches Verschulden gehört er, Frank Wedekind, dem Beirat nicht an, welchem *besonderen Verdienst* verdanken die Beiräte ihren Posten? Auseinandersetzungen wie diese führen Wedekind an die Grenzen seiner Belastbarkeit. Am Tag des Erscheinens seiner «Sieben Fragen» notiert er *kalten Schweiß*. Antwort erhält er nur von Ernst von Possart, dem weltberühmten Mimen – knappe und abweisende handschriftlich in den Fragetext eingefügte Kommentare. Max Halbe legt nach den «Sieben Fragen» sein Zensurmandat nieder.

Unterlagen der Behörde zeigen, dass fast alle Beiräte für eine Freigabe von «Schloß Wetterstein» votieren, nicht aus Sympathie für Wedekind, sondern weil sie ihm die kostenlose, durch ein Verbot ausgelöste Reklame nicht gönnen. Aber Polizeipräsident von der Heydte befürchtet negativen Einfluss *namentlich auf jugendliche Zuschauer* und will keinen Präzedenzfall schaffen, wenn er in Zukunft *ähnlich verderbliche Schauspiele zensurpolizeilich zu würdigen* habe.

Tilly ist wieder spielfähig, das Ehepaar Wedekind viel unterwegs. Am Spielort angekommen, schaut sich Frank das Theater an und trifft Schauspieler, die hoffentlich ihren Text können. Ein fünfaktiges Drama wie «Hidalla» wird einen Tag lang einstudiert, am nächsten Morgen ist Generalprobe, abends wird gespielt. Stehen mehrere Stücke auf dem Programm, wiederholt sich der Vorgang. Provinzschauspieler sind Improvisieren gewöhnt, mitunter gelingen packende Aufführungen. Aber laut Tillys Erinnerung gibt es auch reichlich *Pfeifen und Zischen und Anpöbelungen*. In den ersten Monaten des Jahres 1912 gastieren Frank und Tilly in Basel, Koblenz, Wiesbaden, Bonn, Köln, Bern, St. Gallen und

Innsbruck, mit Zwischenstopps zum Umpacken in München. In Prag sieht sie Franz Kafka: *Vor drei Tagen Wedekind: Erdgeist. Wedekind und seine Frau Tilly spielen mit. Klare gestochene Stimme der Frau. Schmales mondsichelförmiges Gesicht. Der beim ruhigen Stehn sich seitlich abzweigende Unterschenkel. Klarheit des Stückes auch im Rückblick, so daß man ruhig und selbstbewußt nachhause geht. Widersprechender Eindruck des durchaus Festbegründeten und dennoch Fremdbleibenden.*

Künstlerisches Großereignis des Jahres 1912 ist der erste Wedekind-Zyklus an Max Reinhardts Deutschem Theater in Berlin. Seit «Frühlings Erwachen» hat Reinhardt kein Wedekind-Stück mehr inszeniert und keines zur Uraufführung angenommen – aber wenn Wedekind sich bei ihm tummeln will: warum nicht? Bühnenbilder sind dem Fundus zu entnehmen, Stars wie Alexander Moissi, Gertrud Eysoldt oder Camilla Eibenschütz sind nicht verfügbar, als Zeitspanne kommt nur der Juni infrage, er selbst geht derweil mit seinen besten Kräften auf Tournee. Paul Schlenther begrüßt den Gast aus München: *Frank Wedekind, der unermüdete Herold seiner Sache, tritt als Zwischenspieler in die Lücke, die ein Theaterjahr vom anderen trennt. Hinter Reinhardts Rücken ergreift er vom Deutschen Theater Besitz und will uns einen Kursus seiner Poesie vorführen.* Naturalismus, Symbolismus und Jugendstil haben sich überlebt, ihre Dichter sind anerkannte Größen oder vergessen. Aber der Fall Wedekind ist immer noch unentschieden – ist er Genie, Scharlatan oder beides? Dass er sein eigener Schauspieler ist, macht die Beurteilung nicht einfacher.

In einer Probenpause trifft Wedekind Arthur Kahane, seinen Bekannten aus frühen Wiener Tagen, jetzt rechte Hand Reinhardts am Deutschen Theater. Kahane will wissen, wie die Proben verlaufen. «Oh, ganz vorzüglich! Unübertrefflich!», sagt Wedekind, für Kahane ein sicheres Zeichen profunden Missfallens. Er fragt weiter und erhält aufschlussreiche Antworten, die er nach Wedekinds Tod als Erinnerung festhält: *Meine Stücke vertragen es nicht, naturalistisch gespielt zu werden, mit den Händen in den Hosentaschen und salopp hingenuscheltem Text. Ich wünsche so gespielt zu werden, wie man am alten Burgtheater*

die Klassiker gespielt hat; darunter verstehe ich die schärfste He-
rausarbeitung der Typenhaftigkeit und die sauberste und strengs-
te Arbeit am Wort. Mich schreckt auch das Pathos nicht, wenn nur
meine Tiraden gehört werden und jedes einzelne Wort klar, deut-
lich artikuliert und sinngerecht herauskommt. Wer den Macbeth
oder Othello spielen könne, müsse auch den Marquis von Keith
spielen können, und die Lulu sollten Frauen spielen, die sonst
als Gretchen oder Ophelia zu sehen sind. *Große, gemeinschaft-*
liche Ziele, meint Wedekind, sind durch *gegenseitiges Mißtrauen*
leichter und wirkungsvoller zu erreichen als durch *gegenseitiges*
Vertrauen. Deshalb ist es in einem solchen Falle mein erstes, durch
einen unvorhergesehenen Akt jede Behaglichkeit zu ersticken
und eine Basis des gegenseitigen Mißtrauens zu schaffen, auf der
sich allseitig eine größere Kraftentfaltung entwickeln muß, die
dem gemeinsamen Streben zugute kommt.

Fritz Engel, der über das Stück «Musik» mit Wedekind in bittere Polemik geraten ist, revidiert sein Urteil: *Peccavi, erravi. Ich*
habe bei der Uraufführung im Jahre 1908 nicht so stark gespürt
wie jetzt, daß hier Wedekind, der «Regierer», positive Gefühle
mit Inbrunst darstellen kann, wenn er sie auch nur braucht,
um des Schicksals Niedertracht zu zeigen. Vielleicht werde eine
spätere Zeit, die von seinen Sentenzen weniger verblüfft sein
wird, in seinen Schriften mehr derartige Qualitäten entdecken.
Wedekinds Darstellung des Karl Hetmann entringt Alfred Kerr
eine Lobeshymne: *Wenn man zurückdenkt an diesen Abend …*
Es war ein Mensch, der auf und ab ging, schwieg und schrie, sich
von Menschen wegwandte, rebelle à l'abandon; in sich kroch, wie
tief in sich eine Schildkröte. Es war etwas Erschütterndes, was,
alle Poetengeschlechter lang, einmal zu sehn ist […] Eines Tages
werden sich Menschen erinnern: daß der Dichter dort oben stand;
wie Molière auf seiner Szene; Menschen werden sich melden, die
Äußerungen tun wie: «Wir haben ihn damals spielen sehen, es war
im Juni 1912 … seine Witwe Tilly war noch dabei …

Die letzte Zeile kränkt Wedekind mächtig – der Altersunter-
schied zwischen ihm und Tilly ist bekannt, dass er früher als
sie sterben wird, wahrscheinlich, aber öffentlich daran erinnert

werden will er nicht. Im Hotel Esplanade, als Abschluss eines überraschend erfolgreichen und gut besuchten dreiwöchigen Gastspiels, hält Kerr eine Rede auf Wedekind, an der auch der Heikelste nichts auszusetzen hat: *Darum wollen wir, wenigstens wir, sagen: Frank Wedekind, wir zeugen für Dich. Darum wollen wir sagen: Wir sind da; und wir sind nicht die Schlechtesten. Darum wollen wir sagen: Wir möchten heute Deinen Ewigkeitszug begießen. Darum wollen wir sagen: Du warst ein paar Wochen in dieser Stadt; Du hast Zusammenhänge Deines Reichs mitwirkend entfaltet; man sah von neuem: welche Höhen und Abgründe; welche Farbigkeiten und Fernblicke Dein buntes, eignes, großes Lebenswerk umschließt. Darum wollen wir sagen: Du bist ein deutscher Besitz, uns wenigstens ist es bewußt. Darum wollen wir sagen: Wir danken Dir.* Max Osborn verabschiedet die Wedekinds in der «BZ am Mittag»: *Wie er, ein halber Dilettant, und doch als Darsteller einzig, mit seiner tapferen Gattin sich in den Dienst einer Mission stellte, das werden wir nicht vergessen.*

Tilly ist zu diesem Zeitpunkt bereits in Lenzburg, getrieben von Sehnsucht nach den Töchtern, die von Kinderfrau und Großmutter betreut werden. Sie war überanstrengt und blass, Kollegin Tilla Durieux fand ihren Zustand besorgniserregend, ihr Mann drängt brieflich auf Arztbesuch. Aber keine Sorge: Tilly ist so gesund, wie man es nur wünschen kann – ein wenig Schweizer Luft, und Gesichtsfarbe und Wohlbefinden kehren zurück. Aber hat Frank in München genug saubere Wäsche? Ist sein Bett gemacht? Und am wichtigsten: Ist er einverstanden, wenn sie mit den Kindern ein paar Wochen länger bleibt? *Nun schreib' mir bitte ganz offen, ob Du Dich unbehaglich fühlst u. willst, dass wir kommen. [...] Wenn Dir's ungemütlich ist in München, fühl ich mich natürlich auch hier nicht wohl.*

Wie wenig kennt sie ihren Frank – er hat alles, was er braucht, und mehr als das: Ruhe und Alleinsein. Er genießt die leere Wohnung, liest viel, geht bei schönem Wetter ins Ungererbad. *Warum denn gleich so aufgeregt, wenn Du einen einzigen Tag keine Nachricht hast,* fragt er nach Lenzburg. *Es ist mir nicht eingefallen, Dir etwas übel zu nehmen, über jeden Deiner Briefe und Deine Carten habe ich mich sehr gefreut.* Vor ihrer Ankunft schreibt er: *Ich bin jedenfalls Montag Abend auf dem Bahnhof und verspreche Dir, nicht nervös zu sein. Wenn im Auto nicht alle Platz haben, kann ich ja mit der Elektrischen fahren.*

Georg Stollberg will Wedekinds *modernes Mysterium* «Franziska» am Münchner Schauspielhaus uraufführen, aber Dr. Eugen Robert hat sich die Rechte für das Münchner Lustspielhaus gesichert, das jetzt Münchner Kammerspiele heißt. Allerdings will er nicht, dass Tilly die Hauptrolle spielt, sondern Ida Roland, der Star seines Ensembles, die er für versierter und zugkräftiger hält. Für Wedekind ist damit das pädagogische Moment verloren, das die Aufführung auch für ihn und Tilly zum Ereignis macht. Unter dem Vorwand, Dr. Robert habe unerlaubte Streichungen vorgenommen, widerruft er in einem Schreiben an die «Münchner Neuesten Nachrichten» seine Aufführungsgenehmigung und lenkt erst ein, als Dr. Robert seinen Plan fallenlässt. Tilly ist von der Loyalität ihres Mannes überwältigt: *Mein innigst Geliebter! Tausend, tausendmal danke ich Dir! Ich bin so glücklich, dass Du zu mir stehst; das giebt mir Mut und Kraft und Selbstvertrauen! Ich weiß, dass unter hundert Männern kaum einer so gehandelt hätte, nach unserm jüngsten Gespräch. Aber ich glaube auch, dass unter hundert Frauen kaum eine das alles durchführen könnte, was ich bis jetzt getan habe. Und ich habe den festen Vorsatz heiterer zu sein und nicht alles so schwer zu nehmen, mich alles dessen, was ich habe, mehr zu freuen! Und mit diesem Vorsatz reiche ich Dir in innigster Liebe beide Hände als Dein treuer Kamerad Tilly.*

Die Turbulenzen im Vorfeld der Uraufführung von «Franziska» dauern Wochen und sind selbst für Wedekind ungewöhnlich heftig. Polizeipräsident Julius von der Heydte verfügt die Entfernung von fünfunddreißig Textseiten und die Kürzung von fünfzehn weiteren, und das alles, nachdem vierzehn Zensurbeiräte das Werk begutachtet haben. Wedekind protestiert: Sein Werk werde *in barbarischer Weise verunstaltet,* vergleichbar einem *Bildwerk, dem das Gesicht zerschmettert ist und die Augen ausgeschlagen sind.* Die Polizei erlaubt eine einmalige Darbietung des ungestrichenen Texts als Subskriptionsvorstellung, danach ist in ihrem Beisein erneut Generalprobe zu halten, bei der festgelegt wird, was regulärem Publikum zugemutet werden kann.

Mitten in den Trubel kommt die Nachricht, dass Gerhart Hauptmann den Nobelpreis für Literatur erhalten hat – die Königliche Akademie in Stockholm hat ihm die Entscheidung telegraphisch am 15. November 1912 mitgeteilt, seinem fünfzigsten Geburtstag. Aus aller Welt treffen Glückwünsche ein. Wedekind hat nie in seinem Leben einen Preis bekommen. Einmal, nach einer «Hidalla»-Aufführung in Wien im Frühjahr 1907, war er für den Grillparzer-Preis vorgeschlagen (Hauptmann erhielt ihn dreimal), hatte aber, wie ein Juror bemerkt, eine *kompakte Majorität* gegen sich. Wedekind notiert: *Der einzige Irrtum Gerhart Hauptmanns ist der, daß er glaubt, er sei Gerhart Hauptmann. Jedes Wort, das Gerhart Hauptmann schreibt, sieht aus, als sei es von Gerhart Hauptmann geschrieben. Warum fragt Gerhart Hauptmann nicht endlich, wer Gerhart Hauptmann ist? Nur ein Gerhart Hauptmann kann über einen Gerhart Hauptmann schreiben.*

Am 30. November 1912 zahlt das Publikum der neu benannten Münchner Kammerspiele Höchstpreise für den Genuss der ungestrichenen «Franziska» und beklatscht frenetisch alles, was nach Provokation oder Polizeiverbot riecht – für Michael Georg Conrad, den Senior der Münchner Kritiker, die denkbar schlechteste Auswirkung einer *allzu beflissenen* Zensur: *Was echt und gut und groß an Wedekind, fällt unter den Tisch, und der wahnwitzige Zyniker und tragische Possenreißer wird mit Beifall überschüttet.* Auch Thomas Manns Schwiegermutter Hedwig Pringsheim ist nicht erfreut, *20 M. in den Haushalt Wedekind* beisteuern zu müssen, und schreibt ihrem Freund Maximilian Harden: *Nun, einen solchen Riesen-Bluff wie dies «Mysterium» hat die Welt, ich meine die literarische Welt, ja noch nicht gesehen! Die Kritiker sprachen von Wedekinds «Titanenfaust», von «Franziska, dem weiblichen Faust», von dem «Sehnen und Ringen des Weibes» und weiß Gott, was sie alles sagten. Das einzige «Faustische»*

schien mir der mephistophelische Pferdefuß, den Herr Frank We-
dekind [...] auch hier nicht verbergen konnte.

In Wahrheit sind sich die aus ganz Deutschland angereisten Rezensenten bemerkenswert uneins. Einige halten «Franziska» für den Gipfelpunkt von Wedekinds Schaffen, andere sehen um das Werk eine *Trutzmauer* aufgebaut, an der man sich die *Köpfe einrennen* kann, ohne den Sinn zu ergründen. Für Heinrich Lautensack, den Passauer Dichter und Wedekind-Bewunderer seit gemeinsamen «Scharfrichter»-Tagen, ist «Franziska» ein *rasender Wurf*. Erich Mühsam spricht in der «Schaubühne» vom *kühnsten Werk* Wedekinds.

Der eigentliche Eklat ereignet sich zwei Tage später bei einer eigens anberaumten Morgenvorstellung für Polizei und Zensurbeirat. Erwartungsgemäß wird die Bekleidung eines Mädchens verlangt, das nur von einem durchsichtigen Schleier umhüllt einem Brunnen entsteigen soll, ebenso erwartungsgemäß erregt der Dialog zwischen einem Schweine- und einem Hundekopf Anstoß, der das Verhältnis zwischen Polizeipräsident und dem buckelnden Zensurbeirat karikiert:

> Den Mut vor Hunden muß die Wahrheit dämpfen.
> Denn wer kein süßres Labsal kennt
> Als seines Herren Exkrement,
> Mit dem läßt sich nicht um Wahrheit kämpfen.

Für alle überraschend hingegen kommt das Verbot des gesamten zweiten Akts, in dem Franziska als Mann mit einer Frau verheiratet ist, was die Kommission als Sanktionierung eines homosexuellen oder lesbischen Familienentwurfs aufzufassen scheint. Wedekinds Reaktion ist nicht weniger überraschend: Er schlägt vor aller Augen auf der Bühne hin, wälzt sich, stöhnt und ringt nach Luft – ein *Nervenkollaps* wie er ihn in der Wohnung der Witwe Herwegh 1894 in Paris erlitt. Man richtet ihn erschrocken wieder auf. Die Behörde hält an ihrem Verbot fest, aber genehmigt den Akt nach der dritten Vorstellung, vielleicht aus Rücksicht auf Wedekinds Gesundheit.

Als besonders niederträchtig empfindet es Wedekind, dass dem Münchner Zensurbeirat seit einiger Zeit auch Thomas Mann angehört, der Besseres zu tun haben sollte, als Kollegen den Beruf zu erschweren. Thomas Mann verteidigt sich: *Unter allen Umständen können Sie sich überzeugt halten, daß ich nicht der Mann bin, an Ihren Dichtungen «Anstoß» zu nehmen und die Behörde zu irgendwelchen «Maßregeln» dagegen zu veranlassen. Dieser Gedanke ist absurd, und ich bedauere, daß Sie ihn überhaupt zuließen. Im Gegenteil sehe ich meine Aufgabe als Mitglied des Censur-Beirates darin, die Aufseher der oeffentlichen Ordnung vor Eingriffen in Werke von Dichtungsrang zu warnen. Diese Möglichkeit, die Censur-Behörde, so lange sie nun einmal besteht, von Fall zu Fall meine Meinung wissen zu lassen, ist mir von Wert, und ich beabsichtige nicht, sie aufzugeben. Auch heute habe ich die Gelegenheit nicht versäumt, dem Polizeipräsidenten die Freigabe des von ihm beanstandeten Satzes zu empfehlen; leider glaubte er nicht, sich dazu entschließen zu können.*

Die Unterlagen der Zensurbehörden zeigen, dass Thomas Mann die Wahrheit sagt: *Das zur Begutachtung übersandte Werk «Franziska, ein modernes Mysterium» von Frank Wedekind ist mir bekannt. Es handelt sich um eine problematische, aber ungewöhnlich interessante Dichtung, deren Freigabe zur öffentlichen Aufführung ich angelegentlich empfehle.* Aber weil Wedekind die Stellungnahmen der Zensurbeiräte nicht kennt und von seinen Mitmenschen nichts Gutes erwartet, reagiert er unangemessen scharf und rückt sich dabei selbst in ein schlechtes Licht.

24

Scham und Eifersucht

1913

Wedekinds Frauenfiguren sind klug und lebensstark wie Lulu oder Effie, tragisch-herzensgut wie Molly Griesinger im «Marquis von Keith» oder grenzenlos naiv wie Brigitte B. in dem gleichnamigen Lied oder die Gesangsstudentin Klara Hühnerwadel in «Musik». Alle werden sie, je höriger, desto gründlicher, von Männern ins Unglück gestürzt, die Geld und gesellschaftliche oder psychologische Macht auf ihrer Seite haben. Im Januar 1913 findet Wedekind eine Frauenfigur, die den Spieß umdreht: Delila, die Frau des biblischen Richters Simson, des stärksten Mannes seiner Zeit, dessen Riesenkraft Freunde und Feinde fürchten. Tilly liest ihm seine Geschichte vor, an einem jener häuslichen Abende, die durch Vorlesen Inhalt gewinnen, wenn kein Gespräch zustande kommt. Tilly wird immer vorsichtiger, Wedekind immer empfindlicher. Er nähert sich den fünfzig, sie ist noch nicht dreißig; mit jedem Jahr, fast mit jedem Monat wird der Unterschied gravierender. Lockeres Plaudern liegt beiden nicht, die Scheu vor sensiblen Themen wächst, Vorlesen ist eine gute Alternative. Zwei Tage nachdem Wedekind den Stoff aus Tillys Mund gehört hat, notiert er: *Ich fasse den Plan zu Simson und Delila.*

Das Stück erhält den Untertitel: «Scham und Eifersucht» – ein Hinweis darauf, dass Wedekind wieder in sein Innerstes vorzudringen gedenkt. Die Eifersucht, das vielleicht schmerzlichste aller Themen, findet in seinen Notizen wenig Erwähnung, das nah verwandte Schamgefühl wird eingehend untersucht: *Das Schamgefühl ist ein Gefühl der Erniedrigung. Wer sich einer Handlung schämt, fühlt sich durch die Handlung erniedrigt. «Schämen Sie sich!» heißt: «Fühlen Sie sich erniedrigt!»* Scham ist *Unsicherheit,* meint Wedekind, die Unsicherheit dessen, der *nicht sicher ist, wie er wirkt.* Schamgefühl hat mit *Besitz* zu tun: Wer viel hat, wird seinen Besitz *schamhaft verbergen,* weil er fürchtet, ihn zu verlieren; Ehemänner verschleiern ihre Frauen und erziehen sie zur Schamhaftigkeit, um sich selbst *im Geschlechtsverkehr umso höher und sicherer* zu fühlen.

Wedekind analysiert Hebbels «Gyges und sein Ring»: Warum war Rhodope, die Frau des Kandaules, so schockiert zu erfahren, dass dessen Freund Gyges, durch den Ring unsichtbar gemacht, sie nackt gesehen hat? Die Schulmeinung sagt: weil es mit Wissen und im Beisein ihres Mannes geschah, der sie dadurch entwürdigt hat. Wedekind hebt einen weiteren Aspekt hervor, den er bei Hebbel vermisst: Rhodope war zur Keuschheit erzogen, nur *seelische Empfindungen* waren ihr erlaubt. Sie war in einer Art von *religiösem Heroismus* gefangen. Die Vorstellung, von einem anderen Mann nackt gesehen worden zu sein, hat sie erregt und ihre eigene Erregung sie beschämt. Empfinden heutige Frauen anders? Wedekind meint Nein: Keine Frau verzeiht ihrem Mann die *unverschämte Prahlerei,* anderen Männern den Blick auf ihre Nacktheit zu gewähren, ihr aber sexuelle Freizügigkeit zu verbieten, keine Frau lässt sich gerne *zur Parade* befehlen, ohne *die Schlacht liefern* zu dürfen.

Delila bezwingt Simson nicht zuletzt aus politischen Gründen: Sie ist eine Tochter der Philister, die Simson verfolgt, unterdrückt und tötet. Ihn aus dem Verkehr zu ziehen macht sie zur Heldin ihres Volkes. Sie bedrängt ihn, ihr das Geheimnis seiner Stärke anzuvertrauen, bis er es ihr *sterbensmatt* verrät, was auf extreme sexuelle Abhängigkeit schließen lässt. Delila verfügt das Scheren seiner Haare, lässt ihn blenden und erniedrigt den stolzesten Mann Israels zum Tier. Der biblische Text erwähnt sie danach nicht mehr, Wedekinds Phantasie setzt hier ein. In seinem Stück durchbricht Delila alle Regeln der Schamhaftigkeit, zum eigenen Machtgewinn und zur Qual der Männer um sie herum. Sie verkommt zum Monstrum, aber hat allen Erfolg auf Erden, während Simson, vorher ein durchaus ungemütlicher Zeitgenosse, sich zum spirituellen Wesen entwickelt.

Beim Liebesakt mit Delila hört Simson Geräusche und erkennt, dass sie andere dabei zuschauen lässt – schamlos prahlt sie mit ihrem Besitz, aber fürchtet keinen Verlust: Ihre männlichen Konkurrenten sind so schwach und zerstritten, dass sie für Delilas Schamlosigkeit nur Bewunderung empfinden. Simson hört Delilas Liebesstöhnen und ahnt, dass sie sich vom Philisterfürsten Og von Basan begatten lässt, einem Wedekind'schen Machtmenschen vom Schlag des Dr. Schön. Rasend vor Scham und Eifersucht, stürzt er hinzu und rennt gegen die hölzerne Mühle, die er anstelle eines Maultiers drehen muss. Simsons Leid ist grenzenlos: *Welt, wenn du aufhörst, Narrheit und Betrug zu sein, welch Scheusal bist du! Warum, Welt, bliebst du nicht ungeschaffen, blieb mein Leben nicht ungelebt, mein Weh nicht ungefühlt?*

Traut Wedekind Tilly derartige Schlechtigkeiten zu? Wohl kaum. Ihn beschäftigt die Rolle des schwach werdenden Mannes, in die er langsam selbst hineingerät, und fragt sich, ob es Auswege gibt – das Schreiben von «Simson» ist, kann man sagen, ein Ausloten geistiger Möglichkeiten. Dass Simson blind ist, passt gut: Der Hörende ist weit mehr auf sich gestellt als der Sehende und registriert Schwingungen, die dem Auge verborgen bleiben. *Blind seh ich klar, wie blind ich sehend war,* sagt Simson.

Äußerlich geht das Leben weiter wie gewohnt. Frank und Tilly gastieren in Dresden und Prag und spielen «Zensur» und «Kammersänger» in München. Anfang Juni kommt «Franziska» in Wien heraus, Wedekind liest zu seiner *Überraschung gute Kritiken.* Stefan Zweig lädt das Ehepaar zu einer Automobiltour. Auf dem Döblinger Friedhof entdeckt Wedekind, dass Donalds Grab vollkommen verwildert ist – niemand in der Familie hat daran gedacht, eine Gärtnerei mit der Pflege zu beauftragen.

Ende Juni 1913 fährt Wedekind nach Rom, ohne Anlass, sozusagen zum Vergnügen. Es ist die einzige Urlaubsreise seines Lebens, und er nutzt sie zum Arbeiten. Am Tag der Abreise diktiert er den ersten Akt «Simson», während der Fahrt durch nie gesehene Landschaft mildert er den Schluss von «Schloß

Wetterstein» ein weiteres Mal ab – ein Wiener Theater bemüht sich um eine Aufführung, vielleicht lässt sich die dortige Zensur umstimmen. Wahrscheinlich ist es nicht, denn ein Berliner Gutachter hat, nachdem die landesweite Empörung einigermaßen abgeflaut war, eine neue, bislang unentdeckte Tendenz festgestellt: die vom Parapsychologen Albert v. Schrenck-Notzing definierte ALGOLAGNIE, eine *geschlechtliche Verirrung, deren Wesen darin besteht, daß die Zufügung oder Erduldung von Schmerzen nicht sowohl die Geschlechtsvereinigung vorbereitet, sondern selbst Zweck und Befriedigung (bis zum Orgasmus) ist.* Andere Gutachter haben das Argument übernommen und eine Aufführung des Stücks damit in weite Ferne gerückt. Aber Wedekind will nichts unversucht lassen.

Rom ist für Wedekind *die schönste Stadt,* aber *lange nicht so interessant wie Paris.* Das Beste an ihr ist: *Man kann hier überall arbeiten, wo man sitzt und steht.* Auf Parkbänken und Flussmauern, in Trattorias und den Gärten der Villa Borghese spinnt Wedekind die Geschichte des leidenden Simson weiter.

Tilly ist mit den Kindern in Lenzburg. Auf einem Stadtplan von Rom verfolgt sie mit Mutter Wedekind, was Frank gerade besichtigt. Die beiden Frauen haben zueinandergefunden und tauschen, wenn die Kinder im Bett sind, Eheerfahrungen aus. Emilie erzählt von der Eifersucht ihres Mannes, seinem Misstrauen und langsamen Verstummen, seiner unterdrückten Wut. Tilly berichtet Ähnliches von Frank. Tagsüber läuft sie mit Anna Pamela und Fanny Kadidja über den Schlossberg nach Niederlenz, auch bei schlechtem Wetter. Die Töchter sind gut eingepackt, und Tilly hat Wind und Regen gern. Mieze gibt ein Benefizkonzert in Lenzburg, das, weil ihre glänzende Karriere nach und nach zu Ende geht, besonders viel Aufregung verursacht.

In Rom ist Frank mit seiner Arbeit unzufrieden und bekommt einen Magenkatarrh, den Tilly bitte für sich behalten soll, *sonst kommen alle mit guten Ratschlägen und ich habe dann die acht Tage, die ich gerne noch hier bleiben möchte, erst recht keine Ruhe mehr. Hier giebt es noch eine Menge für mich zu sehen, und das, wobei ich mich am meisten erhole, ist das Alleinsein.* Auf der Rückfahrt arbeitet er im Zug, am Vormittag der Ankunft in Zürich. Mittags fährt er nach Lenzburg, abends macht er einen Spaziergang mit Tilly. *Vor dem Steinbruch mitten auf dem Weg +*: Das Kreuz steht für Geschlechtsverkehr, wahrscheinlich schaut niemand zu, aber ein bisschen ist es doch wie bei Simson und Delila. Wedekind fühlt sich krank, geht in München zum Arzt. Der Kalender meldet: *Tiefe Depression.*

Das Wedekind-Gastspiel an den Berliner Reinhardt-Bühnen im September 1913 umfasst nur ein einziges Stück: «Franziska». Nach der günstigen Aufnahme in Wien hofft Wedekind, auch in Berlin damit zu reüssieren, aber eine schlecht gelaunte Berliner Presse ist in ihrer Ablehnung bis an die Grenze des Erträglichen verletzend. *Mystisch, verworren bis zur höchsten Potenz, d. h. bis zur dramatischen Impotenz,* urteilt Alfred Klaar in der «Vossischen Zeitung». Der Kritiker des «Roten Tag» sieht *die Akten über das gänzlich verfehlte Werk ohne weiteres geschlossen* – irgendwelchen *ernsthaften Beziehungen dieser Wedekindschen «Franziska» zu Faust und Goethe nachzuspüren,* wie es verschiedentlich geschehen, fehle ihm *der Mut.* Der «Berliner Börsen-Courier» nennt «Franziska» ein *matt und schal dahinsickerndes Rinnsal,* und der einflussreiche Siegfried Jacobsohn, der Wedekind früher verteidigt hat und ihm jetzt geradezu feindlich gegenübersteht, spricht von dem *peinigenden Eindruck eines Sprechautomaten, der ohne Punkt und Komma immer wieder, immer wieder seine Walze abschnurrt.* In Wedekind sei etwas *entzwei gegangen. Intellektuelle Unredlichkeit* sei ihm nicht nachzuweisen, aber *der Hauptteil dieses «modernen Mysteriums» Geschwafel, barer Nonsens, die abgeschmackteste Vergeudung unserer Zeit.* Es tröstet wenig, dass einzelne Rezensenten respektvoll an große Werke aus Wedekinds Vergangenheit erinnern.

Die Berliner wollen «Franziska» trotzdem sehen. Wedekind gilt noch immer als einer, der ausspricht, was andere denken. Bartok, Schönberg, Berg und Webern komponieren kühne, alle Grenzen niederreißende Musik, auf der Literatur lastet, nicht zuletzt zensurbedingt, die Schwere des Kaiserreichs. Wedekind, der älter ist als die meisten, die momentan literarisch von sich reden machen, vermittelt einen Geschmack von Zukunft, auch wenn seine Texte beim ersten Lesen oft unverständlich sind. Das Gastspiel wird verlängert, Frank und Tilly spielen fünfundzwanzig Vorstellungen vor ausverkauftem Haus.

Inmitten von Querelen und Berliner Leben meldet sich per Telefonanruf Fritz Uhl, alias Max Friedrich Strindberg, Wedekinds erstgeborener, mittlerweile sechzehnjähriger Sohn, mit der Bitte, ihn kennenlernen zu dürfen. Wedekind hat ihn zuletzt als Einjährigen gesehen und jegliche Vaterpflicht an ihm vernachlässigt. Jetzt erwartet ihn ein sprechender und denkender Mensch mit berechtigten moralischen Forderungen, dem er freiwillig nicht begegnen würde. Pubertierende Jünglinge sind sein bevorzugter Umgang nicht, Vertraulichkeit, noch dazu verwandtschaftlich erzwungene, fällt ihm von jeher schwer. Aber es muss sein. Wedekind informiert Tilly und trifft seinen Sohn noch am selben Vormittag. Fritz ist dicklich und spricht österreichisches Deutsch. Augenpartie und Nasenansatz sind dem Vater wie aus dem Gesicht geschnitten.

Wedekind besorgt ihm ein Billett für die Abendvorstellung und sitzt hinterher mit ihm und Tilly im Hotelfoyer. Fritz nennt ihn «Herr Wedekind» und ist so linkisch und schüchtern, wie es ein Mensch nur sein kann, der ohne Vater bei der Großmutter aufgewachsen ist, mit fünf Jahren in ein Internat kam und von Frida Strindberg, seiner Mutter, monate-, manchmal jahrelang nicht besucht wurde. Fragte man ihn nach dem Verbleib seiner Eltern, sagte er: «Meine Eltern sind gestorben.» Seit er vor einiger Zeit erfuhr, wer sein Vater ist, hat er dessen Werke verschlungen und durchgesetzt, dass man ihn nach Berlin fahren und Wedekind ausfindig machen ließ. Wedekind unternimmt mit ihm eine Stadtrundfahrt und erlaubt ihm einen Weihnachtsbesuch in München.

Dort hat Anna Pamela gerade ihren ersten Schultag. Das Hausmädchen bringt sie mit Ranzen und Schultüte vor das Tor einer Privatschule in der Ludwigstraße. Dass ihre Eltern nicht da sind, ist bedauerlich, aber ließ sich nicht anders einrichten – Anna Pamela versteht es und würde es jedem, der danach fragt, so erklären. Sie hat die sorgfältige Ausdrucksweise ihres Vaters übernommen und spricht zusammenhängende, grammatikalisch überaus korrekte Sätze. Ihr Zimmer ist aufgeräumt, ihren kleinen Waschtisch hält sie peinlich in Ordnung. Sie achtet auf saubere Kleidung, ganz wie ihr Vater. Als der irgendwann wieder da ist, sagt er zu ihr: «Ich höre, meine liebe Anna Pamela, dass du jetzt zur Schule gehst. Ich hoffe, du bist klug genug, nicht alles zu glauben, was man dir dort erzählt.»

Im Oktober 1913 erleben die Töchter einen Auftritt ihres Vaters, der beiden ein Leben lang im Gedächtnis bleibt. Aus seinem Arbeitszimmer dringt ein wahrhaft infernalischer Lärm: Wedekind sitzt am Klavier (das sonst ganz woanders steht), bearbeitet die Tasten mit Fäusten und Ellbogen, stampft auf den Fußboden und grölt eine Melodie. Der Grund: «Klaviergeklimper» aus dem zweiten Stock. Wedekind ist allergisch dagegen, schon in Berlin hat es ihn zur Raserei gebracht, in München verfolgt es ihn wie ein hartnäckiger Fluch. Zwei Tage tobt der Klavierkampf, dann erstattet die Dame aus dem zweiten Stock Anzeige. Wedekind muss zu ungewohnt früher Zeit zur Polizeiwache in der Au, aber die Dame vom zweiten Stock zieht aus, und die Wohnung steht danach mehrere Jahre lang leer.

Mindestens einmal pro Woche kommt Post von Fritz Strindberg, in seltsam ausgereifter Sütterlin- oder Lateinschrift und ebenso seltsam geschraubter Sprache mit vielen Ausrufezeichen. Seine Verehrung erlaubt ihm keine Anrede als die der dritten Person: *Wie freue ich mich schon auf Herrn Wedekind, aufs Wiedersehen; schon jetzt ist es das, an was sich alle Gedanken richten, wunderschön male ich mir das immer aus!* Unendlich peinlich ist es ihm, als er versehentlich einen Brief unfrankiert abschickt: *Was ich mir für Vorwürfe deshalb mache! Wie kommen denn Herr Wedekind dazu, meine Briefe zu übernehmen! Die Marke lag neben dem Brief, und nur aus wirklich recht dummem! Leichtsinn habe ich vergessen, sie in der Eile darauf zu geben. Wie ich mich jetzt ärgere!* Antworten seines Vaters empfindet er wie ein Wunder: *Meine Freude ob Ihres Briefes können Herr Wedekind sich gar nicht vor-*

Die hülflose Großherzigkeit von Kindern –
Anna Pamela und Fanny Kadidja in der Prinzregentenstraße

stellen; ich glaube ihn sicher hundertmal gelesen zu haben. Sehnsüchtig erwartet er die Erstausgabe des «Simson», die Wedekind ihm versprochen hat, trotz der Gefahr, dass die Internatsleitung sie abfängt. *Bitte könnten Herr Wedekind etwas hineinschreiben, vielleicht Ihren Namen oder irgend etwas. Bitte!*

Seinen Briefen legt er selbstverfasste Gedichte bei. Er hat auch schon ein *bitte zu entschuldigen kleines, ganz kleines* Theaterstück geschrieben, und wird, als weitere Vater-Sohn-Parallele, in seinem Internat anscheinend als Rädelsführer ausgesondert und bestraft wie weiland der Kantonsschüler Wedekind: *Wegen einer kleinen, unritterlichen Rauferei – und dies ist leider manchmal nötig, um sich unter Kameraden Achtung zu verschaffen – ging es meinem unschuldigen Pult zu Leibe, das vor Schmerz zusammenbrach.* Ein Besuch zu Hause wurde ihm daraufhin gestrichen.

Marie Uhl, seine Großmutter, bewohnt eine düstere Villa in Mondsee, Hinterlassenschaft des 1906 verstorbenen Chefredakteurs Friedrich Uhl. Einer Annäherung ihres Enkels an seinen Vater steht sie nicht im Weg, aber die Oberhoheit über seine Erziehung will sie behalten: *Verehrter Herr Wedekind! Wie Fritz in seinem letzten Brief andeutet, hat er sich in seinen selbstverschuldeten Nöten an Sie, geehrten Herrn, gewandt. Ich erlaube mir zu ersuchen, ihn nicht zu unterstützen, wenn er Strafe verdient.* Familienprobleme, die nicht die seinen sind, bedrängen Wedekind: Fritzens Halbschwester Kerstin hat sich im Unfrieden von ihrer Großmutter getrennt und lebt, neunzehnjährig, in einer Pension in München-Harlaching. Seit dem Tod ihres Vaters August Strindberg im April 1912 träumt sie davon, sein Grab in Stockholm zu besuchen und ihm auf diese Weise näherzukommen, Fritz möchte, dass auch sie «Herrn Wedekind» kennenlernt. Die Großmutter fühlt sich verpflichtet, Wedekind *Erklärungen* über ihre *arme Enkelin* zu geben, die *ihrer Mutter leider sehr ähnelt, ja sogar noch in verschärftem Maße, gepaart mit Strindbergs Neurasthenie, also ein Wesen hat, das wohl zeitweilig reizend u. liebenswürdig sein kann, aber in ihrer Grundnatur ihrer Umgebung Entsetzen einflößt, ein trauriges Bild dieser unglückseligen Abstammung. Es ist NICHT ohne Gefahr mit ihr zu verkehren, sie übt großen Sinnenreiz aus, wer sie nicht kennt, vermutet eher alles als die Wahrheit. [...] Bitte noch recht sehr, dieses Briefes Fritz gegenüber NIEMALS etwas zu erwähnen.*

Je näher der Besuch seines Sohnes rückt, desto nervöser wird Wedekind. Wo soll Fritz schlafen? Die Wohnung hat kein Gästezimmer, der Diwan in seinem Arbeitszimmer als Schlafgelegenheit brächte eine Art von Nähe, die er kaum aushalten würde. Tilly schlägt vor, die Haushaltshilfe auszuquartieren und Fritz ihr Zimmer zu überlassen. Schränke werden hin- und hergerückt, Teppiche gewechselt, Waschgelegenheiten geschaffen. Wedekind notiert: *Bin so erregt, daß ich meine Rolle nicht memorieren kann.* Der nichtsahnende Fritz entsteigt dem Zug am 23. Dezember. Er trägt eine Kadettenuniform. Wedekind kauft ihm Zivilkleider und läuft mit ihm nach Hause. Der Sohn nennt ihn weiter «Herr

Wedekind» und Tilly «gnädige Frau». Seine Halbschwestern Anna Pamela und Fanny Kadidja beäugen ihn neugierig.

Die Ereignisse des nächsten Tages weiß man nur von Tilly. Wedekinds Kalender erwähnt sie mit keinem Wort, was auf die Tiefe der Scham schließen lässt, die er darüber empfindet. Nach Tillys oft wiederholter Schilderung geschieht Folgendes: Fritz ist ihr bei den Festvorbereitungen im Weg. «Sie wollen sich doch sicher die Stadt ansehen oder die Pinakothek besuchen?», fragt sie ihn. «Das kann ich nicht, weil ich keine Krawatte habe», antwortet Fritz – man habe gestern eine kaufen wollen, aber es sei zu spät geworden. «Ich habe von der Bühne mehrere Krawatten, ich leihe Ihnen eine», meint Tilly und gibt ihm ein Exemplar aus dem Fundus des «Marquis von Keith». Fritz bedankt sich und verlässt die Wohnung. Vorher hat er noch gebeten, das Telefon benutzen zu dürfen und einem ihr unbekannten Gesprächspartner die Worte: «Verliebt? Nein.» zur Antwort gegeben, was bedeuten könnte, dass er mit Kommilitonen, vielleicht auch mit seiner Schwester über die junge Frau seines Vaters gesprochen hat. Aber vielleicht hat sich Tilly verhört oder die Äußerung falsch verstanden.

Wedekind schläft wie immer bis Mittag. Als er aufwacht, informiert ihn Tilly über die Geschehnisse des Vormittags und erwähnt, ohne jeden Hintergedanken, die dem Sohn geliehene Krawatte. Sie bemerkt einen *Schatten* auf seinem Gesicht. Eine halbe Stunde später betritt er ausgehbereit das Weihnachtszimmer: «Ich reise ab. Wenn du damit anfängst, daß du dem Jungen deine Krawatten schenkst …» «Ich habe sie ihm nicht geschenkt, ich habe sie ihm geliehen, um ihn aus dem Haus zu haben», antwortet Tilly. «Schon im Faust heißt es: Schaff mir ein Halstuch von ihrer Brust …», sagt Wedekind. Es folgt ein großer Krach und ein lange nachwirkender Schock für Tilly. Aber wenn ihre Darstellung stimmt – und es gibt wenig Gründe, daran zu zweifeln –, dann erlebt den wahren Schock Wedekind selbst: Er war eifersüchtig auf seinen Sohn, einen kleinen, schwachen, dummen Jungen – wie konnte er sich dazu hinreißen lassen?

25

Wedekind stürzt

1914

Das Lessingtheater an der Königgrätzer Allee ist eine der ersten Bühnen Berlins. Otto Brahm hat hier Hauptmanns «Und Pippa tanzt», «Die Jungfern vom Bischofsberg» und «Die Ratten» herausgebracht. Nach seinem Tod im November 1912 hat Victor Barnowsky es übernommen. Im Januar 1914 will er hier Wedekinds dramatisches Gedicht «Simson oder Scham und Eifersucht» uraufführen, in bester Besetzung mit Friedrich Kayssler in der Titelrolle und Tilla Durieux als Delila. Wedekind soll Regie führen. Tilly ist nicht beteiligt, hat die Rolle der Delila nicht gelernt und bleibt in München. Wedekind, seit seinem Ausbruch offenbar um Großzügigkeit bemüht, ermuntert sie, unter Menschen zu gehen und sich zu amüsieren; Tilly versucht, ihn bei Laune zu halten: *Deine Briefe liegen nachts unter meinem Kopfkissen. Leb wohl, innigst geliebter Frank, 1000 Küsse, Deine Tilly.* Die «Krawatten-Affäre» hat dem Nervenkostüm beider nicht gutgetan.

Vier Tage vor der Premiere findet Direktor Barnowsky plötzlich, dass Alexander Rottmann (ein altgedienter Schauspieler, der in der Wiener «Pandora»-Aufführung von 1905 den Rodrigo Quast gespielt hat) als Philisterfürst Og von Basan *unmöglich für Berlin* ist, und bittet Wedekind, die Rolle zu übernehmen. Der bezweifelt, den Text schnell genug lernen zu können, aber lässt sich für alle Fälle von Tilly seinen Schminkkasten schicken. *Nun, geliebte Tilly, die Frage, ob Du zur Premiere kommen willst. Ich weiß nicht, ob es wirklich ein Vergnügen für Dich wäre.* Aber ehe Tilly sich entscheiden kann, hat sich Wedekind mit Barnowsky zerstritten. Tilly erhält ein Telegramm: *abreise infolge differenzen komme morgen frueh. bitte zimmer heizen.* Die Premiere von

«Simson oder Scham und Eifersucht» findet am 24. Januar 1914 ohne den Autor und Tilly statt.

Jubel für die Schauspieler, Streit um das Stück. Rezensenten spüren die Echtheit von Wedekinds Aussage, viele geben zu, stellenweise spontan ergriffen gewesen zu sein, aber das «Wie» seiner dramatischen Gestaltung ist umstrittener denn je. Einige finden «Simson» *eine der geschlossensten, künstlerisch am meisten «gekonnten» Arbeiten Wedekinds,* andere meinen, man müsse sich *gleichsam mit Ruten peitschen,* um *über das Abstoßende hinweg Anteil an den Vorgängen* zu nehmen. Wie kein anderes Stück Wedekinds zeige «Simson», *daß dieser Dichter seine Innenwelt zerfetzt und zerdacht habe. Wie man Friedrich Hebbel ein Gehirnraubtier genannt hat, so könnte man Wedekind als Gehirnakrobaten, ja geradezu als Naturvergewaltiger bezeichnen.* Nicht wenige bekennen offen, zu keiner Anschauung gelangen zu können.

Die freie Gestaltung einer biblischen Figur erregt Unmut auch in jüdischen Kreisen. Dr. Martin Buber erklärt als Experte, Simson habe weder *Psychologie* noch *Motive, sei wie ein Gedicht,* aber *nicht wie ein Wörterbuch* – wer ihn psychologisiere, *sündige wider den Geist.* Die «Staatsbürgerzeitung» zeiht Wedekind gar des Antisemitismus: Simson (ein Hebräer!) verkörpere *arisches Herrenvolk: blond und muskelstark und voller Schwächen für «Wein, Weib und Gesang»,* die Philisterfürsten seien als *typische schwarze oder blonde Juden* Vertreter der Berliner Presse. Ein schlimmer Vorwurf, und ein ungerechter dazu. Wedekinds Auseinandersetzungen mit der Berliner Presse sind bekannt, dass er die «Philister» nicht nur als Ureinwohner Palästinas, sondern in des Wortes anderer Bedeutung als rechthaberische Federfuchser sieht, ist wahrscheinlich – Unterkünfte, in denen Studenten unter Aufsicht lernen mussten, hießen in Wedekinds Schulzeit «Philistereien». Aber was Juden betrifft, gilt seine in Paris gefundene Formel: «Ein anständiger Mensch ist kein Antisemit und ein Antisemit kein anständiger Mensch.» Wedekind, so viel ist sicher, streitet mit Jude und Christ gleichermaßen, mit dem Katholiken Albert Langen wie mit dem Juden Bruno Cassirer, um nur zwei zu nennen. Zum Glück hält auch Ludwig Geiger, Redakteur der «Allgemeinen Zeitung des Judentums», den Vorwurf für unbegründet: *Nicht etwa, weil ich das vielfach aus Juden bestehende Publikum des Lessing Theaters und die Kritiker der führenden Berliner Zeitungen, die, wenigstens teilweise, Juden sind, für so kurzsichtig halte, daß sie diese Tendenz nicht hätten merken sollen, sondern hauptsächlich deswegen, weil ich in den übrigen Werken Wedekinds keine Spur solcher Anschauungen entdecken kann.*

Zum Schluss spielen Tilly und Frank doch in Berlin, sie die Delila, er den Philisterfürsten Og von Basan. Victor Barnowsky will es so, vielleicht um die «Simson»-Saison mit einem Knalleffekt zu beenden. Für Textstudium, Kostümanfertigung und Proben stehen genau acht Tage zur Verfügung. Tilly, eine Woche zuvor noch mit Frank in Königsberg und Bremen unterwegs, lernt die Riesenrolle in vier Tagen, probt zwei Tage mit Frank in München und zwei in Berlin. Man bewundert den Mut des Ehepaars, gegen Tilla Durieux und Friedrich Kayssler anzuspielen, aber natürlich fällt der Vergleich negativ aus. Fritz Engel hält Tillys Sache *von vorneherein* für *verloren* und meint, Wedekind wage sich an den Simson nicht heran, *obschon Simson Wedekind* sei. *Wie soll Wedekind gegen sich selbst spielen?*

Alfred Kerr zeigt, zur Abwechslung einmal in Versen, tiefes, fast liebevolles Verständnis für den Dichter und Menschen Wedekind und seine Frau:

I. Aufs neue ging das Spiel vonstatten
   Des Helden, den die Dirne trog.
   Delila war des Dichters Gattin
   Er selber war der König Og.

   Wie war er? Von beklommen-kalter
   Grundstimmung ohne vollen Trieb;
   Kein letzter szenischer Gestalter;
   Er war der Dichter, der das schrieb.

II. Und sie? In der Philister Rotte
Tat sie gewiß das Ihrige,
Jedoch als biblische Kokotte
Kunstreicher war die Durieux.

(Frau Wedekind ist sanft und gütig;
Voll Anmut – jeder schaut sie gern;
Nur: was entmenscht und nattermütig,
Liegt ihrem Wesen ziemlich fern.)

III. Der König Og stand bei der Dirne;
Tonlos das Wort … Doch zuckend blieb
Ein nächtiger Glanz auf seiner Stirne.
Er war der Dichter, der das schrieb.
1914. 28. März

Fritz Strindbergs Münchenbesuch hat die Liebe zu seinem
Vater vermehrt, sein Selbstbewusstsein gestärkt und den Entschluss reifen lassen, sich hinfort Friedrich zu nennen – wurde nicht auch aus Franklin Wedekind einst Frank? Großmutter
Uhl schreibt Wedekind: *Friedrich hat starke seelische Erschüt-
terungen erlitten durch die große Freude, die er an Ihnen und
der so lieben Familie erlebte. Nichts interessiert und fesselt ihn
als Sie!* Friedrich will wissen, wie der «Simson» in Berlin *über
die Bretter* gegangen ist. *Ich denke mit bestem Erfolg! Es muss
ja wirken!* Ganz Mitstreiter seines Vaters, kommentiert er die
Nachricht einer «Kammersänger»-Aufführung am Wiener
Burgtheater: *Also da das Wiener Hoftheater schon fähig geworden ist, wird wohl das Residenztheater auch in München nicht
mehr lange aussetzen können!* Er korrespondiert auch eigen-
mächtig mit Menschen aus Wedekinds Freundeskreis: *Ich erzählte wohl schon seinerzeit Herrn Wedekind von meinem Brief
an Dehmel, der nun auch wirklich Sonntag abging. Schon Don-*

nerstag erhielt ich eine entsetzlich freundliche Antwort, über die ich ungemein erfreut war – gemeint ist Richard Dehmel, Mitbegründer der Zeitschrift «Pan», Stifter des Kleist-Preises und in den Augen vieler der momentan bedeutendste Lyriker deutscher Zunge.

Wedekind lässt Friedrich gewähren, aus schlechtem Gewissen, Unsicherheit oder Angst, und tut es immer noch, als der einen äußerst wunden Punkt trifft: Um seine *ungeheure Entwicklung seit Weihnachten zu demonstrieren*, habe er ein *kleines Stücklein* geschrieben, eine *unnatürliche Geschichte* über einen alternden Ehemann und seinen Sohn, *dessen Jugend natürlicherweise zwischen die Ehegatten tritt und die Frau ihrem Mann entreißt*. Nach *altem Goethe-Beispiel* habe er Redewendungen realer Personen übernommen und dabei niemanden verschont: *Nicht Herrn Dr. Friedenthal, nicht Herrn Mühsam und nicht Herrn v. Gumppenberg. Mein gutes Gedächtnis half mir viel.* Die genannten Personen hat Friedrich in Wedekinds Beisein in der Torggelstube kennengelernt. Er weiß nichts von der Ehekrise, die er ausgelöst hat, und nichts von den Qualen seines Vaters, aber scheint unbewusst Rache zu nehmen für alles, was dieser und das Schicksal ihm angetan haben. Wedekind ist außer sich und macht Tilly eine Szene. Seinem Sohn schickt er einen lobenden Brief mit einem Zwanzigmarkschein und einer Fotografie von sich. Friedrich legt sie *dorthin, wo ich am meisten schaue, in «Frühlings Erwachen» und in «Schloß Wetterstein»*.

Ostern ist Friedrich wieder in München. Im Ratskeller liest er Wedekind sein Stück vor. Er hat es «Menschenrecht» genannt, offenbar als Huldigung an die moralische Haltung seines Vaters. Wedekind erfährt den ganzen, peinigenden Inhalt, aber lobt Friedrichs Bemühung, macht Verbesserungsvorschläge und veranlasst ihn, die Anrede «Herr Wedekind» durch «Du» zu ersetzen. Friedrich schickt eine Reinschrift seines Werks. Wedekind, dem leidenden Simson gleich, lässt sie auf eigene Kosten vervielfältigen und gibt sie Artur Kutscher, Erich Mühsam und dem von Friedrich erwähnten Joachim Friedenthal, Korrespondent des «Berliner Tageblatts» zu lesen. Was halten sie vom Werk seines

Sohns? Er will der Letzte sein, dessen literarischer Entwicklung entgegenzustehen.

Friedrich fragt, ob Wedekind den Wiener Verlag kenne – *Schnitzler, Bahr, Salten u. andere waren seinerzeit, bevor sie zu Fischer gingen, hier verlegt. Er nimmt gern kräftige Stücke!* –, und kündigt an, sein Werk an Kurt Wolff in Leipzig sowie an Maximilian Harden und Max Reinhardt zu schicken. Außerdem habe er Erich Mühsam für seine Zeitschrift «Kain» einen Artikel gesandt, der Wedekind gegen Eingriffe der Zensur verteidige, unter Pseudonym, versteht sich, *da es sonderbar aussehen würde, wüsste man mein Alter. Falls Mühsam den Artikel druckt, wird er sicherlich Dir ebensoviel Freude machen wie mir! Zwar ist der Aufsatz sehr scharf, bissig im höchsten Grad, aber nur über die, die Dir in Deinem so langen, erfolgreichen Ringen entgegenstanden. Nicht wahr, Du entschuldigst es, dass ich aus Liebe und Dankschuldigkeit dazu griff?* Er bittet darum, «Menschenrecht» seinem Vater widmen zu dürfen.

Jetzt reagiert Wedekind – seine Antwort, mit Büroklammern an Friedrichs Brief geheftet, finden seine Erben Jahrzehnte später in einem versiegelten Umschlag: *Daß Du mir Dein Drama M. widmest, muß ich mir auf das allerentschiedenste verbitten. Wenn Du die Gründe nicht einsiehst, dann frage andere danach oder werde erst alt genug, um zu wissen, was Du schreibst. Dafür, daß Du mich in Mühsams Kain gegen die Zensurbehörde verteidigen willst, kann ich Dir schlechterdings auch nicht danken. Wenn Du mich gegen irgend jemanden vertheidigen willst, dann vertheidige mich gegen Dich selber. Mit bestem Gruß, Dein Frank.*

Friedrich ist *auf den Brief vernichtet,* aber beweist Standvermögen: Er habe *nach dem hohen Muster von Verlaine* den Stoff *instinktiv* gewählt und eine *verbitterte Jugend* skizzieren wollen. Die Handlung sei ihm *ziemlich egal* gewesen, und nie habe er geahnt, dass sein Vater ihm die Widmung verübeln könne. *Daß ich Dich gern habe, soll uns nicht entzweien, sondern mich Dir näher bringen.*

Kurz darauf erreicht Wedekind ein anonymer Brief: *Sie Lumpenkerl! Wenn Sie nicht umgehend in einfach verschlossenem nicht eingeschriebenem Brief M. 500 an folgende Adresse schicken: Frau Dora Bühringer, Salzburg, Hauptpostlagernd, dann wird Ihrer Frau mitgeteilt, daß Sie ein Verhältnis mit einer Münchner Kellnerin haben.* Hat Friedrich geplaudert oder geprahlt oder sein Stück (das eine Kellnerin als Liebchen des Vaters enthält) Dritten vorgelesen? Ist er am Ende selbst der Erpresser? Außereheliche Liebschaften Wedekinds sind nicht bekannt – schon aus Angst, sie zu verlieren, meint Tilly, habe er sie nie betrogen –, aber auszuschließen sind sie nicht. Wedekind kopiert den Brief und schickt ihn seinem Sohn. *Diese unerfreuliche Angelegenheit, mein lieber Friedrich, habe ich Deinem Weihnachtsbesuch bei uns und Deiner dichterischen Thätigkeit zu danken. Ich gratuliere Dir! Dein Frank Wedekind.*

Friedrich ist *niedergeschmettert:* Kenner des Stücks seien außer ihm und seiner Großmutter, *die es längst verbrannt glaubt,* nur zwei Mitschüler, *allesamt sehr verschwiegene Burschen.* Den Namen Dora Bühringer habe er gehört, wisse aber nicht mehr, wo. *Jedenfalls bitte ich Dich, wenn Du deshalb mit mir brechen willst, es erst zu tun, wenn Du den sicheren Beweis hast, daß ich daran SCHULD bin. Bitte! Wenn es einem Menschen in seinem Leben übel vom Schicksal, vom Zufall zuging, so ist es mir. [...] Meine unglückliche Mutter ist weiß Gott wo. Ich habe, wie meine Schwester, jede Liebe zu ihr aufgegeben und sie nur Dir zugeeignet. Meinerseits wird sie immer standhalten, und ich fühle vielleicht, was Dir durch mich geschieht, doppelt so hart wie Du.* Die Herkunft des anonymen Briefs bleibt ungeklärt. Wedekind und Friedrich sind aneinandergekettet wie Figuren einer griechischen Tragödie. Leidtragende der Entwicklung ist Tilly, gegen die sich Wedekinds Misstrauen richtet und die dadurch immer nervöser, schreckhafter und unsicherer wird.

Wedekind fährt nach Wien voraus, um ein «Simson»-Gastspiel vorzubereiten, Tilly wünscht, es möge nicht stattfinden. Warum? Sie hat entdeckt, dass Hofschauspieler Albert Steinrück, der den Simson spielen soll, wahrscheinlich denselben Nachtzug nehmen wird, den sie für sich herausgesucht hat. Sie mag Steinrück und weiß, dass er sie mag, weiß aber auch, dass Wedekind es weiß und

Er mag Tilly und sie mag ihn –
Hofschauspieler Albert Steinrück

deshalb auf Steinrück eifersüchtig ist. Seit Friedrichs Stück hört
er nicht auf, ihre mögliche Untreue an die Wand zu malen – was
wird er sagen, wenn er sie und Steinrück dem Nachtzug entsteigen sieht? Soll sie ihn auf die Möglichkeit vorbereiten? Welchen
Grund kann sie angeben, einen anderen Zug zu nehmen? Anlässe
wie dieser gewinnen unerhörte Bedeutung und bringen Tilly an
den Rand ihrer Handlungsfähigkeit: *Ich bin so aufgeregt, dass ich
zittere u. kaum mehr weiß, was ich schreibe. Wenn das Gastspiel
ausfällt, könntest Du ja, bis wir nach Berlin müssen, eine Reise
machen. Bitte das aber nicht als Mangel an Liebe von mir aufzufassen, ich glaube, es ist wohl eher das Gegenteil! Wenn das so
weiter geht, wird es in kurzer Zeit eine schwere Nervenkrankheit
bei mir zur Folge haben u. ich fürchte sehr, auch bei Dir.*

Das Gastspiel findet statt und ist sogar ganz lustig. Albert

Steinrück ist ein genialer, aber textunsicherer Schauspieler. Wedekind muss ihm auf der Bühne soufflieren und registriert eine *sehr erfreuliche Vorstellung.* Tilly sieht es anders: Nach ihrem Bericht hat sich Steinrück seiner Leistung geschämt und sich zu verbeugen abgelehnt. Sie habe ihm einen Stups gegeben und gesagt: «Nun gehen Sie schon, Steinrück!» Daraufhin habe Wedekind sie angezischt: «Das überlasse mir!» Über das Stück streiten Wiener und Berliner gleichermaßen: Alfred Polgar erkennt auch in einem *mißratenen Wedekind noch Züge einsamer Genialität,* Hermann Bahr sieht nur *wahre Orgien von Langeweile und Geschmacklosigkeit* und *abscheulich wie auf einer Landstraße zweiter Ordnung holpernde Verse.*

Ständig bemüht, seine Stücke zu verbessern, hat Wedekind für das Berlingastspiel im Mai/Juni 1914 von «Franziska» eine «Bühnenfassung in gebundener Rede» erstellt, in der auch die bisherigen Prosapassagen in Versen erscheinen – eine künstlerisch nicht recht einsehbare und jedenfalls für die Berliner Kritik vergebliche Liebesmüh, die «Franziska» im neuen Gewand ebenso ablehnt wie im alten: *Vielleicht hat dem Dichter die Idee vorgeschwebt, sein «modernes Mysterium» durch die Versform dem Goetheschen «Faust» [...] nähergebracht zu haben. «Doch mit Göttern soll sich nicht messen irgend ein Mensch», und wir fürchten, Frank Wedekind würde bei der Verwirklichung eines solchen Vergleichs gar zu schlecht abschneiden.*

Auch als Schauspieler wird Wedekind hart kritisiert: *Schon daß er sich bei jedem dritten Satz verspricht, ist unausstehlich geworden,* findet Siegfried Jacobsohn, der zwei Jahre zuvor noch gesagt hat: *Der Schauspieler Wedekind war vom ersten Tag an eine Schwärmerei von mir.* Jetzt fragt er, ob Wedekind wohl gemerkt habe, *wie oft und gern man von ihm weg auf seinen Partner Werner Krauß blickte* – Deutschlands nachmals berühmtester Schauspieler, dreißig Jahre alt, ist im Vorjahr von Max Reinhardt engagiert worden, ohne bisher viel Beachtung zu finden. Wedekind hat seine Begabung erkannt und durchgesetzt, dass er in allen seinen Stücken als sein Gegenspieler auftritt. Das ist hartes

Brot für den jungen Mann, aber, wie er später eingesteht, der Beginn seines Aufstiegs.

Siegfried Jacobsohn empfiehlt *einen Wedekind-Zyklus ohne den Dichter als Schauspieler* – hätte *Bassermann* Wedekinds Rollen gespielt und *Reinhardt* Regie geführt, *dann hätte man nicht zwischen je zwei Theaterabenden je einen Akt der «Büchse der Pandora» zu lesen brauchen, um über dem neuen Wedekind nicht ungerecht gegen den ganzen Wedekind zu werden.* Er schließt mit einem wehmütigen Zitat aus Wedekinds Gedicht «An das Leben», geschrieben 1891, als Wedekind gerade «Frühlings Erwachen» beendet hatte und sich fragte, ob je ein Dichter aus ihm würde:

> Der Hut war schwarz und breit gerändert,
> Im Herbst von dunklem Grün umlaubt.
> Wie hat der Winter ihn verändert!
> Jetzt deckt er schmutzig, schlapp, entbändert
> Mein müdes, frühgebeugtes Haupt.

Tilly erhält neben den üblichen schlechten auch einige gute Kritiken – irgendwie scheint man überrascht zu sein, sie auf einmal ein Eigenleben entwickeln zu sehen.

Schon seit Jahresbeginn laufen Vorbereitungen für Wedekinds fünfzigsten Geburtstag. Joachim Friedenthal hat ein Festkomitee gegründet, das Beiträge für ein «Wedekind-Buch» und Geldbeträge für eine «Ehrengabe» sammelt, und dafür führende Literaten und Theaterleiter angeschrieben. Fast alle haben zugesagt, aber manche nur halbherzig. Thomas Mann schreibt an Stefan Zweig: *Ich kann Ihnen ganz gut folgen. Auch bin ich nicht der Urheber der Idee. Ich trat dem Comité bei, als alles beschlossen war. Aber schließlich, was soll man machen. Wedekind eignet sich wenig zum öffentlichen Kultus. Man wird ihm keine Villa schenken, und seine Werke sind nicht danach angethan, massenweise verbreitet zu werden. Auch wird er nie den Nobelpreis bekommen. Strindberg, der ihn auch nicht bekam, entschädigte man*

durch eine Nationalspende, bei der, glaube ich, 60000 Kronen
zusammenkamen. Auch davon kann bei W. nicht die Rede sein.
Er ist überaus deutsch, aber auf eine Art, daß die Nation es noch
lange nicht merken wird. Warum aber sollen die, die den tiefen,
gequälten Menschen in seiner erschütternden Lächerlichkeit lie-
ben und ehren, sich nicht zusammenthun, um ihm eine Ehren-
gabe zu überreichen, über die er ja frei wird verfügen können.
Gewiß hat er sich schon etwas Verteufeltes ausgedacht. Werden
es 10000 Mark, so kann man sie ihm geben. Bleibt es darunter,
so muß man ihm etwas kaufen, aus Gold, eine Bowle oder einen
Rennpokal – er ist imstande und hat auch dafür Sinn. Ich fürchte
aber, es wird bloß was Silbernes. [...] Außer der Spende giebt es
noch eine Festpublikation und ein Bankett – damit der das Gefühl
hat: Ganz wie bei Hauptmann! Darauf kommt es ihm, glaube
ich, in erster Linie an.

Wedekind kennt den Brief nicht, aber seine Stellung im Literaturbetrieb umso besser. Er ist berühmt, aber immer noch umstritten, was er seit der Heirat geschrieben, ist verboten oder von der
Kritik zerfetzt. Wirkliche Erfolge, sofern es sie gegeben, liegen
Jahre zurück; er ist nach wie vor Außenseiter, seine dramatische
Gestaltungskraft, sein handwerkliches Können wird immer wieder bezweifelt, das Fragmentarische, Zerrissene seines Werks
betont – negative Äußerungen über ihn könnten ein kleines Buch
füllen. Dabei bemüht er sich nicht weniger als zuvor und ruht
sich nicht, wie es dem großen Hauptmann immer häufiger vorgeworfen wird, auf seinen Lorbeeren aus.

Jetzt hat, nachdem das Stück in Berlin und Wien unbeanstan-
det über die Bühne gegangen ist, die Münchner Polizei auch
noch die Aufführung des «Simson» verboten, die das Münchner
Schauspielhaus als Jubiläumsveranstaltung geplant hatte. Trei-
bende Kraft dahinter ist Ritter Ernst von Possart, immer noch
mächtigster Mann des Münchner Theaterlebens, der am Ende
seiner Tage keinen *derartigen Missbrauch der kunstgeweihten*
und ehrwürdigen Bretter erleben will. Wedekind hat vor einem
Vierteljahrhundert erstmals an Possarts Tür geklopft und nie Ein-
lass gefunden. Als Fünfzigjähriger steht er wieder ohnmächtig

davor – da kann man schon glauben, dass Schicksalsmächte sich gegen einen verschworen haben.

Neben Zensur und Eheschwierigkeiten verfolgt Wedekind das Problem Friedrich Strindberg. Die Großmutter will wissen, was seit Ostern los ist. *Ich fürchte mich von dem Buben beschwindelt und hintergangen, indem er vorgibt, es wäre alles beim alten. Aber meine Vernunft sagt mir «Nein». Wie der Blödian vor Ostern das unglückselige Drama schrieb, war ich schon entsetzt, aber noch mehr, als er Ihnen dasselbe als Ostergeschenk zu Ihrer größten Freude senden wollte. [...] Aber der Unglückliche hatte jeden Maßstab der Sittlichkeit verloren, nachdem er Franziska, Simson und dergl. gelesen und sich vollgesogen hatte. Offenbar wollte er Sie noch überholen. Ja, der Meister kann den Schüler loben!*

Friedrich selbst lässt nicht locker: *Ich hatte bis zu Dir keine Seele, mit der ich mich verstehen konnte, keinen Menschen, der mich wahrhaft lieb hatte. [...] Wenn Du ein bisschen Dein Wort in Berlin: «Wenn du etwas willst, komme zu mir» wahrmachen wolltest, verzeihe, ich komme zu Dir. [...] Ich bin fest entschlossen, falls Du es übers Herz bringst, mich wegzustoßen wie einen treuen Hund, dem man lieber eine Kugel durch den Kopf jagt als ihn davonweist, in die weite Welt zu gehen. [...] Fallen muss ich, darum bin ich höchstwahrscheinlich geboren worden, und der liebe Gott muss auch seine Freude haben, wenn er die Menschen quälen kann, so weit es geht. [...] Beinahe weinend, Dein Friedrich.* Kommen Wedekind solche Worte nicht bekannt vor? Aus dem Mund von Moritz Stiefel etwa, oder dem seines Bruders Donald? Hat er nicht selbst ähnliche Briefe geschrieben, ohne Geld und Hoffnung auf die Barmherzigkeit von Verwandten angewiesen?

Da der eigentliche Geburtstag am 24. Juli mitten in die Ferienzeit fällt, hat man Wedekinds Festbankett um einen Monat vorverlegt und damit den sinnvollen Glauben missachtet, Feste nie vor ihrem Datum feiern zu dürfen – wenn Wedekind die Falschheit der Entscheidung spürt, lässt er sie in fatalistischem Gleichmut geschehen. Auf dem Weg zum Festakt am Vormittag des 24. Juni 1914 ist sein Zustand laut Tillys Erinnerung *erschreckend* und *drohend.* Im Richard-Wagner-Saal des Hotels Bayerischer Hof ist eine lange Tafel gerichtet. Hoftheaterintendant von Frankenstein ist da, ebenso Thomas Mann, Artur Kutscher, der Strafverteidiger Max Bernstein und Wedekinds Lenzburger Klassenkamerad Walter Laué, der es zum Oberbürgermeister der Stadt Köln gebracht hat. Aus Berlin ist Friedrich Kayssler gekommen – er hatte erwartet, in München den Simson zu spielen, und sieht sich jetzt seiner Sommereinkünfte beraubt; sein Gesuch an die Münchner Polizei, in dem er betont, keinen Autor zu kennen, *dessen künstlerischer Plan so einseitig, fast eigensinnig, oft sogar zum Schaden der dramatischen Wirkung, auf das Herausarbeiten einer rein GEISTIGEN Darstellungsart gerichtet gewesen wäre,* blieb ohne Wirkung. Gertrud Eysoldt hat einen Ehrenplatz zur Linken Wedekinds, ihm gegenüber sitzt Albert Steinrück, bevorzugtes Objekt seiner Eifersucht.

Als Festgabe liegt das «Wedekind-Buch» aus, von Georg Müller verlegt, zweihundertachtzig Seiten stark, mit einer Monographie von Joachim Friedenthal und Würdigungen von Weggefährten und Zeitgenossen, die Wedekind erfreuen müssten. Hermann Bahr, der harte Worte über den «Simson» fand, vergleicht Wedekind mit Gustav Mahler, der auch sein Publikum mit immer neuen Werken *in Schrecken* versetzt habe. Fritz Engel nennt Wedekind einen *Unruhestifter ersten Ranges: Wenn ich an ihn denke, fühle ich die Statik irritiert. Ich müßte ihm dafür zürnen. Ich danke ihm.* Ein langer Beitrag Thomas Manns schildert den unauslöschlichen Eindruck des Schauspielers Wedekind in der Schlussszene des «Marquis von Keith». Selbst kritische Stimmen – das Buch ist keine platte Lobhudelei – würdigen seine enorme Bemühung, seine geistige Leistung, seine breite Wirkung, sein Kämpfertum, seine kraftvolle Persönlichkeit. Wedekind könnte zufrieden sein. Auch sein lang gehegter Wunsch, vom Ertrag seiner künstlerischen Arbeit leben zu können, ist Wirklichkeit geworden: Die von Thomas Mann erwähnte «Ehrengabe» – etwa 6400 Mark sind zusammengekommen – konnte er in Gänze an finanziell schlechter gestellte Kollegen weitergeben, unter ihnen an Arno Holz, der nicht sein Freund ist, und an den Wiener «Kaffeehausliteraten»

Peter Altenberg, der ihn schwärmerisch verehrt. Ein Rennpokal war nicht im Gespräch.

Zum Essen gibt es Mock-Turtle-Suppe, Plattensee-Fogosch, Rehbraten «Hubertus Art» und Nachspeisen. Erich Mühsam erinnert *sehr lange und herzlich schlechte Reden,* aber irgendwann habe Wedekind gesprochen, *voll tiefsten Ernstes, hinter dem die Ironie zuckte.* Eine Art *Predigt* über die Berufung des Schriftstellers habe er gehalten, und bedauerlicherweise habe niemand mitstenographiert: Mit ihren *verblüffenden Gedanken und Vergleichen* sei sie ein *Meisterwerk der Stegreifrethorik* gewesen und zugleich eine der *kennzeichnendsten Kundgebungen dieses erstaunlichen und in jeder Äußerung genialischen Geistes.* Nach ihrem Ende habe *nachdenkliche Ergriffenheit* über der Gesellschaft gelegen, die den Festakt hätte prägen können, wäre nicht eine *bizarre Überraschung* eingetreten, *so jäh, als ob Wedekind selbst sie zu grellem Effekt als Regiebemerkung für ein Drama ersonnen* habe, und so *komisch,* dass der *feierliche Ernst der Festteilnehmer urplötzlich in gewaltiges Gelächter umgeschlagen* sei.

Nach Mühsams Schilderung platzt die Kapelle in dem Moment, als Wedekind sich nach seiner Rede setzen will, mit Offenbachs Couplet vom «Guten König Menelaus» dazwischen, dessen Frau, die «schöne Helena», bekanntlich nur auf die Gelegenheit wartet, mit Paris im Gebüsch zu verschwinden. Andere nennen einen Nebenraum als Ort des Geschehens, in den man zum sogenannten «Unterhaltsamen Teil» gegangen sei. Wedekind selbst verdächtigt seinen Freund Emil Gerhäuser als Urheber des Spaßes, der sich nach einem Streit mit Tilly an ihm rächen will. Fest steht, dass er es nicht fertigbringt, die Situation durch einen Witz zu entschärfen, und, zuvörderst in der eigenen Wahrnehmung, seine Geburtstagsfeier als geschlagener, lächerlich gemachter Mann verlässt.

Die nächsten zwei Tage sind laut Tilly *entsetzlich.* Wedekind lässt alle Verbitterung, Enttäuschung und Wut an ihr aus, die ihn in die Ehe gezwungen und sein Unglück verschuldet habe. Er will verreisen und allein sein, wählt willkürlich Florenz als Ziel. Tilly bringt ihn zur Bahn und glaubt ihn verloren: *Mein innigst geliebter, theuerster Frank, Du glaubst gar nicht, wie ich mich nach Dir sehne! [...] Wenn Du weg bist, um mich fühlen zu lassen, was Du für mich bist, dann hast Du das erreicht! In meinem ganzen Leben habe ich mich nicht so elend gefühlt! Ich weiß, alles was ich bin u. habe ist nur von Dir. Allein bin ich gar nichts. So klein komme ich mir vor! [...] Ich gehe wie im Traum umher u. fühle mich immer nur entsetzlich müde. Was ist mir das Leben ohne Dich!*

Wedekind dankt für den *lieben Brief,* der ihm *große Freude* bereite – wie immer findet er, zumindest schriftlich, bald zum sachlichen Ton zurück, der seine Briefe zwar gelegentlich streng, aber nicht unfreundlich und sogar fürsorglich erscheinen lässt. Es stimme nicht, dass Tilly ohne ihn *nichts* sei, aber es freue ihn, dass etwas in ihr *vorgehe,* sie *nachdenke,* nicht *stillstehe* oder *einschlafe* und ihm es somit erspare, den *Polizisten zu spielen, den Schulmeister, den ekelhaften Kerl, der in den Augen der Umgebung lächerlich wird.* Er verlange nicht mehr von Tilly, als es *jeder anständige Mensch* in seiner Position von seiner Frau *verlangen müßte. Dazu bin ich leider angestellt, damit Du das bei mir lernst, was Du brauchst, wenn Du Deine Stellung nicht verlieren willst, wenn ich nicht mehr da bin.* Sollte sie wirklich etwas für ihn tun wollen, solle sie *Csárdás, Bolero* oder *Tarantella* üben – ihr *Tanz* und ihr *Theaterspielen* seien das, womit sie seinen *persönlichen Ansprüchen* am meisten genüge.

Florenz sei langweilig, meint Wedekind, und reist nach Paris weiter. Der Entschluss hat nichts mit Tilly zu tun, aber stürzt sie in ein Meer von Verzweiflung. Alle Dämme scheinen geborsten. Angst, Schuldgefühle und bodenlose Traurigkeit brechen aus ihr heraus. Ganz offensichtlich fürchtet sie, durch mangelnde Leidenschaft für Wedekind sexuell unattraktiv zu werden. Die *Onanie* habe ihr Leben zerstört. *Sie hat meinen Geist u. meinen Charakter getrübt. Warum bin ich nicht als Kind gestorben? Frage einen Nervenarzt, er kann Dir vielleicht Aufschluss geben über meine «Theilnahmslosigkeit», meine «Interessenlosigkeit». Geistig minderwertig! Und Du glaubst, ich täte nicht alles gern, was Du wünschest, wenn ich es nur könnte!*

Wedekind plagen ähnliche Gedanken, aber von männlicher Seite: *Ich bin mir noch immer sehr unklar. Am Fest zu meinem Geburtstag in vollster Öffentlichkeit die ärgste Beleidigung, die einem Mann gesagt werden kann. Aber ich werde nicht mehr schimpfen. Ich habe in München viel zu viel geschimpft. Ich sehe keinerlei Verpflichtung, ein so ekelhafter Mensch zu werden, wie man es durch solche Erlebnisse werden muß.*

Wie auf einer Waage heben und drücken sich Frank und Tilly gegenseitig hinauf und hinunter. Wedekind erhält Zeitungsausschnitte aus München und findet den «König Menelaus» nirgendwo erwähnt. *Das beruhigt mich eingermaßen, denn ich habe wirklich wenig Lust, mich jetzt mit irgend jemandem zu schießen.* Tilly ist in München *sehr froh, dass Du durch die Zeitungsausschnitte beruhigt bist. Ich begreife nur nicht, weshalb Du Dich deswegen mit jemandem schießen müsstest. Weswegen,* fragt Frank zurück. *Weil ich als betrogener Ehemann verspottet werde, oder, wie in Stuttgart, mit Deinen früheren Liebesgeschichten aufgezogen werde. Wenn Du das nicht begreifst, liebe Tilly, dann hat es keinen Zweck für mich, nach München zurückzukommen. [...] Ich verwende den Ertrag meines Lebens nicht darauf, LÄCHERLICH zu werden. Leider hast Du dafür nicht das geringste Gefühl oder Verständnis. Ich habe aber auch keine Lust mehr, Dir dieses Verständnis beizubringen.* Tilly rennt *wie eine Wahnsinnige* in ihrem Zimmer umher und schreibt einen sechs Seiten langen Brief, den sie aus *Angst vor Missverständnissen* nicht abzuschicken wagt. *Frank, auf diese Weise werden wir uns zu Grunde richten u. es nimmt kein gutes Ende!* Aber Wedekind geht auf kein Argument mehr ein.

Am 14. Juli ist er wieder zu Hause. In den sechzehn Tagen seiner Abwesenheit haben er und Tilly einander zweiundzwanzig Briefe, sechs Karten und sechs Telegramme geschrieben. Bald darauf beginnen Proben für «Franziska» und «Hidalla». Wedekind notiert: *König Menelaus klärt sich auf.* Wahrscheinlich hat die Kapelle das Lied zufällig gespielt. Offenbachs Melodien sind sichere Zugnummern, und wer kann ahnen, dass sie solche Komplikationen verursachen?

Österreich hat Serbien den Krieg erklärt, das mit Serbien verbündete Russland hat mobilgemacht, Deutschland hat Russland und Frankreich den Krieg erklärt, England hat sich eingeschaltet – innerhalb von einer Woche hat sich Deutschland in einen Dreifrontenkrieg gegen zahlenmäßig überlegene Gegner verzettelt. Der jahrelang ausgearbeitete Schlieffen-Plan zur Umzingelung Frankreichs versagt bereits in den ersten Stunden, aber die Stimmung ist euphorisch – nach dem Sieg von 1870/71 kann man eine Wiederholung des Abenteuers kaum erwarten. Die Vorstellung der Wedekinds fällt aus. Niemand hat Sinn für Theater, und für Wedekinds Stücke schon gar nicht.

In der Torggelstube wird Erich Mühsam von aufgebrachten Studenten wegen seiner pazifistischen Gesinnung beschimpft. Wedekind kommt zu später Stunde hinzu und lenkt, wie Mühsam meint, *um seiner Erregung Herr zu werden, das Gespräch auf fernliegende Gleichgültigkeiten.* Mühsam läuft davon, die Wut der Studenten richtet sich gegen einen durchaus kriegsbegeisterten jungen Mann, der nur durch eine ungewöhnlich große, mit einiger Phantasie fremdländisch zu nennende Nase in Verdacht gerät. Er heißt Hans Bötticher, verehrt Wedekind seit langem und wird nach dem Krieg als Joachim Ringelnatz selbst ein berühmter Dichter. In einem «Gedenken an Wedekind» erinnert er sich des Abends:

> Das letzte Mal hatten wir eine absurde,
> Mir unvergeßliche Stunde mitnand,
> Als ich zum Kriege gerufen wurde
> Nach dem Nordseestrand.
>
> Als ich zurückkehrte,
> War der Verehrte
> Verstorben.
>
> Mehr bekämpft als umworben,
> Hat er doch trotzig gesiegt.
> Ehrliche und unehrliche Feinde
> Haben doch ihn nicht kleingekriegt.

Erich Mühsam glaubt nicht, dass sich Wedekind *von dem allgemeinen Begeisterungstaumel auch nur eine Minute* habe *einfangen* lassen. Aber bei einer «Vaterländischen Feier» in den Münchner Kammerspielen am 18. September 1914 nennt Wedekind Russlands *innere Fäulnis* und *blinden Deutschenhaß* sowie *englische Mißgunst* und *unseliges, seit vierundvierzig Jahren betriebenes französisches Wettrüsten* als Grund für den Krieg. Seine Erklärung zu Kurt Martens, der ihn nach dem Vortrag allein in einem Lokal antrifft: «Man muss mit den Wölfen heulen.» Gleichzeitig fasst er den Plan zu einem Drama über Graf Otto von Bismarck, dem er seine Jugend in der Schweiz verdankt und dessen Tatkraft er bewundert, der aber nach seiner festen Überzeugung mit dem deutsch-deutschen Krieg von 1866 auch den Grundstein für die heutige Entwicklung gelegt hat. Zu Erich Mühsam sagt Wedekind: *Ich danke meinem Schöpfer, daß Hannover anno 66 preußisch geworden ist, sonst hätten mich jetzt meine besten Freunde im Verdacht, daß ich die Räude haben könnte.*

Friedrich Strindberg lässt in seinem Bemühen nicht nach, die Liebe seines Vaters zurückzugewinnen. Sein *lächerliches Stück* «Menschenrecht» werde ihm *immer ekelhafter,* er hoffe auf ein *fröhliches Wiedersehen* und schickt *Handküsse an die gnädige Frau.* Wedekind antwortet: *Lieber Friedrich, unsere Zusammenkunft kann jetzt leider nicht stattfinden. Der Krieg hat mich meiner sämtlichen Einkünfte beraubt; deshalb habe ich vorderhand wichtigere Dinge zu thun. Außerdem kann ich mir ein «fröhliches Wiedersehen», wie Du schreibst, nicht gut mit jemandem vorstellen, der in seinen Arbeiten das höchste Maß von Bosheit und Gehässigkeit zum Ausdruck bringt, das jemals gegen mich aufgewandt wurde. […] Zum Schluß bitte ich Dich, Dir in Deinen an mich gerichteten Briefen «Handküsse» an eine Dame zu ersparen, die Du in der gemeinsten Weise verdächtigt hast.*

«Menschenrecht» habe NICHTS mit Tilly zu tun, beteuert Friedrich, sondern sei ein Werk *jugendlichen Übermuts* und *mißlungener Phantasie.* Auch Wedekind sei einmal jung gewesen und wisse, *wie wenig man von der Tragweite dieses oder jenes*

Wortes weiß, bis man sich einmal den Kopf blutig gehauen. Wie ich jetzt! Ich habe mich während der kurzen Zeit, da wir uns kennen, so in Dich hineingelebt, bin in allem und jedem so von Dir beeinflußt, daß ich Dich unbewusst nachgeahmt habe. Ende September erbarmt sich Wedekind und fährt zu seinem Sohn nach Salzburg – vielleicht hat der Krieg ihn milder gestimmt, oder er fühlt, dass er bald selbst Mitleid brauchen wird.

Artur Kutscher ist im Feld, der Dichter Richard Dehmel, fast zweiundfünfzig Jahre alt, freiwillig gegangen. Thomas Mann nennt den Krieg einen *großen, grundanständigen, ja feierlichen Volkskrieg.* Hofschauspieler Bernhard von Jakobi, der bei der Uraufführung von «Frühlings Erwachen» den Melchior Gabor gespielt hat, fällt an der Westfront – nach Berichten von Kameraden hat er sich in das Gewehrfeuer geradezu hineingestürzt. Wedekind bleibt abends zu Hause. Tilly liest ihm die Briefe Bismarcks vor, danach arbeitet er bis in den Morgen in seinem Zimmer.

Anfang Dezember wird Wedekind krank. *Leide stark an Blähungen. Versuche mir den Leib zu massieren. […] Bauchmuskulatur entzündet.* Hofrat von Scanzoni, ein bekannter Chirurg, konstatiert eine Blinddarmreizung und empfiehlt abzuwarten. Wedekind liegt drei Wochen im Bett. Anna Pamelas Geburtstagstisch wird in seinem Arbeitszimmer aufgestellt, Weihnachten werden die Flügeltüren geöffnet, so dass er den Baum vom Bett aus sehen kann. Als die Kinder gerufen werden, steht er auf, aber legt sich gleich wieder hin. *29. Dezember: Werde mit dem Sanitätswagen in die Klinik gebracht und operiert.* Ein langes Siechtum beginnt. Von keines Menschen Hilfe ist Wedekind jetzt mehr abhängig als von der seiner Frau.

26

Wedekind kämpft

1915/16

Zwischen August und Dezember 1914 fallen über hunderttausend deutsche Soldaten. Stabschef von Falkenhayn nennt das deutsche Heer ein *zerbrochenes Instrument.* Krankenhäuser sind überfüllt mit verbrannten, verätzten, verstümmelten jungen Männern. In einer Münchner Privatklinik liegt der fünfzigjährige Dichter Frank Wedekind, unrasiert und verzweifelt. Man hat ihm den Bauch aufgeschnitten, den Blinddarm entfernt, möglicherweise noch anderes, eine genaue Diagnose liegt nicht vor. Tränen laufen über sein Gesicht.

In Graz stirbt Tillys Mutter. Ein Telegramm bringt die Nachricht: *Mama sanft entschlafen.* Ein Brief des Vaters nennt Herzlähmung als Todesursache. Tilly kann das nicht glauben: So lange sie denken kann, litt die Mutter an Schwermut, gepeinigt von den Seitensprüngen ihres Mannes, vom Tod ihres Sohnes Eduard, der sechsjährig an Gehirntuberkulose starb, vom Selbstmord der Tochter Paula oder vom Leben selbst, das manchmal nicht zu bewältigen ist, auch wenn es scheinbar glatt dahinläuft. Tilly kennt solche Zustände und weiß um die Schuldgefühle, die sie verursachen. Den wahren Grund des Sterbens ihrer Mutter erfährt sie erst später: Mathilde Newes hat Nähnadeln geschluckt, die nach und nach ihre inneren Organe verletzt haben und irgendwann ins Herz gedrungen sind.

An Wedekinds Krankenhausbett liest Tilly aus der Zeitung vor, aber ist offensichtlich nicht bei der Sache. «Was hast du?», fragt ihr Mann. «Meine Mutter ist krank», sagt Tilly. Soll er die Wahrheit erfahren? «So», meint Wedekind, «deine Mutter ist krank? Sie leidet an Depressionen – kein Wunder dass sie krank ist.»

Tilly weint und sagt: «Sie ist tot.» Wedekind kondoliert: «Arme Tilly, dann wirst du wohl nach Graz fahren, und ihr werdet alle in Sentimentalität schwelgen ...» *Ich weiß nicht mehr, was er noch alles sagte. Es war bitter und gefühllos und dahinter stand der Egoismus, daß ER jetzt krank sei und alles andere zurückzutreten habe.* Tilly hört zu weinen auf. «Nein», sagt sie, «ich habe nicht vor, nach Graz zu fahren. Ich bleibe hier und pflege dich.» *Er wurde wieder teilnehmender. Meinte, ich solle mir Trauerkleider machen lassen. Vielleicht glaubte er, ein neues Kleid – auch wenn es schwarz ist – tröste über manches hinweg.*

Tilly läuft durch den Englischen Garten. Wie kann ihr Mann so eigensüchtig sein? «Pfui Teufel», sagt sie laut vor sich hin und wiederholt den Ausspruch, bis Seitenblicke von Passanten sie zum Schweigen bringen – der Krieg hat Menschen still und beklommen gemacht, jedes ungewöhnliche Verhalten fällt auf. Bei einer Nachbarin hofft sie, Trost zu finden. «Ach», meint die, «jetzt, wo so viele junge Männer im Feld sterben, darf man den Tod eines älteren Menschen nicht so tragisch nehmen.» Tilly ist empört. Immerhin handelt es sich um ihre Mutter.

Ein Sanitätswagen bringt Wedekind am 9. Januar nach Hause. Er kann kaum laufen, aber Krankenhausbetten werden für Verwundete gebraucht. Am 12. Januar steht er auf und rasiert sich, am 13. sitzt er mittags wieder mit am Tisch. Tilly liest ihm Hebbels Tagebücher vor, die dieser achtundzwanzig Jahre lang bis zu seinem Tod geführt hat. In der Nacht vernichtet Wedekind seine eigenen Tagebücher, nachdem er sie, wie er schreibt, *unter dem versöhnenden Gefühl der Vernichtung* und mit *unglaublichem Genuß* noch einmal durchgelesen hat, erst Heft eins und zwei, in den folgenden Nächten den Rest. Nur von Heft sieben kann er sich nicht trennen. Es behandelt die Monate nach dem Tod seines Vaters, die Berlinepisode von 1889, die «Frühlings Erwachen»-Zeit in München und die Jahre in Paris und London. Aber auch daraus sind Seiten entfernt.

Mit dem Leben abgeschlossen hat Wedekind deswegen nicht. Am 28. Januar, einen Monat nach seiner Operation, läuft er mit

Tilly über die Isarbrücke bis zur Villa Stuck. Am nächsten Tag schafft er es bis zum Maximilianeum, tags darauf zur Maximilianstraße, dann bis zum Odeonsplatz. Hofrat von Scanzoni kommt jeden zweiten Tag zum Verbinden, dazwischen tut es Tilly, kompetent, geschickt und scheinbar mühelos. Die Fachleute loben sie und beglückwünschen Wedekind zu seiner Frau.

Aber die Operationswunde nässt, mal mehr, mal weniger. Am 27. Februar, nach Bad und zweistündigem Gang, ist es besonders schlimm. Dr. von Scanzoni führt eine Sonde ein, Eiter läuft heraus. Anfang April wird Fanny Kadidja krank. Kinderarzt Dr. Trumpp kommt in die Wohnung, sieht Wedekind, untersucht ihn und rät zu einem Arztwechsel. Professor Schmidt von der Klinik Josephinum durchleuchtet Wedekind am 12. April und operiert ihn am 15., drei Stunden lang, mit Unterbrechungen wegen drohenden Herzversagens – man habe einen *Dachsbau von Verwachsungen* und *Reste des Blinddarms* gefunden, sagt er zu Tilly. Der Schnitt verläuft quer über die Bauchdecke. Wedekind bleibt fast zwei Monate im Krankenhaus.

In einer körperfeindlichen Welt hat Wedekind verkündet: «Das Fleisch hat seinen eigenen Geist.» Gesundes Fleisch, wohlgemerkt. Die Mitglieder von Karl Hetmanns Verein zur Züchtung von Rassemenschen, die Mädchen und Knaben in «Mine Haha» und in der «Großen Liebe» sind allesamt jung und gesund. Alter, Krankheit und Gebrechen kommen in ihrer Welt nicht vor. Jetzt kommt Wedekind sozusagen in seiner eigenen Welt nicht mehr vor. Wie es mit ihm weitergeht, wissen auch die Ärzte nicht. Die Möglichkeit einer dauerhaften Behinderung, eines Daseins als «Krüppel», wie er es nennen würde, ist nicht ausgeschlossen. Wird Tilly ihm bei allem helfen müssen, sogar beim Gang auf die Toilette? Sie besucht ihn jeden Tag, schreibt liebevolle Briefe und bittet um Vergebung für Belastungen, die sie ihm auferlegt haben könnte. Aber die schlimmste Belastung ist sie selbst – jung, schön, gesund und beweglich. Manchmal kann er ihren Anblick nicht ertragen und schickt sie fort.

Am 9. Juni 1915 wird Wedekind aus der Klinik entlassen, mit nicht verheilter Operationswunde. Tilly holt ihn ab. Er notiert eine Fahrt mit ihr durch den Englischen Garten, Kontrolltermine beim Arzt, abendliches Vorlesen. Vom 16. Juni bis zum 30. August ist sein Kalender leer, vierundsiebzig Tage lang, für den Aktivisten, Pflichtmenschen und Buchhalter Wedekind untrügliches Zeichen einer schweren Krise. Was denkt er? Was tut er?

Wedekind arbeitet. Sein Bismarck-Drama harrt der Vollendung. In acht charakteristischen «Bildern» will er zeigen, wie Bismarck vor dem Krieg von 1866 Gegner und Verbündete mit Charme, Geschick und Brutalität gegeneinander ausgespielt und durch die Beseitigung Österreichs als europäische Großmacht den Aufstieg Deutschlands eingeleitet hat. Im November 1914 hat er mit der Niederschrift begonnen und sie bis kurz vor seiner zweiten Operation weitergeführt. Zwei «Bilder» sind in der Aprilausgabe von Georg Müllers und Efraim Frischs Zeitschrift «Der Neue Merkur» erschienen, jetzt fehlen noch vier. Ende Juni ist das fünfte «Bild» fertig. Was er im Juli und August schafft und wie oft ihn die Krankheit wieder aufs Lager wirft, lässt sich nicht sagen. Ein einsamer Kalendereintrag vom 16. August lautet: *Zum ersten Mal aufgestanden.*

Die Arbeit, darf man annehmen, tröstet Wedekind. Er beschreibt Männer, die kämpfen und in den Folgen ihres Handelns denselben Gesetzmäßigkeiten unterliegen wie die erfundenen Figuren seiner Dramen. Er nimmt das neue Stück so ernst wie alle vorherigen, auch wenn er krankheitsbedingt nur mit halber Kraft arbeiten kann: Dramatisches Gestalten fehlt in «Bismarck». Wedekind montiert, durch Lokalkolorit gewürzt, historische Texte als Collage. Wohlmeinende Kommentatoren sehen darin einen Vorgriff auf den späteren dokumentarischen Film, die Zeitkritik wertet «Bismarck» als ultimativen Beweis von Wedekinds schöpferischer Stagnation. An eine Aufführung denkt niemand: 1866 war Österreich Deutschlands Gegner, jetzt ist es sein einziger, schwacher Verbündeter. Was Österreich noch schwächer machen könnte – und sei es ein historisches Theaterstück –, findet in Deutschland keine Sympathie.

Einer, der als Teil des 97er-Jahrgangs mit Bangen seine Einberufung in das österreichische Heer erwartet, ist Friedrich Strindberg. Den großen Wunsch, seinen Vater vorher noch einmal zu sehen, am liebsten in Salzburg, kann Wedekind nicht erfüllen, aber Äußerungen Friedrichs zeigen, dass er ihm getreulich schreibt, auch vom Krankenbett und aus dem Krankenhaus. Als es so weit ist, gefällt Friedrich das Leben beim Militär: *Ich genieße meine endlich erlangte Freiheit, so gut ich sie genießen kann. Die Anstrengungen sind zwar nicht besonders angenehm, doch man muß sie ertragen. Hoffentlich komme ich noch zu Zeiten des Krieges (in 3–4 Monaten) hinaus ins Feld. Wir sehnen uns alle danach. Nicht des Vaterlandes halber, sondern meiner selbst willen.* Friedrich kommt heil durch den Krieg, aber als er die Heimat wiedersieht, ist sein Vater tot.

Ende August 1915 fährt Wedekind mit Tilly und den Kindern nach Lenzburg und notiert eine *sehr schöne Reise.* Anna Pamela und Fanny Kadidja erinnern sich ihrer ein Leben lang: den Garten der Großmutter, Spaziergänge nach Wildegg und Ausflüge mit dem Vater, der nicht mehr im Bett liegt und gesund und guter Dinge zu sein scheint. Höhepunkt ist der Gang mit ihm aufs Schloss, wo die mächtige Linde steht, in deren Ästen er Gitarrengriffe geübt und Lieder gesungen hat. Aber Wedekind hat noch immer drei Löcher im Bauch, sogenannte Fisteln, die Eiter absondern und auch im Schwefelwasser von Bad Schinznach kaum heilen. Sein Bruder Armin, praktischer Arzt in Zürich, stellt ihn einem Schweizer Spezialisten vor. Der befürchtet einen Bruch und empfiehlt das Tragen eines Bauchgürtels. Wedekind bestellt gehorsam ein Exemplar in einer Züricher Werkstatt, unbequem, hässlich und peinlich wie es ist, und muss trotzdem täglich von Tilly verbunden werden. Tilly feiert Wiedersehen mit ihrer Cousine Jenny von Sadkowska, die samt polnischem Mann und Sohn Hipolyt bei Kriegsbeginn aus Deutschland ausgewiesen wurde und jetzt in Zürich lebt. Aus dem Elsass hört man Kanonendonner.

In München bespricht Wedekind die Kriegsereignisse mit seinen Freunden Joachim Friedenthal, Kurt Martens, Erich Mühsam und Heinrich Mann, der sich nach Jahren des Wanderlebens mit seiner tschechischen Frau Mimi Kanová in der Leopoldstraße in Schwabing niedergelassen hat. Das Münchner Nachtleben funktioniert nur noch eingeschränkt, man trifft sich nachmittags im Café Luitpold.

Heinrich Mann beschreibt Wedekinds Kriegshaltung als pessimistisch im umgekehrten Verhältnis zur öffentlichen Meinung: *Bis gegen das Ende, das er nicht mehr sah, blieb er überzeugt, Deutschland werde siegen; aber ihn freute es nicht. Ich selbst, der die Niederlage kaum bezweifelte, durfte ihn nicht ermutigen.* Laut Erich Mühsam hat Wedekind unter dem *Kriegsunglück furchtbar gelitten* und sich als Teil einer *alten* und *temperamentlosen* Generation gefühlt. *Mir graut vor der Zukunft. Sie werden dasitzen und Heldenstücke erzählen, und wenn unsereiner seine Meinung über Fragen der Kunst oder Religion sagen möchte, werden sie uns übers Maul fahren: «Sie waren ja gar nicht dabei – wie können Sie denn mitreden wollen!»* Eine Friedenspetition des wegen Augenleidens und Herzerweiterung vom Militärdienst zurückgestellten Mühsam will Wedkind nicht unterzeichnen: *Man wirft uns in den Schützengraben oder ins Zuchthaus. Dafür danke ich. Ich fühle keinen Beruf zum Märtyrer. Unser aller Leben ist Martyrium genug.* 1898, als ihn die Staatsmacht wegen eines leichtfertig geschriebenen Spottgedichts anging, hat er sich mit dem Jerusalemer Schuster Ahasverus verglichen, der nach christlicher Legende Jesus auf dem Weg nach Golgatha eine Rast auf seiner Türschwelle verweigert hat und seither als «ewiger Jude» weiterlebt:

> Irrt man ehrfurchtsvollen Blicks,
> Ehr und Macht zu suchen,
> Kommt der Mächt'ge hinterrücks,
> Einen zu verfluchen.
> Es wechseln nicht nur an der Börse die Größen!
> Nichts bleibt uns inmitten von Püffen und Stößen,
> Als ununterbrochen das Haupt zu entblößen.

Am 23. November fällt Wedekind hin. Anfang Dezember eitern die Wunden stärker. Wedekind nimmt Salzbäder, lässt sich untersuchen, kehrt auf dem Weg in die Torggelstube wegen Schmerzen um, bleibt ein paar Tage im Bett und zwingt sich zum Aufstehen: Für Januar 1916 ist ein Gastspiel in Budapest geplant, Auftritte in Mannheim und München sollen folgen. Seit Kriegsbeginn ist kaum etwas von ihm gespielt worden, als Darsteller ist er komplett ausgefallen, und mit ihm Tilly. Entschlossen, jeden Termin wahrzunehmen, läuft Wedekind auf die Polizei, lässt Pässe verlängern, bestellt Fahrkarten und übt mit Tilly – seit anderthalb Jahren ist keiner von ihnen auf einer Bühne gestanden. Mit bandagiertem Bauch spielt Wedekind siebzehn Vorstellungen in Budapest, zehn in Mannheim und fast dreißig in München.

Zwischen Proben und Vorstellungen, in Hotelzimmern und Zügen schreibt er einen seiner komplexesten, sich der Deutung immer wieder entziehenden Texte: das Dramolett «Überfürchtenichts». Er selbst nennt es eine *leichte Rätseldichtung* und verspricht für ihre Lösung *das Köstlichste auf Erden,* sagt aber nicht, was *das Köstlichste* ist. Ursprünglich sollte es «Oben-Unten» heißen, und um «oben-unten» geht es, um Sieger und Besiegte und letztlich um Krieg.

Ein Mann und eine Frau sind die einzigen Akteure. Wer unterwirft sich wem? Die Jugend dem Alter? Das Alter der Jugend? Körperlich oder geistig? Ist das «Oben-Unten» im Geschlechtsakt Symbol für den Lauf der Welt? Der Weltkrieg ein Abbild der menschlichen Natur? Die englischen Schlachtschiffe heißen «Dreadnoughts», wörtlich übersetzt «Fürchtenichts», die deutsche Militärführung hofft auf Sieg durch ihre U-Boot-Flotte. Ist «Oben-Unten» so zu verstehen? Wedekinds «Rätseldichtung», sagt Artur Kutscher, sei *so sehr verhüllt,* dass er sich in der Erklärung *nicht ganz sicher* sei. Paul Fechter meint: *Wie man sich auch dreht und wendet, es ist nicht möglich, rein aus dem, was vorliegt, eine Deutung zu finden.* So wichtig ist Wedekind das «Oben-Unten», dass er die sich spiegelnden Verse auf den Manuskriptseiten so platziert, dass sie die «Oben-Unten»-Situation des jeweils Sprechenden optisch wiedergeben.

Am 21. Februar 1916 – deutsche Truppen beginnen gerade die Offensive vor Verdun – jährt sich Dr. Friedrich Wilhelm Wedekinds Geburtstag zum hundertsten Mal. Seine Witwe Emilie legt in Lenzburg einen Kranz auf sein Grab, erkältet sich und stirbt am 25. März im Alter von fünfundsiebzig Jahren. Frank reist in die Schweiz und sieht seine Mutter aufgebahrt. Die Leiche wird abgeholt, als man zu Mittag isst, die Urne mit ihrer Asche in typisch Wedekind'scher Groteske irrtümlich ins Haus geliefert, als man gerade beim Kaffee sitzt. Wedekind sieht seinen Schulfreund Oskar Schibler wieder, mittlerweile Aargauer Regierungsrat, und trifft Herrn Thut, ehemals Rektor der Lenzburger Bezirksschule, der einen Haselnussstock auf seinem Rücken zerschlagen und bei den Lenzburger Kadetten seinen Ausschluss verfügt hat. *Wir kondolieren uns gegenseitig,* notiert Wedekind.

In seiner Totenrede nennt Armin seine Mutter eine *leidenschaftliche Natur,* die weder *vornehme Reserve* noch *kühle Objektivität* gekannt und *Gut und Böse immer im schroffsten Sinne* voneinander geschieden habe. Armin war Emilie Wedekinds Faktotum, für alles zuständig, was sie nicht selbst erledigen wollte. Die Selbstverständlichkeit, mit der sie seine Dienste in Anspruch nahm, hat ihn verbittert und übellaunig gemacht. Donald ist nicht zuletzt an ihrer Starrheit und Strenge zerbrochen. Ihr Liebling war Frank. Nach seiner ersten Operation schrieb sie ihm: *Du, lieber Frank, hattest am schwersten zu kämpfen, vielmehr Du kämpfst immer noch schwer genug. Doch gerade Du hast der Welt den Beweis erbracht, daß ein willensstarker Mensch sein Ziel auch dann erreicht, wenn er gegen Überlieferung und festgelegte Grundsätze ankämpfend, nur ganz allein auf die Kraft seines inneren Dranges gestützt, alle Zeit sich selbst treu bleibt.*

Das Sich-selbst-treu-Bleiben des arrivierten Schriftstellers Wedekind fand in den Jahren seiner Erfolglosigkeit, als er mit geborgtem Geld unbeirrbar Theaterstücke schrieb, nicht ihre Billigung. Wedekind hat sie damals als Gegnerin empfunden, aber ihr Urteil war ihm wichtig, und die Aussicht, sie zu beeindrucken und eines Besseren zu belehren, mit Sicherheit Teil seiner Motivation. Ihre Dominanz in Ehe und Familie hat sein

Frauenbild geprägt, aber das von ihr ererbte feurige, kreative und nicht zuletzt musikalische Element seines Wesens ist ihm vermutlich näher als Dr. Wedekinds buchhalterische Verträumtheit – in seinem Münchner Arbeitszimmer hängt ein großes Bild Emilies, aber keines seines Vaters.

Seine eigenen Kinder behandelt Wedekind wie Erwachsene. Sie dürfen, ja sollen mit am Tisch sitzen und sich am Gespräch beteiligen; als Gegenleistung erwartet er von ihnen tadellose Manieren und vernünftiges Betragen. Als Fanny Kadidja, drei oder vier Jahre alt, Suppe über das Tischtuch vergießt, beginnt ihr Vater mehrere Monate lang jede Mahlzeit mit den Worten: «Setze dich und wirf deinen Teller nicht um.» Vermutlich will er sie auf ein Leben vorbereiten, das Fehler nicht leicht vergibt. Anna Pamela erläutert er in langen Gesprächen seine Weltsicht: Menschen sind grundsätzlich böse und eigensüchtig, hüte dich vor ihnen, sei misstrauisch, trage dein Herz nicht auf der Zunge, lass dich nicht durchschauen, sei nicht vorlaut und ärgere deine Mitmenschen nicht mit Kenntnissen, die sie selbst zum Besten geben wollen, du machst sie dir zu Feinden und wirst es bereuen. «Je klüger man ist, desto dümmer stellt man sich», prägt er ihr ein. Vielleicht versteht sie die Bedeutung des Satzes nicht gleich, aber sie behält ihn ihr Leben lang und gibt ihn an ihre Kinder weiter.

Über den Tod ihrer Großmutter ist Anna Pamela untröstlich. Mit ihren neun Jahren identifiziert sie sich bereits so mit ihrem Vater, dass sein Leid und sein Verlust die ihren sind. Um sie aufzumuntern, gibt Wedekind ihr Gitarrenunterricht und bringt ihr seine Lieder bei. Sie kann sie rasch und singt sie mit klarer Stimme und großer Exaktheit. Fanny Kadidja erfreut derweil durch Originalität: Als ihr Vater sie durch ein energisches «Pst!» zur Ruhe ruft, eilt sie zur Tür, hebt ihr Röckchen und zeigt ihm ihren «Unaussprechlichen». Einmal ist Hermann Bahr zu Gast. Das Gespräch ist angestrengt und wird fast nur von ihm geführt. «Warum hat der Herr so furchtbar viel geredet?», fragt Kadidja, als er gegangen ist. «Weil er nichts zu sagen hatte», antwortet Wedekind. Hermann Bahr, auch nicht auf den Mund gefallen, sagt zu Kadidja: «Du bist so natürlich, Kind – woher hast du das?»

Geliebter Frank, etwas hat Dich wieder verstimmt. Weil ich sag-
te, ich lass' Harden grüßen? Vielleicht war es überflüssig, aber
nichts weiter als eine Redensart. Oder weil ich kein Geld hatte?
Du fragtest, ob ich mehr brauche, ich sagte, Du kannst mir's ja
morgen geben! Wie ich oft schon sagte – es hat ja Zeit bis morgen.
Nur um Dich nicht länger aufzuhalten. […] Aber vielleicht ist es
wieder etwas ganz anderes. Ich schicke dies als Erklärung, falls
es nur ein Missverständnis sein sollte. Damit Du nicht überflüssig
darüber nachdenkst. MEIN Lebenszweck ist es ja wohl, mein Le-
ben lang darüber nachzudenken, was Dich verstimmt hat. Nun
Gute Nacht. Deine Tilly

Tilly wird dreißig Jahre alt, Wedekind ist am Vorabend ihres
Geburtstags nach Berlin gereist. Nach fast zweijähriger Abwesenheit will er sich in Erinnerung bringen und sehen, was in
Kriegszeiten möglich ist. Seine Gesprächspartner sind zurück-
haltend – der Krieg beherrscht Herzen und Gedanken, man
hofft noch immer auf einen Sieg, und Wedekinds Thematik,
obgleich sie viel mit Krieg zu tun hat, ist der dringend benötigten
moralischen Festigung nicht förderlich. Zensor Glasenapp, sein
Trauzeuge, will die «Büchse der Pandora» jetzt erst recht nicht
freigeben, Victor Barnowsky sich auf kein Gastspiel festlegen.
Max Reinhardt lädt Wedekind zum Essen ein, aber gibt sich geschäftlich zugeknöpft.

Man hat Wedekind in den Club 1914 gewählt, in dem Männer
aus Wirtschaft, Politik und Kultur die Weltlage besprechen. Dort
trifft er Maximilian Harden und Walther Rathenau. Hardens «Zukunft» ist wegen angeblichen Defätismus' kurzzeitig verboten
worden, Rathenau ist, nicht unbedingt freiwillig, ins Zentrum
der Kriegsplanung aufgerückt: Der deutsche Nachschub war derart durcheinandergeraten, dass man ein Zusammenbrechen der
Fronten befürchtete und Rathenaus bekanntes Organisationstalent anforderte. Jetzt leitet der jüdische Intellektuelle, der sich
eigentlich als Künstler sieht, die deutsche Kriegsrohstoffabteilung
so effektiv, dass die Kampfhandlungen fortgeführt werden können. Wedekind dichtet sein «Diplomaten»-Lied, eine sarkastische
und pessimistische Einschätzung des Kriegsgeschehens:

Was wir konnten
An vier Fronten,
Das hat, seit sich die Erde sonnt,
Kein Heldenvolk gekonnt.
Der Feind verblutet sich.
Wir haben unterdessen
Nichts zu fressen.
Seit wir auf den Knopf gedrückt,
Ist der Erdball ganz verrückt,
Und am Ende stopft ihn Krupp
In die dicke Berta – Schwupp!

Tilly nutzt die Abwesenheit ihres Mannes für einen lang geplanten Abendtee. *Du glaubst gar nicht u. brauchst es ja auch nicht zu wissen, wie oft ich deprimiert war, seit Du fort bist. Auch und gerade wenn ich Menschen gesehen hatte. Ich dachte, ich hätte für immer alle Freude an mir verloren. Und das gehört wohl mit zu den schlimmsten Dingen auf der Welt.* Die Gäste sind Menschen aus dem Umfeld Wedekinds – Freunde und Freundinnen im eigentlichen Sinn hat sie nicht. Ihr Selbstbewusstsein ist so reduziert und ihre Ängstlichkeit so groß, dass sie nicht versäumt, eine Skizze der Tischordnung beizufügen, aus der Wedekind ersehen kann, dass der einzig anwesende Herr weitestmöglich von ihr entfernt saß.

Das Schlüsselstück «Oaha» um Albert Langen und den «Simplicissimus» lastet wie eine Schuld auf Wedekind: Das Ziel, mit dem Literaturbetrieb abzurechnen, ist darin klar verfehlt, und durch das Ausspielen persönlicher Ranküne hat er sich in eine menschliche und künstlerische Schieflage gebracht, die immer noch nachwirkt. Weihnachten 1915, inmitten von Krankheit und Reisevorbereitungen, hat er eine Neufassung beschlossen, sie parallel zum «Überfürchtenichts» begonnen und seither als schriftstellerische Hauptaufgabe weitergeführt. Die Umstände sind günstig: Der «Simplicissimus» ist unter der Führung Ludwig Thomas weit nach rechts gerückt und fast zum Regierungsblatt geworden. Die genialen Zeichner Thomas Theodor Heine, Olaf Gulbransson und Eduard Thöny sind immer noch da, aber verhöhnen statt des Kaisers und seiner Junker englische Lords und französische Generäle; über der roten Bulldogge reitet ein germanischer Ritter. Den «Simplicissimus» satirisch anzugreifen ist heute lohnender als 1907 zum Zeitpunkt der Entstehung von «Oaha».

Aber Wedekind fehlt die Munition. Er hat mit dem «Simplicissimus» nichts mehr zu tun und kennt weder dessen neue Mitarbeiter noch die Gepflogenheiten innerhalb der Redaktion. Vielleicht fehlen ihm auch Mut und Kraft. Es bleibt bei der alten Besetzung und dem alten Konflikt. Selbst der Lehnsessel erlebt seine Renaissance, in dem er mit gebrochenem Bein einst versank, obgleich der Vorfall fünfzehn Jahre zurückliegt und sich außer ihm kaum jemand daran erinnern dürfte. Der Versuch, dem wichtigen und aktuellen Thema journalistischen Anpassertums gerecht zu werden, scheitert, die künstlerische Schuld bleibt bestehen.

Im Juni/Juli 1916 findet unter erbärmlichen Umständen ein letztes Wedekind-Gastspiel an Max Reinhardts Berliner Bühnen statt. Aus einem Sammelsurium abgespielter Dekorationen sucht sich Wedekind Bühnenbilder zusammen. Es kümmert ihn nicht: Er will den leidenden Simson spielen. In wattierten Trikots, mit weißer Perücke und großen weißen Augenbrauen tappt er über die Bretter der Berliner Kammerspiele, für Fritz Engel, der ihm die Rolle nicht zugetraut hat, ein *Selbstporträt im Kostüm von hohem Wurf.* Hellsichtig benennt er *Wedekinds Kampf um das Weib,* seinen *Kampf gegen die Welt,* sein *leicht verletztes Persönlichkeitsgefühl,* den *Zorn, verkannt zu werden,* und den *Stolz, mehr zu sein als alles, was den Namen «Philister» verdient.* Die übrige Presse ist gespalten wie je: Der «Berliner Börsen-Courier» befürchtet, dass Wedekind durch sein Theaterspielen *die Werke seines Geistes zu schädigen beginnt und seine sauer genug erworbene Geltung wieder schwankend macht,* die «Börsen-Zeitung» hält seine Simson-Darstellung für *den Gipfel dessen, was Wedekind als Schauspieler überhaupt erreichen kann.* Außerdem im Programm: «Der Marquis von Keith» und «Erdgeist», sechsundzwanzig Vorstellungen in achtundzwanzig Tagen.

Mit auf der Bühne der Kammerspiele steht Fritz Delius, ein schöner und offenkundig homosexueller Schauspieler. Er verehrt Tilly und überreicht ihr nach der letzten Vorstellung einen Strauß gelber, in Kriegszeiten seltener Rosen. Wedekind, zutiefst getroffen, verlangt von Tilly, ihn zurückzugeben oder in die Spree zu werfen, und lässt sich auch durch den Hinweis auf die sexuelle Orientierung des Kollegen nicht beruhigen. Wieder in München, nimmt er das Bild von der Wand, das Tilly im Pyjama im zweiten Akt «Erdgeist» zeigt und überreicht es ihr – er könne den Anblick nicht länger ertragen.

Kurz darauf sind Paul Cassirer und Tilla Durieux in München.

Tilla Durieux will Wedekind ärgern und schwärmt von dem reizenden Theaterintendanten Paul Eger, den sie kürzlich getroffen habe. Wedekind bricht den Abend ab, Tilly schluckt Morphiumpulver und liegt kaum ansprechbar im Bett. Professionelle Hilfe täte not, aber Wedekind will nicht Klarheit über sich, sondern über Tilly. Ein Schreiben von ihr in der Tasche, besucht er den berühmten Graphologen und Hellseher Ludwig Aub, einen kleinen, halbblinden Juden mit einem schwarzen Käppi, der in einem abgedunkelten Zimmer in Schwabing seine Kunden empfängt. Aub hält sich Tillys Handschrift vor die Augen und sagt: «Kocht gut!» Wedekind lacht – seit er Tilly kennt, ist sie nie am Herd gestanden. Dann sagt Ludwig Aub: *Ausgeprägtes Pflichtgefühl, starke Opferbereitschaft, großer Hang zur Melancholie, obwohl von Natur aus heiter, humorvoll und leichtsinnig.* Leichtsinn und Melancholie sind für Wedekind keine Gegensätze: *Leichtlebige Menschen gehen leicht in den Tod,* heißt es in der «Zensur». Dennoch hätte ihm die Aussage des Graphologen zu denken geben können – und Tillys Verzweiflungstat auch.

Tilly macht Urlaub mit den Kindern in Herrsching – will Wedekind nicht mitkommen? Nein, Wedekind muss in Dresden, Leipzig und Berlin mit Theaterleuten verhandeln, Gastspiele organisieren, Kontakte pflegen und in München für die Aufhebung des «Simson»-Verbots kämpfen. Dafür bittet er Ritter Ernst von

Possart, seinen Hauptgegner, um eine Unterredung. Und siehe da: Der strenge Herr lässt sich erweichen, greift zum Telefon, ersucht die Polizei um Freigabe und macht sich, als die Sache nicht vorangeht, persönlich auf den Weg durch die Amtsstuben. Aber ein Referent legt sich quer: Nicht einzelne Passagen, sondern die *Tendenz* des Stücks sei abzulehnen und das bayerische Publikum *in künstlerischen Dingen nicht so reif und so urteilsfähig* wie das von Berlin. Fritz Engel fragt daraufhin im «Berliner Tageblatt», ob Menschen, die den «Simson» gesehen haben, *jetzt auf eine Note im Betragen aus dem Munde der Münchner Zensurpolizei* warten müssten. Ernst Possart, auf dessen Betreiben das Verbot verhängt worden war, verlässt in seltener Ironie des Geschehens den Münchner Zensurbeirat aus Protest darüber, dass es nicht gelockert wird. «Simson» wird im Mai 1918 erstmals in München aufgeführt – als Gedächtnisvorstellung für den toten Wedekind.

Martha Newes, Tillys jüngste Schwester, schwarzhaarig, blauäugig, mit einem ewig lachenden Mund und einer schönen Figur, hat sich schon als Schülerin um Tillys Kinder gekümmert, wenn die Eltern auf Tournee waren. Für Tilly ist sie die Einzige, mit der sie österreichisch-ungezwungen sprechen kann, Wedekind betrachtet sie als angenehmes Anhängsel – von Tillys Schwermut hat sie nichts, man kann sich gut mit ihr unterhalten, außerdem ist sie ungewöhnlich hübsch. Tillys Beispiel folgend, ist Martha auch Schauspielerin geworden, war in Innsbruck und Bern engagiert, hat mehrmals die Miss Courne im «Kammersänger» und einmal die Wendla in «Frühlings Erwachen» gespielt. Wedekind-Premieren sind für sie der Inbegriff von künstlerischer Spannung. Sie genießt die prickelnde, aufgeheizte Stimmung im Publikum und bewundert ihren Schwager, wenn er im roten Frack vor den Vorhang tritt und im «Erdgeist»-Prolog verkündet: *Rings bebt die Kreatur; ich bleibe kalt – Der MENSCH bleibt kalt – Sie ehrfurchtsvoll zu grüßen.*

Jetzt hat Martha an den Münchner Kammerspielen Hans Carl Müller kennengelernt, einen gut aussehenden, eher femininen, wahrscheinlich latent homosexuellen Mann aus dem Fach «jugendlicher Liebhaber». Aus irgendeinem Grund stört Wedekind die Beziehung – vielleicht fühlt er sich alt, gebrechlich und ausgeschlossen bei dem Gedanken, die junge, hübsche Frau, die auch ihm gefallen würde, in den Armen eines anderen zu wissen. Und weil Hans Carl Müller bei einer Aufführung von «König Nicolo» mitwirkt, an der auch er und Tilly beteiligt sind, wendet er sich an Tillys Bruder Bertl, der in seiner ruhigen Art schon manchen Streit geschlichtet hat: *Lieber Bertl! Zu meinem großen Bedauern muß ich Dich darum bitten, Deine Schwester Martha ersuchen zu wollen, daß sie mir nicht auf Schritt und Tritt ihre Geliebten in den Weg schickt. […] Wie Du weißt, spiele ich in meinen Stücken mit meiner Frau zusammen. Dabei aber auch noch mit irgend einem illegitimen Schwager meiner Frau zusammenspielen zu sollen, das ist eine Familien-Schmiere, die ich nicht länger ertrage. Deine beiden Schwestern sind dank ihrer Erziehung leider vollkommen außerstande, um zu sehen, daß mir solche Verhältnisse ekelhaft und unerträglich sind. Wenn Du irgendwelchen Wert darauf legst, daß Deine Schwester meine Frau bleibt, dann bitte ich Dich, das Deinige dafür zu thun, daß ich von den Geliebten Deiner Schwester in Zukunft ungeschoren bleibe.*

Auch Martha erhält einen Brief: *Meine liebe Martha Maria! Tilly fragt mich heute Abend, wie ich mich dazu stellen würde, wenn du mit Herrn Hans Carl in München oder der Umgegend Münchens zusammen wohnen würdest. Ich stelle mich folgendermaßen dazu: Herr Hans Carl kann sich gegenüber seiner Verwandtschaft und in ganz Deutschland damit rühmen, daß die Schwägerin von Frank Wedekind seine Geliebte ist. Ich kann mich aber nirgends damit rühmen, daß meine Schwägerin die Geliebte von Hans Carl ist. […] Herr Hans Carl macht dadurch, daß Du seine Geliebte bist, ein glänzendes Geschäft. Er erspart sich die Unkosten, eine Familie ernähren zu müssen. Du, Martha Maria Newes, machst dadurch, daß Du die Geliebte von Hans Carl bist, ein miserables Geschäft. Du verplemperst die Jahre, in denen du Dich am vorteilhaftesten verheiraten könntest. Sollte ich Herrn Hans Carl in den Münchner Kammerspielen oder im Münchner Bühnenklub begegnen, dann werde ich ihn zu sämt-*

*lichen Vortheilen beglückwünschen, die er mit seinem Verhältnis
mit Dir genießt, und werde ihm mein schmerzliches Bedauern
darüber aussprechen, daß ich eine dumme Gans zur Schwägerin
habe, die sich in so schimpflicher Weise von ihm übers Ohr hauen
läßt. Mit besten Grüßen Dein getreuer Schwager Frank Wedekind.* Aber weder «Herr Hans Carl» noch die «dumme Gans»
lassen sich beeindrucken und bleiben als Paar zusammen.

Berlin hat eine neue Sensation: Maria Orska, die rassige Schönheit
aus Nikolajew am Schwarzen Meer, spielt am Hebbel-Theater die
Lulu, verführerisch, und dem Zeitgeist gemäß lasziv. Das Publikum rast vor Begeisterung, ruft sie immer wieder auf die Bühne
und übersieht dabei den extra aus München angereisten Dichter
der Lulu, der samt Gattin im Parkett sitzt und sich auch gern
verbeugt hätte, es aber, da niemand ihn auffordert, unterlässt.
Tilly sieht ihre eigene Lulu-Interpretation durch eine lärmende,
vordergründig-aufdringliche und von Teilen der Presse als gültig
begrüßte Version ersetzt und muss in der Zeitung lesen, Frau
Orska sei eine *weit gewandtere Schauspielerin* als sie selbst. «Alles, was ich weggelassen habe, hat sie gespielt», sagt Wedekind.
Aber das hört außer Tilly niemand.

Frank und Tilly heben stattdessen in München den «Oaha»-
Aufguss «Till Eulenspiegel» aus der Taufe, der wegen mangelnden
Interesses nach vier Vorstellungen abgesetzt wird. Der Kritiker
Richard Braungart empfindet *schmerzliches Bedauern* darüber,
dass *Wedekind nicht genug Selbstkritik besessen hat, sich und uns
diesen peinlichen Abend zu ersparen.* Und das nach einer Umar-
beitungszeit von mehreren Monaten – man könnte verzweifeln.
«Wie soll ich Ihnen die Haare schneiden?», fragt Wedekinds
Friseur. «Schweigend», antwortet der.

Dann geschieht das Unvermeidliche: Nach mehr als achtzig
Vorstellungen mit nicht verheilter Operationswunde und zahllosen Reisen reißt Wedekinds Bauchdecke auf und gibt einem
Bruch Raum. Am 6. Januar 1917 geht er ins Krankenhaus Josephinum zur dritten Operation in ebenso vielen Jahren.

27

Wedekind geht

Februar 1917 bis März 1918

An der Kantonsschule in Aarau wird in Wedekinds Jugendzeit klassische Bildung gelehrt. Man paukt Griechisch, studiert Homer, Goethes Geist schwebt über dem Unterricht. Franklin Wedekind und seine Mitschüler kennen sich aus in der Welt der Götter und Titanen, wissen, wer wen gezeugt und zum Freund oder Feind hat. Mit «Herakles», seinem letzten Drama, kehrt Wedekind zu den Wurzeln seiner Erziehung zurück und rückt in die Nähe seines Vaters, des humanistisch gebildeten, am Altertum interessierten Dr. Wedekind. Aber auch die Gestalt seines Großvaters Jakob Friedrich Kammerer wird lebendig, jenes begabten Mannes, der an der Liebe zu einer jungen Frau zugrunde ging. Eingereiht in seine Ahnen, bilanziert Wedekind sein eigenes Leben mit dem wärmenden und zerstörenden Feuer im Zentrum, das Prometheus den Menschen gegen den Willen von Zeus gebracht hat, der zur Strafe Pandora schickte, samt Büchse und Weltübeln. Damit steht «Herakles» auch in enger Verbindung zur Lulu. Aber statt des Zirkusdirektors im roten Frack mit dem *wilden, schönen Tier* auf dem Arm tritt Hermes vor den Vorhang und präsentiert *ein Menschenschicksal.*

Herakles kann seine Kraft nicht bändigen. Was er anfasst, geht kaputt. Er vollbringt Heldentaten, den Nutzen streichen andere ein, sein guter Wille erntet Undank. Herakles will *überrennen,* was sich ihm in den Weg stellt: *Zwischen Göttern und Menschen im Ehbruch gezeugt, von den Göttern verhöhnt, bei den Menschen verhaßt, schaff ich neu mir die Bahn.* Herakles kämpft mit Apollo, seinem Halbbruder, dem Sieges- und Selbstsicheren, vom Glück Begünstigten. Der rät ihm, nicht zu hoch hinauszuwollen, die vom Himmel gesetzten Schranken nicht zu durchbrechen. Der Kampf endet unentschieden. Pythia, die Hüterin des Orakels, soll den Sieger bestimmen. Sie wählt – natürlich – Apollo und verbannt Herakles, den «Tempelschänder», in erneute Sklaverei – eine letzte Reverenz Wedekinds an Gerhart Hauptmann, der mit ihm begann, ihn bald überholte und seither wie ein Komet seinen Weg verfolgt. Wedekind sieht sich ihm an Kraft überlegen, an Talent und Fleiß ebenbürtig, aber nicht im Glück.

Herakles ist krankhaft eifersüchtig, die Folgen sind verheerend: Bei der Hochzeit mit Dejaneira erlaubt sich ein Knabe eine Anzüglichkeit. Herakles versetzt ihm einen leichten Schlag, der Knabe kann die Demütigung nicht verkraften und ersticht sich – Friedrich Strindberg lässt grüßen. Herakles provoziert Streit, gießt Öl ins Feuer, beschwört Katastrophen geradezu herauf. Selbst Lichas, sein Wagenlenker, versteht ihn nicht mehr: *Wo birgt sich der Tollheit Sinn? Was nützt es ihm? Wer ihm am nächsten steht, scheint schlimmer jetzt bedroht als sein Todfeind.* Erst im Jenseits erfährt Herakles wahre Liebe, aber dann interessiert sie ihn nicht mehr. Auch ein Dasein als Gott erscheint ihm zweifelhaft, dem es *kaum gelungen, Mensch zu sein.*

Das Ganze vollzieht sich in fünffüßigen Jamben, Hexametern, Pentametern, Distichen und freirhythmischem dramatischem Vers. Ein langer Weg liegt hinter Wedekind, vom frechen und süßen Ton der frühen Gedichte über den farbenreichen Ausdruck von «Frühlings Erwachen» und «Mine Haha» bis zu der stoßartigen Fäkalsprache der Pariser Lulu, den blitzenden Sarkasmen der «Simplicissimus»-Beiträge und den scharfen Repliken des Kammersängers Gerardo, des Marquis von Keith oder des «Zwergriesen» Karl Hetmann. Sprachgewalt und Treffsicherheit sind ihm geblieben, die Gedanken sind so dicht gewebt wie je. Die Idee zum «Herakles» kam ihm im Sommer 1914 in Paris nach seinem fünfzigsten Geburtstag. Damals war noch Dejaneira die Hauptfigur, die liebende Gattin, die ihm aus dem blutgetränkten Tuch des Kentauren Nessos ein Gewand fertigt, das seine Haut verätzt. Jetzt steht er selbst im Mittelpunkt. Seit Oktober 1916 arbeitet Wedekind an der Niederschrift. Auch die Nacht nach der Operation verbringt er schreibend.

Geliebter Frank, Lieber, Geliebter, was hab' ich denn getan, dass es gar nicht mehr geht!? Man geht herum u. es scheint, als sei alles wie sonst u. dabei weicht der Druck keinen Augenblick von mir. Ich bin rat- u. hilflos. Und doch habe ich, kaum dass Du fort bist, Sehnsucht nach Dir. Kann ich dafür, dass ich so bin, wie ich bin? Wie gern würde ich mich ändern. [...] Ich werde Dir immer für alles dankbar sein, Geliebter, auch wenn Du mich nicht mehr willst.

Es ist Februar 1917, Wedekind ist in Mühldorf am Inn, einer Kleinstadt im Osten Münchens – anspruchsvollere Reiseziele sind in Kriegszeiten nicht erhältlich. Von drei Operationen geschwächt, den Bauch voller Narben, kann er sich eine funktionierende Ehe mit Tilly nicht mehr vorstellen. Was bindet Tilly an ihn, wenn seine sexuelle Kraft abnimmt und vielleicht ganz versiegt? Herzensgüte? Die hat auch die Ehe seiner Eltern bestimmt. So zu enden wie sie ist das Letzte, was er will. Wedekind sieht keine andere Möglichkeit, als sich von Tilly zu trennen und in einsamer Bemühung sein Leben allein zu beschließen – aber wem bleibt dieser Weg erspart? *So freud- und ruhmlos ist kein Kampf auf Erden, als der um schlichte Menschenwürde*, sagt Herakles.

Er könnte das alles mit Tilly besprechen. *Unendlich viel Unglück in dieser Welt besteht einzig darin, dadurch und deshalb, weil es nicht ausgesprochen wird*, hat er einst erkannt. Aber in der Ehe gilt das für ihn nicht: *Von Grund aus aufrichtig können Ehegatten nicht gegeneinander sein. Ihre innersten Gedanken dürfen sie einander nicht aussprechen. Denn wo viel Liebe erwachsen ist, kann viel Haß entstehen. Im allerletzten Grunde ist doch jeder von beiden nur auf sich allein angewiesen.* Insbesondere zwei Bereiche seien der ehelichen Diskussion entzogen: *die Potenz des Mannes* und *die körperlichen Reize der Frau.*

Wedekind fährt nach Burghausen weiter. Dort ist es kalt, und über der Stadt thront ein Schloss wie in Lenzburg. Jeder Schritt schmerzt, Wedekind steigt trotzdem hinauf: *Beschwerlicher Weg über vereiste Treppe. Über die Salzach-Brücke nach Österreich. Auf die Höhe bei eisigem Wind. Spaziergang über den Bahnhof hinaus, kehre um wegen Beschwerden.* In der Gaststube des Hotel Post in Burghausen beendet er am Abend des 3. März 1917 den «Herakles». An keinem Text, meint Artur Kutscher, habe Wedekind *mehr gefeilt.*

Tilly gibt die Hoffnung nicht auf: *Lieber, Liebster sei mir wieder gut u. versuch es noch einmal mit mir! [...] Wir müssen noch etwas Geduld haben, vielleicht wird noch alles anders, so dass jeder zu seinem Recht kommt.* Um ihm zu helfen und ihn zu trösten, aus ebenjener Herzensgüte, die Wedekind seinen Mitmenschen nicht zutraut und für sich selbst als Schwäche versteht, vollbringt sie in aller Stille eine kleine Heldentat: Sie schreibt an Maria Orska, die gefeierte Konkurrentin aus Berlin. Die war vor einigen Wochen Gast in der Prinzregentenstraße, zusammen mit Baron Hans von Bleichröder, ihrem Lebensgefährten. Wedekind, erst ein paar Tage aus der Klinik zurück, hatte sich verzweifelt um Haltung bemüht. Der Anblick hat Tilly erschüttert. Könnte man, fragt sie Frau Orska, Wedekind nicht als Dr. Schön nach Berlin einladen? Ludwig Hartau, der die Rolle jetzt spielt, könnte pausieren, dem Publikum wäre die Kombination Orska – Wedekind neu, für sie selbst eine künstlerische Zusammenarbeit mit ihm vielleicht nicht uninteressant. Würde sie in diesem Sinn bei der Direktion vorsprechen? Als Wedekinds Ehefrau könne sie es schlecht selbst tun. Frau Orska unternimmt die notwendigen Schritte, bei Wedekinds Rückkehr aus Burghausen liegt das Angebot auf dem Tisch.

Wedekind ist erfreut, aber bleibt Tilly gegenüber bei der ablehnenden Haltung im Rückzug befindlicher Männer – Tilly meint, er *überschütte sie mit Vorwürfen.* Irgendwann hält sie es nicht mehr aus und verrät ihm, was sie getan hat. *Beeindruckt und ergriffen* sei er gewesen, aber habe *schon am nächsten Tag* gesagt: «Da brauche ich doch dich nicht, wenn ich mit einer anderen Frau spielen will.» *Und damit hatte mein Opfer, das mich so viel Überwindung gekostet hatte bei meiner Theaterbesessenheit, seinen Wert verloren!*

Natürlich hat es das: Es beweist Wedekind, dass die Berliner Direktion ihn nicht wegen seiner Strahlkraft und Berühmtheit, sondern auf Betreiben Tillys und vielleicht aus Mitleid eingeladen hat. Aber er braucht die Ablenkung und wahrscheinlich auch das Geld. Vom Münchner Hauptbahnhof fahren Frank und Tilly in getrennte Richtungen davon – sie zu ihrem an Lungenentzündung erkrankten Vater nach Graz, er zu einem durch sie ermöglichten Gastspiel nach Berlin.

Das Publikumsinteresse steigt dank Wedekinds Mitwirkung. Baron Bleichröder lädt zum Diner, Wedekind sieht Freunde und Bekannte. Die Zusammenarbeit mit Maria Orska klappt vorzüglich, ihre Komplimente hält er im Kalender fest: *Es ist jedesmal schöner! – Heute hat's mich wieder ganz begeistert. – Wenn ich Kraft hätte, würde ich auch am Vormittag Erdgeist spielen. – Es war mir eine Freude, ich sollte lieber sagen: Es war mir ein Glück.* So gut geht es Wedekind in Berlin, dass er Tilly länger als eine Woche ohne Nachricht lässt. Die will Graz so schnell wie möglich verlassen. Der Vater ist außer Gefahr, der Familienbetrieb enerviert sie. *Obwohl ich mich mit meinen Geschwistern gut verstehe, mit Dir verstehe ich mich doch am besten,* schreibt sie Wedekind. *Wir gehören doch wohl zusammen. Aber, Lieber, sag mir, ob Du auch so denkst.* Aus München schickt sie, vom Mund abgespart, Eier, Butter und Wurst. Wedekind bedankt sich höflich und berichtet detailliert von seinen Erlebnissen, aber gibt seine Trennungsabsicht nicht auf und geht daher auf Persönliches von Tilly nicht ein. *Unterredung mit Justizrat Lupinsky über meine Ehe.* Vermutlich ist das ein Scheidungsanwalt. Der Bauchgürtel zwickt, er legt ihn ab, spielt ein paar Vorstellungen ohne, legt ihn wegen Beschwerden wieder an. Die Besserung, so sie bestand, war vorübergehend und psychologisch. Er ist und bleibt ein kranker Mann. Nach einem Aufschub von fünf Wochen ist Wedekind am Ostersonntag 1917 wieder in München.

Ein letztes gemeinsames Gastspiel steht bevor – Zürich, Sommer 1917, eigentlich ein Geschenk des Himmels: Was Geld und Gelegenheit hat, versammelt sich in der Schweiz und genießt volle Schaufenster und exzellentes Essen. Wedekind wird Schweizer Franken verdienen und hat Verwandte und Freunde in Mengen in Zürich. Aber Tillys Memoiren berichten von lähmendem Druck. Nie seien ihr Reisevorbereitungen schwerer gefallen, in Zürich habe sie Torten und Schokolade in sich hineingestopft, bis Umstehende sie verwundert ansahen. Erst auf der Bühne sei sie frei geworden und *wie aus einem dunklen Käfig ans Licht* geflogen, *souverän und beschwingt, ohne Hemmung und Erdenschwere.* Wedekind hingegen sei schlecht in Form gewesen, habe sich oft versprochen und hinterher zu ihr gesagt: «Ich gratuliere dir zu deinem Erfolg. Es hat jetzt keinen Sinn mehr, daß wir zusammen spielen. Ich kann ja keinen Konkurrenten mitnehmen.» Danach habe er zerstörungswütig Untergangsszenarien wiederholt: Er sei zu alt für Tilly, wolle sterben, seine Gegenwart auslöschen, Tilly Raum lassen für ein neues Leben, das herrlich und erfolgreich sein werde, zehrend von seinem Ruhm und seinem Werk, an der Seite eines jungen, gesunden und potenten Mannes. Hätte sie nicht seine Qual bemerkt, sagt Tilly, hätte sie ihn hassen können.

Wedekinds Kalender erwähnt von all dem nichts. Ein einziger Eintrag lässt aufhorchen: *Tillys hohe Stiefel lassen mich nicht schlafen.* Tilly hat sie sich machen lassen, aus hellem, weichen Leder, wie sie die Frau des Pianisten Eugen d'Albert getragen hat, den man auf der Reise traf. Wo wird Tilly mit ihnen hinlaufen, wann sie an- und ausziehen, wenn er nicht mehr da ist? Wie sehr sich Wedekind mit Endlichkeit und Tod befasst, zeigt sein Dramenentwurf «In Extremis» vom Sommer 1917, betitelt nach dem Wortlaut von Donalds letztem Telegramm an ihn: Der *Lebensverneiner* Donald hat sich umgebracht, der *Ringer und Kämpfer* Frank ist ihm gefolgt – man findet ihn erhängt in einem abgedunkelten Zimmer. Tilly springt aus einem Fenster, aber bleibt unverletzt wie nach ihrem Sprung in die Spree. Auch Paul Eger und Berthe Marie Denk tauchen noch einmal auf.

Der Sommer ist heiß und schön. Das Gastspiel der Wedekinds wird wegen großer Nachfrage vom Züricher Theatersaal ins Pfauentheater verlegt, das spätere Züricher Schauspielhaus.

Der schlichte Kampf um Menschenwürde –
Wedekind mit Blick ins Jenseits

Anna Pamela und Fanny Kadidja kommen aus München, Max
Reinhardt ist da, samt Gattin Else Heims und den Söhnen Wolfgang und Gottfried, Gertrud Eysoldt hat ihren Sohn Peter dabei.
Die Künstlerkinder spielen zusammen und freunden sich an. Bei
einer nächtlichen Dampferfahrt auf dem Zürichsee zu Ehren Max
Reinhardts greift Wedekind nach langer Zeit wieder einmal zur
Gitarre. Er liest öffentlich den «Herakles», zeigt seinen Kindern,
wo Großvater Kammerers Zündholzfabrik gestanden hat, verbringt mit ihnen und Jenny von Sadkowskas Sohn Hipolyt einen
herrlichen Tag im Wald. Sein «Erdgeist» fesselt noch immer:

Jetzt, wo wir dem Werk distanzierter gegenüberstehen, gewinnt die unwirkliche grelle Welt der Tragödie ihre substantielle, dichterische Bedeutung. Weil sie nicht realistisch ist, hört ihre vitale Kraft nicht auf. «Sei zufrieden, Dichter!», scheint der Rezensent ihm zuzurufen. Aber der Schatten weicht nicht.

Tilly ist ihren Stimmungsschwankungen hilflos ausgeliefert. Manchmal ist sie voller Elan und Lebenslust, dann glaubt sie, nicht weiterleben zu können, und fragt sich: *Warum bin ich nur so niedergeschlagen, so furchtbar traurig? [...] Es war wohl das Bewußtsein der Zwecklosigkeit aller Bemühungen, der völligen Aussichtslosigkeit, daß die Beziehung zwischen Frank und mir sich je wieder bessern könne.* Des langen Aufenthalts wegen sucht man eine möblierte Wohnung. Tilly findet eine, in der Schönbühlstraße 17. Wedekind erkennt, hier als junger Mann schon einmal gewohnt zu haben, und sagt spontan: «Der Kreis hat sich geschlossen. Ich werde noch in diesem Jahr sterben.»

An einem Montag Ende Juli trifft Wedekind Karl Kraus zufällig auf der Post, wohin er mit Anna Pamela gegangen war. Er hat ihn seit Jahren nicht gesehen, plötzlich ist er da, der Freund von früher, der ihn mit Tilly zusammengebracht hat und ihm durch eigenes Zutun fremd geworden ist. Karl Kraus hat bei Kriegsausbruch erst geschwiegen und sich dann in «Fackel»-Ausgaben von mehr als hundert Seiten und der fünfaktigen Tragödie «Die letzten Tage der Menschheit» mit dem Krieg auseinandergesetzt. Seine Bonmots über Wedekind sind kühler und distanzierter geworden. 1915 hat er Wedekind einen Dichter genannt, *der genug Kraft hat, um seine Welt aus dem Geschlecht zu erschaffen, aber nicht genug Geist, um sie daraus zu erlösen.* Wedekind sei *schamlos aus lauter Schamhaftigkeit. Er schämte sich so sehr seiner Sittlichkeit, daß er sich Stoffe umhing, an denen das Publikum Anstoß nahm.* Wedekind hat ihm den «Überfürchtenichts» für die «Fackel» geschickt und mit der Antwort zurückerhalten, *Fremdbeiträge* würden seit 1911 nicht mehr angenommen. Ein Versuch, Karl Kraus ein paar Tage später in seinem Hotel zu treffen, bleibt erfolglos. Ab dem 18. August fehlt in Wedekinds Kalender wieder sechs Wochen lang jeder Eintrag.

Zürich, Sommer 1917 – eine Familie in der Krise

Die Ferien sind zu Ende. Anna Pamela und Fanny Kadidja fahren mit der Kinderfrau zurück, die Eltern ziehen für die letzten Wochen ins Hotel. Am 4. Oktober haben Frank und Tilly in Wedekinds «Franziska» am Züricher Pfauentheater ihren letzten gemeinsamen Auftritt. Am 8. Oktober sind alle wieder in München.

Martha Newes und Hans Carl Müller haben geheiratet. Der neue Schwager hat eine spitze Zunge und nennt Wedekind den «Eisheiligen» – die Temperatur sinkt, sobald er das Zimmer betritt, unbeschwertes Zusammensein ist mit ihm schlecht möglich, nichtige Anlässe werden zum Problem. Irgendwann im Herbst 1917 sind Martha und Hans Carl Gast in der Prinzregentenstraße. Es ist vergleichsweise gemütlich, die letzte Trambahn ist gefahren. «Na, dann bleibt doch bei uns», sagt Tilly. «Ihr schlaft in meinem breiten Bett, ich gehe zu Frank.» Wedekind schweigt irritiert, die Stimmung ist dahin. «Was ist denn los?», fragt Tilly. «Du könntest dich rühmen, im Bett meiner Frau geschlafen zu haben», sagt Frank zu Hans Carl. Der antwortet: «Du kannst ruhig im Bett meiner Frau schlafen, aber nur, wenn sie nicht drin ist.» Der Abend endet damit, dass Martha mit Tilly in deren Zimmer schläft und Hans Carl mit Frank in seinem. «Es war eine denkwürdige Nacht», sagt Hans Carl am Morgen.

Um etwa die gleiche Zeit liest Wedekind den «Herakles» in Artur Kutschers Theaterseminar an der Münchner Universität. Bertolt Brecht, neunzehn Jahre alt, schildert seinen Eindruck: *Er las zweieinhalb Stunden, ohne auszusetzen, ohne ein einzigesmal die Stimme zu senken – und was für eine starke, eherne Stimme war das! – ohne zwischen den Akten eine Minute lang aufzuschnaufen, reglos über den Tisch gestemmt, halb auswendig, diese in Erz getriebenen Verse, indem er immer der Reihe nach jedem von uns Zuhörern tief in die Augen sah.*

Kurz darauf fährt Wedekind allein nach Zürich. Seine Begründung: Tillys «Kopfhängerei» – wahrscheinlich ein neuer Depressionsschub. Alfred Reucker, Direktor des Pfauentheaters, hat angeboten, das in Deutschland und Österreich verbotene Stück «Schloß Wetterstein» im November uraufzuführen; in seinem Büro hatte man die Besetzung festgelegt. Tilly war davon ausgegangen, die Effie zu spielen, deren Rolle sie für immer wieder geplante Uraufführungen gelernt hat, aber Wedekind wollte ihr nur die Leonore zubilligen, die Mutter der Effie. Tilly hatte sich dreingefunden: Die Rolle passt altersmäßig besser zu ihr, auch Jüngere müssen eine Chance haben.

Aber allein nach Zürich zu fahren gleicht einer Aufkündigung des stillschweigenden Vertrags, der sie elf Jahre lang zusammengehalten hat: Sie stellt ihre Kraft in den Dienst seines Werks, er bedenkt sie mit Rollen. Sein Entschluss beweist Tilly auch, dass er seine Trennungsabsicht nicht aufgegeben hat. Schüchtern versucht sie, ihn umzustimmen: *Es wird für mich u. natürlich auch für die Kinder der größte Verlust, wenn Du nicht bei uns bleiben willst.* Wedekind will nicht hören und fährt davon. Die fast unheimliche Ruhe ihrer nächsten Briefe scheint er nicht zu bemerken.

Ersatz für Tilly in Zürich ist Elisabeth Bergner, erst seit drei Jahren im Beruf, aber bereits hoch gehandelt. Wedekind ist beeindruckt, aber findet sie ein *kapriziöses Luder, das ständig mit Absagen droht.* Sie berichtet von ihrer ersten Begegnung mit ihm in einer Bildergalerie, wo er mit *weit aufgerissenem Mund und sichtbar wackelnder Zunge* einer Dame einen Renoir-Akt mit den Worten erklärt habe: «Das ist Fleisch! Das ist Fleisch!» Als Spielpartner findet sie ihn *furchtbar: Er sah die Mitspieler kaum an, ging vor den Souffleurkasten und sprach alle Texte ins Publikum.* Das ist Wedekinds Art: auch Moritatensänger und Wanderprediger sprechen ins Publikum. «Schloß Wetterstein» wird am 15. November 1917 im Züricher Pfauentheater uraufgeführt. *Es wurde gezischt, aber viel stärker applaudiert,* schreibt Wedekind nach München. Das Stück selbst enttäuscht ihn: *Es erwies sich als viel länger, als ich gedacht hatte.*

Wedekind hält einen Vortrag in Davos, in Aarau steht ein weiterer an, dann will er nach München zurückkehren. *Ich freue mich sehr, wieder bei Dir zu sein,* schreibt er an Tilly. *Ich hoffe, daß auch Du Dich zerstreust, so viel Du Gelegenheit findest. Bedenke, daß die Zeiten wieder besser zu werden versprechen, da wird auch das Leben wieder leichter werden. Sei nicht undankbar dafür, daß Du und die Kinder gesund seid. Schreib mir ausführlich, wie es Dir geht.*

Tilly liegt um diese Zeit bereits in der geschlossenen Abteilung einer Münchner Nervenklinik, eine Überdosis Morphiumtabletten im Blut und die Speiseröhre verätzt durch hochgiftiges Sublimat, das sie zum Auswaschen von Wedekinds Verbänden benutzt. Am Freitag, dem 30. November, hat sie abends die Wohnung verlassen und im Hotel Deutscher Kaiser am Münchner Hauptbahnhof unter dem Mädchennamen ihrer Mutter ein Zimmer gemietet. Die Nacht über lag sie wach, im Morgengrauen, als sie die erste Trambahn hörte, schluckte sie die Tabletten – keine Affekthandlung, sagt sie später, sondern eine kühl überlegte Tat: Die Aussicht auf Jahre oder Jahrzehnte weiteren Zusammenlebens mit Wedekind sei ihr unerträglich gewesen, wenn er nicht starb, wollte sie es.

Aber Tilly stirbt nicht, sondern erwacht vierundzwanzig Stunden später mit rasenden Schmerzen, aber genügend Kraft, um einem Zimmermädchen die Adresse von Martha und Hans Carl aufzuschreiben, die seit einem Tag und einer Nacht nach ihr suchen. Ein Notarzt sieht das Tablettenröhrchen und verfügt ihre Einweisung in eine geschlossene Abteilung.

Wedekind, von Martha informiert, hält seinen Aarauer Vortrag und nimmt alle anderen Schweizer Termine wahr. Erst eine Woche nach Tillys Tat ist er wieder in München und meint, als Martha ihn vom Zug abholt: «Auch in Zürich war sie trotz schönstem Wetter und bestem Essen immer schlechter Laune.» Als er Tilly sieht, weiß er wenig zu sagen, aber gibt immerhin seine Trennungsabsicht auf: *Innigst geliebte Tilly! Zu meiner großen Freude berichtet die Schwester heute aus der Anstalt, daß es Dir besser geht und daß der Magen anfängt, die Nahrung zu behalten. Aber nun iß auch alles, was Du vertragen kannst, damit Du recht bald wieder zu Kräften kommst. Und wenn Du gesund bist, sollst Du es so gut haben, daß Du Dich über nichts mehr beklagen kannst. Du kannst Dich künstlerisch ganz frei ausleben, ohne daß wir auseinander gehn. Das verspreche ich Dir.* Aber jetzt will sich Tilly scheiden lassen. Durch Martha lässt sie ihn bitten, sie nicht mehr zu besuchen. Mehr als einen Monat lang ruht der Kontakt.

Am 12. Dezember 1917 wird Anna Pamela elf Jahre alt, Wedekind unterbricht am selben Tag seine Kalendereinträge. Damit fehlt jedes Zeugnis der einzigen Zeit, die Anna Pamela und Fanny Kadidja ohne Tilly mit ihm verbringen. Wissen sie, dass ihre Mutter bereit war, sie allein zurückzulassen? Kennen sie die Trennungspläne ihrer Eltern? Keine der Töchter hat später darüber gesprochen. Aber beide haben ihren Vater verherrlicht und, auf unterschiedliche Weise, Tilly lebenslang kritisiert.

Wie Wedekind mit der neuen Situation umgeht, erfährt man durch Dritte. Erich Mühsam findet ihn *weicher* und *menschlich zugänglicher,* als er es *je an ihm gekannt. Er sprach über seine Häuslichkeit, erzählte Niedliches von seinen Kindern, erkundigte sich mit weniger zur Schau gestellter Förmlichkeit und mit mehr wahrer Beteiligung nach des anderem privatem Ergehen.* Hanns von Gumppenberg, kriegsgebeutelt und durch persönliche Probleme belastet, sieht Wedekind in der Torggelstube und will gleich wieder weg – er hat Wedekind nie gemocht, ihn immer für einen reklamesüchtigen Selbstdarsteller gehalten und hat auf nichts weniger Lust, als auf eines jener *versteckten und vertrackten geistigen Duelle,* die Begegnungen mit ihm charakterisieren. Aber Wedekind winkt ihn zu sich und gießt ihm Wein ein. Gumppenberg bemerkt einen *ungewohnten Ausdruck* in Wedekinds Gesicht: *Das Lauernde war daraus verschwunden, es hatte einer passiven Erschlaffung Platz gemacht, und um seine Mundwinkel zuckte nicht mehr die spielerische Ironie; sie vibrierten leiser, aber echter unter der Wirkung von Erlebnissen, die ihm offenbar schwer zu schaffen machten.* Plötzlich habe Wedekind ein *jähes Familienunglück* berichtet, in einer Deutlichkeit, die sonst *vertrauten Freunden* vorbehalten bleibt. Gumppenberg tröstet ihn: Ihm selbst gehe es nicht besser. Wedekind, sofort hellwach, drängt darauf, dass sich Gumppenberg nun *gleichfalls ohne Rücksicht ausspräche.* Aber etwas in ihm ruft: «*Nicht weiter!*» Wedekind wird einsilbig, das Gespräch verebbt. *Wir machten uns dann bald auf den Heimweg. Wie nach früheren Torggelstuben-Abenden ging Wedekind noch bis an die Ecke der Prinzregentenstraße mit mir, wo er sich mit den nie versäumten Höflichkeitsformeln von mir verabschiedete.*

Ein bemerkenswertes Ereignis aus der kalenderlosen Zeit schildert Martha Newes in einem Jahrzehnte nach Wedekinds Tod geschriebenen Brief, in dem sie es immer noch nicht ganz begreifen kann. In Tillys Abwesenheit ist sie eine Art Mutterersatz in der Prinzregentenstraße. Wedekind ist für sie eine Vaterfigur, der sie unbefangener gegenübertritt als die meisten. Aber was eines späten Abends geschieht als sie mit ihm in seinem Arbeitszimmer eine Flasche Wein leert, ist nicht zu fassen und nur mit den Worten beschreibbar: *Er wurde zärtlich zu mir.* Beim Grab ihrer toten Mutter schwört Martha, dass nichts passiert sei.

Wedekind bestätigt ihre Aussage und beweist mit dem vielstrophigen, die Episode in Einzelheiten schildernden Gedicht

«Das Vertrauen, eine Epopöe aus dem Altenglischen des Tobias Smollet, übersetzt von Frank Wedekind», dass ihm weder die Selbstironie noch die künstlerische Unerschrockenheit abhanden gekommen sind. Von *ros'gen Lippen unter großen blauen Augen* ist die Rede, von *kleinen Füßen,* die *die Holde munter vorstreckt.* Martha, so erfährt man, wirft ihm Eifersucht vor, die ihre *arme Schwester* an den Rand des Todes getrieben habe, und verweist auf Hans Carl, ihren Mann, der, obwohl auf Reisen, alles Vertrauen in sie setzt und dafür von ihr mit Treue belohnt wird. Hasserfüllt stehen sich beide gegenüber, ähnlich wie Alwa Schöning und Lulu im dritten Akt der ursprünglichen «Büchse der Pandora». Es geht hoch her:

> Er umschlingt sie, und sie wälzen
> Sich umschlungen auf dem Teppich.
> Rosig ist das Fleisch zu fühlen
> Unter atlasweicher Haut.

Aber: Ihre Knie bleiben GESCHLOSSEN. Krampfhaft. Der *Tyrann streckt die Waffen,* das Liebesabenteuer endet unbefriedigend:

> In der Hitze des Gefechtes
> Ward die Munition verschossen.
> Gleich dem Weltkrieg, nur durchs Laden
> Ging der Schuß von selber los.

Am 12. Januar 1918 hat Wedekind seinen letzten öffentlichen Auftritt, eine Lesung des «Herakles» in der Münchner «Bonbonniere», einem Kabarettlokal in der Nähe des Hofbräuhauses. Heinrich Mann erinnert eine Dame in einer vorderen Reihe, die beständig zu lachen schien, worauf Wedekind, *immer sprechend,* aus der Brusttasche *den Klemmer* zieht, ihn *ganz rächende Würde* auf die Nase setzt und die Dame fixiert, bis sie hinter dem Rücken des vor ihr Sitzenden verschwindet. *Nicht zu lächeln war ihr versagt.* Die Erklärung ist denkbar einfach: Die Dame leidet an einem Tick. *Es war wie je, man lachte; der Fluch blieb*, meint Heinrich Mann.

Wedekind hat Tillys Scheidungswunsch akzeptiert. Am 16. Januar 1918 schreibt er ihr seinen letzten Brief: Er würde gern «*Geliebte*» sagen, aber es passe nicht *zum Inhalt dieser Zeilen.* Er habe einen Anwalt gefunden, der die Scheidung innerhalb von *ZEHN TAGEN vollständig zu Ende führen* könne. *Da ich nun meiner Gesundheit wegen möglichst bald in die Schweiz zurückkehren möchte, wäre mir eine solche Beschleunigung allerdings wertvoll.* Vielleicht ist er sogar ein wenig erleichtert: Er ist frei, kann sexuell aktiv sein, muss aber nicht, und vielleicht stehen ihm ja doch noch ein paar gute Jahre bevor. Eine junge Dame hat ihm geschrieben, die in Leipzig die Lulu spielt. Wedekind hat ihr geantwortet und um ein Bild von ihr gebeten – hat er Ähnliches nicht schon einmal getan?

Tilly, durch Marthas Initiative in eine normale Klinik verlegt, beauftragt im Hochgefühl erster Freiheit Theateragenten, Engagements für sie zu suchen. Dann regen sich Zweifel. Was ist sie ohne Wedekind wert? Kann sie die Doppelrolle als Mutter und Künstlerin verkraften? Wird ihr Wedekind nicht auch als Partner fehlen? Ist sie kaltblütig genug, ihn in krankem Zustand sich selbst zu überlassen? *Ich wußte, ich würde auch nach der Scheidung immer nur alles im Hinblick auf ihn tun, und er würde mich nie freigeben.* Tilly zieht die Scheidung zurück und unterwirft sich Wedekind aufs Neue. Aus dem Krankenhaus schreibt sie ihm einen letzten Brief, voll Offenheit und einfacher Herzensgüte, wie es ihrem Wesen entspricht: *Geliebter Frank, Lieber, es ist so lieb von Dir, dass Du mir eine Freude machen willst und es anerkennst, wenn ich mich zusammen nehme. Ich hoffe, dass es mir gelingt, recht oft mit Dir fröhlich und vergnügt zu sein und so auch Dir eine Freude zu machen. Dann wird's hoffentlich anders und besser mit uns werden, gelt Lieber? Morgen telephoniere ich Dir noch, wann ich von hier fortkann. Inzwischen umarmt u. küsst Dich innigst, Deine Tilly. Du glaubst gar nicht, wie mich Deine Anerkennung heute fröhlich gemacht hat!*

Was soll Wedekind tun? Eine Frau zu verlassen, die seinetwegen den Tod gesucht hat, wäre eine Hartherzigkeit, die ihm selbst beste Freunde nicht verzeihen würden. Ob er will oder nicht – er muss in die Ehe zurück. Mit ihrem zweiten Selbstmordversuch stellt Tilly ihn ein zweites Mal vor die Entscheidung, und die kann wieder nur in einer Weise fallen. Seine Krankheit und Schwäche, die Hässlichkeit seines verunstalteten Körpers, seine nachlassende Sexualität – alle Probleme, die er mit sich selbst abzumachen hoffte, gewinnen neue und bestürzende Aktualität. Einen Tag nach Tillys Brief setzt sein Kalender wieder ein, und ein erster Eintrag lautet: *Weinkrampf wegen meines Bruches.*

Wedekind will sich ein viertes Mal operieren lassen. Heimlich befragt er Professor Schmidt, seinen Operateur vom Josephinum. Der rät ab – Wedekinds angegriffenes Herz hat ihm schon 1915 Probleme gemacht. Wedekind sucht einen anderen Arzt und findet Hofrat Dr. Albert Krecke, der den Eingriff als Kleinigkeit bezeichnet und in seiner Nymphenburger Privatklinik vornehmen will.

Tilly, nach der ersten Nacht im eigenen Bett und der letzten mit Wedekind unter einem Dach, sitzt morgens an ihrer Frisierkommode, als Wedekind eintritt, elegant gekleidet wie immer, mit Umhang, Hut und blank gewichsten Stiefeln, einen kleinen Koffer in der Hand, auf dem Weg ins Krankenhaus. Ihre Begleitung lehnt er ab, auf dem Treppenabsatz dreht er sich um und sagt: «Vielleicht werde ich ja doch noch gesund.» Es ist Mittwoch, der 27. Februar 1918.

Wedekinds Zimmer ist aufgeräumt. Sein Nachlass, darunter viele Skizzen und angefangene Dramen, liegt geordnet in den Aktenschränken. Der letzte Kalendereintrag ist ein Gedicht an Tilly:

> Mit Gewalt reißt des Schicksals Wut
> Grausam uns voneinander
> Ob auch jeder sein Liebstes tut
> Wir sterben selbander.
> Tilly gib mir noch einen Kuß!
> Es kommt ja doch, wie es kommen muß.

Du bist jung und dein Herzblut wallt
Mächtig dem Glück entgegen.
Keinem grämlichen Aufenthalt
Widme dich meinetwegen.
Tilly gib mir noch einen Kuß!
Es kommt ja doch, wie es kommen muß.

Die Operation erfolgt am 2. März, einem Samstag. Was wird operiert? Laut Artur Kutscher eine *Dehnung der Narbe,* die Wedekind *bei Bewegungen peinlich* war, also eine kosmetische Sache. Litt Wedekind an Krebs? Die Frage ist nie schlüssig beantwortet worden. Das Josephinum hat keine Unterlagen mehr, Dr. Kreckes Privatklinik hat längst zu existieren aufgehört.

Bei der Operation erkältet sich Wedekind. Am Donnerstag, dem 7. März, ist ein weiterer Eingriff notwendig. Am Freitag spricht er verwirrt und singt im Fieberwahn seine Kabarettlieder. Joachim Friedenthal, der an seinem Bett sitzt, erträgt es nicht und verlässt das Krankenhaus. Tilly will bei ihm schlafen, er schickt sie fort, aber ruft die ganze Nacht laut nach ihr. Am Morgen erhält Tilly die Nachricht, Wedekind habe nur noch wenige Stunden zu leben, sie möge sofort kommen. Schon von Weitem hört sie seine Stimme. Als er sie sieht, sagt er: «Da bist du ja endlich!» Er will Sekt aus ihrem Mund trinken. Tilly zögert, er besteht darauf.

Reicht mir in der Todesstunde
Nicht in Gnaden den Pokal!
Von des Weibes heißem Munde
Lasst mich trinken noch einmal!

dichtete er 1901 für den «Simplicissimus». Jetzt ist es so weit. Tilly flößt ihm Sekt aus ihrem Mund ein, danach wird er ruhig. Die Krankenschwestern knien und beten. Wedekind stirbt in Tillys Armen, den Blick auf sie gerichtet, wie in den Armen einer Mutter, dreiundfünfzig Jahre alt. *Höher begabt, muß ich auch früher hinweg, wollt ich mit keinem doch tauschen,* heißt es im «Herakles». Es ist Samstag, der 9. März 1918, halb drei Uhr nachmittags.

Draußen warten die Kinder. «Was ist mit Papa?», ruft Anna Pamela. «Er ist tot», sagt Tilly. *Pamelas Schmerz war erschüttternd. Allen kamen die Tränen. Auch die Kleine weinte.* «Ich will zu ihm!», ruft Anna Pamela. Tilly lässt sie nicht. Sie will, dass die Töchter ihren Vater lebend in Erinnerung behalten. Martha verlässt als Letzte den Raum und sieht Wedekinds Gesicht friedlich – *als hätte eine sanfte Hand darüber gestreichelt.*

Auch über den toten Wedekind ist man sich uneins, das Negative überwiegt. Das *Verzerrte* und *Verirrte* seiner Person, das *Kranke* und *Abstoßende* seines Werks wird hervorgehoben. *Man hatte so viel Einzelnes, so viel Äußerliches an Wedekind befehdet, daß man darüber zu keiner Wertung der ganzen Persönlichkeit gelangen konnte,* meinen die «Münchner Neuesten Nachrichten». Die Wiener Presse sagt so viel Falsches und Boshaftes über ihn, dass sich Karl Kraus zu einer Richtigstellung genötigt sieht und ihn wie früher verteidigt: *Das literarische Wien hat sich immer wieder «im Spiegel eines Sarges» von seiner kläglichsten Seite gezeigt. Aber schon lange nicht so jämmerlich wie bei Frank Wedekinds Tod …*

Am fundiertesten schreibt Fritz Engel vom «Berliner Tageblatt», mit dem Wedekind am heftigsten gestritten hat: *Auch zum toten Frank Wedekind heißt es noch Stellung nehmen, zu ihm erst recht. Man sagte, er sei als ein Fremder und Einzelner durch diese Welt gegangen. Und indem man diese Wahrheit aussprach, gestand man ein, dass er mit den gewohnten Mitteln der literarischen Porträtierung nicht zu fassen ist.* Wedekinds Todesnachricht habe *quälende Erschütterung* in ihm ausgelöst, gipfelnd in der Frage: *Wer bist du eigentlich gewesen?*

Wedekinds Beerdigung am Nachmittag des 12. März 1918 ist eine letzte große Inszenierung im Wedekindschen Stil mit Skandal, Pathos, Drama und Lächerlichkeit. In der Hoffnung auf eine Sensation machen sich Scharen leichter Mädchen auf den Weg zum Waldfriedhof. Der Raum vor dem Fenster, durch das man den Toten sehen kann, ist abgesperrt, weil eine Malerin ihn in Ruhe porträtieren will. Man drängt sie zur Seite. Die Aussegnungshalle ist übervoll. Max Halbe hält die Totenrede, Heinrich Mann sagt Abschiedsworte, sein Bruder Thomas, der dies befürchtet hat, entfernt sich ostentativ. Kurt Martens spricht für den Schutzverband Deutscher Schriftsteller, Felix Hollaender für das Deutsche Theater in Berlin, die Reihe will kein Ende nehmen. Die Menge wird ungeduldig. Dem Trauerzug laufen einige voraus, andere überholen sie, der Zug zerreißt, und ein Großteil der Trauergäste stürmt quer über den Friedhof. *Glücklich, wer geschickt und heiter über frische Gräber hopst* – man könnte Wedekind im Sarg lachen hören.

Am Grab werden Blumenspenden zertreten und Männern die Hüte vom Kopf geschlagen. Der Hoftheaterchor singt, Vertreter verschiedener Berufsverbände versuchen, sich Gehör zu verschaffen. Otto Falckenberg, Intendant der Münchner Kammerspiele und «Elf Scharfrichter»-Kollege Wedekinds spricht von einem *bösen Spuk* und erinnert sich an Wedekinds schneidende Stimme, die ihm während Proben zu «Frühlings Erwachen» aus dem dunklen Parkett zuruft: *Herr Falckenberg, ich habe in meinem ganzen Leben nicht EINE ZEILE intimes Theater geschrieben!*

Der Lyriker und Dramtiker Heinrich Lautensack, siebenunddreißig Jahre alt, ist am Morgen aus Passau gekommen, seiner Heimatstadt, wohin man ihn seines bedenklichen Gemütszustands wegen geholt hatte. Bei den «Elf Scharfrichtern» war er froh, Wedekinds Gitarre tragen zu dürfen, jetzt will er die Grablegung seines Idols filmen. Er hat ein Drehbuch verfasst und einen Gehilfen dabei, mit dem er samt Leiter und Kurbelkasten neben dem Trauerzug herläuft und die allgemeine Verwirrung steigert. Erich Mühsam will ihn beruhigen, er reißt sich los, stürzt am offenen Grab nieder und ruft: «Frank Wedekind! Dein letzter Schüler – Lautensack!» *Es war die erschütterndste Szene, die ich erlebt habe,* sagt Erich Mühsam. *Mir brachen die Tränen hervor, daß ich gestützt werden mußte.* Mit Wedekinds Beerdigung sei die *Leichtigkeit seines Lebens* dahingegangen. Heinrich Lautensack stirbt neun Monate später in einer Anstalt.

Auf dem Münchner Waldfriedhof wird es dunkel, und irgendwann endet jede Vorstellung. Tilly, tief in Schwarz, gestützt von Erika Wedekind und Walther Oschwald, verlässt die Szene und widmet sich der Erziehung ihrer Töchter und der eigenen unsicheren Zukunft – sie wird nie wieder heiraten und ihren Mann um mehr als zweiundfünfzig Jahre überleben. Die Freunde nehmen Abschied, das Volk verläuft sich, der Friedhofswärter schließt das Tor. Zurück bleibt, wie bei Beerdigungen üblich, unter einem Berg von Blumen, Schleifen und Kränzen, vielleicht mit einer wärmenden Kerze als Trost, die Hauptperson, die man verabschiedet hat – im heutigen Fall der Dichter Frank Wedekind.

> Der Tod kommt bald und sicher,
> Hält stets sich in der Näh.
> Er ist ein fürchterlicher
> Tröster im Erdenweh.
>
> Ich hasse ihn nicht aus Liebe,
> Ich liebe ihn heiß aus Haß.
> Wenn man unsterblich bliebe,
> Wie grauenvoll wäre das!
>
> Des Kauens und Vonsichgebens
> Urewige Wiederkehr
> Als höchsten Ertrag des Lebens
> Ertrag ich nicht länger mehr.

Anhang

Wedekinds Werk und Wirkung

Acht Monate nach Wedekinds Tod verzichtet Wilhelm II. auf den Thron und geht ins holländische Exil. Der Krieg ist verloren, die Republik wird ausgerufen, die Zensur fällt. Der Münchner Zensurbeirat löst sich auf, Zensurbehörden schließen, Hoftheater werden in Staats- und Landestheater umbenannt. Wedekind, der immer wieder Eingriffe in sein Werk hinnehmen musste (oder aus Zwang oder Kalkül selbst ausgeführt hat), erlebt eine postume Befreiung. Das Interesse an seinem Werk ist gewaltig. Stücke von ihm werden in den vierzehn Jahren der Weimarer Republik mehr als neunhundertmal inszeniert und Tausende Male gespielt, teils aus Sensationsgier, teils aus dem Bewusstsein, einem modernen Autor gegenüberzustehen: Nach millionenfachem, sinnlosem Sterben hat sich Kaiser Wilhelms Kriegslosung, keine Parteien, sondern nur noch Deutsche zu kennen, ins Gegenteil verkehrt: Jeder Deutsche kennt vornehmlich sich selbst, die Parteien streiten wütender denn je – Wedekinds These einer von Selbstsucht getriebenen Menschheit ist durchaus aktuell.

Spitzenreiter seiner Stücke ist immer noch der «Erdgeist», gefolgt von «Musik», «Frühlings Erwachen», dem «Kammersänger», «König Nicolo» und dem «Marquis von Keith». Die späten «Bekenntnis-Stücke» sinken in der Publikumsgunst: «Hidalla» mit der Paraderolle des Zwergriesen Karl Hetmann fällt ins untere Mittelfeld, «Die Zensur» wird nur noch wenige Male aufgeführt (einmal davon zum zehnten Todestag des Dichters), das Schlüsselstück «Oaha» gar nicht mehr, «Simson» und «Herakles» finden kaum Beachtung – von den nach der Eheschließung geschriebenen Stücken kann sich nur «Musik» im Spielplan behaupten.

Die einst verbotene «Büchse der Pandora», jetzt landauf, landab gespielt, entfacht gelegentlich immer noch Empörung. «Schloß Wetterstein» betrachten rechtsgerichtete Kreise als Beleidigung des deutschen Offizierskorps und werfen 1919 Kartoffeln und Stinkbomben auf die Bühne der Münchner Kammerspiele und zünden einen Sprengsatz, der Panik unter den Zuschauern auslöst. Die Polizei verbietet das Stück, das sie aus sittlichen Gründen nicht mehr verbieten kann, jetzt aus Gründen der öffentlichen Sicherheit. Auch in Breslau kann «Schloß Wetterstein» nur unter Störungen zu Ende gespielt werden; in Hamburg, wo Ähnliches passiert, wundert sich ein Rezensent, dass ein toter Dichter derartige Emotionen auszulösen imstande ist.

Wedekinds literarische Stellung bleibt ungesichert. Neben denen, die ihn nach wie vor für eine problematische Erscheinung halten, gibt es genügend andere, die ihm den künstlerischen Rang fast gänzlich absprechen. *Wie wir heute schon dazu gekommen sind, bei Ibsen auf die Nähte zu achten,* meint ein Rezensent der «Berliner Börsenzeitung», *wie uns selbst bei Strindberg in dieser Zeit seiner Hochkonjunktur die bewußte, krasse Absichtlichkeit als etwas Unkünstlerisches entgegentritt, so kann uns Heutigen Wedekind – banal gesprochen – noch viel weniger etwas vormachen.* Egon Friedell, der 1905 an der «Büchse der Pandora»-Aufführung in Wien mitgewirkt und ihren Autor einst stürmisch verteidigt hat, nennt Wedekind in seiner «Kulturgeschichte der Neuzeit» von 1932 einen *Manieristen,* der mitunter *sehr stark* packe, aber nicht als *wirkliches Erlebnis,* sondern als *wüster Traum.* Das *Panoramatische* des Lebens hätten wenige so scharf und bunt reproduziert, aber die *Kontinuität* fehle – Schiller habe gesagt, man brauche zum Dramenschreiben einen *sehr langen Darm,* Wedekind sei *ganz abnorm kurzdarmig* gewesen, und wenn die Technik des Impressionismus an einen *fortwährend intermittierenden […] Wechselstrom* erinnere, so entstehe bei Wedekind *einfach alle fünf Minuten KURZSCHLUSS,* freilich in hochorigineller Form, und: *Manche Szenen könnten von Shakespeare sein.* Erst 1987 kommt Günther Rühle in seinem Standardwerk «Theater für die Republik» zu der Einschätzung: *Wedekind und seine Dramen waren der Grund, auf dem das neue deutsche Theater sich entwickelte.*

Dieser Satz gilt auch dem Schauspieler, Theatermacher und Kabarettisten Wedekind. *Nie hat mich ein Sänger so begeistert und erschüttert,* schwärmt Bertolt Brecht, der achtzehnjährig notierte: «Ich KANN Theaterstücke schreiben, bessere als Hebbel, wildere als Wedekind» und seinen ersten Sohn Frank nannte. Kurt Hirschfeld, Direktor des Züricher Schauspielhauses, erinnert sich, wie Brecht noch als reifer Mann *im Zimmer auf- und abgehend* auswendig Passagen des Dr. Schön rezitierte und dabei die *Spielweise* und den *Gestus* Wedekinds demonstrierte. Brecht hat Wedekinds Lieder zur Gitarre gesetzt, hat sein «Zeige-Theater» an Wedekind orientiert und die Kommentierung des Geschehens durch Liedeinlagen, die jetzt «Songs» heißen, von Wedekind übernommen. Auch die Kargheit und Abstrahierung seiner Bühnengestaltung hat ihren Ursprung bei Wedekind, dem bekanntlich fast jedes Bühnenbild recht war, solange es den GEDANKEN und das KLAR GESPROCHENE WORT nicht behinderte.

Bedeutende Aufführungen der Weimarer Republik zeigen die Schwierigkeit im Umgang mit Wedekinds Texten: Im März 1920 inszeniert Leopold Jeßner einen radikal auf Tempo und Überhöhung gesetzten «Marquis von Keith» am Staatlichen Schauspielhaus in Berlin. Emil Faktor vom «Berliner Börsen-Courier» ist begeistert: Wedekinds Gestalten seien *halb Menschen, halb Gespenster,* seine Handlungen *Übersichten über die Tollheit und Unwahrscheinlichkeit des Daseins,* das habe Jeßner erkannt und durch Figuren, die *heranhuschten* und *wegzappelten* und in *heißen Reden aufeinander zusprangen,* exemplarisch herausgearbeitet – niemals seien Wedekinds *Aneinandervorbeireden* und die *Schärfegrade dieses Schauspiels* deutlicher geworden. Alfred Kerr, in genau gegenteiliger Meinung, hält Jeßners Ansatz für *grundfalsch:* Er habe keinen *Stil* gezeigt, sondern *Stilisiertheiten,* und damit das *gelegentliche Durchbrechen der taghellen Wirklichkeit durch den phantastischen Seitensprung* zunichte gemacht, auf dem Wedekinds Humor beruhe. Bei einer Aufführung des «Liebestrank» durch Wedekinds alten Mitstreiter Eugen Robert, in der die mittlerweile sechzigjährige Adele Sandrock im Trikot auftritt, hat er ähnliche Bedenken: *Jedes Unterstreichen bei Wedekind ist vom Übel. Jedes Erläutern, Glossieren, Betonen ist vom Übel. Jedes Umprunken, Umschmalzen ist vom Übel. Jeder Wuppdich ist vom Übel [...] Das Parkett bei Wedekind soll den Darsteller nur belauschen. Der Darsteller soll von seiner Komik nichts wissen – indeß man sich über ihn wälzt.*

Besondere Schwierigkeiten ergeben sich bei der Aufführung der «Lulu». Wedekind hat den «Erdgeist», der mit der Ermordung Dr. Schöns endet, ungezählte Male mit Tilly gespielt; die «Büchse der Pandora», in der die Männer sich zusammentun und Lulu durch Brutalität, Grobheit und gesellschaftliche und finanzielle Dominanz zur Strecke bringen, ist zu seinen Lebzeiten nur eine Handvoll Mal gezeigt worden. Jetzt, da beide Stücke gespielt werden, spürt man ihre Einheit, aber weiß nicht, wie sie zu vereinen sind. Wedekinds wilde und geniale «Monstretragödie» von 1894 kennt außer Biograph Artur Kutscher kaum jemand, und publizierbar wäre sie auch in der Weimarer Republik vermutlich nicht – Wedekind selbst hat bei einem zweimaligen Versuch, das «Lulu»-Formproblem zu lösen, nicht auf sie zurückgegriffen, sondern einfach die in den neuen Stücken hinzugekommenen Akte weggelassen. Im Oktober 1926 präsentiert Erich Engel eine eigene Version am Staatlichen Schauspielhaus in Berlin. Die Kritik, die von der Urfassung keine Vorstellung hat, reagiert unsicher und empfindet das Vorgehen zum Teil sogar als Eingriff, in der Meinung, Wedekind habe die Teilung in freier künstlerischer Entscheidung vorgenommen – deren wahre Umstände sind selbst Artur Kutscher unklar, und die, die Auskunft geben könnten – Wedekind, Albert Langen oder Willy Grétor – sind tot. Alfred Kerr meint trotzdem, dass die «Lulu» künftig so zu spielen sei, und verteidigt Werk und Autor noch einmal gegen die Schar seiner Kritiker: *Wedekinds Doppeldrama* verbreite *Schrecken und Gelächter* solchen Ausmaßes, dass ein *waltender Künstler* sichtbar würde. *Ein Anordner. Nicht irgendein Drauflosbrüllerchen. Nicht ein bumsendes Hohlköpfchen. Nicht einer, der Ungestuftes hinpatzt, alles im gleichen Klamauk. Nicht ein kümmerlicher Diadoche. Der oft schludernde Wedekind ist heut: ein gewissenhafter Klassiker.*

Der «Lulu»-Stoff wird bis 1930 viermal verfilmt: 1917 in Ungarn mit Erna Morena als Lulu, 1921 und 1923 jeweils mit Asta Nielsen, im letzteren Fall unter der Regie von Leopold Jeßner mit Albert Bassermann als Dr. Schön, Rudolf Forster als Alwa und Alexander Granach als Schigolch. Die berühmteste «Lulu»-Verfilmung ist die von Georg Wilhelm Papst von 1929 mit Louise Brooks und Fritz Kortner, nicht zuletzt deshalb, weil Papst die Titelrolle nicht mit einem deutschen Star, sondern einem eher unbekannten amerikanischen Revuegirl besetzt, das den Namen Wedekind nie gehört hat, entsprechend unbekümmert an die Sache herangeht und mit ihrem legendären Pagenkopf die Ästhetik ihres Zeitalters symbolisiert. Die zeitgenössische Kritik ist nicht zufrieden: Ein *großer Ausstattungsapparat* trete an die Stelle von *Bühnengeschehen und Sprache,* bemängelt Siegfried Kracauer, und baue *der Dämonie ein üppiges Haus, in dem sie nicht wohnen kann.* Herbert Ihering empfindet Papsts Meisterwerk als *so unwedekindisch und so unfilmisch wie möglich* – aus Wedekinds *manischem Drama* sei ein *herkömmliches Gesellschaftsspiel* geworden. 1929 beginnt Alban Berg mit einem eigenen Libretto die Arbeit an seiner Oper «Lulu». Als Zwanzigjähriger hat er 1905 Frank und Tilly bei ihrem ersten gemeinsamen Auftritt in Wien erlebt und die «Pandora»-Vorlesung von Karl Kraus gehört und plant seither eine Vertonung. Am 14. Dezember 1935 stirbt er fünfzigjährig über ihrer Vollendung.

Je mehr die «goldenen» Zwanzigerjahre zu Ende gehen, desto unzeitgemäßer wird Wedekind. 1926 erscheint Hans Grimms Tausend-Seiten-Opus «Volk ohne Raum» und wird über zweihunderttausendmal verkauft. «Kriegsstücke» kommen in Mode, der Kampf zwischen Links und Rechts verschärft sich, selbst Klassiker werden «politisiert». Im Sommer 1928 fährt im Rahmen des «Kulturaustausches» eine Delegation deutscher und österreichischer Künstler nach Paris, unter ihnen die Wiener Oper mit Bruno Walter. Albert Bassermann spielt Schnitzlers «Einsamen Weg» und wird respektvoll aufgenommen, Eugen Robert bringt den «Erdgeist» mit Fritz Kortner als Dr. Schön und spielt ihn laut, grob und brutal. Die Franzosen sind schockiert. Wie kann man ihnen ein solches Stück vorsetzen? Das soll ein hervorragender deutscher Autor sein? Friedrich Sieburg spricht von einem *kulturellen Mißverständnis*, das umso bedauerlicher sei, als es das *Thema «Takt»* berühre – das Deutsche sei in Paris gerade Mode, die Franzosen wollten zeigen, dass sie keine Vorurteile haben und die Vergangenheit mit *Anmut und Verstand* meistern, aber Wedekinds «Erdgeist», in dieser Form dargereicht, habe ihr Bedürfnis nach *mesure* verletzt. Wedekind selbst war dieser Aspekt seiner Kunst durchaus bewusst: Als sein Schauspiellehrer Friedrich Basil «Frühlings Erwachen» kurz nach seiner Uraufführung in München nachspielen wollte, bat er ihn eindringlich, nur ja den *HUMOR* nicht zu vergessen, da das Stück sonst leicht *ABSTOSSEND* wirken könne.

Im März 1929 hat Wedekind noch einmal einen großen Auftritt, allerdings nur in zweiter Reihe: Im Berliner Schauspielhaus am Gendarmenmarkt findet eine Gedächtnisfeier für den am 11. Februar plötzlich gestorbenen Albert Steinrück statt, die in die Theatergeschichte eingeht als einmalige und nie wiederholte Ansammlung von Bühnengrößen in einer einzigen Aufführung und gleichzeitig als «Grabspruch für eine ganze Epoche». Man spielt den «Marquis von Keith», auch kleinste Nebenrollen sind mit Stars besetzt, und die kein Unterkommen im Stück finden bevölkern die Bühne als «Gäste des Marquis». Werner Krauß, Lothar Müthel, Tilla Durieux, Max Pallenberg, Elisabeth Bergner, Fritzi Massary, Käthe Dorsch, Rudolf Forster, Hans Albers, Marlene Dietrich, Asta Nielsen, Henny Porten und Dutzende andere versammeln sich – eine Schauspielerin, im Foyer gefragt, warum sie nicht dabei sei, sagt: «Ich bin nicht prominent genug, um zu statieren.» Heinrich George, der die Titelrolle spielt, schreibt an den Rand seines Theaterzettels: «Das werden Sie nicht mehr erleben.» Das Stück ist dabei nicht mehr als Staffage.

Die Zahl der Wedekind-Inszenierungen sinkt von hundertvierzig im Jahr 1919 auf etwa fünfundzwanzig in den Jahren 1931/32. 1933 sind es noch neun, die letzte am Frankfurter Schauspielhaus am 18. Februar, dann erfasst die Eiszeit des «Dritten Reichs» auch Wedekind. Bei der Bücherverbrennung wird sein Name nicht genannt, seine Werke sind nicht verboten, aber gelten als «unerwünscht», und kein Theater spielt sie, auch im Ausland nicht – nach einer Handvoll Aufführungen in Österreich, der Schweiz und dem Deutschen Landestheater in Prag im September 1934 verschwindet Wedekind von den Spielplänen, als hätte es ihn nie gegeben.

Eine Ausnahme bringt das Jahr 1939: Hans Carl Müller, Oberspielleiter in Kassel und als Ehemann von Martha Newes Wedekinds Schwager, nutzt den Umstand, dass sein Theater als «Preußisches

Staatstheater» nicht Dr. Goebbels, sondern Reichsmarschall Göring untersteht, und dass dieser einer um ihre Existenz bangenden Tilly in einer freizügig gewährten Audienz erklärt hat: «Ich habe nichts dagegen, wenn einer meiner Intendanten Wedekind spielt», und inszeniert im März 1939 mit aller Vorsicht «König Nicolo», das weichste und romantischste aller Wedekind-Stücke. Die einst schnoddrige, jetzt auf «positive Kritik» getrimmte «BZ am Mittag» verkündet: *Frank Wedekind neu entdeckt!* und erklärt, die mit *einiger Skepsis erwartete Aufführung* habe gezeigt, wie viel Wedekind *unserer Zeit noch zu sagen* habe. Glücklicherweise mag niemand dem Kassler Beispiel folgen. «König Nicolo» wird nach sechs Vostellungen abgesetzt, die drohende (wenn auch unwahrscheinliche) Vereinnahmung Wedekinds als «völkischer» Autor unterbleibt.

Nach dem Zusammenbruch liegt es nah, unbelastete, im «Dritten Reich» nicht gespielte und bei den Besatzungsbehörden unverfängliche Stücke aufzuführen – eine Anknüpfung an die Tradition der Zwanzigerjahre scheint die einzige Möglichkeit. 1945 gibt es vier «Kammersänger»-Premieren, 1946 wird «König Nicolo» in Marburg gespielt und der «Liebestrank» in München, 1947 «Frühlings Erwachen» in dem behelfsmäßig eingerichteten Theater an der Heerstraße in Berlin und kurz darauf der «Marquis von Keith» im Deutschen Theater des in der Emigration verstorbenen Max Reinhardt, mit Gustaf Gründgens in der Titelrolle. Aber das Publikum will Neues und vor allem Nichtdeutsches: Man spielt Girodoux und Anouilh, Thornton Wilder, T. S. Eliot und J. B. Priestley, Jean Paul Sartre, Arthur Miller und Tennessee Williams. Von deutschen Autoren beherrscht der ins Exil gegangene Bertolt Brecht das Repertoire, als Inbegriff des moralisch Korrekten und Projektionsfläche für das kollektive schlechte Gewissen einer verirrten, schwachen und um Orientierung ringenden Gesellschaft. Wedekind, eine respektierte historische Figur, sitzt politisch zwischen den Stühlen: Als das Bochumer Schauspielhaus 1957 mit Brechts «Dreigroschenoper» und Wedekinds «Marquis von Keith» vom Théâtre des Nations nach Paris eingeladen wird, verweigert die Bonner Regierung eine Subvention mit der Begründung, in beiden Werken *keinen sinnfälligen Aussagewert für die deutsche Kunst* erblicken zu können. In der DDR, wo Brecht quasi Staatsautor ist, wird Wedekind als sein «Vorläufer» akzeptiert, aber für die gesellschaftspolitische Erziehung der Massen als völlig ungeeignet abgelehnt und nirgendwo gespielt.

«Hat Frank Wedekind uns noch etwas zu sagen?, fragt der Kritiker Hanns Braun 1954 anlässlich einer «Marquis von Keith» -Inszenierung in den Münchner Kammerspielen. Sein Eindruck ist verhalten positiv: Er habe begriffen, dass Wedekind *Zirkus* mache und *Komödie* spiele, das sei *das beste* an ihm – denn wollte man den «Marquis von Keith» wie ehemals als *Lehrstück* auffassen, müsste ein *kulturkritisches Pathos* versagen, das *heute offene Türen einrennt.* Er berührt damit eine Kernproblematik der Wedekind-Rezeption in der zweiten Hälfte des zwanzigsten Jahrhunderts. Die von Wedekind nie eindimensional geforderte und immer konfliktbeladene «sexuelle Befreiung» macht, nach zögerlichem Beginn, fröhlichen Fortschritt: Pornografie wird erlaubt, uneheliche Geburt ist kein Makel mehr, die Antibabypille erobert den Markt, der § 175 fällt. Womit sollte Wedekind noch schockieren? Aber anstatt zu fragen, ob Wedekind überhaupt je «Lehrstücke» geschrieben oder von Anfang an «Zirkus» und «Komödie» gespielt habe, um aus seinen (teilweise zensurbedingt) verschlüsselten Texten den existenziellen Lebenskampf herauszufiltern, der ihn von Anfang an beschäftigt und getrieben hat, rückt man das Grelle, Quasischockierende in den Vordergrund und verzerrt ihn dadurch zur überlebten Fratze. Das Schauspielhaus einer größeren deutschen Stadt bestückte in den späten Siebzigerjahren bei einem Versuch, Wedekinds im Bordellmilieu angesiedelten Einakter «Tod und Teufel» (früher: «Totentanz») wiederzubeleben, die Bühne mit Vibratoren, Latexpenissen, Gleitcremetuben und ähnlichen Accessoires und ließ dabei die von Wedekind verlangte *sauberste und strengste Arbeit am Wort* außer Acht. Kommentar eines bürgerlichen Ehepaars beim Hinausgehen: «So langweilig war's schon lange nicht mehr …»

Nach wie vor besonders schwer hat es die Lulu. Als *femme fatale* oder *Vamp* mit Begriffen eines vergangenen Zeitalters belegt, ist sie für Verruchtheiten besonders anfällig. Rolf Thiele verfilmt sie 1962 mit Netzstrümpfen an den Beinen der Schauspielerin Nadja Tiller und drückt damit die Hilflosigkeit einer Epoche aus, die radikal sein möchte, aber es nicht kann. «Lulus vergilbter Zauber» nennt Joachim Kaiser seine Kritik einer «Lulu»-Aufführung am Züricher Schauspielhaus im selben Jahr und meint, entgegen ihrer traditionsbeladenen Qualifizierung durch Karl Kraus als *Allzerstörerin* und der ebenso oft zitierten durch Wedekind als *wildes, schönes Tier,* sei sie nie mehr gewesen als eine *schnippischnaive Schöne […] ein Flittchen mit dunkler Vergangenheit* – und erkennt damit im Umkehrschluss, dass es dem Autor vielleicht gar nicht so sehr um Lulu gegangen ist, als um die sie umgebenden Männer, deren Psychologie er als Geschlechts- und Leidensgenosse besser einzuschätzen vermochte als das komplizierte Wesen einer Frau.

Auch in Zürich spielt man die von Wedekind sanktionierte verkürzte Version der Stücke «Erdgeist» und «Büchse der Pandora».

Wedekinds Originalversion von 1894 kennt immer noch niemand: Das Manuskript ruht in einem Tresor in der Handschriftensammlung der Stadt München und ist für jegliche Einsichtnahme gesperrt. Kadidja, Wedekinds zweite Tochter und selbst Literatin, hält es für unfertig und unspielbar und will sich, da sie seit Jahren an seiner «Spielbarmachung» arbeitet, nicht in die Karten schauen lassen. Erst nach dem Tod ihrer Schwester Pamela im Jahr 1986 lockert sich ihre Einstellung. Einzelne Wissenschaftler dürfen den Text einsehen, ein Berliner Forscherteam erstellt eine Transkription. Mittlerweile ist im Ostberliner Aufbau-Verlag eine dreibändige, von Manfred Hahn herausgegebene und kommentierte Ausgabe wichtiger Wedekind-Werke erschienen, der Münchner Germanist Gerhard Hay hat mit Kadidjas Erlaubnis Wedekinds «Pariser Tagebücher» transkribiert und herausgegeben, in Darmstadt beginnt die «Forschungsstelle Frank Wedekind» unter der Leitung von Hartmut Vinçon, Elke Austermühl und Rolf Kieser ihre Arbeit – siebzig Jahre nach Wedekinds Tod nimmt seine Gestalt langsam Kontur an.

Im Sommer 1986 bekommt Peter Zadek, Intendant des Hamburger Schauspielhauses, auf Kadidjas Geheiß die echte Urfassung von Wedekinds «Monstretragödie» zugeschickt. Den herkömmlichen Text zu inszenieren widerstrebt ihm, hier sieht er die *eigentliche Lulu: eckig, unperfekt, obszön, nicht mehr geleckt, unschick [...] aus einem Guß, klar, sauber, ganz nah bei Frühlingserwachen.* Zadek kürzt und bearbeitet Wedekinds Text behutsam und stellt seiner Arbeit einen Satz aus dem «Erdgeist»-Prolog voran: *Denn erstes Grundgesetz seit frühster Zeit in jeder Kunst war Selbstverständlichkeit.* Danach ist alles möglich: Nacktheit, Grellheit, Buntheit, rasendes Tempo, Innerlichkeit, Provokation. Das «Lulu»-Plakat von Gottfried Helnwein führt zu einer Strafanzeige durch eine Vereinigung deutschsprachiger Bürgerinitiativen zum Schutz der Menschenwürde. Zadeks Aufführung dauert fünf Stunden, beim Schluss rührt sich keine Hand, wie bei der Uraufführung von «Frühlings Erwachen» 1906, dann bricht tumultartiger Beifall los und man ist sich einig, dass seit Gustaf Gründgen's legendärer «Faust»-Inszenierung kein Stück am Hamburger Schauspielhaus nachhaltiger beeindruckt hat. Ein großer Regisseur, flankiert von wachen, intelligenten und motivierten Schauspielern hat mit Kühnheit, Phantasie und exakter Arbeit den Kern von Wedekinds Intention und Aussage erfasst, und plötzlich haben ihn alle verstanden.

Jetzt beschäftigen sich viele mit Wedekind. Auch Stücke wie «Hidalla» oder «Franziska» werden gelegentlich gespielt. «Frühlings Erwachen» bleibt Bestandteil des Repertoires und findet zunehmend Anklang bei Laienspielgruppen und Schüleraufführungen. «Erdgeist» und «Die Büchse der Pandora» verschwinden in der Versenkung; wer die «Lulu» spielt, bedient sich der Originalversion, mit mehr oder weniger Vertrauen zum Autor – der Hang zur Vergröberung, zum Unbedingtschockieren-Wollen, hält sich hartnäckig und wird immer schwerer bedienbar, auch wenn man den Dialog umschreibt oder mit Obszönitäten spickt.

Ein interessantes Experiment wagt Luk Perceval 2005 an den Münchner Kammerspielen: Von Wedekind bleibt nur der Titel, und auch der ist verfremdet: «Lulu live». Auf dem Vorhang erscheinen pornografische Texte von Feridun Zaimoglu und Günter Senkel, die wiedergeben, was im Internet allgemein zugänglich ist; auch die Handlung, durch den Vorhang schemenhaft erkennbar, ist ins Internet verlegt: Ein «Cam-Girl» erfüllt die Wünsche unbekannter und unsichtbarer Kunden und unterhält sich in Pausen mit Kolleginnen über die Banalität des Lebens. Wedekinds Darstellung von menschlicher Kälte und Vereinzelung, von Sex, Gewalt und menschlichem Streben ist konsequent ins einundzwanzigste Jahrhundert weitergedacht – und wie zu Wedekinds Zeiten verlassen selbst abgebrühte Theaterbesucher den Raum. Auch Schockieren will, so scheint es, gekonnt sein.

Im selben Jahr präsentieren die Münchner Kammerspiele Hauptmanns «Vor Sonnenaufgang», ebenfalls mit einer in die Jetztzeit verlegten Handlung. Wer im Programmheft nach Hinweisen auf den oder die Textbearbeiter sucht, findet keine – Hauptmanns naturalistischer Originaltext funktioniert auch in einem veränderten Handlungsrahmen so gut, dass man ihn einfach belassen hat.

Im Dezember 2006 hat nach siebenjähriger Vorbereitung im Eugene O'Neill Theatre in New York das Musical «Spring Awakening» von Duncan Sheik und Steven Sater Premiere, *adapted from Frank Wedekind's controversial masterpiece,* originalgetreu und für den amerikanischen Geschmack leicht abgemildert, und gewinnt acht Tony Awards, einen Grammy Award und eine Fülle anderer Preise.

Lebensweg der Personen
nach Wedekinds Tod

Victor Barnowsky gibt 1924 die Leitung des Lessingtheaters ab und wird Direktor des Theaters an der Königgrätzer Straße. Zu Ende der Zwanzigerjahre beherrscht er kurzzeitig auch das Theater am Schiffbauerdamm und die «Gruppe junger Schauspieler», so dass man wie von «Reinhardt-Bühnen» auch von «Barnowsky-Bühnen» spricht. 1933 emigriert er nach Österreich, 1937 in die USA, hält sich dort mit Schauspielunterricht über Wasser und stirbt am 9. August 1952 in New York im Alter von sechsundsiebzig Jahren.

Bruno Cassirer, der von Wedekind geohrfeigte Verleger, ist bis 1936 mit Literatur- und Kunstpublikationen erfolgreich. 1937 emigriert er nach England und stirbt am 20. Oktober 1941 in Oxford.

Paul Cassirer meldet sich freiwillig zum Kriegsdienst, aber flieht, von Erfahrungen an der Westfront erschüttert, in die Schweiz. In Berlin schließt er sich der USPD an, wird Verleger von Ernst Bloch und Marc Chagall und beginnt eine vierzehnbändige Luxusausgabe niederländischer Malerei. Als Ehemann ähnlich eifersüchtig wie Wedekind, geht er, als Tilla Durieux sich von ihm scheiden lassen will, im Büro des Anwalts in ein Nebenzimmer, schießt sich in den Bauch und stirbt kurz darauf am 7. Januar 1926 in einem Berliner Krankenhaus in den Armen seiner Frau.

Berthe Marie Denk, Wedekinds Verlobte von 1905, heiratet 1917 den Opernsänger Richard Mayr und stirbt 1974 im Alter von dreiundneunzig Jahren.

Tilla Durieux bleibt nach Wedekinds Tod eine der meistbeschäftigten und geschätztesten Schauspielerinnen Deutschlands, auch immer wieder in Stücken Wedekinds, dessen große Renaissance sie unbeirrbar voraussagt. 1934 emigriert sie nach Zagreb. Ihr dritter Ehemann Ludwig Katzenellenbogen wird von deutschen Truppen verschleppt und stirbt

1943 in nationalsozialistischer Haft. Tilla Durieux unterstützt die jugoslawische Widerstandsbewegung und arbeitet als Näherin in einem Puppentheater. 1952 kehrt sie zweiundsiebzigjährig nach Berlin zurück und nimmt mit unvermindertem Tempo ihre Karriere wieder auf, jetzt auch in Film und Fernsehen, bei Schallplattenaufnahmen und als Autorin. Von Ehrungen überhäuft und bis zum Schluss phänomenal aktiv und präsent, stirbt sie einundneunzigjährig am 21. Februar 1971 in Berlin.

Paul Eger, Tillys Geliebter und Wedekinds vermeintlicher Nebenbuhler, ist von 1918 bis 1926 Intendant des Hamburger Schauspielhauses und als Direktor des Burgtheaters im Gespräch. Im «Dritten Reich» als Jude verfolgt, emigriert er nach Prag und später in die Schweiz. Dort leitet er das Stadttheater in Luzern und stirbt am 9. April 1947.

Fritz Engel, Kritiker am «Berliner Tageblatt», stirbt am 3. September 1935 in Berlin im Alter von achtundsechzig Jahren.

Gertrud Eysoldt, Wedekinds Lulu von 1902, übernimmt 1920 die Leitung des Kleinen Schauspielhauses in der Fasanenstraße in Berlin und führt dort unter Androhung von Gefängnishaft erstmals Arthur Schnitzlers «Reigen» auf. Ihre Auftritte werden seltener, aber sie bleibt auch unter Intendant Heinz Hilpert Ensemblemitglied am Deutschen Theater. 1934 beendet sie ihre Lehrtätigkeit an der Schauspielschule des Deutschen Theaters, erteilt danach privaten Schauspielunterricht und spielt kleine Rollen in Filmen. 1943 flieht sie aus dem bombenbedrohten Berlin nach Ohlstadt bei Murnau und stirbt dort am 6. Januar 1955.

Otto Falckenberg, «Scharfrichter»-Kollege Wedekinds, leitet die Münchner Kammerspiele bis 1945 und erhält nach Kriegsende als «Mitläufer des Dritten Reichs» Inszenierungsverbot, wird aber kurz vor seinem Tod am 25. Dezember 1947 rehabilitiert. Die dem Theater angeschlossene Schule erhält den Namen «Otto-Falckenberg-Schule».

Willy Grétor, Maler, Kunsthändler, Mäzen und nach Meinung vieler das Urbild des Marquis von Keith, ist bis 1914 als Beschaffer von Kunstwerken für den Berliner Museumsdirektor Wilhelm Bode tätig und geriert sich trotz zunehmender Morphiumsucht weiterhin als Förderer der Künste. 1917 wird er wegen angeblich prodeutscher Haltung aus Frankreich ausgewiesen, stürzt in Spanien von einem Esel, bricht sich einen Halswirbel und kehrt in einem Sonderwagen mit der Aufschrift «M. Grétor mit Gefolge» in seine dänische Heimat zurück. Dort lässt er sich nach langer Bettlägrigkeit von einem Diener in einem Strauß roter Rosen einen Revolver reichen, schießt sich in die Schläfe und stirbt nach dreitägigem Todeskampf am 31. Juli 1923 im Alter von dreiundfünfzig Jahren.

Minna von Greyerz, Wedekinds Cousine, Vertraute und kurzzeitige Geliebte, heiratet nie, bleibt bis zu ihrem Tod Klavierlehrerin in Lenzburg und stirbt dort dreiundneunzigjährig am 26. Juli 1954.

Hanns von Gumppenberg, Dramatiker aus Passion und Kritiker wider Willen, stirbt nach langer Krankheit am 28. März 1928 im Alter von zweiundsechzig Jahren. Seine satirische Gedichtsammlung «Das teutsche Dichterroß» ist bis heute populär.

Max Halbe kann trotz großer Produktivität an den Erfolg seines Stücks «Jugend» nicht anknüpfen. Sein Werk eignet sich zur Vereinnahmung durch die nationalsozialistische Kulturpolitik und erweckt nach dem Zweiten Weltkrieg kaum noch Interesse. Seine Memoiren «Scholle und Schicksal» sind eine Fundgrube für alle, die sich für das alte Schwabing und das Münchner und Berliner Theaterleben um die Jahrhundertwende interessieren. Max Halbe stirbt am 30. November 1944 in Neuötting.

Maximilian Harden wird am 3. Juli 1922 vor seinem Haus in Berlin-Grunewald von rechtsgerichteten Attentätern mit einer Eisenstange niedergeschlagen und schwer am Kopf verletzt. In einer letzten Ausgabe der «Zukunft» – die Zahl der Abonnenten ist von achtundzwanzigtausend auf wenige hundert zurückgegangen – rechnet er im September 1922 noch einmal mit seinen Kritikern und Feinden ab und zieht sich, deprimiert über ein vermeintlich nutzloses Lebenswerk und mit fast allen Freunden zerstritten, aus der Öffentlichkeit zurück. Seine Verfolgung des Grafen Eulenburg soll er als größten Fehler seines Lebens bezeichnet haben. Er stirbt an den Spätfolgen seiner Verletzung am 30. Oktober 1927 in Montana-Vermala in der Schweiz. Kurt Tucholsky nennt ihn einen *Typus,* der in den *nächsten fünfzig Jahren kaum wiederkehren* würde, Joseph Goebbels bedauert, dass es ihm und seinesgleichen nicht vergönnt war, auf *unsere Art* mit der *jüdischen Literaturbestie* Harden *abzurechnen.*

Gerhart Hauptmann erlebt nach Wedekinds Tod noch fünfzehn (von insgesamt vierzig) Uraufführungen seiner Theaterstücke, erhält 1924 den Orden Pour le mérite, 1932 den Goethe-Preis der Stadt Frankfurt und ist auch im «Dritten Reich» der meistgespielte deutsche Autor. Zu seinem achtzigsten Geburtstag am 15. November 1942 erscheinen seine Gesammelten Werke in siebzehn Bänden. 1945 gewinnt ihn Johannes R. Becher bei einem Besuch im russisch besetzten Agnetendorf für den

«Kulturbund zur demokratischen Erneuerung Deutschlands» und versucht, ihn nach Berlin zu holen. Im April 1946 wird Gerhart Hauptmann mit allen Deutschen aus aus dem jetzt polnischen Schlesien ausgewiesen, und während um ihn her für den Treck nach Westen gepackt wird, stirbt er in seinem Haus in Agnetendorf am 6. Juni 1946. Seine Leiche, gekleidet in eine Franziskanerkutte, den Kopf auf eine Prachtausgabe seines «Großen Traums» gebettet, wird in einem sowjetisch geschützten Sonderzug auf die Insel Hiddensee überführt und dort am 28. Juli 1946 beigesetzt – seinem Wunsch gemäß «vor Sonnenaufgang» (was sich aber, wie berichtet wird, wegen vorherigen Alkoholgenusses der Trauergemeinde verspätet).

Thomas Theodor Heine, berühmtester aller «Simplicissimus»-Zeichner, ist als «jüdischer Satiriker» früh auf der Fahndungsliste der Gestapo. Freunde verstecken ihn in Berlin, bis er 1936 in die Tschechoslowakei fliehen kann. Nach der Besetzung des Sudetenlands flieht er nach Norwegen und von dort 1942 nach Schweden, wo man ihn zu seinem achtzigsten Geburtstag am 28. Februar 1947 mit einer großen Retrospektive ehrt. Thomas Theodor Heine stirbt am 26. Januar 1948 in Stockholm.

Karl Henckell, fast zeitgleich mit Wedekind in Hannover geboren, heiratet nach unglücklicher Verlobung mit Wedekinds Schwester Mieze eine andere, wird kurzzeitig Verlagsbuchhändler in Zürich und lebt danach als freier, dem Impressionismus zugewandter Schriftsteller in Berlin, München und Bern. Er stirbt am 30. Juli 1929 in Lindau.

Arthur Holitscher, «Simplicissimus»-Kollege Wedekinds, ist einer der «verbrannten Dichter». 1933 flieht er nach Paris, später nach Genf und stirbt, verarmt in einem Quartier der Heilsarmee wohnend, am 14. Oktober 1941. Robert Musil hält seine Grabrede.

Siegfried Jacobsohn, erst Befürworter, dann entschiedener Gegner Wedekinds, Herausgeber der «Schaubühne» (später «Weltbühne») und nach Meinung vieler der schärfste, aber auch bedeutendste aller Berliner Kritiker, stirbt inmitten heftiger politischer Auseinandersetzungen und Diffamierungen vielbetrauert am 3. Dezember 1926 im Alter von fünfundvierzig Jahren.

Friedrich Kayssler, Wedekinds Simson von 1914, ist während des «Dritten Reichs» ein vielbeschäftigter Theater- und Filmschauspieler. Am 24. April 1945 wird er vor seinem Haus in Kleinmachnow bei Berlin von einem sowjetischen Soldaten erschossen.

Alfred Kerr ist bei der Verbrennung seiner Gedichtbände, Reiseberichte und Theateraufsätze im Mai 1933 bereits in Frankreich. Der Börsenverein der deutschen Buchhändler setzt ihn auf die Liste der Autoren, deren Werke «das deutsche Ansehen schädigen», und verfügt ihre Entfernung aus öffentlichen Bibliotheken und Leihbüchereien. 1936 übersiedelt Alfred Kerr nach England und schreibt dort für die Exilzeitungen «Pariser Tageblatt» und «Pariser Tageszeitung» und für das jüdische Wochenblatt «Aufbau» in New York. Er ist Mitbegründer des «Freien deutschen Kulturbunds» und ab 1941 Präsident des deutschen Exil-P. E. N.-Clubs. Nach 1945 schreibt er für die «Welt» und die «Neue Zeitung». Bei einem ersten Deutschlandbesuch erleidet er 1948 einen Schlaganfall und stirbt an einer Überdosis Schlaftabletten am 12. Oktober 1948 in Hamburg.

Eduard von Keyserling, Wedekind-Freund, Urschwabinger und «baltischer Fontane», ist bei Wedekinds Beerdigung bereits erblindet und stirbt ein halbes Jahr nach ihm am 28. September 1918 in München.

Karl Kraus polemisiert nach Maximilian Hardens Tod vornehmlich gegen Alfred Kerr, aber hat noch genügend Seitenhiebe für seinen verstorbenen Widersacher übrig, dessen Deutsch er *Desperanto* nennt. 1933 formuliert er seinen berühmten Satz: *Mir fällt zu Hitler nichts ein* und gibt damit die Machtlosigkeit der Sprache gegenüber einer Diktatur zu, die *alles beherrscht außer der Sprache*. Nach ähnlich langem Schweigen wie zu Beginn des Ersten Weltkriegs nimmt er im Juli 1934 in einer dreihundert Seiten starken «Fackel» mit dem Titel «Warum die Fackel nicht erscheint» zum Geschehen Stellung und beschäftigt sich danach vornehmlich mit der Übertragung Shakespearescher Sonette und den Werken Nestroys und Offenbachs. Wedekinds Gedichte sind nach wie vor fester Bestandteil seiner öffentlichen Vorlesungen, derer er bis zu seinem Tod genau siebenhundert hält. Sein letzter Gegner ist wieder sein erster: Max Reinhardt, dessen brillante Darstellung des Spiegelberg im Volkstheater in Rudolfsheim im Januar 1893 seinen eigenen Schauspielertraum begrub. In der letzten «Fackel»-Ausgabe vom Februar 1936 (es ist Nummer 922 im 37. Jahrgang) verspottet er Max Reinhardts Hollywoodfilm «Sommernachtstraum» als «ganz großen Humbug». Kurz darauf fährt ihn in der Dunkelheit ein Radfahrer an. Obschon die Verletzung nicht gravierend ist, klagt Karl Kraus über Kopfschmerzen; seine Umgebung registriert erschrocken, dass er, der *nichts und nie vergaß*, sein Gedächtnis verliert. Am 12. Juni 1936 stirbt Karl Kraus zweiundsechzigjährig an einem Herz- und Gehirnschlag. Seine letzte Verlautbarung in der «Fackel» ist ein Hinweis an die Leser: «Zusendungen welcher Art immer sind unerwünscht!»

Werner Krauß, Wedekinds Bühnenpartner zwischen 1913 und 1916, wird der gefeiertste und umstrittenste Schauspieler seiner Epoche und Star in mehr als hundertzwanzig Filmen, darunter 1940 in dem Nazi-propagandafilm «Jud Süß». 1934 zum Staatsschauspieler ernannt, ist er von 1933 bis 1935 stellvertretender Präsident der Reichstheaterkammer. 1946 wird er aus Österreich ausgewiesen, aber bald darauf Mitglied des Burgtheaters und österreichischer Staatsbürger. Sein erstes Nachkriegsauftreten bei den Ruhrfestspielen in Recklinghausen löst 1950 Demonstrationen aus; 1954 erhält er das Bundesverdienstkreuz und den Iffland-Ring. Werner Krauß stirbt am 20. Oktober 1959 in Wien. Seine Leiche wird nach dem für die Großen der Zunft vorbehaltenen Burgtheaterbrauch von Rappen gezogen um das Theater gefahren.

Artur Kutscher, Wedekinds Vertrauter, Nachlassverwalter und Biograph, ist ab 1915 außerordentlicher Professor für das von ihm begründete Fach Theaterwissenschaft an der Münchner Universität und zählt Bertolt Brecht, Erwin Piscator, Ödön von Horváth und Hanns Johst zu seinen Studenten. Dem Nationalsozialismus nicht abgeneigt gewesen, unterrichtet er nach dem Krieg zahllose Jüngere, die von seinem einzigartigen Wissen profitieren wollen. Er ist dabei, als 1958 in München-Schwabing der Wedekind-Platz eingeweiht wird, und erhält nach seinem Tod am 29. August 1960 an nahegelegener Örtlichkeit einen eigenen Platz, den Artur-Kutscher-Platz.

Max Liebermann übernimmt 1920 das Amt des Präsidenten der Berliner Akademie der Künste, wird anlässlich seines achtzigsten Geburtstags 1927 Ehrenbürger von Berlin und zieht sich nach der Bücherverbrennung 1933, mehr und mehr im jüdischen Glauben wurzelnd, von allen Ämtern zurück. Er stirbt in seinem Palais am Pariser Platz am 8. Februar 1935. Martha Liebermann, seine Frau, nimmt, als ihre Deportation nach Theresienstadt droht, eine Überdosis Veronal und stirbt am 10. März 1943 im Jüdischen Krankenhaus von Berlin.

Heinrich Mann tritt auch nach Wedekinds Tod entschieden für dessen Werk ein und hält bei der Gedenkfeier zu Wedekinds zehntem Todestag im Münchner Schauspielhaus eine Rede. Am 21. Februar 1933 flieht er vor drohender Verhaftung nach Frankreich und kämpft von dort mit einer Fülle von Publikationen gegen das nationalsozialistische Regime. Im August 1940 flieht er 69-jährig über Spanien und Portugal in die USA und müht sich vergeblich, in Hollywood als Drehbuchautor Fuß zu fassen. Nach seinem Memoirenwerk «Ein Zeitalter wird besichtigt» und den zwei Altersromanen «Empfang bei der Welt» und «Der Atem» stirbt er am 12. März 1950 in Santa Monica, Amerika.

Kurt Martens, Duzfreund Thomas Manns und Vertrauter Wedekinds, schluckt nach der Zerstörung Dresdens Gift und wird am 16. Februar 1945 auf der Bautzener Landstraße tot von der Polizei aufgefunden.

Willy Morgenstern, alias Rudinoff, Wedekinds bewunderte Zirkusbekanntschaft, ist mal in London, mal in Kalifornien und mal in Australien zu sehen und gilt zeitweise als bedeutender Maler. Das Dresdner Kabinett besitzt einige Blätter von ihm, sonst ist wenig über ihn zu erfahren, nicht einmal sein Todesdatum.

Erich Mühsam, einer der treuesten Wedekind-Freunde, wird wenige Wochen nach dessen Beerdigung nach Traunstein verbannt und im April 1919 wegen seiner Aktivität in Revolution und Bayerischer Räteregierung zu fünfzehn Jahren Festungshaft verurteilt. 1924 mit schweren Gesundheitsschäden auf Bewährung entlassen, arbeitet er als Journalist in Berlin, gibt die anarchistische Monatsschrift «Fanal» heraus und wird dramaturgischer Beirat der Piscator-Bühne. Am 28. Februar 1933 wird er von der SA verhaftet und kommt nach Misshandlung und Folterung am 2. Februar 1934 ins Konzentrationslager Oranienburg, wo ihn die SS am 10. Juli 1934 ermordet.

Ida Orloff heiratet nach vergeblichem Warten auf Gerhart Hauptmann im Juni 1907 ihren Jugendfreund Karl Satter. Vom Burgtheater nach einem Streit mit der Direktion entlassen, tourt sie mit einem eigenen Ensemble durch Russland. Den Ersten Weltkrieg verbringt sie mit dem fahnenflüchtigen Karl Satter in Kopenhagen, 1933 emigriert sie mit ihrem jüdischen zweiten Ehemann nach Italien und bittet Gerhart Hauptmann, mittlerweile wieder per «Sie», um die Vermittlung einer Audienz bei Mussolini, aber der kommt zu dem Schluss, kein *Recht zu haben,* sich *dem großen Staatsmann mit einer solchen Bitte zu nahen.* Ida Orloff flieht nach England, kehrt krankheitsbedingt nach Deutschland zurück und nimmt sich am 9. April 1945 beim Einmarsch russischer Truppen in Tullnerbach in Niederösterreich das Leben.

Maria Orska, Wedekinds Bühnenpartnerin von 1916, begeht am 15. Mai 1930 im Alter von siebenunddreißig Jahren in Wien Selbstmord.

Walther Oschwald, Schulkamerad Wedekinds, Ehemann seiner Schwester Erika, Geheimer Sächsischer Regierungsrat und Sächsischer Reichsbahndirektor, stirbt am 17. November 1950 in Zürich.

Ernst Possart, geboren am 11. Mai 1841, geadelt 1897, von 1893 bis 1905 Münchner Generalintendant und 1900/01 wesentlich am Bau des

Münchner Prinzregententheaters beteiligt, stirbt am 8. April 1921 in seiner Heimatstadt Berlin.

Walther Rathenau wird nach Kriegsende trotz seiner harten militärischen Haltung Ziel antisemitischer Angriffe im Zusammenhang mit der sogenannten «Dolchstoßlegende». 1921 zum Wiederaufbauminister und im Januar 1922 Reichsaußenminister ernannt, versucht er, Deutschland in die Völkergemeinschaft zurückzuführen, und ist maßgeblich am Zustandekommen des Rapallovertrags mit der Sowjetunion beteiligt.

Am 24. Juni 1922 wird er im offenen Wagen in der Königsallee in Berlin-Grunewald von Mitgliedern der rechtsextremen Organisation Consul durch eine Handgranate und Schüsse aus einer Maschinenpistole ermordet. Wenige Tage später wird auch sein Freund Maximilian Harden Opfer eines Anschlags.

Max Reinhardt bekommt in den Zwanzigerjahren starke Konkurrenz durch jüngere Regisseure wie Bertolt Brecht, Erich Engel, Berthold Viertel, Erwin Piscator und Leopold Jeßner. Er übergibt die Leitung des Deutschen Theaters an Felix Hollaender, konzentriert seine Aktivitäten auf Österreich und gerät nach dem Tod seines Bruders Edmund 1929 zunehmend in wirtschaftliche Schwierigkeiten. Im März 1933 inszeniert er sein letztes Stück auf deutschem Boden. Sein Berliner Besitz – mehrere Theater, Häuser und Grundstücke – wird enteignet. Max Reinhardt tourt durch Italien und England, inszeniert in Mailand und Venedig, an dem von ihm geleiteten Theater in der Josefstadt in Wien und bei den von ihm gegründeten Salzburger Festspielen. Im Oktober 1937 emigriert er in die USA, im März 1938 wird auch sein Schloss Leopoldskron bei Salzburg enteignet. Amerika, das ihm als Gastregisseur glänzende Erfolge beschert hat, steht seinen europäischen Theaterideen indifferent gegenüber. Weder sein «Workshop for Stage, Screen and Radio» in Hollywood noch seine Inszenierung von Stücken Thornton Wilders und Somerset Maughams haben eine mit Europa vergleichbare Wirkung. Max Reinhardt stirbt am 31. Oktober 1943 im Hotel Gladstone in New York kurz nach seinem siebzigsten Geburtstag an den Folgen eines Schlaganfalls. In der Carnegie Hall findet eine Gedächtnisfeier statt.

Adele Sandrock, Taufpatin von Wedekinds Tochter Anna Pamela, mutiert nach einer zum Schluss unbefriedigenden Theaterlaufbahn zum Filmstar und macht einmalige, durch weit mehr als hundert Filme dokumentierte Karriere als «komische Alte». Bei ihrem Tod am 30. August 1937 in Berlin kondoliert der Kaiser aus ihrer holländischen Heimat.

Georg Stollberg, bedeutender Förderer Wedekinds, stirbt am 17. März 1926 in München. Nach seinem Tod werden die Münchner Kammerspiele und das Münchner Schauspielhaus unter der Intendanz von Otto Falckenberg vereint und heißen fortan «Münchner Kammerspiele im Schauspielhaus».

Frida Strindberg versucht, in London die Karriere des Malers Augustus John zu befördern, und betreibt in Soho ein Kabarett «The Cave of the Golden Calf», in dem angeblich James Joyce und Ezra Pound verkehren. Seit 1914 in New York, hält sie Vorträge über Ausgust Strindberg und schreibt unter Pseudonym Drehbücher. 1924 beschließt sie, nach Europa zurückzukehren, aber entzweit sich sogleich mit ihrer Tochter Kerstin. Sie verbringt mehrere Jahre mit dem Abfassen von Erinnerungen an ihre Ehe mit August Strindberg, als dessen geistige Schutzherrin sie sich jetzt fühlt, und beschäftigt sich, von Nachbarn misstrauisch beäugt, in der heruntergekommenen elterlichen Villa in Mondsee mit Änderungen ihres Testaments. Frida Strindberg stirbt nach einem Schulterbruch einundsiebzigjährig am 28. Juni 1943 in Salzburg.

Friedrich Strindberg, Wedekinds erstgeborener Sohn, beginnt nach dem Ersten Weltkrieg eine Journalistenkarriere beim Berliner Ullstein Verlag und veröffentlicht 1936 ein Buch über den abessinischen Krieg. Im selben Jahr reist er nach Spanien, um im Auftrag seines Verlags geheime Waffenlieferungen Hitlers an Franco zu recherchieren und ein Interview mit dem «Generalissimo» zu bekommen. Missverständnisse prägen weiterhin sein Leben: Arthur Koestler, als Korrespondent getarnt für die Westeuropäische Agitprop-Abteilung der Komintern in Sevilla tätig, hält Friedrich für einen Nazispion und verdächtigt ihn, seine Auslieferung an die spanische Polizei zu betreiben, während in Wirklichkeit ein anonymer Hinweis Friedrichs Koestler zur Flucht nach Gibraltar bewegt und ihn vor der Verhaftung bewahrt. Seit der Veröffentlichung von Koestlers «Spanischem Testament» 1938, in dem er Friedrichs vermeintlich negative Rolle schildert, klebt das Nazietikett an Friedrich und wird auch von Carl Zuckmayer übernommen, der ihn in seinem 1943/44 für das amerikanische Office of Strategic Services (OSS) geschriebenen «Geheimreport» einen *wackeren NS-Journalisten in der Nazipresse* nennt.

Erst viel später wird bekannt, dass Friedrich und seine holländische Frau Utje in ihrem Berliner Haus den Hilfsrabbiner Herbert Strauss verstecken. Als beide 1942 nach Schweden emigrieren, will Friedrichs Mutter ihn zum Ablegen des Namens Strindberg zwingen, und auch seine Halbschwester Kerstin, jüdisch verheiratet und im schwedischen

Antifaschismus tätig, wendet sich von ihm ab. 1945 erscheint unter Pseudonym Friedrichs Buch «Under jorden i Berlin» (Im Untergrund in Berlin), in dem er als einer der Ersten Deportationen und Konzentrationslager thematisiert. In der Bundesrepublik der Fünfzigerjahre avanciert Friedrich zum Textchef der Illustrierten «Quick». Nach seiner Pensionierung zieht er sich in die Nähe des Lago Maggiore zurück, schreibt dort mit unendlicher Mühe einen mäßig erfolgreichen Roman und stirbt am 30. März 1978. 2002 verleiht die Jerusalemer Gedenkstätte Yad Vaschem ihm und seiner Frau, gestützt auf die Aussagen von Herbert Strauss, posthum die Medaille «Righteous of the World» und schreibt ihre Namen auf die Ehrenwand im Garten der Gerechten.

Ludwig Thoma, der von Wedekind gesagt haben soll: «Der Kerl muss doch immer seinen Arsch zum Fenster hinaushängen», zieht sich nach Kriegsende verbittert in seinen Tegernseer Bauernhof zurück und stirbt am 26. August 1921 an Magenkrebs.

Armin Wedekind, Franks älterer Bruder, ist bis zu seinem Tod praktischer Arzt in Zürich-Riesbach und Mitglied des Züricher Verschönerungsvereins, des Sängervereins Harmonie Zürich und von 1912 bis 1927 Abgeordneter der Freisinnigen Partei im Züricher Stadtrat. Er stirbt am 20. Oktober 1934 in Zürich, nicht ganz zweiundsiebzig Jahre alt. Elias Canetti, als Schüler in Zürich, erinnert sich an einen Arztbesuch von ihm. *Streng und gewöhnlich* habe er ausgesehen, und *Schweizerisch wie ein Schweizer* habe er gesprochen. Vor allem habe er auf seinen verstorbenen Bruder geschimpft, das *schwarze Schaf der Familie,* der ihm *im Beruf* unvorstellbar *geschadet* habe, trotz seiner Erklärung, es gebe *Betrüger, Scheckfälscher, Hochstapler* und *Gauner* auch in den *anständigsten Familien. Merk dir, Jüngling,* habe er gesagt, *es gibt gute und schlechte Dichter. Mein Bruder war einer von den Schlechtesten. Es ist besser, man wird überhaupt kein Dichter und lernt etwas Nützliches.*

Emilie Richenza Wedekind, genannt Mati, geboren am 7. April 1876 auf Schloss Lenzburg, Franks jüngste Schwester, ist Lehrerin. 1910 heiratet sie ihre Jugendliebe Eugène Perré, lebt mit ihm bis zu dessen Tod 1941 in Neuilly-sur-Seine bei Paris und stirbt am 28. März 1969 in Ober-Uster bei Zürich im Alter von zweiundneunzig Jahren.

Frida Marianne Erika Wedekind, genannt Mieze und Königlich Sächsische Kammersängerin, ist nach mehr als tausend Auftritten an der Dresdner Oper und Gastspielen in Prag, Moskau, Sankt Petersburg, Budapest, Stockholm, London und Paris von 1914 bis 1930 eine international gesuchte Gesangslehrerin. Ihren Ruhestand verlebt sie in Zürich und stirbt dort am 10. Oktober 1944.

Kadidja Wedekind veröffentlicht 1932 ein erfolgreiches Jugendbuch «Kalumina – Roman eines Sommers», geht 1938 in die USA und beschäftigt sich, ab 1949 wieder in Deutschland, mit der Verwaltung und Herausgabe des Werks ihres Vaters. Sie stirbt am 14. Oktober 1994 in München.

Pamela Wedekind verlobt sich 1925 mit Klaus Mann, heiratet 1930 den Dramatiker Carl Sternheim und 1942 den Schauspieler Charles Regnier. Sie stirbt am 9. April 1986 in Ambach am Starnberger See.

Tilly Wedekind hat nach dem Tod ihres Mannes viele Affären, darunter eine lange und schmerzliche mit dem Dichter Gottfried Benn. Als Schauspielerin ist sie wenig beschäftigt und leidet überdies an ihrer Krankheit, der manisch-depressiven Psychose, deren Schübe mit zunehmendem Alter länger und quälender werden. Aber Tilly ist nach eigener Angabe ein «Stehaufmännchen» und findet sich auch mit widrigen Umständen, deren sie eine Menge erlebt, immer wieder ab. In den Sechzigerjahren verfasst sie ihre Autobiographie «Lulu, die Rolle meines Lebens» und stirbt am 20. April 1970 in München im Alter von vierundachtzig Jahren. Begraben ist sie auf dem Münchner Waldfriedhof neben Wedekind, dessen Andenken und Werk sie mehr als ein halbes Jahrhundert hochgehalten hat.

William Lincoln Wedekind, Franks jüngerer Bruder, emigriert als junger Mann nach Amerika, lernt dort seine Frau Anna Kammerer kennen (eine Verwandte seiner Mutter), heiratet sie in Lenzburg 1889 und wird Farmer und Schweizer Konsul in Südafrika. Dort stirbt er am 6. März 1935.

Richard Weinhöppel, Wedekind-Intimus und lebenslanger Freund, versieht die erste Ausgabe von Wedekinds Lautenliedern mit Gitarrenbegleitungen und ist von 1906 bis 1927 Lehrer für Sologesang und Mimik am Konservatorium in Köln. Er stirbt am 10. Juli 1928 in München.

Zeittafel

1796 24. Februar: Jakob Friedrich Kammerer in Holzgerlingen bei Ehningen in der Nähe von Stuttgart geboren.

1816 Februar: Friedrich Wilhelm Wedekind in Herste bei Göttingen geboren.

1833 Jakob Friedrich Kammerer wegen revolutionärer Aktivitäten auf dem Hohen Asperg inhaftiert.

1836 Flucht in die Schweiz. Errichtung einer Zündholzfabrik in Zürich-Riesbach.

1840 7. Mai: Emilie Kammerer in Zürich-Riesbach geboren.

1846 3. Mai: Tod der Mutter.

1848 Friedrich Wilhelm Wedekind wandert nach Kalifornien aus.

1853 Jakob Friedrich Kammerer verfällt dem Wahnsinn.

1857 Emilie Kammerer reist zu ihrer Schwester Sofie nach Valparaiso. Jakob Friedrich Kammerer stirbt in Ludwigsburg.

1858 24. Dezember: Sofie Kammerer stirbt auf dem Postdampfer von Panama nach San Francisco.

1862 26. März: Emilie Kammerer und Dr. Friedrich Wilhelm Wedekind heiraten in Oakland/Kalifornien.

1863 29. Januar: Armin Francis Wedekind in Oakland geboren.

1864 Rückkehr nach Deutschland. 24. Juli: Geburt von Benjamin Franklin Wedekind in Hannover.

1866 16. Mai: Geburt von William Lincoln Wedekind in Hannover.

1868 13. November: Geburt von Frida Marianne Erika Wedekind in Hannover.

1871 4. November: Geburt von Donald Lenzelin Wedekind in Hannover.

1872 August: Kauf des Schlosses Lenzburg. Oktober: Übersiedlung der Familie.

1876 7. April: Emilie Richenza Wedekind, genannt Mati, auf Schloss Lenzburg geboren.

1879 Ostern: Eintritt Franklin Wedekinds in die Kantonsschule in Aarau. Erste dichterische Aktivitäten.

1881 Ostern: Franklin Wedekind verfehlt das Klassenziel. Verbringt den Sommer auf dem Schloss. Dichtet «Felix und Galathea». Rege Korrespondenz mit Mitschülern. November: Erste Veröffentlichung eines Wedekind-Gedichts in den «Thuner Unterhaltungsstunden».

1884 Februar: Veröffentlichung von Wedekinds Schulprolog beim Aarauer Verlag Sauerländer & Co. Ostern: Abitur. Sommer: Aufenthalt in Lausanne. Liebesabenteuer mit Bertha Jahn. Ab Herbst Jurastudent in München. Novellenfragment «Galathea».

1885 Sommer: Infektion am Bein, Krankenhausaufenthalt in München. Fortsetzung des Liebesabenteuers mit Frau Jahn in Lenzburg.

1886 21. Februar: Siebzigster Geburtstag des Vaters. 11. April: Geburt von Tilly Newes in Graz. Wedekind schreibt den «Schnellmaler» in München. Schulfreund Moritz Dürr stürzt sich von einem Berg. Mai: William Lincoln Wedekind wandert nach Amerika aus. Sommer: Begegnung mit Karl Henckell in Lenzburg. Bruch mit dem Vater. 16. November: Eintritt in die Firma Maggi als Vorsteher des Reklame- und Preßbüros.

1887 Frühjahr: Langsamer Rückzug aus der Firma Maggi. 4., 5., 6. Mai: «Der Witz und seine Sippe» erscheint in der «Neuen Zürcher Zeitung». 29./30. Juni: «Zirkusgedanken» erscheinen ebenda. Novellen: «Marianne» und «Ein böser Dämon». Herbst: Versöhnung mit dem Vater.

1888 Freier Schriftsteller in Zürich. Ab Ostern Wiederaufnahme des Jurastudiums. Kontakt mit Carl und Gerhart Hauptmann. 11. Oktober: Tod des Vaters auf Schloss Lenzburg.

1889 Februar: Liebesbeziehung mit Minna von Greyerz. Donald Wedekind reist mit unbestimmtem Ziel nach Amerika. Ostern: Fragment «Elins Erweckung» entsteht. Ende Mai: Übersiedlung nach Berlin. Kontakt mit Gerhart Hauptmann sowie Julius und Heinrich Hart. Beginn der Arbeit am Lustspiel «Eppur si muove». 4. Juli: Wegen unzureichender Papiere aus Berlin ausgewiesen. Umzug nach München. Weiterarbeit an «Eppur si muove». 20. Oktober: Uraufführung von Hauptmanns «Vor Sonnenaufgang» im Berliner Lessingtheater. Dezember: Rückkehr Donalds in die Schweiz.

1890 Mai: Hauptmanns «Friedensfest» erscheint. August: Wedekind beendet «Eppur si muove» unter dem Titel «Kinder und Narren». Familienzwist in Lenzburg. Die Gesellschaftsutopie «Eden» entsteht. Bekanntschaft mit Max Halbe, Michael Georg Conrad, Oskar Panizza, Otto Julius Bierbaum. Ab Oktober Arbeit an «Frühlings Erwachen».

1891 Ostern: «Frühlings Erwachen» beendet. Auf eigene Kosten bei Jean Gross in Zürich verlegt. 28. Dezember: Abreise nach Paris.

1892 Juli: «Fritz Schwigerling oder der Liebestrank» in Paris beendet. Beginn der Arbeit am «Schauerdrama» «Lulu». Sommeraufenthalt in Lenzburg. Verkauf des Schlosses durch die Mutter an August Edward Jessup. Pantomime «Die Flöhe oder der Schmerzenstanz» entsteht in Paris. Dezember: 1. Akt «Lulu» beendet.

1893 Winter: Kontakt mit Karl Muth und Willy Morgenstern in Paris. Erneuter Sommeraufenthalt in Lenzburg. Sorge um Donalds Berufswahl und Lebensentwurf. Dezember: 3. und 4. Akt «Lulu» beendet. Freundschaft mit Emma Herwegh. Frida Marianne Erika, genannt Mieze, wird Ensemblemitglied der Dresdner Hofoper.

1894 23. Januar: Abreise nach London. Der 5. Akt «Lulu» entsteht. Ende Juni: Rückkehr nach Paris. Geldsorgen. Begegnung mit Albert Langen, Willy Grétor, Lou Andreas-Salomé, August und Frida Strindberg. Umarbeitung des ersten Teils der «Lulu»-Tragödie in «Der Erdgeist». Ab Ende November: Erneuter Durchsetzungsversuch in Berlin.

1895 Februar: Erfolglose «Erdgeist»-Lesung in Max Liebermanns Atelier. Erika Wedekind debütiert im Leipziger Gewandhaus. Umarbeitung von «Kinder und Narren» in «Die junge Welt». Donald Wedekind erkrankt an Syphilis. Sommer: Umzug nach Zürich, Auftritte als Rezitationskünstler unter dem Namen Cornelius Mine-Haha. Juli bis Oktober: Eine erste Fassung der Erzählung «Mine-Haha» entsteht. «Erdgeist» erscheint bei Albert Langen in München. Zwist mit der Schwester Erika.

1896 Frühjahr: Umzug nach München. 4. April: Erstmaliges Erscheinen des «Simplicissimus» mit vierundzwanzig Wedekind-Beiträgen im 1. Jahrgang. Begegnung mit Arthur Holitscher, Jakob Wassermann, Korfiz Holm, Thomas Mann, Thomas Theodor Heine und anderen. Spannungsvolles Verhältnis mit Albert Langen. Erfolgloses Bemühen um Durchsetzung dramatischer Werke. Ab Herbst: Mit Frida Strindberg in Berlin.

1897 Erneuter erfolgloser Versuch, in Berlin Fuß zu fassen. Pantomime «Bethel, die Traberstute» entsteht. Politische Gedichte für Albert Langens «Simplicissimus» unter den Pseudonymen Hieronymus, Kaspar Hauser, Benjamin und anderen. Frida Strindberg von Wedekind schwanger, Abbruch der Beziehung. Juni: Erste Gedichtsammlung Wedekinds «Die vier Jahreszeiten» erscheint im Sammelband, «Die Fürstin Russalka» bei Albert Langen. 18. August: Geburt des gemeinsamen Sohnes Max Friedrich in München. Liebesbeziehung mit Julie Rickelt, der Frau eines Freundes. Oktober:

Einakter «Der Kammersänger» entsteht. November: Einladung der Literarischen Gesellschaft um Kurt Martens und Dr. Carl Heine nach Leipzig.

1898 25. Februar: Uraufführung des «Erdgeist» im Leipziger Kristallpalast durch Carl Heines «Ibsen-Theater». Wedekind spielt den Dr. Schön unter dem Pseudonym Heinrich Kammerer. Tournee durch verschiedene deutsche Städte. «Erdgeist» in Wien verboten. Begegnung mit Arthur Kahane, Karl Kraus, Felix Salten und anderen. Ab Juli: Dramaturg in Georg Stollbergs Münchner Schauspielhaus. 29. Oktober: Erfolglose Premiere des «Erdgeist» am Münchner Schauspielhaus bei gleichzeitigem Erscheinen der «Palästina»-Nummer des «Simplicissimus» mit Wedekinds Spottgedicht «Im Heiligen Land». 30. Oktober: Flucht nach Zürich aufgrund drohender Verhaftung wegen «Majestätsbeleidigung». In Zürich unerfreuliches Zusammensein mit Albert Langen. Beginn der Arbeit am Drama «Ein Genußmensch», später «Ein gefallener Teufel», später «Der Marquis von Keith». Skandal um Donald Wedekind und Georg Stollbergs Frau. Weihnachten: Weiterreise nach Paris.

1899 Januar bis Mai: Arbeit am «Gefallenen Teufel». Weiteres unerfreuliches Zusammensein mit dem ebenfalls in Paris eingetroffenen Albert Langen. Das letzte politische Gedicht Wedekinds erscheint im «Simplicissimus». Besuch von Donald und Frida Strindberg. Ende Juni: Wedekind stellt sich in Leipzig dem Gericht. 4. August: Verurteilung zu sieben Monaten Gefängnis. Mitte September: Begnadigung zu Festungshaft, Überführung nach Königstein. Zusammensein mit dem Mithäftling Thomas Theodor Heine. Brieflicher Streit mit Albert Langen über dessen Stornierung von Wedekinds Bezügen. Beendigung des «Marquis von Keith». Novelle «Mine-Haha oder Über die körperliche Erziehung junger Mädchen» überarbeitet. 10. Dezember: Uraufführung des «Kammersänger» am Berliner Sezessionstheater. Wedekind erlebt den Jahrhundertwechsel auf der Festung.

1900 3. Februar: Entlassung aus der Festungshaft, Rückkehr nach München. Mehrmonatige Querelen um das Erbe einer Tante. September: Wedekind bezieht seine erste eigene Wohnung, Franz-Joseph-Straße 42 in München-Schwabing. Ab Oktober: Umarbeitung des zweiten Teils des «Lulu»-Dramas in «Die Büchse der Pandora».

1901 Januar: Beendigung der Umarbeitung der «Büchse der Pandora». 13. April: Eröffnungs-«Exekution» des Münchner Kabaretts Die Elf Scharfrichter. Beginn von Wedekinds Karriere als Brettlsänger. Begegnung mit Heinrich Mann, Franziska zu Reventlow, Otto Falckenberg und anderen. 11. Oktober: Erfolglose Uraufführung des «Marquis von Keith» durch Martin Zickel in Berlin. Wedekind beginnt in Wien die Arbeit an «König Nicolo oder So ist das Leben». Liebesbeziehung mit seiner Haushälterin Hildegard Zellner. «Mine-Haha» erscheint in der Zeitschrift «Die Insel».

1902 22. Februar: Uraufführung von «König Nicolo» am Münchner Schauspielhaus. 22. Mai: Geburt des Sohnes Frank Zellner in München. Juli: «Die Büchse der Pandora» (zweiter Teil des «Lulu»-Dramas») erscheint in der «Insel». 10. Oktober: Erfolglose Münchner Premiere des «Marquis von Keith». 17. Dezember: Premiere des «Erdgeist» an Max Reinhardts Berliner Theater Schall und Rauch mit Gertrud Eysoldt als Lulu. Anzeichen eines Durchbruchs von Wedekind als Dramatiker.

1903 Mai: Albert Langen kehrt aus dem Exil nach München zurück. Erneuter Streit mit Wedekind. Juni: Erster Gedichtbeitrag Wedekinds erscheint in der Wiener Zeitschrift «Die Fackel» von Karl Kraus. Sommer: Aufenthalt in Lenzburg. Aufnahme von Verlagsverhandlungen mit Bruno Cassirer. Beginn der Arbeit an «Hidalla oder Sein und Haben». Abbruch der Beziehung zu Hildegard Zellner. «Die Büchse der Pandora» erscheint als Buchausgabe bei Bruno Cassirer.

1904 1. Februar: Tumulte bei der Uraufführung der umgearbeiteten «Büchse der Pandora» am Intimen Theater in Nürnberg durch Emil Meßthaler. 29. März: Wiederholung der Aufführung in München. 23. Juli: Beschlagnahmung der Buchausgabe durch die Münchner Staatsanwaltschaft. Bruch der Beziehung mit Max Halbe. 22. September: Wedekind lernt Maximilian Harden und Walther Rathenau kennen. Freundschaft (oder mehr?) mit Gertrud Eysoldt. Liebesbeziehung mit Anna von Seidlitz.

1905 18. Februar: Uraufführung von «Hidalla oder Sein und Haben» am Münchner Schauspielhaus mit Wedekind in der Rolle des Zwergriesen Karl Hetmann. April: Reise nach Stuttgart, Begegnung mit Berthe Marie Denk. Beginn der Arbeit am «Totentanz». 12. Mai: Prozess gegen Wedekind und Bruno Cassirer am Königlichen Landgericht Berlin I wegen Verbreitung unzüchtiger Schriften. 29. Mai: Aufführung der «Büchse der Pandora» durch Karl Kraus am Trianon-Theater in Wien mit Tilly Newes als Lulu. Juni: Neuausgabe der Gedichtsammlung «Die vier Jahreszeiten» erscheint bei Albert Langen. Juli: «Totentanz» erscheint in der «Fackel». Unbefriedigende Liebesbeziehung zu Berthe Marie Denk. Ab September: Wedekind spielt den Karl Hetmann am Berliner Kleinen Theater Unter den Linden von Victor Barnowsky (früher Schall und Rauch). Intensive Korrespondenz mit Tilly Newes. 18. Oktober: Tilly Newes trifft in Berlin ein. Beginn der Beziehung. Sie übernimmt die Rolle der Fanny Kettler in «Hidalla».

1906 Januar: Berlinbesuch von Berthe Marie Denk und Tillys Exgeliebtem Paul Eger. 10. Januar: Revisionsprozess gegen Wedekind und Bruno Cassirer wegen «Büchse der Pandora»vor dem Landgericht Berlin II. 16. Februar: Tilly springt nach einem Streit mit Wedekind in die Spree. 18. Februar: Verlobung. 25. April: Premiere von «Tartuffe» mit Wedekind in der Titelrolle. 1. Mai: Hochzeit im Standesamt Moabit. 2. Mai: Uraufführung des «Totentanz» in Nürnberg mit Frank und Tilly in den Hauptrollen. 14. Mai: Tilly sagt mit Rücksicht auf Wedekind ihre Rolle in Oscar Wildes «Idealem Gatten» ab und spielt fortan nur in seinen Stücken. Erneute, durch Gerichtsurteil veranlasste Umarbeitung der «Büchse der Pandora». Juli: Erstes gemeinsames Sommergastspiel in München. Beginn der Arbeit an «Musik». August: Besuch in Lenzburg. Ab 27. August: Proben für die «Büchse der Pandora» an den Kammerspielen des Deutschen Theaters in Berlin, am 26. September wegen Zensurbedenken abgebrochen. 4. Oktober: «Musik» beendet. 25. Oktober: Beginn der Proben zu «Frühlings Erwachen». 20. November: Uraufführung von «Frühlings Erwachen» an den Kammerspielen des Deutschen Theaters. 12. Dezember: Geburt der Tochter Anna Pamela.

1907 7. Januar: Tillys Schwester Paula nimmt sich in Graz das Leben. Eheliche Schwierigkeiten zwischen Frank und Tilly. Wedekind arbeitet an seinem Romanprojekt «Die große Liebe». Schaffenskrise. April: Konfliktreiches «Hidalla»-Gastspiel in Wien. Besuch von Frank und Tilly in Graz. 29. Mai: Taufe von Anna Pamela in der Matthiaskirche in Berlin. 6. Juli: Wedekind bittet um dreiwöchige Pause in der Ehe. August/September: Gemeinsames Gastspiel in München. 12. September: Beginn der Arbeit an «Die Zensur», beendet am 19. Oktober. Bruch der Beziehung mit Karl Kraus. 11. Dezember: Beginn der Arbeit an «Oaha».

1908 11. Januar: «Musik» in Nürnberg uraufgeführt. Mitte April: «Oaha» beendet. 22. April: «Die junge Welt» in München uraufgeführt. Mai: Gemeinsames Gastspiel in Wien. 8. Juni: Donald Wedekind erschießt sich im Wiener Prater. Zwist mit Max Reinhardt. Umzugsvorbereitungen. 21. September: Übersiedlung nach München in die Prinzregentenstraße 50. Mitte September: «Oaha» erscheint bei Bruno Cassirer. Bruch der Beziehung mit Albert Langen. Angriffe gegen Wedekind im «Simplicissimus». Öffentlicher Streit mit dem Kritiker Fritz Engel vom «Berliner Tageblatt».

1909 Gemeinsame Gastspiele in Wiesbaden, Frankfurt und Köln. Ar-

beit an «Stein der Weisen oder Laute, Armbrust und Peitsche».
Wedekind schreibt «Vorrede zu Oaha». 30. April: Tod Albert
Langens. Mai: Gemeinsames Gastspiel in Zürich. 1. bis 31. Juli:
Wedekind-Zyklus am Münchner Schauspielhaus, sieben Stücke, dreißig Vorstellungen. 27. Juli: Uraufführung «Die Zensur».
12. August: Beginn der Arbeit an «Schloß Wetterstein». 18. September: Einweihung der Schackgalerie durch Wilhelm II. Brieflicher Streit mit Verleger Bruno Cassirer. 9. bis 22. Dezember:
Gemeinsames Gastspiel in Wien.

1910 31. Januar: Tätliche Auseinandersetzung mit Bruno Cassirer in
Berlin. 1. Februar: Tod Otto Julius Bierbaums. Gemeinsames
Gastspiel in Düsseldorf. Wedekind hält Vorträge in Wien, Ol-
mütz, Prag, Teplitz und Dresden. 28. März bis 6. April: Folgen-
reiche Reise Wedekinds nach Darmstadt und Dresden. Ehekrise.
Mitte April: «Schloß Wetterstein» beendet. Juni: Verlagswechsel
zu Georg Müller. 1. bis 31. Juli: Zweiter Wedekind-Zyklus am
Münchner Schauspielhaus. August: Besuch in Lenzburg mit Tilly
und Anna Pamela. 6. bis 19. Oktober: «Zensur»-Gastspiel in Berlin. 19. November: Vortrag von «Schloß Wetterstein» im Münchner Hotel Vier Jahreszeiten. Gemeinsame Gastspiele in Frankfurt,
Mühlheim und Kassel. Tilly erneut schwanger.

1911 Gastspiele in Regensburg und Nürnberg. 29. Januar: Uraufführ-
rung von «Stein der Weisen» in Wien. Gastspiele in Heidelberg,
Düsseldorf, Köln und Brüssel. 8. Mai: Beginn der Arbeit an «Franziska». Anna Pamela krank, Tilly verliert Fruchtwasser. 6. August:
Geburt der Tochter Fanny Kadidja. Öffentliche Aufführung von
«Oaha» in München verboten. 16. November: Vortrag von «Franziska» in München. 20. Dezember: Uraufführung von «Oaha» in
geschlossener Vorstellung im Münchner Lustspielhaus. Wedekind
verschickt «Sieben Fragen an den Münchner Zensurbeirat».

1912 Aufführung von «Schloß Wetterstein» verboten. Gastspiele in Basel, Koblenz, Wiesbaden, Prag, Bonn, Ulm, Stuttgart und Nürnberg. 2. bis 19. Juni: Erster Wedekind-Zyklus an den Kammerspielen des Deutschen Theaters in Berlin. Lang andauernde Querelen
im Vorfeld der Uraufführung von «Franziska». Am 30. November
Aufführung der ungestrichenen Version in geschlossener Vorstellung an den neu benannten Münchner Kammerspielen. 2. Dezember: Erneute Generalprobe vor Polizei und Zensurbeirat.
Nervenkollaps Wedekinds auf offener Bühne. Danach reguläre
Vorstellungen bis weit ins Jahr 1913.

1913 23. Januar: Beginn der Arbeit an «Simson oder Scham und Eifersucht». Gastspiele in Dresden, Prag, Köln, Frankfurt und Leipzig.

Juni: «Franziska»-Gastspiel in Wien. 19. Juni bis 11. Juli: Wedekind allein in Rom. 5. bis 29. September: «Franziska»-Gastspiel in Berlin. Begegnung mit dem Sohn Max Friedrich. 23. Dezember: Besuch von Max Friedrich in München. Ehekrise.

1914 24. Januar: Uraufführung von «Simson oder Scham und Eifersucht» am Berliner Lessingtheater ohne Frank und Tilly. 27. Februar bis 8. März: Gastspiele in Königsberg und Dresden. 26. und 30. März: Frank und Tilly spielen «Simson» in Berlin. April/Mai: Schwere Konflikte wegen Friedrich Strindbergs Stück «Menschenrecht». 7. bis 15. Mai: «Simson» Gastspiel in Wien mit Albert Steinrück. 31. Mai bis 15. Juni: Wedekind-Zyklus an den Kammerspielen des Deutschen Theaters. «Simson» in München verboten. 24. Juni: Vorgezogene Feier zu Wedekinds fünfzigstem Geburtstag im Hotel Bayerischer Hof in München. Eklat. 26. Juni: Wedekind reist allein nach Florenz und Paris. Schwere Ehekrise. 25. Juli bis 1. August: «Franziska» in München. 1. August: Ausbruch des Ersten Weltkriegs. September: Versöhnung mit Friedrich Strindberg. Beginn der Arbeit an «Bismarck». 3. Dezember: Ausbruch von Wedekinds Krankheit. 29. Dezember: Operation.

1915 7. Januar: Tillys Mutter nimmt sich in Graz das Leben. 9. Januar: Wedekind aus der Klinik entlassen. 15. bis 28. Januar: Wedekind vernichtet seine Tagebücher. 15. April: Zweite Operation. 9. Juni: Entlassung aus der Klinik. Stete Arbeit an «Bismarck». 30. August bis 30. September: Mit Tilly und Kindern in Lenzburg. In München häufiges Zusammensein mit Heinrich Mann, Erich Mühsam, Kurt Martens. Beginn der Umarbeitung von «Oaha» in «Till Eulenspiegel». Ab Mitte Dezember: Reisevorbereitungen und Proben trotz Krankheit.

1916 Gastspiele in Budapest und Mannheim. Häufiges Auftreten in München. Dramolett «Überfürchtenichts» entsteht. 25. März: Tod von Emilie Wedekind in Lenzburg. Intensive Reise- und Vortragstätigkeit Wedekinds. 2. Juni bis 7. Juli: Letzter Wedekind-Zyklus in Berlin. Wedekind spielt den Simson. 17. Juli: Umarbeitung von «Oaha» beendet. 2. August: Tilly schluckt Morphiumpulver. Vergebliches Bemühen um Freigabe von «Simson» in München. Weitere intensive Reisetätigkeit. 5. Oktober: Beginn der Arbeit an «Herakles». 1. Dezember: Uraufführung von «Till Eulenspiegel» in München.

1917 8. Januar: Dritte Operation. 31. Januar: Aus der Klinik entlassen. 26. Februar bis 4. März: Wedekind allein in Mühldorf und Burghausen. Ehekrise. «Herakles» beendet. 6. März bis 7. April: Gastspiel mit Maria Orska, letzter Berlinaufenthalt Wedekinds.

10. Mai bis 7. Oktober: Letztes gemeinsames Gastspiel in Zürich. 30. Juli: Letzte Begegnung mit Karl Kraus. Anfang November: Wedekind allein nach Zürich. 17. November: Uraufführung von «Schloß Wetterstein». 30. November: Tilly nimmt Gift. 8. Dezember: Wedekind aus Zürich zurück. Scheidungsbeschluss.

1918 12. Januar: Letzter öffentlicher Auftritt Wedekinds. 17. Februar: Tilly zieht Scheidungswunsch zurück. 19. Februar: Tilly aus der Klinik entlassen. 27. Februar: Wedekind begibt sich in die Klinik. 2. März: Vierte Operation. 9. März: Wedekind stirbt. 12. März: Beisetzung auf dem Waldfriedhof in München.

Anmerkungen und Zitatnachweise

Abkürzungen

AGN   «Agenden», Wedekinds Taschenkalender 1904–1918, Originale in der Monacensia, Literaturarchiv und Bibliothek, München
FFW   Forschungsstelle Frank Wedekind, Darmstadt
KBA   Kantonsbibliothek Aarau
KUT   Artur Kutscher, «Frank Wedekind, Sein Leben und seine Werke», 3 Bde., Georg Müller, München 1927
LULU Tilly Wedekind, «Lulu – die Rolle meines Lebens», Scherz (Rütten & Löning), München/Bern 1969
MON   Monacensia, Literaturarchiv und Bibliothek, München
NN   Nachlass Nidderau
PRIV Privatarchiv
WBR   Frank Wedekind, «Gesammelte Briefe» (2 Bde.), hg. von Fritz Strich, Georg Müller, München 1924
WDA   Frank Wedekind, «Werke» (Darmstädter Ausgabe), Kritische Studienausgabe in acht Bänden mit drei Doppelbänden, hg. von Elke Austermühl, Rolf Kieser und Hartmut Vinçon, Häusser.media Verlag, ab 1994
WNB   Frank Wedekind «Notizbücher» Nr. 1–64, Originale in der Monacensia, Literaturarchiv und Bibliothek, München, Abschriften ebd. und in der Forschungsstelle Frank Wedekind, Darmstadt. Die angegebenen Seitenzahlen beziehen sich auf die Abschriften, nicht die Originale
WTB   Frank Wedekind «Tagebücher – ein erotisches Leben», hg. von Gerhard Hay, Athenäum Verlag, Frankfurt/M. 1986

11   *Gezündel und Explosionen:* Hans Hartig, Jakob Friedrich Kammerer aus Ehningen – der Erfinder des Zündholzes, Ludwigsburger Geschichtsblätter 1990, S. 81–116; *unerschütterlich*

taktfest: Emilie Wedekind-Kammerer, Für meine Kinder – Jugenderinnerungen, hg. von Friederike Becker, Königshausen & Neumann, Würzburg, 2003, S. 25

14 *Überall, wo Vater hinkam:* Emilie Wedekind, Jugenderinnerungen, a.a.O., S. 28

15 *traurige und verängstigte:* Emilie Wedekind, Jugenderinnerungen, a.a.O., S. 38

19 *Emilie ist gefräßig:* Emilie Wedekind, Jugenderinnerungen, a.a.O., S. 52

21 *berüchtigtes Seuchennest:* Emilie Wedekind, Jugenderinnerungen, a.a.O., S. 94

22 *Da lag der Coloss!:* Emilie Wedekind, Jugenderinnerungen, a.a.O., S. 96; *Und seitdem ich:* ebd., S. 108

24 *une certaine:* Friedrich Wilhelm Wedekind, Journal Intime, Handschrift, MON; *Eine namenlose:* Emilie Wedekind, Jugenderinnerungen, a.a.O., S. 125; *wie ein Wunder:* ebd., S. 126; *einer gewissen:* ebd., S. 127

25 *Tiefbewegt:* Emilie Wedekind, Jugenderinnerungen, a.a.O., S. 127; *Alea jacta:* Friedrich Wilhelm Wedekind, Journal Intime, a.a.O.; *Früh sternhell:* Prinzenstraße – Hannoversche Hefte zur Theatergeschichte, Doppelheft 4: Frank Wedekind, geb. 1864 in Hannover. Bearbeitet von Carsten Niemann und Brigitta Weber, S. 114

26 *Nicht unbedeutendes* und *Barverlust:* Prinzenstraße, a.a.O., S. 67 ff.

27 *das Lärmen:* Prinzenstraße, a.a.O., S. 53

29 *vor Eintritt:* Dr. Wedekind an seinen Bruder Theodor, 2.1.1873, MON

32 *so rein und leicht:* Dr. Wedekind an seinen Bruder Theodor, 2.1.1873, MON; *freisinnig:* ebd.; *feste zuerst:* ebd.; *klaffenden Schießscharten:* ebd.; *Gärtnersfamilie:* ebd.; *Abbruch für Baumaterial:* ebd.

34 *die Mädchen sich vor ihm:* Walther Oschwald, Franklin Wedekind – seine Schuljahre in Lenzburg und Aarau, Typoscript, PRIV

35 *Schnell wie am Firmament:* WDA I/1, S. 20; *Er blieb dem Treiben:* Walther Oschwald, Franklin Wedekind, a.a.O.; *fortwährenden Unfleißes:* Eduard Attenhofer, Über Frank Wedekinds Bezirksschulzeit, Lenzburger Neujahrsblatter, 30. Jg., 1959, S. 3–12; *Es steckte:* Walther Oschwald, a.a.O.

36 *Die Herren Instruktoren:* Eduard Attenhofer, a.a.O.; *absichtlich in der Schule liegen:* Walther Oschwald, a.a.O.

37 *Aus dem, was diese:* Walther Oschwald, a. a. O.

38 Da sitze ich nun: «Im Kerker», WDA I/1, S. 15

39 Du kleiner, schwarzer: «Der Hänseken», WDA I/1, S. 354; *Wenn die Weißen:* ebd.; *Kalifornische Luft* und folgende Zitate: Sophie Haemmerli-Marti, Mis Aargäu – Land und Lüt us miner Läbesgschicht, Sauerländer & Co., Aarau, 1939, darin: «Bis Wedekinds um em Schloß», S. 131 ff.

40 *Schöne Erinnerungen* und folgende Zitate: «Franziska», 1. Bild, 1. Szene

41 *Meine Kindheit war:* WNB 31, S. 7

42 *Ich schäme mich:* WNB 54, S. 22; *Die Ehe ist:* «Schloß Wetterstein», 1. Akt, 2. Auftritt

44 Ich schaut' in die: «Auf der Brücke», WDA I/1, S. 53

45 *Er hätte alle:* W. Oschwald, a. a. O.; *seine mehr als gewöhnliche:* KUT I, S. 31; *Er brauchte immer:* W. Oschwald, a. a. O.

46 *Schlürft das Vergnügen:* «Felix und Galathea», WDA I/1, S. 572; *Und so sagen wir:* ebd., S. 574

47 *Kann der Mensch:* WBR, Carl Schmidt an Wedekind, verm. 6.5.1881, MON; *Der will auch – dass der Mensch nicht thue:* Wedekind an Adolph Vögtlin, August 1881, WBR I, S. 29; *das Eine barmherzig* und folgende Zitate: ebd., S. 33 f.

48 *Ich bitte Dich inständig:* Wedekind an Schibler, Juni 1881, KBA; *Letzten Freitag:* Wedekind an Adolph Vögtlin, WBR I, S. 26

49 *Selbstmord folgt auf:* ebd., S. 28; *gar zu idyllisch:* Vögtlin an Wedekind, 2.7.1881, MON; *Der Tadel:* Wedekind an Vögtlin, WBR, S. 22; *Beschämt zugleich:* ebd., S. 25

50 Es streicht: «Felix und Galathea», WDA I/1, S. 574; *Ohne Fleiß:* KUT I; *Franklin schüttelte:* Walther Oschwald, a. a. O.

51 *Stereotypausgabe:* «Betrachtungen des Spießbürgers vor der neuen Kantonsschule in Aarau a. d. 1908»; Frank Wedekind: Prosa, hg. von Manfred Hahn, Aufbau, Berlin/Weimar, 1969, S. 271; *wirklich nicht gering:* Walther Oschwald, a. a. O.; *Mein Lieber:* C. A. Küng an Wedekind, 22.11.1881, MON; *bodenlosen Abgrund:* Schopenhauer, «Welt als Wille und Vorstellung» II, Kap. 46

52 *Die Natur hat:* Olga Plümacher an Wedekind, o. O., o. D., verm. Herbst 1881, MON; *Wie groß mein Vergnügen:* Wedekind an Schibler, Dezember 1881, KBA; *Ein unerfahrener:* Schibler an Wedekind, 15.12.1882, MON; *MACH DICH LOS!:* Wedekind an Schibler, 11.12.1882, KBA

53 *Solltest du dich:* Wedekind an Schibler, Januar 1882, KBA;

Am Morgen um 11: Hermann Huber an Wedekind, 24.4.1883, MON; *Erst jetzt sehe ich:* ders., 28.4.1883, MON

54 Greife wacker: «Mahnung», WDA I/1, S. 86; Diese lieben: «An meine ‹Stunden der Andacht›», ebd., S. 149

55 *Kann ich dafür:* WNB 34, S. 3; *Du hilfst mir:* Moritz Dürr an Wedekind, 8.1.1883, MON; *Wie ich hier sagte:* Fritz Rauber an Wedekind, 12.11.1883, MON; *Atemlos:* Sophie Haemmerli-Marti: Mis Aargäu, a. a. O.

56 *Ich hätte Dich:* Schibler an Wedekind, 8.2.1884, MON; *kein namhafter:* Olga Plümacher an Wedekind, 20.2.1884, MON; *Damit bist Du:* Dr. Wedekind an Franklin, 24.7.1884, Archiv Lenzburg; *äußerst langweiliges Nest:* Wedekind an Minna von Greyerz, aus: Elke Austermühl, Eine Lenzburger Jugendfreundschaft – der Briefwechsel zwischen Frank Wedekind und Minna von Greyerz, Pharus 1: Frank Wedekind – Texte, Interviews, Studien, hg. von Elke Austermühl, Alfred Kessler, Hartmut Vinçon, Verlag der Georg Büchner Buchhandlung, Darmstadt, 1989, S. 373

58 Zurück vom: «Kraterlieder», WDA I/1, S. 162; Ich weiß ja: «Bertha», ebd., S. 163; Lass den toten: «An Laura», WDAI/1, S. 167

59 Ich hab dich lieb: «Alte Liebe», ebd., S. 426; Kennst du die hohe: «Der Kuß» (erste Niederschrift), ebd., S. 155 (übernommen in «Debutant», 1897, ebd., S. 384)

60 Es lag eine schöne: WDA I/1, S. 172; *In heiterster:* Wedekind an Frau Jahn, 6.11.1884, WBR I, S. 68

61 *wie ein Träumender* und folgende Zitate: Wedekind an Frau Jahn, 6.11.1884, WBR I, S. 69 f.

62 *Ich muß Sie bitten:* Frau Jahn an Wedekind, o. O., o. D., MON; Der erste Kuß: WDA I/1, S. 155

63 *Es hat Mamma:* Frida Marianne Erika an Wedekind, 9.11.1885, MON; *Um Mitternacht:* Wedekind an die Mutter, Dezember 1884, WBR I, S. 81; *Es sind das Dinge:* ders., S. 71 f.; *An die Gebrüder:* Dr. Wedekind an Armin und Franklin, 28.12.1884, Archiv Lenzburg

64 *Erb- und Familienrecht* und folgende Zitate: Franklin an den Vater, 27.4.1885, WBR I, S. 93; *ich studiere nicht viel:* Wedekind an Frau Jahn, 18.12.1884, ebd., S. 77; *königl. Kammerherr, Großcomthur:* Deutsches Bühnenjahrbuch 1885

65 *Seit ich die schöne* und folgende Zitate: Wedekind an die Mutter, März 1885, WBR I, S. 88 f.; *Du bist ein Glückskind:* «Galathea», Typoskript, FFW

66 *Überall, wohin wir schauen:* «Galathea», a. a. O.; *Blick ich auf:* Wedekind an Frau Jahn, April 1885, WBR I, S. 96 f.

67 *Die Gesellschaft besteht:* Wedekind an die Mutter, 7.9.1885, WBR I, S. 112; *Was ist daran wahr?:* KUT I, S. 112; *Es gab einen großen:* Franklin an William, Oktober 1885, MON; *Das sind mir schöne:* Olga Plümacher an Wedekind, 15.11.1885, MON

68 Im *gepumpten Zylinder* und folgende Zitate: Wedekind an Frau Jahn, Dezember 1885, WBR I, S. 127 ff.; *Freilich müssen das:* ders., 4.3.1886, WBR I, S. 132 f.; Wedekinds Geburtstagsgedicht «Unserm lieben Vater …»: WDA I/1, S. 205

69 *Nachdem zum Schluss:* Armin an Franklin, 25.2.1886, MON; *Du brauchst mir:* Armin an Franklin, 15.3.1886, MON; *tagtäglich vor einer:* «Der Schnellmaler», 1. Aufzug, 3. Auftritt, WDA II, S. 44

70 *festen Vorsatz* und folgende Zitate: Wedekind an Frau Jahn, Mai 1886, WBR I, S. 150 f.; *Dass es schief:* Frida Marianne Erika an Franklin, 23.7.1886, MON

71 *Nicht gleich die Flinte:* Olga Plümacher an Wedekind, 8.6.1886, KBA; Seh den Paradiesesgarten: WDA I/1, S. 237 f.; *Sie vermuthen mich:* Wedekind an Frau Jahn, Mai 1886, WBR I, S. 150

72 dem *ganzen herrlichen Sommer:* Wedekind an Karl Henckell, 9.1.1893, WBR I, S. 247

74 *Sie können sofort:* Pharus IV, «Frank Wedekinds Maggi-Zeit – Reklamen, Reiseberichte, Briefe», hg. von Hartmut Vinçon, Jürgen Häusser, Darmstadt 1992, S. 85

75 *Die Bescherung:* Wedekind an die Mutter, 22.12.1886, WBR I, S. 161; *Dem weißen Elephanten:* Pharus IV, a. a. O., S. 37; *Eine vortreffliche:* ebd., S. 37

76 Vater, mein Vater u. Was dem einen fehlt: Pharus IV, a. a. O., S. 71 u. 73; *Bezüglich der längern:* ebd., S. 95; *da Sie dasselbe:* ebd., S. 93

77 *Ich arbeite noch:* Wedekind an die Mutter, 7.5.1887, WBR I, S. 165; «Der Witz und seine Sippe», Prosa, a. a. O., S. 139

78 «Marianne» aus: Wedekind, Gesammelte Werke, Bd. 8, Georg Müller, München, 1924, S. 201; *Ich versichere Dich:* Wedekind an die Mutter, 10.6.1887, WBR I, S. 166 ff.; *Du wirst sagen:* ders., 28.6.1887, ebd., S. 169 f.; «Zirkusgedanken», Prosa, a. a. O., S. 153

79 *Es scheint mir:* «Neue Züricher Zeitung» an Wedekind, 17.6.1887, KBA; *Ich hoffe:* Wedekind an die Mutter, 28.6.1887, WBR I, S. 169; *Herrn Dr. Wedekind:* Wedekind an den Vater, 19.9.1887, ebd., S. 175 ff.

80 *Ich sehe schon:* Wedekind an die Mutter, 28.9.1887, WBR I,

S. 178 f.; *damit kein Stäubchen:* KUT I, S. 175; *eine andere eifersüchtig* und folgende Zitate: Bertha Jahn an Wedekind, o. O., o. D., MON

81 *Franklin! Sie haben:* Bertha Jahn an Wedekind, 8.9.1887, MON; «Ein böser Dämon»: Gesammelte Werke, Bd. 8, a. a. O., S. 175

85 *16. Februar 1889. Nach dem Souper:* WTB, S. 24

86 *Sie ist in der Tat:* WTB, S. 21; *stilistische Übung:* KUT I, S. 286; *Wenn ihr Mund:* WTB, S. 22

87 eine *langweilige, larmoyante:* WTB, S. 21; *Wäre ich Maler:* ebd., S. 29; *Trotz der trüben:* ebd., S. 27 f.; *ein klein wenig plump:* ebd., S. 28 f.

88 *ohne Grauen* und folgende Zitate: «Elins Erweckung», 2. Szene, WDA II, S. 474 f.

89 *das denkbar SCHLECHTESTE Geschäft:* für Wedekinds Gedanken zur Prostitution vgl. WNB 16, S. 1 ff.

90 *Sie glauben wol:* «Elins Erweckung», a. a. O., S. 494; *aus des Verließes* und folgende Zitate: ebd., S. 498 ff.

91 *Die Entbindung:* WTB, S. 32

93 *geistig und körperlich* und folgende Zitate: Wedekind an Armin, 26.5.1889, WBR I, S. 186; *hundemüde – massenhaft zur Verfügung gestellte:* WTB, S. 35; *Ich frage einen Polizisten* und alle Zitate des Besuchs bei Gerhart Hauptmann: WTB, S. 36 ff.

96 die *unerträgliche Hitze:* WTB, S. 46; *mit großer Vorsicht:* WTB, S. 56

97 *Jede hat eine Reihe:* WTB, S. 41; *Er ißt vollständig* und folgende Zitate: ebd., S. 59 ff.

98 *niederschlagend:* WTB, S. 56; *Ich muss Umgang* und folgendes Zitat: ebd., S. 61; *Sie hat ein hübsches* und folgende Zitate: ebd., S. 52

99 *Später, später:* WTB, S. 57; *unendlich kleinlich:* ebd., S. 61; *überglücklich:* ebd., S. 65; *Meiner Arbeit gegenüber:* ebd., S. 67; *Aber ich werde:* ebd., S. 69

100 *Nach Tisch:* WTB, S. 76; *Auf der Brücke:* ebd., S. 72; *Es war der Jahrestag:* ebd., S. 79

101 *Ich fürchte beinahe:* WTB, S. 85; *langes, darmartiges Zimmer:* ebd., S. 91; *ihren sämmtlichen:* Wedekind an Armin, 13.8.1889, WBR, S. 199; *keine höhere Lebensaufgabe:* «Kinder und Narren», 1. Aufzug, 3. Auftritt, WDA II, S. 112

102 *schwere, nußfarbige:* WTB, S. 39; *Wenn, sag ich:* «Kinder und Narren», 1. Aufzug, 11. Auftritt, WDA II, S. 122; *Du wirst mich zwar:* Wedekind an Armin, 13.8.1889, WBR, S. 197; *Ich denke:* Wedekind an die Mutter, 10.7.1889, WBR, S. 196

103 *Die Arbeit geht:* WTB, S. 103; *Nicht selten quält mich:* ebd.

104 *Wenn ich mich* und folgende Zitate: WTB, S. 105; *Piccolo* und folgendes Zitat: ebd., S. 104; *hochgradige Erregung:* ebd., S. 107; *Ich male mir:* ebd., S. 108

105 *Die ganze Affaire:* WTB, S. 108; *blutigen Freveln:* ebd., S. 113; *am Ende verrückt:* ebd., S. 109; *Höllenqualen* und folgende Zitate: ebd., S. 113; *Vereinsamung* und folgende Zitate: ebd., S. 109f.; *hauserschütterndem* Beifall: ebd., S. 116; Die Mutter sprach: «Das Lied vom gehorsamen Mägdlein» WDA I/1, S. 538

106 *Mir ist:* WTB, S. 121

107 *Erfüllung Ibsens:* Theodor Fontane: Werke in fünf Bänden. Aufbau, Berlin/Weimar, 1975, Bd. 1, S. 357; *Seit dem 9. September:* WTB, S. 158; *Nicht wieder schlagen:* Gerhart Hauptmann: «Das Friedensfest», 2. Akt. Fischer Bücherei, S. Fischer, 1962, S. 53; *Warum muß denn das* und folgendes Zitat: ebd., 2. Akt, S. 42; *Sieh mal, ich gehe:* ebd., 3. Akt, S. 63 f.

108 *Man muß nicht:* «Das Friedensfest», a. a. O., S. 64; *So bedrückend:* «Kinder und Narren», 4. Aufzug, 2. Auftritt, WDA II, S. 166; *stilistische Bemühungen:* KUT I, S. 227

109 *Ein empfehlendes:* Wedekind an Paul Heyse, 9.3.1891, Bayer. Staatsbibliothek München, Heyse Archiv VI, WDA II, S. 638; *mustergültig – Wegweiser:* Theodor Fontane: Werke in fünf Bänden, a. a. O., Bd. 1, S. 360 ff.; *Was würde Papa:* Mati an Franklin, 17.8.1889, MON; *von ganzem Herzen:* Armin an Franklin, Dezember 1889, MON; *das weit von der Herzlichkeit:* Armin an Franklin, 11.12.1889, MON; *rein wie ein frisches:* Franklin an Armin, 18.2.1890, MON

110 *in jeder Beziehung blamiert:* Wedekind an die Mutter, 8.2.1890, WBR, S. 210; *vor welchen beiden Sachen* und folgende Zitate: Donald an Franklin, 31.1.1890, MON; *Ist es zu verwundern:* Wedekind an die Mutter, 8.2.1890, WBR, S. 210; *Der beste Wille:* ebd., S. 209

112 *Mensch, Gott und Teufel:* Max Halbe: Sämtliche Werke, Das Bergland-Buch, Salzburg, 1945; 2. Bd., S. 309 ff.

113 «Eden» von Frank Wedekind, Typoskript, FFW

114 *mechanistisch, ritualistisch:* aus: Hartmut Vinçon «Inszenierung der Sexualität. Zur Verwissenschaftlichung und Literarisierung des Sexualdiskurses im 19. Jahrhundert am Beispiel von Frank Wedekinds »Eden«-Konzept», Typoskript, FFW; «Zum dramatischen Werk», Prosa, a. a. O., S. 338; *ohne das Menschlichste* und folgendes Zitat: «Frühlings Erwachen», 2. Akt, 6. Szene, WDA II, S. 350

115 *Melchior Gabor ist:* Tilly Wedekind, Lilly Ackermann, Erich Mühsam, Prof. Dr. A. Kutscher, «Wedekinds Modelle – die Urbilder seiner Bühnengestalten», 1934, Zeitschrift nicht ermittelt; *Einem vierzehnjährigen:* «Frühlings Erwachen», 3. Akt, 4. Szene, WDA II, S. 368

116 *O glaub mir:* «Frühlings Erwachen», 2. Akt, 4. Szene, WDA II, S. 288; *Du saugst mir* und folgendes Zitat: ebd., 2. Akt, 3. Szene, WDA II, S. 286

117 *Glaub mir, Melchior – Denke sie dir, wie du magst:* «Frühlings Erwachen», 2. Akt, 1. Szene, WDA II, S. 281 f.; *Belästigen Sie uns:* ebd., 3. Akt, 7. Szene, WDA II, S. 319; *Unter Moral:* ebd., S. 321; *Der schmächtige Halm:* Notiz Wedekinds, MON, WDA II, S. 801

118 *als hätte ein:* mündlich überliefert; *München ist nicht:* KUT I, S. 196

121 *Ein solches Sichüberbieten* und folgende Zitate: Franklin an Armin, Neujahr 1892, WBR, S. 220

122 *großem Bett* und folgende Zitate: Wedekind an die Mutter, 21.1.1892, WBR, S. 226

123 *Sie trägt ein:* WTB, S. 175; *ihre Schweinerei:* ebd., S. 170; *Sie steigt mir:* ebd., S. 183; *Ich sage ihr:* ebd., S. 189

124 *Fortsetzung des Kampfes – sehr erleichtert:* WTB, S. 181; *weit über die Jahre* und folgendes Zitat: ebd., S. 194; *zwölfjähriges Kind:* ebd., S. 182

125 *Gabriel-Max-Kopf* und folgende Zitate: WTB, S. 184; *reizend ausgestattetes:* ebd., S. 184 f.; *Traktieren der Vagina – in den Salatkeller:* ebd., S. 37; *Leck doch dran:* WNB 9, S. 1

126 *In ihrem hellen:* WTB, S. 204; *Es schläft sich:* ebd., S. 198

127 *Verstimmungen, Zweifel:* KUT, S. 268

128 *um ihretwillen:* «Die Büchse der Pandora» (1894), 1. Aufzug, 8. Auftritt, WDA II, S. 176; *Schwarz wirft Lulu:* WNB 15, S. 27

129 *Bring ihr Respekt bei:* «Die Büchse der Pandora» (1894), 2. Aufzug, 6. Auftritt, WDA III/1, S. 198 f.; *Dieser Unmensch!:* ebd., 8. Auftritt, S. 202; *bei kläglichem Salär:* Wedekind an Karl Henckell, 9.1.1893, WBR I, S. 247; *Was mich an ihn fesselt:* WTB, S. 228

130 *Ich habe kaum:* WTB, S. 232

131 *Muth kneift sofort:* ebd., S. 234; *Ich sage ihm:* ebd., S. 225; *Er sagt zu:* ebd., S. 234; *Solltest Du indessen:* Wedekind an die Mutter, 24.1.1893, WBR I, S. 248; *Seit einem halben:* ders., 7.1.1893, ebd., S. 240

132 *Du wirst es ermüdend:* Wedekind an die Mutter, WBR I, S. 241;
     fürchterlichen Paar Augen – sie passe nicht: WTB, S. 244; *stärks-*
     ten Männer – mit Fäusten – man redet sich: WTB, S. 253 f.

133 *abgetödteten Cardinäle:* Donald an Frank, Januar 1893, MON;
     als Dirne gearbeitet und folgende Zitate: ders., 13.4.1893,
     MON; *Ich könnte dir:* ders., 11.10.1892, MON; *wie neugebo-*
     ren: WTB, S. 262; *Prachtvoller Saal:* «Die Büchse der Pandora»
     (1894), Szenenanweisung 3. Aufzug, WDA III/1, S. 207

134 *Du Abzugskanal:* «Die Büchse der Pandora» (1894), 6. Auftritt,
     WDA/1, S. 222; *keine andere Liebe:* Wedekind an Adolph
     Vögtlin, August 1881, WBR I, S. 29

135 *nie ein Vorwurf:* WTB, S. 288 ff.

136 *Ich habe die Sprache:* WTB, S. 282; *so zerschlagen:* ebd., S. 283;
     sehr disponiert und folgende Zitate: ebd., S. 284 f.

137 *um dereinst zu wissen:* WTB, S. 286; *eine kleine Französin* und
     folgende Zitate: ebd., S. 310

139 *grün und schwarz* und folgende Zitate: WTB I, S. 313 f.; *ich*
     büße hier alles: Frank an Armin, 14.2.1894, WBR, S. 266; *Boar-*
     dinghouse – böser Stern: ders., S. 269; *Kann die Engländerin:*
     WNB 1, S. 32; *Das sind meine:* Frank an Armin, 14.4.1894,
     WBR I, S. 269

141 *in den Koth:* «Die Büchse der Pandora» (1894), 5. Aufzug,
     1. Auftritt, WDA III/1, S. 278; *keinen Hund vor die Tür* und
     folgende Zitate: ebd., S. 276; *ihre Glanzzeit:* ebd., 3. Auftritt,
     S. 286; *Weg, du Scheusal:* ebd., 5. Aufzug, 5. Auftritt, WDA III/
     1, S. 291

142 *Gefühle sind:* WNB 47, S. 69; *verstümmelt* und folgende Zitate:
     «Die Büchse der Pandora» (1894), 5. Aufzug, 10. Auftritt, WDA
     III/1, S. 297 f.; «I ask myself …»: ebd., 5. Aufzug, 13. Auftritt,
     WDA III/1, S. 308; «You too?»: ebd.; *ein kleines:* ebd., 15. Auf-
     tritt, S. 311

144 *Geehrter Herr!:* WNB 1, S. 36 f.

148 *in einen Abgrund:* Briefentwurf, September 1894, WBR I,
     S. 272; *Fast am meisten* und folgende Zitate: Lou Andreas-
     Salomé, «Lebensrückblick», hg. von Ernst Pfeiffer, Insel, 1968,
     S. 100 ff.

149 Lou Andreas-Salomé: Fenitschka. Eine Ausschweigung. Zwei
     Erzählungen; Die Frau in der Literatur, Ullstein, Frankfurt/
     M./Berlin/Wien, 1983, S. 12 ff.

151 *Ich habe nie:* Frank an Armin, 14.4.1894, WBR I, S. 269

153 *In ihrem geschwätzigen:* WTB, S. 243; *Eine junge Novizin:*
     Emil Braun, Berühmte Lenzburger Sängerinnen. Sonderdruck

aus den Lenzburger Neujahrsblättern 1931–1934, Buchdruckerei R. Müller, Lenzburg, S. 40

154 *Wedekind war damals:* «Das Wedekindbuch», hg. von Joachim Friedenthal, Georg Müller, München/Leipzig, 1914, S. 212

155 *Das jugendfrische:* Berühmte Lenzburger Sängerinnen, a. a. O., S. 42; *Über die Zwischennummern:* ebd. (Abdruck aus der «Frankfurter Zeitung» vom 22.7.1915)

157 *Erpressung – moralischen Sumpf – Mir ist das Leben:* Wedekind an die Mutter, 3.8.1895, NN; *Ich würde Sie dabei:* Wedekind an Hans Bodmer, 24.10.1895, Staatsarchiv des Kantons Zürich; *Herr Minehaha:* KUT II, S. 4

158 *Wenn der große:* WNB 1, S. 15; *Da ich augenblicklich:* Wedekind an die Mutter, 22.12.1895, NN; *Liebe Mama, ich halte es:* ebd.

160 *außerordentliches darstellerisches Talent:* Berühmte Lenzburger Sängerinnen, a. a. O., S. 43

162 *Eines Tages stand:* Jakob Wassermann, Albert Langen und sein Kreis, in: «Simplicissimus» 1/1926

164 *Nun, wo ist das Gedicht?:* Korfiz Holm, Ich kleingeschrieben – heitere Erlebnisse eines Verlegers, Albert Langen – Georg Müller, München/Wien, 1966, S. 48

166 *Sehr geehrter:* Wedekind an Richard Strauss, 11.2.1896, Strauss Archiv, Alice Strauss, Garmisch Partenkirchen; *weil alles um mich her:* Wedekind an Baron von Grote, 8.8.1896, MON; *Sehr geehrter Herr Doctor:* Wedekind an Paul Schlenther, 13.4.1896, Literaturarchiv Marbach

167 *Von dem Augenblick:* Wedekind an Weinhöppel, 20.1.1897, WBR I, S. 276; *Ich erscheine mir:* ders.,17.1.1897, ebd., S. 275; *Ich lebe hier:* Wedekind an Weinhöppel, 17.1.1897, WBR I, S. 176; *Wenn Du mir wenigstens:* Wedekind an die Mutter, 13.12.1896, NN

168 *Sehr geehrter Herr Doctor:* Briefentwurf 1897, MON; *Meine Baßgeigen:* Wedekind an Weinhöppel, 15.7.1897, WBR I, S. 282; *Nachstehende Verse:* «Simplicissimus» II/17, KUT II, S. 17

169 *Es stehen bedeutende:* Wedekind an die Mutter, 8.9.1897, NN; *nicht in letzter Linie:* Wedekind an Weinhöppel, 15.7.1897, WBR I, S. 283; *Frida hat niemals:* Lotte Dreßler an Wedekind, 11.7.1897, MON

170 *Mein lieber, einziger:* Julie Rickelt an Wedekind, 1.9.1897, MON; *Wie tief ich wieder:* Wedekind an Weinhöppel, 8.10.1897, WBR I, S. 284; *brutaler Raubtierintelligenz:* Vorwort zur 4. Auflage (1909), Prosa, a. a. O., S. 347

171 *Dazu bin ich ja:* «Der Kammersänger», 4. Auftritt, WDA IV, S. 19

172 *Die Komponisten* und folgende Zitate: «Der Kammersänger», 7. Auftritt, WDA IV, S. 29 f.; *Helene, willst du dich* und folgende Zitate: ebd., 9. Auftritt, WDA IV, S. 39 f.

173 *Grimmiger und hohngetränkter:* Paul Friedrich, Frank Wedekind, Berlin, 1913, S. 31 f., WDA IV, S. 389; *Unklugheiten:* Julie Rickelt an Wedekind, 26.10.1897, MON

174 *höchst fremdartig:* Kurt Martens, Schonungslose Lebenschronik, 1. Teil, Rikola, Wien/Berlin/Leipzig/München, 1921, S. 205

175 *Er küßte ihnen:* Kurt Martens, a. a. O., S. 207 f.; *Erschütternd zu sehen:* ebd., S. 206; *Da kettete er:* ebd., S. 208

176 *Ich habe heute Morgen:* Frank an Mieze, 5.1.1898, MON; *der ganzen Sache:* Martens, a. a. O., S. 216; *bei aller Grellheit:* «Leipziger Tageblatt», 25.2.1898, WDA III/2, S. 1112

178 *Der Tag, an dem Wedekind:* «Das Wedekind-Buch», a. a. O., S. 273; *ein Theaterskandal:* «Vorrede zu ‹Oaha›», Prosa, a. a. O., S. 357; *Dieser crasse Unsinn:* «Schlesische Zeitung», 28.5.1898, WDA III/2, S. 1115

179 *streng sachliche* und folgende Zitate: Arthur Kahane, Begegnungen mit Frank Wedekind, «Literarische Umschau», Wochenschrift der «Badischen Presse», 3. Jg., Nr. 44, 2.11.1927

180 *Männer, Frauen ...* «Jubel-Hymnus, auf den preußischen Bahnhöfen zu singen», «Simplicissimus», 2.8.1898, WDA I/1, S. 486

181 *Unsere Leser wissen:* Wolfgang Petzet, Theater – die Münchner Kammerspiele, Kurt Desch, München/Wien/Basel, 1973, S. 24

182 *Lieber Herr Stollberg:* Wedekind an Georg Stollberg, 2.9.1898, MON

183 *bei ihrer Engherzigkeit:* Wedekind an die Mutter, 14.10.1898, NN; *Sie begreifen:* Gordon A. Craig, Deutsche Geschichte 1866–1945, C. H. Beck, München, 1980, S. 207

184 *Drum sei uns:* «Im Heiligen Land», «Simplicissimus», 25.10.1898, WDA I/1, S. 499; *daß hier etwas Bedeutendes:* Korfiz Holm, ich – klein geschrieben, a. a. O., S. 65

185 *30 Personen:* Wedekind an Beate Heine, 12.11.1898, WBR I, S. 315; *Es war ein sehr harter:* ebd.; *für mich giebt es keinen:* Wedekind an Weinhöppel, 14.11.1898, ebd., S. 319

187 *von allen Seiten verraten* und folgende Zitate: Wedekind an Weinhöppel, 14.11.1898, WBR I, S. 319; *etwas VERNÜNFTIGES* und folgende Zitate: «Ein Genussmensch», 1. Aufzug,

8. Auftritt, WDA IV, S. 59: *eine verflucht schlaue:* ebd., 10. Auftritt, S. 62; *Es ist die höchste:* ebd., S. 67

188 *Wenn man vier Wochen:* Wedekind an Stollberg, 21.11.1889, MON; *Ja, wissen Sie:* ders., 21.11.1898, MON; *trotz des Vorgefallenen:* Wedekind an Halbe, 20.11.1898, MON; *Ich danke Dir:* Wedekind an Weinhöppel, 14.11.1898, WBR I, S. 318

189 *Ohne daß ich gerade:* Wedekind an Weinhöppel, 29.11.1898, WBR I, S. 321; *Liebe Mama:* Wedekind an die Mutter, 25.5.1899, NN; *das verdammte Drama* und folgende Zitate: Wedekind an Beate Heine, 7.1. und 12.3.1899, WBR I, S. 329 u. 363

190 *Ich kann nicht sterben:* «Ein gefallener Teufel», 1. Aufzug, 4. Auftritt, WDA IV, S. 86; *gut, groß* und *lieb:* ebd., 3. Aufzug, 8. Auftritt, S. 121; *Ich hielt dich:* ebd., 5. Aufzug, 5. Auftritt, WDA IV, S. 143; *Der Hund möchte:* Wedekind an Beate Heine, 12.3.1899, WBR I, S. 338 f.

191 Schwer ist's heute: «Des Dichters Klage», «Simplicissimus», 7.3.1899, WDA I/1, S. 513; *Fast habe ich:* Wedekind an Weinhöppel, 22.5.1899, WBR I, S. 342; *Ich weiß nicht* und folgende Zitate: Wedekind an die Mutter, 22.5.1899, NN

192 *Es thut mir:* Wedekind an Stollberg, 28.5.1899, WBR I, S. 342 f.

193 *geistig zu préoccupiert:* Wedekind an Beate Heine, 28.6.1899, WBR II, S. 2; *Gestern Morgen:* ders., 22.9.1899, WBR II, S. 9; *Eine Ordonnanz:* ebd.; *Lach nicht so dreckig:* «Simplicissimus», 25.10.1898

194 *Als er schon beinahe:* Die Wahrheit ist oft unwahrscheinlich – Th. Th. Heines Briefe an Franz Schoenberner aus dem Exil, hg. von Thomas Raff, Veröffentlichungen der Deutschen Akademie für Sprache und Dichtung 82, Wallstein, Göttingen, S. 243

195 *geradezu entsetzlich:* Wedekind an Beate Heine, 16.9.1899, WBR II, S. 7; *das Schrecklichste, Rührendste:* Thomas Mann, Eine Szene von Wedekind. Das Wedekind-Buch, a.a.O., S. 224; *Die Wahrheit ist:* «Der Marquis von Keith», 2. Aufzug, WDA IV, S. 172; *Der Mensch wird abgerichtet:* ebd., 1. Aufzug, 1. Auftritt, S. 154; *die groben, roten:* ebd., Szenenanweisung vor dem 1. Aufzug, WDA IV, S. 151

196 *Sonnenschein, der durch:* «Mine-Haha», Prosa, a.a.O., S. 88; *nur noch fühlen:* ebd., S. 91; *sehr viel Schnee:* ebd., S. 118; *Beifallsgeheul – Gläsergeklirr:* ebd., S. 120; *furchtbar schwer:* ebd., S. 129; *in langem Zuge* und folgendes Zitat: ebd., S. 134

197 *Entgleisung* und folgende Zitate: Ortrud Gutjahr: Erziehung zur Schamlosigkeit. Freiburger literaturpsychologische Gespräche, Jahrbuch für Literatur und Psychoanalyse, Bd. 20, hg.

von Ortrud Gutjahr, Königshausen & Neumann, 2001, Fußnoten 10, 11, 12, S. 94f.; *Dienstmädchen* und folgende Zitate: «Mine-Haha», S. 86f.

199 *unter den humorhaften:* Alfred Kerr, Die Nation 17, 1899/1900, WDA IV, S. 384; *Ist es Ihnen:* Ferdinand Hardekopf an Wedekind, 17.12.1899, MON; *ebenso komische:* Wedekind an Beate Heine, 20.3.1900, WBR II, S. 43

200 *Es kann mir nicht:* Wedekind an Walther Oschwald, 8.3.1900, NN; *Bei diesem Hotel-, Café- und:* ders., 19.3.1900, NN; *Ihr Schwiegersohn:* Wedekind an Björnson, 13.3.1900, WBR II, S. 42; *Ach, wenn ich nur:* Ernestine Koch, Albert Langen, ein Verleger in München. Albert Langen/Georg Müller, München/Wien, 1969, S. 119

201 *weil ich mit einem Mundwerk:* Wedekind an Walther Oschwald, 17.3.1900, NN; *Das Kind wird ungetauft:* Geburts- und Taufbuch Hannover, Jg. 1864, Prinzenstraße, a.a.O., S. 63; *gründlich dadurch blamiert:* Wedekind an Walther Oschwald, 21.5.1900, NN; *Es wird mich nicht:* ders., 28.5.1900, NN; *Ich habe die Wahrnehmung* und *Darin magst du recht haben:* ders., 29.5.1900, NN; *Verzeih bitte:* Wedekind an Walther Oschwald, 9.6.1900, NN; *Infamie* und folgende Zitate: ders., 1.8.1900, NN

202 *Ich habe auf dem:* Wedekind an Beate Heine, 7.11.1900, WBR II, S. 59; *das Aussehen eines Jungmädchenstübchens:* Arthur Holitscher, Lebensgeschichte eines Rebellen, S. Fischer, Berlin, 1924, S. 182; *ohne deutsche Rüpelei:* Donald an Frank, 3.10.1900, MON; *Taedium Vitae* und folgende Zitate: Wedekind an die Mutter, 24.12.1900, NN

203 *Bin ich krank:* Donald an Frank, 9.1.1901, MON; *Dein Brief ekelt mich:* Frank, 9.1.1901, MON

204 *Was hat eigentlich:* «Jugend», Erscheinungstermin nicht ermittelt; *Wenn ein Fremder:* Wedekind an Carl Rössler, WBR II, 12.1.1901

205 *Fräulein Delvard lebte:* «Münchner Neueste Nachrichten», 13.4.1901; *schräg gegen den Boden:* Wilhelm Worringer, Frank Wedekind, ein Essay, Münchner Almanach, ein Sammelbuch neuer deutscher Dichtung, hg. von Karl Schloß, München/Leipzig, 1905, S. 56–68; *niegesehen:* Heinrich Mann, Erinnerungen an Frank Wedekind (1923), Aufbau, Berlin, 1954, S. 399f., *einzigartig und unübertrefflich:* KUT II, S. 88; *nicht leicht zu sagen:* «Das Wedekind-Buch», a.a.O., S. 178

206 *Man sah einen furchtbaren:* Heinrich Mann, Erinnerungen an Frank Wedekind, a.a.O., S. 400

208 *keine einzige hohle* und folgende Zitate: Arthur Holitscher, Lebensgeschichte eines Rebellen, a. a. O., S. 192

209 *Denken Sie sich:* Wedekind an Martin Zickel, 6.8.1901, WBR II, S. 77; *Für mich gestaltet sich:* ders., 21.9.1901, WBR II, S. 84 f.; *Sie hätten längst:* Wedekind an Beate Heine, 10.3.1902, WBR II, S. 87

210 *Armselig, wie ich bin:* «König Nicolo», 2. Aufzug, 5. Bild, WDA IV, S. 264; *Seltsam sind:* «Bajazzo», «König Nicolo», 2. Aufzug, 7. Bild, WDA IV, S. 274

211 Aus der Sonne: «Chorus der Elendenkirchweih», «König Nicolo», 2. Aufzug, 7. Bild, WDA IV, S. 268

212 *nicht dramatisch* und folgende Zitate: «Münchner Neueste Nachrichten», 25.2.1902; *Wedekinds knappe:* Hanns von Gumppenberg, Lebenserinnerungen – aus dem Nachlass des Dichters, Eigenbrödler, Berlin/Zürich, 1929, S. 310; *Solltest Du wirklich:* Hildegard Zellner an Wedekind, o. O., o. D., MON; *persönliche Entschädigung:* Königl. Bayer. Amtsgericht Landshut, Jg. 1902, Ziffer 241, Buchstabe Z, 7.7.1902

213 *für die Handlung:* «Münchner Neueste Nachrichten», 22.10.1902; *Von dem sinkenden:* Leonhard M. Fiedler, Max Reinhardt, rowohlts monograpien, 1975, S. 37; *immer wieder zu einer:* Wedekind an den «Berliner Börsen-Courier», 23.9.1902, WBR II, S. 93

214 *Es war noch keine:* Wedekind an Carl Rössler, 22.11.1902, WBR II, S. 93 f.; *Wissen Sie, was Sie:* Leonhard M. Fiedler, Max Reinhardt, a. a. O., S. 38; *starkem Beifall:* «Berliner Morgenpost», 18.12.1902; *große, überwiegend weibliche:* «Das deutsche Blatt», 19.12.1902; *Sie hat alle ihre Kraft:* Marie Luise Becker, Berliner Bühnenkünstler, XXVIII. Gertrud Eysoldt, Bühne und Welt, 5, 1902/03, S. 638

217 *Sollte Ihnen:* Wedekind an Albert Langen, 25.5.1903, MON; *Wut und Haß:* Heinrich Mann, Erinnerungen an Frank Wedekind, a. a. O., S. 404; *Nachdem die Zeit:* Wedekind an den Albert Langen Verlag, 19.8.1903, MON

218 *Was ich von diesen:* Donald an Frank, 15.8.1903, MON; *Herrn Albert Langen:* Wedekind an Albert Langen, 31.8.1903, MON

219 *Ich komme noch einmal:* Wedekind an Albert Langen, 1.9.1903, WBR II, S. 106; *ein Mann von gedrungener:* «Hidalla», Szenenanweisung zum 1. Akt, WDA VI, S. 43; *eine schiefgewachsene:* ebd., S. 54

220 *unverbrüchliches Recht – In der Liebe:* «Hidalla», 1. Akt, WDA VI, S. 56 f.; *Bethätigung des Geschlechtslebens* und folgende

Zitate: «Internationaler Verein zur Züchtung von Rassemenschen», WNB 16, S. 1 ff.

221 *Der Grund, warum ich:* Hildegard Zellner an Wedekind, 25.8.1903, MON

222 *Sehr geehrte Frau Zellner:* Wedekind an Hildegards Mutter, WNB 18, S. 70

223 *Mit der Literatur:* Wedekind an Beate Heine, 28.7.1904, WBR II, S. 127

224 *Wedekind ertrug es:* Max Halbe, Sämtliche Werke, a. a. O., S. 382 f.; *Herr Wedekind – Das klingt widrig:* Maximilian Harden in der «Zukunft», 31.1.1903

225 *Das war für mich:* Walther Rathenau an Wedekind, 11.10.1904, MON; *Ich hoffe:* Maximilian Harden an Wedekind, 9.10.1904, Handschriften, Bundesarchiv Koblenz

226 *Ich hatte Sehnsucht:* Gertrud Eysoldt an Wedekind, 7.10.1904, MON; *Mein süßer, angebeteter:* Anna von Seidlitz an Wedekind, 1.11.1904, MON

228 *Mein lieber Frank!:* Anna von Seidlitz an Wedekind, 14.2.1905, MON; die *REICHEN* und folgende Zitate: «Hidalla», 3. Akt, WDA VI, S. 77 ff.

229 *Mir ist es in Ischl:* Paul Schick, Karl Kraus, rowohlts monographien, 1965, S. 29; *jede Gemeinheit begehen:* «Die Fackel», Nr. 107, S. 24

230 *Die Frage, wer:* «Die Fackel», Nr. 142, S. 17 f.; *den merkwürdigsten unter den deutschen:* ebd., Nr. 143, S. 26; *erst verständlich – an dramatischer Kunst:* ebd., Nr. 142, S. 15

231 *Sehr geehrter Herr!:* B. M. Denk an Wedekind, 14.4.1905, MON;

232 *Genesis der Wollust:* WNB 33, S. 21; *Eine Nacht:* WNB 32, S. 28; *Mein lieber Frank Wedekind:* B. M. Denk an Wedekind, 9.5.1905, MON

233 *Ich glaube sogar:* Wedekind an die Mutter, 7.5.1905, WBR II, S. 140; *Uebrigens habe ich:* Wedekind an Karl Kraus, 9.5.1905, ebd., S. 142

235 *Büchse der Pandora:* Gerhart Hauptmann, Tagebücher 1897–1905, hg. von Martin Machatzke, Berlin 1987, S. 428; *Gerhart hat Ihnen:* Wedekind an Carl Hauptmann, 17.5.1905, Stiftung Archiv der Akademie der Künste, Berlin, Carl Hauptmann Archiv, K 169; *Tatsachen oder Vorgänge:* Zum Urteil des Prozesses am 12.5.1905 in Berlin vgl. WDA III/2, S. 1153 ff.

236 *Irrgarten der Weiblichkeit:* «Die Fackel», Nr. 691–696, S. 43 ff.; «Sind Sie noch Jungfrau?»: LULU, S. 45

238 *Der uneingeschränkte:* Wedekind an Karl Kraus, 3.6.1905,
WBR II, S. 142; *kluges und zugleich so madonnenhaftes:* Frank
an Tilly, 4.6.1905, ebd., S. 143; *Lieber Herr Frank Wedekind:*
Tilly an Frank, 7.6.1905, MON; *Ich erwarte sehnlichst:* AGN,
24.6.1905

239 *Wir fahren nach Haus:* AGN, 28.6.1905; *Sie liebt mich:* ebd.,
1.7.1905; *Mit wem hast Du mich:* B.M. Denk an Wedekind,
12.7.1905, MON; *Mein lieber Fischmann:* «An einen Hund»,
28.7.1905, «Die Fackel», Nr. 834–837, S. 74 f.; *sehr launisch:*
B.M. Denk an Wedekind, 29.7.1905, MON; *einer entsetzlichen:*
dies., 3.8.1905

240 *Nein! Nein! Nein!:* «Totentanz», WDA VI, S. 125; *Ich kann Dir
nur:* B.M. Denk an Wedekind, 23.9.1905, MON; *Die schönsten Stunden:* dies., 25.9.1905; *Ja, das hätte ich:* Tilly an Frank,
28.8.1905, MON

241 *Ich hatte schon sicher:* Frank an Tilly, 18.9.1905, MON; *Daß ich
auch sonst:* ders., 1.10.1905, MON; *Lieber Wedekind:* Tilly an
Frank, 13.10.1905, MON

242 *Haben Sie das verstanden?:* Isidor Landau, «Berliner Börsen-
Courier», 27.9.1905; mit *unheimlich heller* und folgendes Zitat:
Julius Hart, Der Tag, 29.9.1905

243 *es war halt da:* Tillys Autobiographiefragment, Handschrift,
MON; *Wedekind weiß an einem:* Gertrud Arnold an Wedekind, o.O., o.D., verm. 15.10.1905, MON

244 *Minderwertigkeitsgefühle* und folgende Zitate: Tillys Autobiographiefragment, MON; *Ich quäle mich:* Tilly an Frank,
Dezember 1905, MON

245 *Ich liebe Tilly:* AGN, 10.12.1905; das *Dienstmädchen:* «Der
Lehrer von Mezzodur», WDA I/1, 278; *furchtbar unglücklich*
und folgendes Zitat: Ida Orloff an Frank und Tilly (Typoskript
ohne Unterschrift), 11.12.1905, MON

249 *T. verläßt mich:* AGN, 6.1.1906; *kein Verhältnis – nur ein Verhängnis:* Karl Kraus an Wedekind, Dezember 1905, MON; *Wir
ruhen auf meinem:* AGN, 9.1.1906

250 *den normalen Leser:* Hermann Bahr, Tagebuch, Berlin 1909,
S. 97 f., WDA III/2, S. 1167; *(objektiv) unzüchtige:* Urteil
des Landgerichts Berlin II vom 23.2.1906, vgl. WDA III/
2, S. 1153 ff.; *ich gebe Dir alles:* Tilly an Frank, 31.1.1906,
MON

251 *Du auf deinem höchsten Dach:* «Die Wetterfahne», «Die
Fackel», Nr. 197, 28.2.1906, WDA I/1, S. 560

252 *herben Spott:* «An Heinrich Heine», WDA I/1, S. 555; Ich

441

bin nur Mensch: ebd.; *Vortrag über Tillys Charakter:* AGN, 15.2.1906

253　*alle seine Frauen:* Arnold Zweig, Juden auf der deutschen Bühne. Welt, Berlin, 1928, S. 70

254　Überkommt dich nun: «An Bruno», WDA I/1, S. 552; *Er kam zu mir:* LULU, S. 65; *Ich steuere lässig:* WNB 38, S. 39; *Von allen Aprilüberraschungen:* Walther Rathenau an Wedekind, 2.4.1906, FFW

256　*Es war, als säße:* LULU, S. 71 (Name dort in Otto Fehr geändert)

257　*dicht besetztes Haus* und folgende Zitate: «Nürnberger Generalanzeiger», 3.5.1906; *auf den wehrlosen:* Mirko Nottscheid, Karl Kraus – Frank Wedekind, Briefwechsel 1903 bis 1917. Königshausen & Neumann, Würzburg, 2008, S. 76; *Es wäre ein Glück:* Wedekind an Karl Kraus, 8.5.1906, ebd., S. 67; *Die Ehe ist:* WNB 41, S. 13

258　*Frank Wedekinds künstlerischen Rang:* «Berliner Tageblatt», 27.4.1906

259　*Das Publikum wird sich:* «Münchner Neueste Nachrichten», 16.7.1906

261　*so mut- und hilflos:* Donald an Frank, 18.4.1906, MON; *Ich versuche vergeblich:* AGN, 9.8.1906; *Nachts sitze ich:* ebd., 10.8.1906

262　*geistigen Gebiet:* «Die Büchse der Pandora», Verlag von Bruno Cassirer in Berlin, ohne Jahresangabe, S. 6 f.; *Wegen Totentanz:* Wedekind an Karl Kraus, 10.10.1906, Mirko Nottscheid, a. a. O., S. 82; *möglichst gut losschlagen:* 18.10.1906, ebd., S. 86

263　*das Schönste* und folgende Zitate: Hermann Bahr, Tagebücher, Skizzenbücher, Notizbücher, Bd. 5, 1906–1908, hg. von Moritz Csáky, Böhlau, 2003, S. 143; *gar keine Empfindung* und folgende Zitate: ebd., S. 146; *Eysoldt heult* und folgende Zitate: ebd., S. 148 f.; *außer sich* und folgende Zitate: ebd., S. 145

264　*zu trottelhaft* und folgende Zitate: Hermann Bahr, a. a. O., S. 152; *Es rührt sich keine:* AGN, 20.11.1906; *nach allen dramaturgischen:* «Berliner Tageblatt», 22.11.06; *Nach der Berliner:* München-Schwabing, 29.1.1907 (zur Inszenierung am Münchner Schauspielhaus)

265　*Nachdem soweit nun alles:* Wedekind an Eduard Newes, 14.12.06, MON

266　*bekannten deutschen Dramatiker:* «Neue Post», Graz, 8.1.1907

267　*Der Unterschied zwischen:* WNB 31, S. 9; *In meinem Leben:* WNB 21, S. 24

268　*sehr erotischer Mensch* und folgende Zitate: Tillys Autobiographiefragment, MON; *Der Schwanz ist:* WNB 40, S. 22

269　*Der an Liebesleidenschaft* und folgende Zitate: zu Wedekinds Ausführungen über die «Große Liebe» siehe WNB 39/40; *Ich möchte mir:* WNB 34, S. 3; *Liebe Mama:* WNB 40, S. 1; *Weinkrampf* und *Ich bin arbeitsunfähig:* AGN, 14.2. und 9.3.1907

270　*Nachdem in der letzten:* «An die Redaktionen der Wiener Zeitungen», «Der Sonntag» (Wien), 23.4.1907; *Was er auf der Bühne:* «Die Zeit» (Wien), 28.4.1907

271　*Ich bin überzeugt:* Tilly an Frank, o. D., MON

272　*Der in jeder:* «Die Fackel», Nr. 521–530, Januar 1920, S. 127 f.

273　*öffentliches Interesse – Culturschädling:* Briefentwurf Karl Kraus, Wiener Stadtbibliothek, Mirko Nottscheid, a. a. O., S. 112 f.

274　*Der Plan gefällt:* AGN, 29.5.1907; *Dampfbädern, Spazieren-Rennen:* Frank an Tilly, 19.7.1907, MON; *jeden Ausblick:* WNB 43, S. 23

275　In der Liebe: ebd. u. «Ratskeller 1891», WDA I/1, S. 564; *Ich kann Dir ja:* Tilly an Frank, 13.9.1907, MON; *Unsinn:* Frank an Tilly, 17.9.1907, MON; *alles aus dem Weg geschafft:* Tillys Autobiographiefragment, MON

276　*achtzehn Monaten:* «Die Zensur», 1. Szene, WDA VI, S. 209; *Wenn ich müde:* WNB 41, S. 17; *Mit jedem Tag:* «Die Zensur», 1. Szene, WDA VI, S. 210; *Zu Hause:* ebd., S. 213

277　*Ich bin jung – Ich wünsche nur das Eine:* Tilly an Frank, 20.7.1907, MON; *Ich kannte mich selbst:* «Die Zensur», 1. Auftritt, WDA VI, S. 216; *Hätte ich das Kind:* «Zum dramatischen Werk», Prosa, a. a. O., S. 354; *Gott ist eine* und folgende Zitate: zu Wedekinds Ausführungen über Religion vgl. WNB 17, S. 34 ff.

278　*Auf jeden Fall:* «Die Zensur», 2. Szene, WDA VI, S. 222; *der untilgbare Fluch:* ebd., S. 220; *In keiner meiner:* ebd., S. 221; *Wer moralisierend:* «Unveröffentlichte persönliche Bekenntnisse Wedekinds», FFW; *Man muß der Moral:* WNB 30, S. 23; *Ein Mensch von sittlichen:* «Die Zensur», 2. Szene, WDA VI, S. 222; *Es ist jammerschade:* ebd., 3. Szene, S. 229

279　*Wenn ich die Arbeit:* Frank an Tilly, 17.9.1907, MON; *Was ist mit Dir:* ders.; *Mein einzig geliebter:* Tilly an Frank, 18.9.1907, MON; *Sollte ich wirklich:* Frank an Tilly, 21.9.1907, MON

281　*In diesem Hause* und folgende Zitate: «Maximilian Harden – eine Erledigung», «Die Fackel» Nr. 234/35, 31.10.1907; *wenig Zutrauen:* Wedekind an Karl Kraus, 25.9.1907, Mirko Nottscheid, a. a. O., S. 102

282 *den größten deutschen:* «Morgen», Nr. 27, 13.12.1907; *Die Falschheit:* WNB 17, S. 29

283 *Ein zartes, junges* und folgende Zitate: Robert Walser, Bildnis eines Dichters, aus: Wenn Schwache sich für stark halten, suhrkamp taschenbuch 1117, 1986; *Mein lieber Bruder:* Donald an Frank, 22.12.1907, MON

284 *Mein lieber Frank!:* Donald an Frank, 25.1.1908, MON; *Geld, das ich:* ders., 1.5.1908; *Ich will durchaus:* ders.,14.5.1908, MON

285 *In extremis:* Telegramm von Donald an Frank, 1.6.1908; *Ich fürchte:* Frida Strindberg an Mati, 7.6.1908, KBA, Depositum Donald Wedekind; «Alle Achtung! Jetzt hat er ...»: WNB 55, S. 43

286 *Ich schäme mich:* WNB 54, S. 24; *Riesen-Nerven-Folter* und folgende Zitate: Wedekind an Arthur Holitscher, WBR II, S. 201 f.; *dreijähriger künstlerischer Tätigkeit:* «Reinhardt-Tagebuch», 1.7.1908, WTB, S. 325

287 *Auffallende Dekorationen:* Anhang zum Personenverzeichnis «Oaha», WDA VIII, S. 13; *Tilly mit ihrem:* AGN, 28.6.1908; *ewigen Küchenzettel:* ebd., 30.6.1908

289 *Wedekind war mittelgroß:* Paul Fechter, Menschen und Zeiten, C. Bertelsmann, Gütersloh, 1949, S. 139 ff.

290 *geradezu ein Saal:* LULU, a.a.O., S. 117; *entsetzlich ungeschickt:* ebd., S. 119

291 *satanischen Dichter* und folgende Zitate: «Simplicissimus» 1896–1914, hg. von Richard Christ, Rütten & Loening, Berlin, S. 213 ff.

292 *Wenn ein unheilbarer:* «Neues Münchner Tagblatt», 17.11.1908, WDA II, S. 899; *Nein, Herr Frank Wedekind!:* «Berliner Tageblatt», 1.11.1908; *fünfzehn Jahre lang:* «Frank Wedekind zürnt», «Berliner Tageblatt», 3.11. 1908; *typisch für den Gemütszustand:* ebd.

293 *Herr Frank Wedekind:* ebd., Datum nicht ermittelt

294 *Sie haben wirklich:* Paul Lindau an Wedekind, o.O., o.D., MON

295 *Honoratioren-Versammlung* und folgende Zitate: Erich Mühsam, Unpolitische Erinnerungen, hg. von Chris Hirte, Volk und Welt, Berlin, S. 603 ff.; *wie auf einem Pulverfass:* Tillys Autobiographiefragment, MON

296 *Dieselbe Spannkraft:* WNB 60, S. 71; *Tilly stellt in allen:* Notiz zum «Stein der Weisen», WDA VI, S. 921; *Lebens Zaubergarten:* «Stein der Weisen», 4. Auftritt, ebd., S. 253

297 Ich liebe nicht: «Lulu» (Gedicht, Erstveröffentl. 1897), WDA

I/1, S. 427, «Stein der Weisen», 4. Auftritt; *In meiner Seele – Ein großer Geist:* ebd., 5. Auftritt; *unrichtig – durch langjährige* und folgende Zitate: «Vorrede zu ‹Oaha›», Prosa, a.a.O., S. 355 ff.

300   *Die Ehe ist:* WNB 46, S. 23 f.; *Jeder vernünftige Mensch:* WNB 41, S. 19; *Je mehr ein Ehegatte:* WNB 41, S. 16

301   *Wer die Lulu spielt:* «Münchner Neueste Nachrichten», 19.7.1909; *Kann es etwas Tolleres:* «Münchner Zeitung», 27.7.1909, WDA VI, S. 867, *Tilly hat Anfall:* AGN, 21.7.1909

302   *inneren Notwendigkeiten* und folgende Zitate: «Zum dramatischen Werk», Prosa, a.a.O., S. 369 f.

303   *Was unsere Ehe:* «Schloß Wetterstein», 3. Akt, 4. Auftritt

304   *Lieber Papa:* Wedekind an Anny Barck, Februar 1884, WBR I, S. 44; *Die hülflose Großherzigkeit:* WNB 9, S. 24; *Der weite Ausblick:* «Schloß Wetterstein», 3. Akt, 7. Auftritt

305   Auf der grünen Bank: «Schloß Wetterstein», 3. Akt, 7. Auftritt

306   *Reinhardt gibt einen:* AGN, 23.9.1909; *Ich habe Sie:* Wedekinds Briefentwürfe «Contra Cassirer» vgl. WNB 9, S. 25 ff.

307   *Als ich ihn:* Frank an Tilly, 1.2.1910, MON; *Innigst geliebter Frank:* Tilly an Frank, 2.2.1910, MON

308   *Regen Sie sich:* M. Harden an Wedekind, 28.4.1910, Pharus V, «Briefwechsel mit Maximilian Harden», hg. von Ariane Martin, Jürgen Häusser, Darmstadt, 1996, S. 80; *Hochverehrter Herr Harden!:* Wedekind an Harden, 5.5.1910, ebd., S. 87

309   *obschon diese Bücher:* Wedekind an Ernst Rowohlt, 31.10.1909, Pharus I, a.a.O., S. 445; *dies nicht nur begreiflich:* Wedekind an RA Dr. Kurt Hetzel, 13.11.1909, ebd., S. 446; *Zum Glück hatte ich:* Frank an Tilly, 29.3.1910, MON

310   *ausgezeichnet in der Gesellschaft:* Frank an Tilly, 29.3.1910, MON; *Ich habe nicht* und folgendes Zitat: WNB 56, S. 43; *du hast mir:* Telegramm, 1.4.1910, 1.00 Uhr, MON; *Mich auf Reisen:* Frank an Tilly, 31.3.1910, MON

311   *innigst geliebter frank:* Telegramm, 1.4.1910, 12.29 Uhr, MON; *endlich lebenszeichen:* Telegramm, 1.4.1910, 12.40 Uhr; *Innigst geliebter Frank:* Tilly an Frank, 2.4.1910, MON; *Geliebteste Tilly:* Frank an Tilly, 4.4.1910, MON

312   *Ist es ein Notschrei* und andere Zitate zur Berliner «Zensur»-Aufführung: Berliner Zeitungen vom 7./8.10.1910, zitiert aus: WDA VI, S. 872 ff.

313   *Einladungen nur an:* «Münchner Neueste Nachrichten», 17.11.1910; «In allen Pfühlen gewälzt» und folgendes Zitat:

«Münchner Post», 9.11.1910; *Mit der Phrase:* «Allgemeine Rundschau», 19.11.1910, *Kläglicheres und Öderes:* «Augsburger Postzeitung», 22.11.1910; *Immer tieferes Sinken:* «Münchner Post», 22.11.1910; Wedekind *sogar verstanden:* «Allgemeine Rundschau», 7, 1910, Nr. 48, 26.11.1910; *Von acht Uhr abends:* «Münchner Neueste Nachrichten», 22.11.1910

314   *letzte Durchdringung* und folgendes Zitat: «Illustriertes Wiener Extrablatt», 24.1.1911, WDA VI, S. 991 und 1015; *Noblesse und Grazie* und folgende Zitate: «Wiener Allgemeine Zeitung», 25.1.1911, WDA VI, S. 1016

315   *18. Mai 1911: Mein lieber:* Tilly an Frank, MON; *unüberbrückbarer Abgrund:* WNB 5, S. 9

316   Freudig schwör ich es: «Konfession», WDA I/1, S. 539; *Wenn ich nicht:* WNB 30, S. 10

317   *Genußfähigkeit – Bewegungsfreiheit:* «Franziska», 1. Akt, 3. Szene; *Sternenlenker:* ebd.; *einer teils senilen:* Thomas Mann an Wedekind, 21.6.1910, zitiert nach: Günter Seehaus, Frank Wedekind, rowohlts monographien, 1974; *so unglückliche Ehe:* «Franziska», Fußnote zum 2. Akt

318   Schriftsteller und Dirnen: ebd., 1. Akt, 2. Bild; Und trägt er die: ebd.

319   *Banalität:* «Das Wedekind-Buch», a.a.O., S. 114; *bittersten Hohngesang:* Paul Fechter, Frank Wedekind, der Mensch und das Werk. Erich Lichtenstein, Jena, 1920, vgl. auch Ariane Martin, Spiel mit Konventionen, in: Kontinuität – Diskontinuität, Diskurse zu Frank Wedekinds literarischen Produktionen, hg. von Sigrid Dreiseitel und Hartmut Vinçon, Königshausen & Neumann, 2001; *Eine Mutter, die im Einklang:* «Franziska», 5. Akt, 3. Szene; *Gedeihen wirst du:* ebd., 5. Szene; *Annapamela fieberfrei* und folgende Zitate: AGN, 24.–28.5.1911

320   *Ich erwache* und folgendes Zitat: AGN, 6.8.1911; *Stechschrittmarsch* und folgende Zitate: ebd., 10.–16.8.1911; *Ich werde in:* Tilly an Frank, 20.9.1911, MON

321   *Ist es denkbar:* «Augsburger Zeitung», 22.12.1911; Und zu solchen: «Zensurbeirat», WDA I/1, S. 587

322   *Charakter des anständigen:* «Sieben Fragen an den Münchner Zensurbeirat», Prosa, a.a.O., S. 246 f.; *kalten Schweiß:* AGN, 29.12.1911; *namentlich auf jugendliche:* Protokoll der Sitzung des Münchner Zensurbeirats vom 5.1.1912, Staatsarchiv München, Polizeidir. München, 4593; *Pfeifen und Zischen:* Tillys Autobiographiefragment, MON

323   *Vor drei Tagen:* Franz Kafka, Drucke zu Lebzeiten, hg. von

Kittler, Wolf, Hans-Gerd Koch, Gerhard Neumann, S. Fischer, Frankfurt/M., 1996; *Frank Wedekind, der unermüdete:* «Berliner Tageblatt», 2.6.1912; «Oh, ganz vorzüglich...»: Arthur Kahane, Begegnungen mit Frank Wedekind, a. a. O.

324 *Große, gemeinschaftliche:* WNB 30, S. 28; *Peccavi, erravi* und folgende Zitate: «Berliner Tageblatt», 8.6.1912; *Wenn man zurückdenkt:* Alfred Kerr, Der Ewigkeitszug. S. Fischer, Berlin, 1917, S. 139

325 *Darum wollen wir:* Alfred Kerr, Der Ewigkeitszug, a. a. O., S. 167; *Wie er, ein halber:* «BZ am Mittag», 13.6.1912; *Nun schreib' mir:* Tilly an Frank, 5.7.1912, MON; *Warum denn gleich:* Frank an Tilly, 5.7.1912, MON

326 *Ich bin jedenfalls:* Frank an Tilly, 12.7.1912; *Mein innigst Geliebter:* Tilly an Frank, 8.8.1912, MON; *in barbarischer Weise:* An die Mitglieder des Münchner Zensurbeirats, Briefentwurf, verm. 3.8.1912, AaB, Nr. 171, Kuvert «Zensur Polizei»

327 *kompakte Majorität:* Paul Schenther, Der Zwergriese, «Berliner Tageblatt», 4.6.1912; *Der einzige Irrtum:* WNB 17, S. 31; *allzubeflissenen Zensur:* Münchner Theater, «Tägliche Rundschau» (Berlin), Unterhaltungsbeilage, 2.12.1912; *in den Haushalt Wedekind – Nun, einen solchen Riesen-Bluff:* Hedwig Pringsheim an Maximilian Harden, Pharus V, a. a. O., S. 106

328 *rasender Wurf:* Heinrich Lautensack, Franziska. Ein modernes Mysterium. Die Bücherei Mäandros. Bd. 1, Berlin 1912, S. 5–6; *Wedekinds reichstes:* «Schaubühne», 8, 1912, Bd. 2, S. 664 ff.; *Den Mut vor Hunden:* «Franziska», 5. Akt, 6. Bild

329 *Unter allen Umständen:* Thomas Mann an Wedekind, 7.12.1912, in: Thomas Mann, Briefe 1889–1936, hg. von Erika Mann, S. Fischer, 1961, S. 97; *Das zur Begutachtung:* Gutachten, 6.5.1912, Stadtarchiv München, Polizeidir., Nr. 352

330 *Ich fasse den Plan:* AGN, 23.1.1913; *Das Schamgefühl ist:* Ausführungen über das Schamgefühl, WNB 53, S. 45 ff.

331 *sterbensmatt:* Das Buch der Richter 16.16

332 *Welt, wenn du aufhörst:* «Simson», 2. Akt, 5. Auftritt; *Blind seh ich:* ebd., 1. Akt, 6. Auftritt; *Überraschung gute Kritiken:* AGN, 7.6.1913

333 *ALOGAGNIE, eine geschlechtliche Verirrung:* Kriminalkommissar von Behr, Zentralpolizeistelle zur Bekämpfung unzüchtiger Bilder und Schriften, Berlin: Gutachten, 27.1.1913, LAB, A Pr.Br. Rep 030–05, Th 317; *die schönste Stadt:* Frank an Tilly, 24.6.1913, MON; *man kann hier:* ebd.; *sonst kommen alle:* ders., 4.7.1913

334   *Vor dem Steinbruch:* AGN, 12.7.1913; *Tiefe Depression:* ebd.,
2.8.1913; *Mystisch, verworren:* «Vossische Zeitung», 7.9.1913;
die Akten über: «Der rote Tag», 6.9.1913; *peinigenden Eindruck:* «Die Schaubühne», 9, 1913, Bd. 2, S. 860 ff.

336   *Wie freue ich mich:* Friedrich Strindberg an Wedekind, 19.9.1913,
MON; *Was ich mir:* ders., 22.11.1913; *Meine Freude:* ders.,
25.9.1913

337   *Bitte könnten Herr Wedekind:* F. Strindberg an Wedekind,
25.9.1913, MON; *wegen einer kleinen:* ders., 1.11.1913; *bitte zu
entschuldigen:* ders., 28.9.1913

338   *Verehrter Herr Wedekind!:* Marie Uhl an Wedekind, 5.11.1913,
MON; *Erklärungen* über ihre *arme Enkelin:* dies., 10.11.1913:
Bin so erregt: AGN, 22.12.1913

340   *Deine Briefe liegen:* Tilly an Frank, 15.1.1914, MON; *unmöglich für Berlin:* Frank an Tilly 20.1.1914, MON; *Nun, geliebte
Tilly:* ebd.; *abreise infolge:* Telegramm 21.1.1914

341   *eine der geschlossensten:* «Hamburger Nachrichten», 7.12.1913;
gleichsam mit Ruten und folgende Zitate: «Allgemeine Zeitung
München», 31.1.1914 (zur Berliner Uraufführung); weder *Psy-
chologie,* noch *Motive:* Martin Buber, Ereignisse und Begeg-
nungen, 4. «Der Held». Die weißen Blätter 1, 1913/14, Bd. 2,
S. 686 ff.; *arisches Herrenvolk* und folgende Zitate: Ludwig
Geiger, Frank Wedekinds «Simson», «Allgemeine Zeitung des
Judentums» (Berlin) 18, 1914, S. 165 f.

342   *Nicht etwa:* Ludwig Geiger, Frank Wedekinds «Simson»,
a. a. O.; *von vornherein:* «Berliner Tageblatt», 28.3.1914; *Aufs
neue ging:* Alfred Kerr, Der Ewigkeitszug, a. a. O., S. 140

343   *Friedrich hat starke:* Marie Uhl an Wedekind, 12.1.1914, MON;
Ich denke mit bestem: F. Strindberg an Wedekind, 25.1.1914,
MON; *Also, da das:* ders., 1.2.1914; *Ich erzählte wohl schon:*
ders., 17.2.1914

344   *ungeheure Entwicklung* und folgende Zitate: F. Strindberg an
Wedekind, 17.2.1914, MON; *dorthin, wo ich am meisten:* ders.,
1.3.1914

345   *Schnitzler, Bahr, Salten:* F. Strindberg an Wedekind, 29.4.1914,
MON; *Daß Du mir:* Wedekinds Antwort, auf zwei kleinen
Zetteln notiert, ist mit Büroklammern an Friedrichs Brief
geheftet, Konvolut «Friedrich Strindberg», MON; *auf den
Brief vernichtet:* F. Strindberg an Wedekind, 5.5.1914, MON;
Sie Lumpenkerl und Wedekinds Kommentar: Wedekind an
F. Strindberg, 7.5.1914, MON

346   *niedergeschmettert:* F. Strindberg an Wedekind, 9.5.1914, MON

347 *Ich bin so:* Tilly an Frank, 8.5.1914, MON

348 *sehr erfreuliche Vorstellung:* AGN, 13.5.1914, vgl. LULU, S. 160; *mißratenen Wedekind:* Alfred Polgar, Wiener Premieren. «Die Schaubühne», 10, 1914, Bd. 1, S. 656; *wahre Orgien:* «Die Zeit» (Wien), 12.5.1914; *Vielleicht hat dem Dichter:* «Berliner Volkszeitung», 2.6.1914; *Schon daß er sich:* Siegfried Jacobsohn, Das Jahr der Bühne, 3. Bd., 1913/14; Oesterheld & Co., Berlin 1914, S. 217 ff.

349 *Der Hut war schwarz:* «An das Leben», WDA I/1, S. 678; *Ich kann Ihnen:* Thomas Mann an Stefan Zweig, 5.5.1914, Thomas Mann Briefe, 1889–1936, a. a. O., S. 107

350 *keinen derartigen Mißbrauch:* Ernst von Possart, Gutachten, 7.5.1914 (Typoskript), Stadtarchiv München, Polizeidir., Nr. 351

351 *Ich fürchte mich:* Marie Uhl an Wedekind, 8.6.1914, MON; *Ich hatte bis zu Dir:* F. Strindberg an Wedekind, 17.6.1914; *erschreckend und drohend:* LULU, S. 162

352 *dessen künstlerischer Plan:* Friedrich Kayssler an den Münchner Polizeipräsidenten, 19.6.1914, Stadtarchiv München, Polizeidir., Nr. 351; *Unruhestifter ersten Ranges:* Das Wedekind-Buch, a. a. O., S. 162

353 *sehr lange und herzlich schlechte* und folgende Zitate: Erich Mühsam, Frank Wedekinds letzte Jahre, in: Unpolitische Erinnerungen, a. a. O., S. 655; *entsetzlich:* Tilly an Frank, 29.6.1914, MON; *Mein innigst geliebter:* dies., 28.6.1914

354 *den lieben Brief* und folgende Zitate: Frank an Tilly, 1.7.1914, MON; *Die Onanie:* Tilly an Frank, 29.6.1914, MON

355 *Ich bin mir:* Frank an Tilly, 3.7.1914, MON; *Das beruhigt mich:* Frank an Tilly, 4.7.1914, MON; *sehr froh, dass:* Tilly an Frank, 6.7.1914, MON; *Weswegen?:* Frank an Tilly, 9.7.1914, MON; *wie eine Wahsinnige:* Tilly an Frank, 9.7.1914, MON; *Frank, auf diese:* dies., 10.7.1914; *König Menelaus:* AGN, 15.7.1914

356 *um seiner Erregung:* Erich Mühsam, Unpolitische Erinnerungen, a. a. O., S. 657; *Das letzte Mal:* Joachim Ringelnatz, «Gedenken an Wedekind (März 1928)», in: Und auf einmal steht es neben dir, Gesammelte Gedichte, Karl H. Henssel, Berlin, 1980, S. 273

357 *von dem allgemeinen:* Erich Mühsam, Unpolitische Erinnerungen, a. a. O., S. 657; *Russlands innere Fäulnis:* «Deutschland bringt die Freiheit», Prosa, a. a. O., S. 260; *Ich danke meinem:* Mühsam, a. a. O., S. 658; *lächerliches Stück:* F. Strindberg an Wedekind, 14.8.1914, MON; *Lieber Friedrich:* Wedekind

an F. Strindberg, 24.8.1914, MON; *jugendlichen Übermuts* und folgende Zitate: F. Strindberg an Wedekind, 11.9.1914, MON

358 *großen, grundanständigen:* Thomas Mann an Heinrich Mann, 18.9.1914, Thomas-Mann-Briefe, a. a. O., S. 112; *Leide stark an:* AGN, 3.12.1914

359 *zerbrochenes Instrument:* Gordon A. Craig, Deutsche Geschichte 1866–1945, a. a. O., S. 305; *Mama sanft entschlafen:* LULU, S. 165; «Was hast du?»: Tilly Wedekind: Lulu, die Rolle meines Lebens, Rohfassung (Typoskript), MON

360 *unter dem versöhnlichen:* AGN, 13.1.1915

361 *Dachsbau von Verwachsungen:* LULU, S. 166

363 *Ich genieße meine:* F. Strindberg an Wedekind, 25.7.1915, MON

364 *Bis gegen das Ende:* Heinrich Mann, Erinnerungen an Frank Wedekind, a. a. O., S. 409; *Kriegsunglück furchtbar gelitten:* Erich Mühsam, Unpolitische Erinnerungen, a. a. O., S. 659; *Man wirft uns:* Erich Mühsam, Tagebücher 1910–1924, hg. von Chris Hirte, dtv, 1994, S. 165; *Irrt man ehrfurchtsvollen:* «Sommer 1998», WDA I/1, S. 542

365 *leichte Rätseldichtung – das Köstlichste auf Erden:* «Überfürchtenichts», 1. Vers, WDA VIII, S. 303; *so sehr verhüllt:* KUT III, S. 172; *Wie man sich auch:* P. Fechter, F. Wedekind, a. a. O., S. 167

366 *Wir kondolieren uns:* AGN, 30.3.1916; *leidenschaftliche Natur:* KUT III, S. 230; *Du, lieber Frank:* ebd., S. 232

368 *Geliebter Frank:* Tilly an Frank, vor 10.4.1916, MON;

369 Was wir konnten: «Diplomaten», WDA I/1, S. 706; *Du glaubst gar nicht:* Tilly an Frank, 21.4.1916

370 *Selbstporträt im Kostüm:* «Berliner Tageblatt», 21.6.1916; *die Werke seines Geistes:* Emil Faktor, «Berliner Börsen-Courier», 22.6.1916; *den Gipfel dessen:* Franz Köppen, «Berliner Börsen-Zeitung», 22.6.1916

371 *Ausgeprägtes Pflichtgefühl:* LULU, S. 18

372 *Tendenz – in künstlerischen Dingen:* in: Eine bayerische Theatergeschichte oder Zwei Ministerialaudienzen Frank Wedekinds, «München-Augsburger Zeitung», 21.10.1916; *jetzt auf eine Note:* Fritz Engel, Die ganze Richtung, «Berliner Tageblatt», 24.10.1916

373 *Lieber Bertl!:* Wedekind an Dagobert Newes, o. O., o. D., KBA; *Meine liebe Martha Maria:* Wedekind an Martha, 23.10.1916, KBA

374 *weit gewandtere Schauspielerin:* Ludwig Sternaux, «Tägliche Rundschau Berlin», 5.11.1916; *schmerzliches Bedauern:* «Münchner Zeitung», 2.12.1916

375 ein Menschenschicksal: «Herakles», 1. Akt I, WDA VIII, S. 238; *überrennen – Zwischen Göttern:* ebd., 1. Akt III, S. 247 f.

376 *Wo birgt sich:* «Herakles», 2. Akt VII, WDA VIII, S. 268; *kaum gelungen:* ebd., 3. Akt XIII, S. 299

377 *Geliebter Frank!:* Tilly an Frank, 27.2.1917, MON; *So freud- und ruhmlos:* «Herakles», 2. Akt VII, S. 273; *Unendlich viel Unglück:* WNB 56, S. 1; *Von Grund aus aufrichtig:* WNB 60, S. 75; *Potenz des Mannes – körperlichen Reize der Frau:* WNB 63, S. 23; *Beschwerlicher Weg:* AGN, 3.3.1917

378 *Lieber, Liebster:* Tilly an Frank, 1.3.1917, MON; *überschütte sie* und folgende Zitate: LULU, S. 174 f.

379 *Es ist jedesmal* und folgende Zitate: AGN, 15.3., 2.4., 7.4.1917; *Obwohl ich mich:* Tilly an Frank, 15.3.1917, MON; *Unter- redung mit:* AGN, 28.3.1917

380 *wie aus einem:* LULU, S. 178; *Tillys hohe Stiefel:* AGN, 20.7.1917; «In Extremis»: vgl. WDA VIII, S. 355 ff.

381 *herrlichen Tag:* AGN, 17.6.1917

382 *Jetzt, wo wir dem:* Eduard Korrody, «Neue Zürcher Zeitung», 19.5.1917, WDA III/2, S. 1250; *Warum bin ich nur:* LULU, S. 181; *der genug Kraft hat:* «Die Fackel», Nr. 406–412, Okto- ber 1915, S. 134

384 *Er las zweieinhalb:* aus Bertolt Brechts Nachruf auf Wedekind, «Augsburger Neueste Nachrichten», 12.3.1918; *Es wird für mich:* Tilly an Frank, Zettel o. O., o. D., verm. Oktober 1917, MON

385 *kapriziöses Luder:* Frank an Tilly, 21.11.1917; *weit aufgerisse- nem Mund* und folgende Zitate: Elisabeth Bergner, Bewundert und viel gescholten – unordentliche Erinnerungen, C. Bertels- mann, München, 1978, S. 29; *Es wurde gezischt:* Frank an Tilly, 16.11.1917, MON; *Ich freue mich sehr:* ders., 2.12.1917, MON

386 *Innigst geliebte Tilly:* Frank an Tilly, 11.12.1917, MON; *mensch- lich zugänglicher:* Erich Mühsam, Unpolitische Erinnerungen, a. a. O., S. 660 f.

387 *versteckten und vertrackten* und folgende Zitate: Hanns von Gumppenberg: Lebenserinnerungen, a. a. O., S. 410 ff.; *Er wurde zärtlich:* Martha Newes an Pamela Wedekind, ca. 1965, PRIV

388 «Das Vertrauen», vgl. WDA I/2, S. 718; *immer sprechend* und folgende Zitate: Heinrich Mann, Erinnerungen an Frank Wede- kind, a. a. O., S. 412

389 würde gern «*Geliebte*» sagen: Frank an Tilly, 16.1.1918, MON; *Ich wußte:* LULU, S. 192; *Geliebter Frank:* Tilly an Frank, 15.2.1918, MON

390 *Weinkrampf:* AGN, 17.2.1918; Gedicht «Tilly»: ebd., 23.2.1918

391 *Dehnung der Narbe:* KUT III, S. 235; Reicht mir in der Todes-stunde: «Der Anarchist», WDA I/1, S. 541

392 *Pamelas Schmerz:* LULU, S. 197; *als hätte eine sanfte:* Auf-zeichnung von Martha Newes, PRIV; *Kranke* und *Abstoßende:* Michael Georg Conrad, in: Die Propyläen, Nr. 25, 22.3.1918; *Man hatte so viel:* «Münchner Neueste Nachrichten», 11.3.1918; *Das literarische Wien:* «Die Fackel», 474–483, Mai 1918, S. 73; *Auch zum toten:* Fritz Engel, «Berliner Tageblatt», 11.3.1918

393 *Glücklich, wer geschickt und heiter:* «Erdgeist», WDA I/1, S. 441; *Herr Falckenberg:* Otto Falckenberg, Mein Leben – Mein Theater, nach Gesprächen aufgezeichnet von Wolfgang Petzet, Zinnen, München/Wien/Leipzig, 1944, S. 119; *Es war die:* Erich Mühsam, Unpolitische Erinnerungen, a. a. O., S. 662

394 Der Tod kommt: «Trost», WDAI/1, S. 528

398 *Wie wir heute:* «Berliner Börsenzeitung», 5.11.1918, anläss-lich einer «Erdgeist»-Aufführung; *Manieristen* und folgen-de Zitate: Egon Friedell, Kulturgeschichte der Neuzeit, C. H. Beck'sche Verlagsbuchhandlung, München, 1932. 3. Band, S. 504 f.; *Wedekind und seine Dramen:* Günther Rühle, Theater für die Republik, Henschelverlag Kunst und Gesellschaft, Ber-lin, 1988, S. 741; *im Zimmer auf- und abgehend:* Kurt Hirsch-feld an Günter Seehaus, 26.9.1962, aus: Günter Seehaus, Frank Wedekind und das Theater, Laookon Verlag, München, 1964, S. 707

399 *halb Menschen, halb Gespenster:* «Berliner Börsen-Courier», 13.3.1920, aus: Rühle, a. a. O., S. 210; *grundfalsch:* «Berliner Tageblatt», 23.3.1920, aus: Rühle, a. a. O., S. 212; *jedes Unter-streichen:* «Berliner Tageblatt», 23.12.1926

400 *Wedekinds Doppeldrama* und folgende Zitate: «Berliner Tage-blatt», 23.10.1926; *ein großer Ausstattungsapparat:* «Frankfur-ter Zeitung», 17.2.1929; *so unwedekindisch:* «Berliner Börsen-Courier», 12.2.1929

401 *kulturellen Mißverständnis* und folgende Zitate: «Frankfurter Zeitung», 4.7.1928; *den HUMOR* – leicht *ABSTOSSEND:* WBR II, S. 170 f.

402 *Frank Wedekind neu entdeckt* und folgendes Zitat: «BZ am Mittag»,17.3.1939; *keinen sinnfälligen:* Seehaus, a. a. O., S. 55; «Hat Frank Wedekind …» und folgende Zitate: «Süddeutsche Zeitung», 8.4.1957

403 «Lulus vergilbter Zauber» und folgende Zitate: Zeitung und Datum nicht ermittelt

404   die *eigentliche Lulu:* Peter Zadek/Johannes Grützke, Lulu, eine
       deutsche Frau, Athäneum Verlag, Frankfur/M., 1988, S. 17
408   *einen Typus* und *auf unsere Art:* Bertelsmann Lexikon «Deut-
       sche Autoren», hg. von Walther Killy, Bertelsmann Lexikon
       Verlag, Gütersloh/ München, 1994, 2. Band, S. 315
410   *Mir fällt zu – die alles beherrscht:* Paul Schick, Karl Kraus,
       a.a.O., S. 128; *nichts und nie:* ebd., S. 134
412   *Recht zu haben:* Gerhart Hauptmann – Ida Orloff, Dokumen-
       tation einer dichterischen Leidenschaft, Ullstein/Propyläen,
       1969, S. 181

Dank

Allen, die mich durch ihr Interesse, ihr Zuhören und Mitdenken und ihre aktive Hilfe bei der Arbeit an diesem Buch unterstützt haben, danke ich sehr herzlich.

Mein erster Dank gilt der Forschungsstelle Frank Wedekind in Darmstadt, ohne deren jahrzehntelange Recherchen, Sammlertätigkeit und Herausgabe der Kritischen Studienausgabe der Werke Wedekinds das Schreiben dieses Buchs in der vorliegenden Form unmöglich gewesen wäre. Zu besonderem Dank verpflichtet bin ich Prof. Dr. Hartmut Vinçon und Frau Dr. Elke Austermühl, die mir Material in Fülle zur Verfügung gestellt, meine vielen Fragen kompetent beantwortet und in langen Gesprächen Wedekinds Persönlichkeit und Werk mit mir beleuchtet haben. Auch den anderen Mitgliedern der Forschungsstelle danke ich herzlich.

Außerdem danke ich:

Dr. Elisabeth Tworek, Frank Schmitter und Gabriele Eitzinger, Monacensia Literaturarchiv und Bibliothek, München, für ihre kompetente und unbürokratische Hilfe bei der Einsicht in Dokumente

Dr. Ruth Wüst und Sylvia Wanke von der Kantonsbibliothek in Aarau, mit einem besonderen Dank an Werner Dönni für seine Hilfe und Beratung.

Prof. Dr. Thomas Raff für wertvolle Hinweise zum «Simplicissimus», zu Thomas Theodor Heine und zu Willy Morgenstern

Prof. Dr. Andreas Hamburger für intensiven Dialog zum Sexualdiskurs im Zusammenhang mit Wedekinds «Eden»-Konzept

Mirko Nottscheid für seine Herausgabe des Briefwechsels Karl Kraus – Frank Wedekind und Hinweise auf theatergeschichtliche Details

Ulrike Wolff-Thomsen für ihr Buch «Willy Grétor (1868–1923)», das bisher unbekanntes Material enthält

Dr. Erhard Weidl (†) für erhellende Gespräche und scharfsinnige Analysen von Wedekinds Texten

Maria von Egidy für Überlassung von Material und Hinweisen zum Leben von Kurt Martens

Guido Kohlbecher für sein aufmerksames Korrekturlesen

dem Dichtertreff in Berg, der die Entstehung des Buchs von Anfang an begleitet hat

Michael Krüger für die Initialzündung zu diesem Buch

meiner Lektorin Claudia Vidoni und dem Team des Knaus Verlags

Petra Sommer von der Verlagsgruppe Random House

Franziska Burckhardt, der Enkelin von Armin Wedekind für Gespräch und wichtige Informationen

Madeleine Strindberg für Gespräche und Reflexionen über ihren Vater

meinen Schwestern Carola und Adriana und meinen Kindern Dilia und Michael für ihre Unterstützung

und Anja, die immer da war und nie gezweifelt hat.

Bildnachweis

Seite 15, 40, 74, 131, 156, 159, 165, 242, 259, 271, 298, 337, 347, 381: Monacensia, München; Seite 28, 103: Familienarchiv Wedekind, Leichlingen; Seite 33, 57, 111, 116, 179, 182, 226, 237, 255, 288, 383: privat; Seite 96: Gerhart-Hauptmann-Museum, Erkner; Seite 147: Fotografisk Atelier. DKB./Det Kongelige Bibliotek, Kopenhagen; Seite 171: Noriska Museets Bildförmedling, Stockholm; Seite 207: Museum Aargau, Schloss Lenzburg, Historische Sammlungen; Seite 214: Österreichische Nationalbibliothek, Wien (NB 612 919-B); Seite 215: Deutsches Theatermuseum, München; Seite 227: Hulton-Deutsch Collection/CORBIS, Düsseldorf; Seite 231: AKG Images, Berlin; Seite 302: Institut für Theater-, Film- und Fernsehwissenschaft/Universität zu Köln/Theaterwissenschaftliche Sammlung.

Register

Kursive Ziffern verweisen auf Abbildungen

Albers, Hans 401
d'Albert, Eugen 155, 380
Altenberg, Peter 353
Amie-Gazan de la Pérrière,
    Theodor 19, 21 f.
Andreas, Friedrich Carl 148
Andreas-Salomé, Lou 148 f., 265
Anouilh, Jean 402
Arnold, Gertrud 241, 243
Arnold, Karl 163
Aub, Ludwig 371
Austermühl, Elke 404

Bahr, Hermann 229, 250, 263 f.,
    345, 348, 352, 367
Bansen, Auguste 199
Barbarossa, Friedrich 31, 193
Barnowsky, Victor 241 f.,
    252, 258 f., 270, 340, 342, 368,
    406
Basil, Friedrich 291, 401
Bassermann, Albert 295, 349,
    400
Becher, Johannes R. 408 f.
Benn, Gottfried 416
Béranger, Pierre-Jean de 135
Berg, Alban 400
Berger, Alfred von 281
Berger, Ludwig 135
Bergner, Elisabeth 385, 401
Bernstein, Max 294, 305, 352

Bierbaum, Otto Julius 111, 118,
    154, 163, 199, 294, 307
Bismarck, Otto von 82, 225,
    357 f., 362
Björnson, Björnstjerne 162, 195,
    200, 280
Bleichröder, Hans von 378 f.
Bloch, Ernst 406
Bölsche, Wilhelm 148, 154
Bode, Wilhelm 407
Bonsels, Waldemar 294
Bouterweck, Max 321
Brahm, Otto 92, 106, 154, 181,
    213, 244, 340
Brahms, Johannes 155
Braun, Hanns 402
Brecht, Bertolt 384, 398, 402, 411,
    413
Breitenbach, Ralf 318
Breslau, Luise 135
Brooks, Louise 400
Buber, Martin 341
Bülow, Hans von 64, 92, 135

Canetti, Elias 415
Casimir, Hermann 245
Cassirer, Bruno 218 f., 223, 234,
    250, 279, 283, 291, 306 ff., 341,
    406
Cassirer, Paul 218, 282, 306, 371,
    406

Chagall, Marc 406
Conrad, Michael Georg 111, 327
Corinth, Lovis 244

Daumier, Honoré 161
Dehmel, Richard 343 f., 358
Delius, Fritz 371
Delvard, Marya 205, 257
Denk, Bertha Marie 231 f., 239 ff.,
    244, 406
Dietrich, Marlene 401
Dorsch, Käthe 401
Dreßler, Anton 169, 232, 260, 291
Dreßler, Lotte 169
Durieux, Tilla 282, 287 f., 306,
    325, 340, 342 f., 371, 401, 406 f.
Dürr, Moritz 55, 70, 114

Eger, Paul 234, 238, 240, 244,
    249 f., 309, 318, 371, 380, 407
Eibenschütz, Camilla 264, 323
Elchinger, Richard 313
Eliot, T. S. 402
Eloesser, Arthur 312
Engel, Erich 399, 413
Engel, Fritz 292, 297, 324, 342,
    352, 370, 372, 392, 407
Engl, Josef Benedikt 163
Engländer, Dagobert 254, 256
Ernst Ludwig, Großherzog 309,
    318
Eulenburg-Hertefeld, Philipp
    273, 281, 294, 308, 408
Eysoldt, Gertrud 215, *215*, 225 f.,
    253, 261, 263, 323, 352, 381,
    407

Falckenberg, Otto 203, 393, 407,
    414
Faktor, Emil 399
Fechter, Paul 289, 365
Feuchtwanger, Lion 51

Fischer, Samuel 146, 345
Flatau, Dr. (Modearzt) 245
Fontane, Theodor 106 f., 109, 154
Forel, Auguste 82 f.
Forster, Rudolf 400 f.
France, Anatole 216
Frankenstein, von
    (Hoftheaterintendant) 352
Freud, Sigmund 46, 77
Frey, Emil 77
Friedell, Egon 398
Friedenthal, Joachim 344, 349,
    352, 363, 391
Frisch, Efraim 362
Fulda, Ludwig 154

Garibaldi, Giuseppe 135
Geiger, Ludwig 342
George, Heinrich 401
George, Stefan 207
Gerhäuser, Emil 256, 272, 353
Girodoux, Jean 402
Glasenapp, Curt von 255, 262,
    264, 368
Goebbels, Joseph 408
Goethe, Johann Wolfgang von 35,
    104, 264, 334, 344, 348, 375
Goldmann, Edmund 213
Goncourt, Gebrüder 93
Gorki, Maxim 216
Gottschall, Rudolf von 176
Granach, Alexander 400
Greiner, Leo 203 f.
Grétor, Willy (*alias* Julius
    Rudolph Wilhelm Petersen)
    145, 146 ff., *147*, 150 f., 162, 189,
    310, 400, 407 f.
Greyerz, Minna von («Wilhel-
    mine») 86 f., 89, 99, 408
Greyerz, Walo von 86
Grimm, Hans 400
Gründgens, Gustaf 402

Gulbransson, Olaf *293*, 370
Gumppenberg, Hanns von 112, 211 ff., 305, 344, 387, 408

Haeckel, Ernst 82
Haemmerli-Marti, Sophie 39 f., 42 f., 55
Hahn, Manfred 404
Halbe, Max 112, 169 f., 188, 208, 224, 256, 291, 322, 393, 408
Hamsun, Knut 146, 163
Hansemann (Finanzminister) 92
Hardekopf, Ferdinand 199
Harden, Maximilian (*eigtl.* Felix Ernst Witkowski) 92, 154, 162, 224 f., *226*, 230, 244, 263, 273, 281 f., 294, 308, 327, 345, 368, 408, 410, 413
Hart, Julius/Heinrich (Gebrüder) 93, 148, 154
Hartau, Ludwig 378
Hartleben, Otto Erich 154, 307
Hauptmann, Carl 82 f., 205, 235, 174, 176 f., 180
Hauptmann, Gerhart 82 f., 93 ff., 96, 97, 102, 106–109, 112, 115, 148, 155, 176, 216, 219, 234 f., 241, 245, 255, 256, 278, 327, 340, 350, 376, 405, 408 f., 412
Hay, Gerhard 404
Haydn, Joseph 31, 153
Hegel, Georg Wilhelm Friedrich 12
Heiliger (Justizrat) 200 ff.
Heims, Else 381
Heine, Beate 182, 185, 189 f., 193, 199, 209, 223, 252, 280
Heine, Carl 174, 176 f., 180, 230
Heine, Heinrich 38, 83, 135
Heine, Thomas Theodor 163 f., 186, 193 f., 370, 409
Helnwein, Gottfried 404

Henckell, Gustav 71
Henckell, Karl 71–74, *74*, 82, 85, 88, 93 f., 98, 152, 306, 409
Henckell, Rentier 26
Henry, Marc 203, 205, 207, 257, 262
Herwegh, Emma 134–137, 189, 328
Herwegh, Georg 15, 134 f.
Herzog, Emilie 98, 140
Hetzel, Kurt 193, 309
Heydte, Julius von der 291, 320, 322, 326
Heyse, Paul 61, 109
Hilpert, Heinz 407
Hirschfeld, Kurt 398
Hofmannsthal, Hugo von 163
Hölderlin, Friedrich 12
Holitscher, Arthur 202, 208, 409
Hollaender, Felix 218, 250, 393, 413
Holm, Korfiz 164, 184 f., 200, 218
Holthoff/Leitner (Artisten) 132
Holz, Arno 94, 99, 352
Homer 68, 375
Horvath, Ödön von 411
Huber, Hermann 53
Hugo, Victor 121
Hünerwadel, Familie 30, 43, 261

Ibsen, Henrik 61, 65, 107, 154, 157, 174, 176, 178, 180, 216
Ihering, Herbert 400

Jacobsohn, Siegfried 213, 314, 334, 348 f., 409
Jahn, Bertha 57–60, 62 ff., 66 ff., 70 f., 80 f., 87
Jahn, Lisa 67
Jahn, Victor 57

Jakobi, Bernhard von 358
Jeßner, Leopold 399 f., 413
Jessup, August Edward 127
John, Augustus 414
Johst, Hanns 411
Joyce, James 414

Kafka, Franz 323
Kahane, Arthur 178, 323
Kainz, Josef 274
Kaiser, Joachim 403
Kammerer, Anna 416
Kammerer, Caroline 12
Kammerer, Emilie (*verh.* Wede-
    kind) 13, 18, 25
Kammerer, Hanne 14
Kammerer, Jakob Friedrich
    11–14, *15*, 16, 34, 73, 84, 134,
    232, 375, 381
Kammerer, Sofie 18–22, 24
Kammerer, Wilhelm 14
Kandinsky, Wassily 207
Karl Eugen, Herzog 11
Katzenellenbogen, Ludwig 406
Kayssler, Friedrich 214, 340, 342,
    352, 409
Kerr, Alfred 199, 244, 312, 324 f.,
    342, 399 f., 410
Keyserling, Eduard von 208, 410
Kieser, Rolf 404
Klaar, Alfred 334
Koestler, Arthur 414
Kortner, Fritz 400
Kracauer, Siegfried 400
Kraus, Karl 229 f., *231*, 233–
    238, 240, 249, 251, 257, 262,
    272 f., 281 f., 382, 392, 400,
    403, 410
Krauß, Werner 401, 411
Krecke, Albert 390 f.
Kunz, Veit 317
Kutscher, Artur 86, 108, 127,

    164, 197, 294, 344, 352, 358,
    365, 378, 384, 391, 399, 411

Lagerlöf, Selma 216
Lang, Ferdinand 70
Langen, Albert 145 f., 150 f.,
    161–166, *165*, 168, 180,
    184–187, 189 f., 193 ff., 199 f.,
    216–219, 279 f., 291, 297,
    299, 306 ff., 321, 341, 369,
    400
Langheinrich, Max 232, 257, 294
L'Arronge, Adolph 92
Lasalle, Ferdinand 135
Laué, Walter 30, 352
Lautensack, Heinrich 328, 393 f.
Leitner/Holthoff (Artisten) 132
Lenbach, Franz von 61, 216
Lenin, Wladimir Iljitsch (*eigtl.*
    W. I. Uljanow; *alias* Meyer)
    208
Levi, Hermann 64
Liebermann, Martha 411
Liebermann, Max 154, 166, 172,
    411
Liliencron, Detlev von 163
Lindau, Paul 293
Lippe, Christian 31
Liszt, Franz 135
Lorm, Sidonie 321
Ludwig I., König von Bayern 61
Ludwig II., König von Bayern 62
Lupinsky (Justizrat) 379

Maggi, Julius 73, 74–77, 181
Mahler, Gustav 352
Mann, Heinrich 163, 205 f., 217,
    294, 364, 388 f., 393, 411
Mann, Klaus 416
Mann, Thomas 163, 195, 207, 306,
    317, 329, 349, 352, 358, 412
Marova, Helene 172 f.

Marschalk, Max/Margarethe
(Geschwister) 99
Martens, Kurt 174, 176, 208, 357,
363, 393, 412
Marx, Karl/Jenny 135
Massary, Fritzi 401
Matkowsky, Adalbert von 92
Maugham, Somerset 413
Maupassant, Guy de 163
Mauthner, Fritz 154
Maximilian II., König von
Bayern 61
Mayr, Richard 406
Meier, Franz Ludwig 102
Mendelssohn (Bartholdy),
Felix 31, 135
Mendès, Catulle 126
Meßthaler, Emil 181, 208 f.,
222, 239, 256, 294
Miller, Arthur 402
Moissi, Alexander 264, 323
Moltke, Kuno von 281
Morena, Erna 400
Morgenstern, Willi (*alias*
Rudinoff) *130*, 130 ff., 412
Muck, Karl 160
Mühlberger, Frau
(Zimmerwirtin) 101,
105, 118, 162
Mühsam, Erich 295, 306, 314,
328, 344 f., 353, 356 f., 364,
386, 393, 412
Müller, Georg 308, 352, 362
Müller, Hans Carl 373, 383 f., 386,
388, 401
Musil, Robert 409
Muth, Karl 131
Müthel, Lothar 401

Napoleon I. 30
Newes, Bertl 272, 373
Newes, Dora 234, 272
Newes, Eduard 272
Newes, Martha (Maria) 272, 287,
288, 372 f., 383, 387, 401
Newes, Mathilde 359
Newes, Paula 234, 265 f., 272,
301, 359
Newes, Rudolf 241
Newes, Tilly *siehe* Wedekind,
Tilly
Nielsen, Asta 400 f.
Nietzsche, Friedrich 145 f., 148,
203, 220

Oberlin, Frank 48, 114
Orgeni, Aglaja 153, 155
Orlik, Emil 244
Orloff, Ida 234, 244 f., 255, 265,
287, 412
Orsini, Felice 135
Orska, Maria 374, 378 f., 412
Osborn, Max 325
Oschwald, Walther 34–37, 45,
50 f., 56, 63 f., 152, 200 ff., 285,
394, 412
Otto der Strenge von Braun-
schweig 16

Pallenberg, Max 401
Panizza, Oskar 111, 189
Papst, Georg Wilhelm 400
Paul, Bruno 163
Perceval, Luk 405
Perfall, Carl von 64
Perré, Eugene 415
Petersen, Julius Rudolph
Wilhelm *siehe* Grétor, Willy
Pfäffinger, Rosa 145
Philippe, Jean 12
Piscator, Erwin 411, 413

Plümacher, Olga 51, 55 f., 67
Polgar, Alfred 348
Porten, Henry 401
Possart, Ernst von 64, 291, 322, 350, 371 f., 412
Pound, Ezra 414
Prevost, Marcel 163
Priestley, J. B. 402
Pringsheim, Hedwig 327

Rathenau, Emil 225
Rathenau, Walther 225, *227*, 244, 254, 368, 413
Rauchenstein (Professor) 37, 45
Read, Louisa 135
Reé, Paul 148
Regnier, Charles 416
Reich, Wilhelm 46
Reinhardt, Max (*eigtl.* Max Goldmann) 213, *214*, 218, 229 f., 236, 241, 244, 250, 258, 261, 262 ff., 279, 281 f., 286 ff., 306, 323, 334, 345, 348 f., 368, 370, 381, 410, 413
Reißner, Josef 260, 291
Reucker, Alfred 384
Reventlow, Franziska zu 163, 207, 309, 318
Reznicek, Ferdinand von 163, 280, 299
Rickelt, Julie 169 f., 173
Riemerschmid, Richard 211
Rilke, Rainer Maria 163
Robert, Eugen 320, 326, 399 f.
Roda Roda, Alexander 253, 294
Roland, Ida 326
Rosenthal (Justizrat) 184, 309
Rössler, Carl 204
Roth, Joseph 92
Rottmann, Alexander 340
Ruch, Hannes 204
Rühle, Günther 398

Sadkowska, Jenny von 291, 363, 381
Salten, Felix 209, 270, 345
Sand, George 135
Sandrock, Adele 230, 253, 255, 261 f., 274, 287, 295, 306, 399, 413
Sandrock, Wilhelmine 274, 306
Sartre, Jean Paul 402
Sater, Steven 405
Satter, Karl 412
Scanzoni, von (Hofrat) 358, 361
Schack, Adolf Friedrich von 62, 290, 305
Schelling, Friedrich Wilhelm Joseph von 12
Schibler, Oskar 43, 48, 50, 52, 56, 67, 115, 366
Schiller, Friedrich 11 f., 18, 31, 82
Schilling, Erich 163
Schlaf, Johannes 94
Schlenther, Paul 92, 154, 166, 312, 323
Schlieffen, Alfred von 356
Schmederer, Cajetan 181
Schmidt, Carl 47
Schmidt, Hugo Ernst 95
Schmidt (Professor) 361, 390
Schnitzler, Arthur 163, 174, 253, 345, 407
Scholl, Hans 131
Schopenhauer, Arthur 51
Schrenck-Notzing, Albert von 333
Schubart, Christian Friedrich Daniel 11 f.
Schulz, Wilhelm 163
Schwegerle (Opernsänger) 23 f.
Seebach, Graf von 153
Seidlitz, Anna von 226 ff., 231 f., 253, 257
Semper, Gottfried 135

Senkel, Günter 405
Sieburg, Friedrich 401
Sheik, Duncan 405
Slavona, Maria 145
Slevogt, Max 164
Smollet, Tobias 388
Steinrück, Albert 295 f., 305,
    346 ff., *347*, 352, 401
Sternheim, Carl 416
Stollberg, Georg 180–184, *182*,
    188, 192, 211, 258, 305, 320,
    326, 414
Storm, Theodor 39
Strauss, Herbert 414 f.
Strauss, Richard 165
Strindberg, August 150 f., 166,
    170, 321, 338, 349, 414
Strindberg, Frida (*geb.* Uhl)
    150 f., 166, 169, 170, *171*, 182,
    185, 189, 191, 207, 285, 308 f.,
    321, 335, 414
Strindberg, Kerstin 150 f., 183,
    338
Strindberg, Max Friedrich 170,
    336, 343, 351, 357, 363, 376,
    414 f.

Taliansky, Leonie 176
Thiele, Rolf 403
Thoma, Ludwig 207, 280, 291,
    321, 369, 415
Thöny, Eduard 163, 280, 370
Thut, Herr (Rektor) 366
Tiller, Nadja 403
Tolstoi, Leo 216
Tucholsky, Kurt 408

Uhl, Friedrich 150
Uhl, Fritz *siehe* Strindberg,
    Max Friedrich
Uhl, Marie 191, 338

Varnhagen, Rachel 135
Viertel, Berthold 413
Vinçon, Hartmut 404
Vögtlin, Adolph 47 ff., 51

Wagner, Richard 65, 135, 187
Wald, Fridolin 65, 69 f.
Waldau, Gustav 294
Walden, Harry 258
Walser, Robert/Karl (Gebrüder)
    282 f.
Walter, Bruno 400
Wedekind, Anna Pamela 265,
    267 f., 274, 279, *288*, 290 f., 305,
    306, 315, 319, 333, 335 f., *337*,
    339, 358, 363, 367, 381 ff., 386,
    392, 404, 413, 416
Wedekind, Anton Christian 16
Wedekind, Armin Francis 25, 27 f.,
    33 f., 37, 39, 56, 63 f., 68 f., 84,
    91, 94, 102, *103*, 109 f., 121, 131,
    139, 151, 189, 202, 284 f., 415
Wedekind, Donald Lenzelin
    28, 42 f., 91, 98, 110, 131, 133,
    158 ff., *159*, 188 f., 191 f., 199,
    201 ff., 218, 261, 283 ff., 332,
    351, 366, 380
Wedekind, Emilie (*geb.* Kamme-
    rer) 27, 33, *40*, 77 f., 86, 109, *111*,
    160, 183, 254, 261, 285, 366
Wedekind, Emilie Richenza
    (Mati) 38, 109, 136, 183, 261,
    285, 415
Wedekind, Epiphania (Fanny)
    Kadidja 42, 276, 278, 319, 321,
    333, *337*, 339, 361, 363, 367, 381,
    383, 386, 404, 416
Wedekind, Frida Marianne Erika
    (Mieze) 28, 34, 63, 71 f., 85,
    98, 131, 152 f., 157 ff., 176, 183,
    199–203, 258, 261, 285, 333,
    394, 409, 415

Wedekind, Friedrich Wilhelm 17,
  23, 25, 40, 366
Wedekind, Johann Heinrich 16
Wedekind, Scipio 16
Wedekind, Tilly (geb. Newes)
  115, 233–236, 237, 238–263,
  259, 265, 267–270, 271, 272,
  274–277, 279, 282 f., 287 ff.,
  288, 290 f., 295–298, 300 f., 302,
  305 ff., 309 ff., 314 f., 317–326,
  330, 332–335, 338–342, 344,
  346–349, 347, 351, 353 ff.,
  357–361, 363, 365, 367 ff.,
  370–374, 377–380, 382–387,
  389–392, 394, 407, 416
Wedekind, William Lincoln 28,
  33 f., 56, 67, 91, 416
Weigert, August 294
Weinhöppel, Richard 123 f., 129,
  167–170, 185, 188, 191, 203,
  205, 252, 294, 416
Weininger, Otto 236

Welti, Heinrich 98, 100, 107
Wilde, Oscar 213, 258
Wilder, Thornton 402, 413
Wilhelm I., Preußenkönig 27
Wilhelm II., Kaiser 161, 168,
  305
Wilke, Rudolf 163
Wille, Bruno 148
Williams, Tennessee 402
Wolff, Julius Ferdinand 288
Wolff, Kurt 345
Wolff, Theodor 92
Wolfskehl, Karl 207

Zadek, Peter 404
Zaimoglu, Feridun 405
Zellner, Frank 222
Zellner, Hildegard 212
Zellner, Josef 212, 221 f.
Zickel, Martin 208 f.
Zuckmayer, Carl 414
Zweig, Arnold 253